# 中国古代历史风云

# 朝政风波(上)

叶秀松 编著

图书在版编目(CIP)数据

朝政风波 / 叶秀松编著. —合肥：安徽大学出版社，2014.4(2014.11重印)
(中国古代历史风云)
ISBN 978-7-81110-847-7

Ⅰ.①朝… Ⅱ.①叶… Ⅲ.①政治制度—中国—古代—通俗读物
Ⅳ.①D691.2-49

中国版本图书馆 CIP 数据核字(2010)第 168555 号

## 中国古代历史风云
### 朝政风波

叶秀松 编著

出版发行：北京师范大学出版集团
　　　　　安 徽 大 学 出 版 社
　　　　　(安徽省合肥市肥西路 3 号 邮编 230039)
　　　　　www.bnupg.com.cn
　　　　　www.ahupress.com.cn
印　　刷：合肥市裕同印刷包装有限公司
经　　销：全国新华书店
开　　本：170mm×240mm
印　　张：34
字　　数：433 千字
版　　次：2014 年 4 月第 1 版
印　　次：2014 年 11 月第 2 次印刷
定　　价：48.80 元
ISBN 978-7-81110-847-7

策划编辑：鲍家全　　　　　　　装帧设计：李　军　金伶智
责任编辑：鲍家全　　　　　　　美术编辑：李　军
责任校对：程中业　　　　　　　责任印制：陈　如

**版权所有　侵权必究**
反盗版、侵权举报电话：0551—65106311
外埠邮购电话：0551—65107716
本书如有印装质量问题，请与印制管理部联系调换。
印制管理部电话：0551—65106311

# 前 言

历史,是后人永恒的话题。

人们每当谈起我国古代的历史故事,总是兴趣盎然。这不光是由于其情节引人入胜、当事者的际遇命运牵动人心,还在于许多人物事迹至今还闪耀着人类文明的思想光辉,仍然可供今天的我们学习借鉴。

中国古代历史是一个大舞台,本书展现的仅是一幕幕官场斗争的故事。进入中国古代官场的官员,虽然形象各不相同,但总体来说是比较富有智慧和思想的人群。他们在一定职位上的言论作为,他们利用其职权地位乃至豁出生命所进行的形形色色的斗争,是历史的重要组成部分。

目前,社会上流传的古代官场斗争故事虽不算少,但此类故事许多还淹没在浩如烟海的史籍中鲜为人知。《二十四史》、《资治通鉴》、《续资治通鉴》和《历代纪事本末》等史书体系庞大,一般读者难以通读。作者有意为普及祖国历史知识、弘扬中华民族正气尽一点微薄之力。从这一愿望出发,我不揣浅陋,泛舟史海,选取商末至清末部分帝王、朝臣以及州官被贬谪冤杀或身历险境的片断,历时15年,编写出"中国古代历史风云"系列丛书。该套书包括《宫廷风暴(上下)》、《朝政风波(上下)》、《文坛风雨(上下)》、《列国交聘(上下)》、《战场风烟(上下)》,共5种10册。

《朝政风波》以朝廷为背景,围绕政治纷争这一主题,展现了君和臣、臣和臣之间正与邪、公与私、善与恶、美与丑、忠与奸的种种较量。古代国家虽然是君王的天下,先贤圣哲却并非把国家和君王等量齐观。孟子说:"民为贵,社稷次之,君为轻。"(《孟子·尽心下》)古代的志士仁人亦不尽然把忠于国家和忠于君王混在一起。忠臣忠于国家不等于忠于君王,奸臣祸害国家亦不等于不忠于君王,这里所说忠和奸是对国家而言的。本书选叙的政治风波,既有唇枪舌剑的明争,也有不动声色的暗斗;既有朋党之间的倾轧,也有个人恩怨的报复;既有你死我活的拼搏,也有无可奈何的退避。读来令人惊心动魄,掩卷深思。历史是现实的一面镜子。书中所引某些人物言论展现的睿智和气度耐人寻味,所叙某些人物临事应对的方法和态度令人感叹。古代官员在儒学思想的熏陶下,把仁、义、礼、信作为其共同崇尚的人生观、价值观。在这种思想观念的支配下,有许多杰出人物为官公正、以国为家、嫉恶如仇,以自己的全部力量与邪恶势力展开坚决的斗争,义无反顾,甚至以身殉职。他们为中华民族的历史谱写了壮丽的篇章。人们阅读这些故事,可以从中找到做人和供职的坐标。

# 前 言

　　本书依据历代正史记载,行文直叙史实,没有添枝加叶,也没有夹入作者议论,力图真实可信。所据史书附后以备查。每部分前面都有小序,作为内容提要。每篇不全面记述人物生平,只聚焦其宦海浮沉的经历,力求精彩耐读。篇末附简评,尽量采用前人的评论,对前人评论需作补充、商榷或未见前人合适评论的,作者就事论事加以点评,供读者参考。为方便读者,在行文中用括号注明古纪年相当于公历某年、古地名位于今某地、古官名系何职务;对所涉及的历史人物、事件采用脚注,以贯通文意。全书文字力求简洁易懂、准确生动。

　　期望本书能成为读者的良师益友。

# 目 录

## 一、触犯君王　祸水泱泱

国佐除奸埋祸 …………………………… 3
文种才高招祸 …………………………… 5
商鞅公正执法 …………………………… 9
韩信居功惹祸 …………………………… 13
彭越未去拜帝 …………………………… 21
邓通富极饿死 …………………………… 23
周亚夫狱中绝食 ………………………… 25
沈怀文受友牵连 ………………………… 29
阮佃夫图谋废帝 ………………………… 32
谢超宗出言不逊 ………………………… 34
元谐骂隋文帝 …………………………… 36
李君羡小名犯讳 ………………………… 39
杨邠要帝勿言 …………………………… 41
赵德昭被议为帝 ………………………… 44

完颜亨炫耀武艺 …………………………………… 46
张逵批评明世宗 …………………………………… 49
季开生以传闻进谏 ………………………………… 52
塞楞额剃发犯禁 …………………………………… 54

## 二、忠正被难　光明磊落

里革更改君令 ……………………………………… 59
栾布祭哭亡主 ……………………………………… 61
樊哙晚年受诬 ……………………………………… 64
晁错力主削封 ……………………………………… 69
盖宽饶刚直高节 …………………………………… 73
王嘉怒掷药杯 ……………………………………… 76
杨震正大光明 ……………………………………… 80
虞诩自系投案 ……………………………………… 84
张纲独埋车轮 ……………………………………… 87
荀彧收到食品空盒 ………………………………… 91
高颎受谗被杀 ……………………………………… 95
褚遂良等人反对册立武后 ………………………… 99
王义方弃孝尽忠 …………………………………… 104
张砺临事必尽言 …………………………………… 107
唐介犯颜直谏 ……………………………………… 110
赵鼎丹心未泯 ……………………………………… 113
周新锄奸受陷 ……………………………………… 121
蒋钦直谏至死 ……………………………………… 123

周顺昌疾恶如仇 ………………………………… 126
王鼎"尸谏"抗战 ………………………………… 128

## 三、身处逆境　抗争守节

魏绛执法请罚 …………………………………… 133
陈翠犯颜说太后 ………………………………… 135
范痤以智获释 …………………………………… 138
贯高不诿罪过 …………………………………… 140
龚胜不事王莽 …………………………………… 143
田畴传递臣节 …………………………………… 146
周处志不生还 …………………………………… 149
尧君素以身殉隋 ………………………………… 151
段秀实宁死不叛 ………………………………… 154
陈禾不附奸臣 …………………………………… 157
刘好礼智脱险境 ………………………………… 160
卓敬不避死难 …………………………………… 162
郝浴流放不辍学 ………………………………… 165
叶映榴到任遇乱 ………………………………… 167

## 四、是非恩怨　遗恨悠悠

甫假自叹不得好报 ……………………………… 171
伍子胥历尽沧桑 ………………………………… 173
子西引狼入室 …………………………………… 180

严遂买凶行刺 …………………………………… 182
中山王饭食结恩怨 …………………………… 184
吕不韦入秦为相 ……………………………… 186
蒙恬望天问罪 ………………………………… 189
张良难平亡国恨 ……………………………… 192
主父偃肆意泄愤 ……………………………… 198
张汤严酷树敌 ………………………………… 202
张方的冤家和朋友 …………………………… 206
慕容翰逃而复归 ……………………………… 209
慕容垂被迫离国 ……………………………… 212
侯安都向帝邀功 ……………………………… 216
虞庆则红颜祸水 ……………………………… 219
李浑贪纵食言 ………………………………… 221
刘文静心态失衡 ……………………………… 224
杨炎私怨必报 ………………………………… 228
李严自请监军 ………………………………… 234
耶律余覩落魄异邦 …………………………… 237
卢世荣抑富济贫招怨 ………………………… 239
脱脱负恩结怨 ………………………………… 244
景清为先帝复仇 ……………………………… 249
岑猛受岳父坑骗 ……………………………… 251
多尔衮地下蒙冤 ……………………………… 254
马新贻门外遇刺 ……………………………… 260

## 五、党同伐异 势不两立

赵氏孤儿在屠刀下幸存 ……………………………… 265

王章说帝换辅臣 …………………………………… 267
东汉中后期外戚与宦官之争 …………………… 270
董卓篡政及其引发的纷争 ……………………… 278
王恭失察内奸 …………………………………… 289
刘裕剪除异己 …………………………………… 292
王叔文结党被迁 ………………………………… 297
李训、郑注谋诛宦官 …………………………… 302
唐后期朋党角逐 ………………………………… 306
王安石变法之争 ………………………………… 314
宋神宗身后的党派之争 ………………………… 326

# 六、勾心斗角　宦海浮沉

里克愤然自杀 …………………………………… 337
费无忌两面三刀 ………………………………… 339
黥布祸起萧墙 …………………………………… 343
司马懿韬光养晦 ………………………………… 345
南齐"六贵"分崩离析 …………………………… 349
北齐权臣明争暗斗 ……………………………… 352
来瑱难察暗算 …………………………………… 361
范延光迷信术士 ………………………………… 364
寇准仕途坎坷 …………………………………… 367
肖裕猜疑过度 …………………………………… 372
夏言四起四落 …………………………………… 375

## 七、专权狂妄　难以善终

子驷弑君专权 …………………………… 383
灌夫酗酒逞狂 …………………………… 385
窦宪得势猖狂 …………………………… 388
梁冀专权跋扈 …………………………… 392
诸葛恪一意孤行 ………………………… 398
石崇竞奢斗富 …………………………… 405
高肇恃贵弄权 …………………………… 408
尔朱荣意欲称帝 ………………………… 411
贺若弼迷醉功名 ………………………… 417
李林甫口蜜腹剑 ………………………… 423
安重诲专权欺君 ………………………… 431
阿合马弄权暴敛 ………………………… 434
蓝玉恃功骄纵 …………………………… 437
王振挟帝亲征 …………………………… 440
魏忠贤乱政始末 ………………………… 443
鳌拜专权结党 …………………………… 450

## 八、渎职违法　罪有应得

叔鲜、叔度助武庚叛乱 ………………… 457
伊戾坑害太子痤 ………………………… 459
庄贾贪杯迟到 …………………………… 462

# 目录

阿大夫行贿朝廷巡官 …………………………… 464
上官桀谋篡帝位 ………………………………… 466
王敦制乱不得人心 ……………………………… 470
张赦提纵妻受贿 ………………………………… 475
穆泰反对迁都 …………………………………… 478
肖勃苟安岭南 …………………………………… 480
卢祖尚不服派遣 ………………………………… 483
来俊臣草菅人命 ………………………………… 485
北宋"六贼"罪责难逃 …………………………… 492
阿鲁补贪占公物 ………………………………… 500
吴曦叛国求封 …………………………………… 502
李善长知情不报 ………………………………… 505
刘瑾索贿敛财 …………………………………… 508
江彬诱帝猎艳 …………………………………… 511
王亶望聚敛私分 ………………………………… 514
和珅弄权舞弊 …………………………………… 517
广兴赴地方查案贪赃 …………………………… 520
王伸汉罪上加罪 ………………………………… 522
柏葰未保晚节 …………………………………… 525

**后　记** ………………………………………… 527

# 一、触犯君王　祸水泱泱

中国古代国家通常由当权的君王一人主宰。君王对臣下拥有至高无上的权力,可以以各种罪名将官员贬谪关杀。进入权力中心的大臣同君王关系微妙,彼此戒备,很难长期相处。大臣一旦名声过高,权力过大,或者奉礼不周,或者与君王意向不合,都会受到君王猜忌贬斥,甚至会坐牢、杀头、灭族。

一、触犯君王 祸水泱泱

# 国佐除奸埋祸

齐①灵公的母亲声孟子与大夫（朝廷中等级别的官员）庆克私通。一次，庆克男扮女装夹在后妃中间，乘着车子从巷道的边门进入后宫，被大夫鲍牵发现。鲍牵将这件事报告给国卿（宰相）国佐（又名国武子）。国佐随即召见庆克，对他严加责备。庆克惧怕被治罪，从此不敢与声孟子照面。后来，声孟子见到庆克，问他为何多日不去看她。庆克告诉她，是因为国佐责备了他。声孟子极为恼恨，决意要惩处国佐和鲍牵。

齐灵公八年（前574年）六月，齐灵公和国佐赴柯陵（位于今河南省许昌市南）同诸侯会盟，留大臣高无咎和鲍牵在国内临时主持军政。会盟结束后，齐灵公回国，国佐则随诸侯军队前往讨伐郑国②。

声孟子指使亲信探知齐灵公快要回到国都的时候，下令关起城门，检查过往人员，实行戒严。齐灵公进入都城后询问这是怎么回事。声孟子诬称高无咎和鲍牵图谋拥立公子角（齐灵公异母之弟）为国君，国佐亦参与了他们这一阴谋。

齐灵公孝顺母亲，对其母的话信以为真。七月，齐灵公下令砍

---

① 春秋诸侯国名，都临淄，位于今山东省淄博市东北。
② 春秋诸侯国，都郑，位于今河南省新郑市。

去鲍牵的双脚,将高无咎赶出齐国,高无咎随即逃亡到莒国①。高无咎的儿子高弱闻讯后,在卢(高无咎封邑,位于今山东省长清县西南)发动叛乱。齐灵公任命庆克为参谋长官,随同大夫崔杼率军去攻打高弱,将卢地包围。

　　国佐听说鲍牵受刑、高无咎被逐,知道这是声孟子出于私怨所实施的报复,便从诸侯联军抽身回国,去卢地将庆克杀死在军中。接着,国佐占据谷地(位于今山东省平阴县西南),声讨声孟子祸乱朝政。

　　不久,齐灵公和国佐在徐关(位于今山东省淄博市淄川区西南)达成谅解,让国佐继续担任宰相。国佐自以为处死庆克是他作为辅政大臣应尽的责任,其目的只是为了让灵公更好地执政。他没有想到灵公同他和解只是一场骗局,更疏忽了声孟子对他仍然怀恨在心。

　　齐灵公九年(前573年)正月二十九日,齐灵公令士(主管刑狱司法的官员)华免将国佐杀死在内宫前堂,并公布其罪名,称他擅离诸侯军回国,专权杀死庆克,并在谷地发动叛乱。

《左传》成公十七年<br>成公十八年

【简评】

　　国佐斥责声孟子情夫淫乱后宫,意在维护宫廷秩序,由此与声孟子结下怨仇,也得罪了齐灵公。他杀死庆克,声讨声孟子,是为国除奸,不应视为叛乱。他想继续竭诚为齐灵公辅政,齐灵公却将他杀死。由此可见,遇上奸邪的国主,做一个忠臣很难。

---

① 春秋诸侯国,都莒,位于今山东省莒县。

一、触犯君王　祸水泱泱

# 文种才高招祸

　　文种原为楚国①宛县（治所位于今河南省南阳市）县令（行政长官），与当地名士范蠡是好朋友。后来，文种和范蠡一起投奔越国②，受到越王勾践的信任，二人同时被任命为大夫（朝廷中等级别的官员）。

　　越王勾践三年（前494年）春天，越王率领军队攻打吴国③，受到吴国军队反击。吴王夫差率军在夫椒（位于今浙江省绍兴市北夫山）将越军打得大败。越王率其残部五千余人退入会稽山（位于今浙江省绍兴市境内）后被吴军包围，情况非常危急，他只好选派文种去吴军军营求和。

　　文种拜见吴王夫差时十分卑恭，跪着向前挪动，连连叩头说："敝国国君派我来请求大王宽恕。勾践甘愿做大王的臣仆，他的妻子甘愿做大王的侍妾。"吴王见文种态度虔诚，准备答应讲和，受到大夫伍子胥的劝阻而转变了态度。

　　文种返回后报告吴王拒绝讲和，越王感到绝望，准备杀死妻子，率军同吴王决一死战。勾践无限伤感地对文种说："难道我就

---

① 春秋国名，都郢，位于今湖北省荆州市西北纪南城。
② 春秋国名，都会稽，位于今浙江省绍兴市。
③ 春秋国名，都吴，位于今江苏省苏州市。

要在此地终结一生吗?"文种安慰他说:"大王不要悲观,要看得远一些。当年,商汤被拘捕在夏台①,周文王被囚禁在羑里②,晋公子重耳逃亡到翟国③,齐小白逃奔莒国④,也都曾经危困一时。后来,他们有的称王,有的称霸。由此看来,大王何愁不会由祸难转变为幸福呢?"

　　文种劝说越王不可同吴军硬拼,向他献计说:"吴国太宰(宰相)伯嚭为人贪婪,可以私下送给他金钱美女,让他帮我们讲话,说服吴王同我们讲和,我请求去吴国游说伯嚭。"越王认为文种的主意很好,便派他带着金钱美女秘密潜入吴国。伯嚭接受文种所献的金钱美女后,果然带文种去劝说吴王,称"接受越王称臣对吴国有利"。

　　于是,吴王夫差接受伯嚭的意见,不顾伍子胥的劝谏,下令宽赦越王,撤军回国。

　　越王解除围困后,卧薪尝胆,安抚民众,暗中积聚力量,图谋灭

---

　　① 商汤为商朝开国君王,夏朝君王桀曾在夏台(位于今河南省禹州市南)宴会诸侯,借机拘捕汤。后来,汤获释,联合诸侯,推翻夏桀暴政,建立商朝。

　　② 周文王名西伯昌,因对商纣王暴政不满,被囚禁于羑里(位于今河南省汤阴县北)。后西伯昌获释回到其封地周(位于今陕西省岐山县东北),使周地大治。西伯昌去世后,他的儿子姬发灭亡商朝,建立周朝,即位为周武王,追封其父为周文王。

　　③ 重耳是春秋时期晋献公的儿子,因受后母迫害,于晋献公二十二年(前655年)逃亡到翟国(位于今陕西省宜川县南)。秦穆公二十四年(前636年),秦穆公派兵护送重耳回晋国(都绛,位于今山西省翼城县东南)即位为晋文公。

　　④ 齐(诸侯国名,都临淄,位于今山东省淄博市东)公子小白是齐襄公之弟。齐襄公即位后暴虐无道,小白为避祸流亡莒国(位于今山东省莒县)。齐襄公十二年(前686年)十二月,齐襄公被杀。第二年,小白回国即位为齐桓公,后称霸诸侯。

## 一、触犯君王　祸水泱泱

吴复仇。他派大夫范蠡去吴国作人质,通过范蠡随时了解吴国的情况;他委任文种等人管理政事,使国家达到大治。经过二十多年的充分准备,越王勾践在其即位第二十四年(前473年)十一月,率领军队灭亡吴国。

越王灭吴后随即率军北伐,兵临齐国和晋国,称霸中原。范蠡随军北伐,因功受任将军,文种留在朝廷治政。

范蠡功成名就之后,感到"大名之下,难以久居"。他清醒地认识到,越国的政治形势变了,君臣之间的关系势必也要相应地发生变化。当初,君王成天考虑的是防御吴军入侵,需要谋臣为他策划。如今,外患不存在了,君王主要精力将用于统治所拥有的天下,最关注的是他手中的王权。功臣的存在会使他产生疑忌,他的心思自然会由外患转为内忧。当年冬天,范蠡在率军南返途中,写信给先期返回都城的越王,向他告辞,退隐而去。

不久,范蠡从齐国给文种写来一封信,信中说:"飞鸟既然捕尽,良弓就该收藏;狡兔已经打死,走狗当受烹杀。我观察越王的脖子长得很长,嘴长得像鸟嘴一样,这种人只能和他共患难,不能和他同安乐,您为何还不离他而去呢?"

文种看了范蠡的来信后忧心忡忡,称病不再上朝。这时,有人在越王面前进谗言,诬告文种将要谋反。

本来,越王灭亡吴国以后,就开始猜忌文种的才智。越王不再需要文种为他运筹帷幄,反而担心他高超的才能将会成为他的后患。于是,越王以诬告文种谋反的谗言为口实,派人给文种送去一把剑,对他说:"你有七种计谋打败吴国,我只用了其中三种就将吴国灭亡。还有四种你自己留下。送给你这把剑,是要你去地下拜见先王,显示你那多余的四种计策。"

文种接到越王勾践令其自杀的指令后,悲愤不已,后悔莫及,由衷佩服范蠡的高明。望着越王所赐的利剑,文种仰天长叹,举剑自杀。

《史记》卷四十一　越王勾践世家

**【简评】**

　　范蠡是个特别聪明的人,他既能以高超的智慧辅助勾践灭吴,又能淡泊名利,知道功成身退,以避免祸难。朱德在《史记·越王勾践世家》一文点评道:"范蠡,千古奇人也,能弃功名富贵,而功名富贵常随也。世之急急(汲汲)名利者反以杀身,而不知效范蠡之为人也。"(见《毛泽东读书笔记》上)文种功大才高,业已震主,却缺乏敏感。当他经范蠡提醒意识到处境危险时,为时已晚。

一、触犯君王　祸水泱泱

# 商鞅公正执法

秦①献公二十三年（前362年），秦献公病逝，其子渠梁继位为秦孝公。当时，魏②、楚等东方六大国与秦国为敌，秦国受到孤立。秦孝公"发愤，布德修政，欲以强秦"。他公开发布求贤令，称"能出奇计强秦者，吾且尊官，与之分土"。卫国③人公孙鞅（后称商鞅）精通法律，"有奇才"，在魏国时没有受到重用。他听说秦孝公颁布求贤令，便离开魏国，来到秦国。

## 商鞅变法

公孙鞅通过秦孝公的近臣景监的引荐，得以会见秦孝公。他同秦孝公谈论治理天下的指导思想，认为只要能使国家富强，可以不必沿袭旧的法规；只要有利于民众，可以废止旧的礼制。他建议秦孝公变法图强。大夫甘龙、杜挚等人以"法古无过，循礼无邪"反

---

① 战国国名，都栎阳，位于今陕西省富平县东南。
② 战国国名，都安邑，位于今山西省夏县西北。
③ 魏附属国，都帝丘，位于今河南省濮阳市西南。

对变法，公孙鞅则以"治世不一道，便国不法古"与之争论。秦孝公赞成公孙鞅的主张，任命他为左庶长（位同将军），决定让他施行变法。

秦孝公三年（前359年），公孙鞅开始推行新法。新法规定：百姓每五家为"伍"，十家为"什"，伍什中一家有罪，他家连坐；告发坏人有赏，隐藏坏人处以腰斩；奖励军功和耕织，没有军功不得承袭爵禄，超额生产粮棉丝的农户可以免除徭役。新法施行三年，"百姓便之"。公孙鞅以功升任大良造（高级爵位名称）。

秦孝公十二年（前350年），公孙鞅率众建造咸阳城（位于今陕西省咸阳市东北），建议秦孝公将都城迁至咸阳。接着，公孙鞅进一步推行新法：合并诸多小乡为县级建制，全国设置三十一个县，任命县令进行管理；打破土地分割，鼓励开垦荒地；实行新的税收制；统一计量单位以活跃商品流通；禁止父子兄弟同居以增加人口。

新法施行十年，"秦民大说，道不拾遗，山无盗贼，家给人足。民勇于公战，怯于私斗，乡邑大治"。秦国一跃而成为当时最富强的国家。

秦孝公二十二年（前340年），公孙鞅领兵以计击败魏国公子印部众，魏国被迫将河西之地（位于今山西、陕西两省交界黄河南段以西地区）割让给秦国，并将都城由安邑迁到大梁（位于今河南省开封市西北）。公孙鞅以功被封为侯，受封商（位于今陕西省丹凤县西北）十五邑之地，号称商君。此后，人们改称公孙鞅为商鞅。

## 商鞅执法

商鞅变法之初，许多人感到不习惯，太子驷带头违犯新法。商鞅认为，新法之所以难以推行，是由于朝廷大臣首先违法。他想对太子驷以法论处，又考虑太子是君位继承人，不可以对他施刑。于是，商鞅下令将太子傅（太子辅导老师）公子虔判刑入狱，将太子师（太子辅导老师）公孙贾处以黥刑（将脸印上黑色标记）。太子驷等人对商鞅怀恨在心。朝野上下看到商鞅执法严格，为之畏惧，都留心按照新法办事，太子驷等人却依然我行我素。几年后，公子虔再次犯法。商鞅下令对公子虔处以劓刑（割去鼻子）。由此，太子驷和公子虔等人对商鞅恨上加恨。

后来，商鞅受任秦国丞相。他每次出门总是安排数十辆车随行，侍从人员前呼后拥，因而引起一些人的不满。商鞅坚持严格执法，违法必究，经常对秦国的贵公子绳之以法，致使秦国许多公亲贵戚对他都恨之入骨。公子虔受刑后，接连八年杜门谢客，隐居不出。

名士赵良看到商鞅所处的态势"危若朝露"，认为孝公一旦去世，他的祸难就要降临。他特意会见商鞅，劝他归还商十五邑之地，退隐养老。商鞅没有听从。

## 商鞅遇害

秦孝公二十四年（前338年），秦孝公病逝，太子驷继位称王，为秦惠文王。商鞅祸难临头。公子虔指使其门徒诬告商鞅谋反，秦惠文王随即下令将商鞅逮捕。

商鞅闻讯匆忙逃到边关，想要投宿。旅店主人不知道他是什么人，对他说："商丞相新法规定，容留没有证件的人住宿，要坐班房，我们实在不敢收留你。"商鞅仰天长叹，这才意识到新法的某些条文太苛刻了，以致作茧自缚。

商鞅逃到与秦国紧邻的魏国。魏国人痛恨商鞅欺骗公子卬，袭击魏军，把他押回秦国。商鞅脱身潜回其封地商，纠集兵士袭击郑县（位于今陕西省华县东）。秦朝廷派军队追捕商鞅，在黾地（位于今河南省渑池县西）将商鞅击杀。接着，秦惠文王下令将商鞅的尸体运回咸阳，以谋反罪将其车裂，并诛灭商鞅全家。

《史记》卷五 秦本纪

卷六十八 商君列传

《通鉴纪事本末》卷一 秦并六国

## 【简评】

西汉学者刘向认为："秦孝公保崤函之固，以广雍州之地，东并河西，北收上郡，国富兵强，长雄诸侯，周室归籍，四方来贺，为战国霸君，秦遂以强，六世而并诸侯，亦皆商君之谋也。夫商君极身无二虑，尽公不顾私，使民内急耕织之业以富国，外重战伐之赏以劝戎士，法令必行，内不阿贵宠，外不偏疏远，是以令行而禁止，法出而奸息。""惠王杀之亦非也，可辅而用也"（《史记》卷六十八 商君列传【集解】）。

一、触犯君王　祸水泱泱

# 韩信居功惹祸

韩信是秦朝①淮阴(位于今江苏省淮阴市西南)人,早年贫贱。后来,他加入项羽(原楚国②名将项燕侄孙)领导的反秦义军,受任郎中(侍从官)。韩信数次向项羽献计献策,都没有被采用,他感到很不得志。

汉王元年(前206年),沛公刘邦和上将军项羽先后领兵进入秦都城咸阳,秦朝灭亡。项羽自称西楚霸王,封刘邦为汉王(王府设在南郑,位于今陕西省汉中市)。四月,汉王率部去其封国。他下令将所经过的栈道(在悬崖绝壁上凿孔,安入木桩,铺上木板而成的通道)烧毁,以防止项羽派兵偷袭,同时亦向项羽表明他不会再率部向东返回。此间,韩信逃离楚王项羽,辗转归附汉王刘邦。

## 建议汉王回师东征

韩信投奔汉王后,开始被授予连敖(侍从武官),因犯法该当斩

---

① 都咸阳,位于今陕西省咸阳市东北。
② 战国七国之一。楚王负刍五年(前223年),秦军攻灭楚国。

杀。因为他自称壮士，愿为汉王打天下，所以获得赦免。之后，韩信受任治粟都尉（主管军粮）。他感到仍没有受到重用，思想很不稳定。丞相萧何曾多次与韩信交谈，发现他是个奇才。不久，一些不肯西去的将士向东逃亡，韩信跟着他们逃离。萧何认为一般将领容易得到，而像韩信这样的人才难得，亲自飞马把韩信追回来，并向汉王推荐。汉王随即任命韩信为大将。

韩信答谢后，当即同汉王分析天下形势。韩信认为，楚王项羽不能任用贤士，只是"匹夫之勇"；楚军所过之处残害百姓，"天下多怨"。他建议汉王回师向东，去主攻楚王，以夺取天下。汉王心中意欲东返，听了韩信陈述后十分欣喜，深为太晚认识韩信而抱恨。

当年八月，汉王采纳韩信的意见，从故道（县名，位于今陕西省宝鸡市西南）回师东征。汉军首先击败雍王章邯①、塞王司马欣②、翟王董翳③等部众，夺取他们拥有的三秦之地，从而突破了楚王为防备汉王东返而设置的防线。

## 屡建战功扭转战局

汉王二年（前205年）二月，韩信随汉王乘胜出兵函谷关（位于今河南省灵宝市东北），率部击败楚王派来阻挡汉军的韩王郑昌部

---

① 原秦朝将领，投降项羽，秦朝灭亡后受项羽封为雍王，王府设在废丘，位于今陕西省兴平市东南。

② 原秦朝将领，投降项羽，秦朝灭亡后受项羽封为塞王，王府设在栎阳，位于今陕西省西安市。

③ 原秦朝将领，投降项羽，秦朝灭亡后受项羽封为翟王，王府设在高奴，位于今陕西省延安市东北。

## 一、触犯君王　祸水汍汍

众。河南王①申阳、殷王②司马卬相继投降汉王。接着,韩信跟随汉王向东进军。他们联合齐王田都、代王赵歇③,乘楚王率兵攻打彭城(位于今江苏省徐州市)之机,领兵攻入彭城。

四月,楚王回师在彭城灵璧东睢水上(位于今安徽省睢溪县西北睢河西岸)将汉军击败,汉军死伤无数,"睢水为之不流"。塞王司马欣、翟王董翳、齐王田都、代王赵歇等纷纷叛离汉王,投附楚王,汉王处境十分危险。韩信收编残部与汉王在荥阳(位于今河南省荥阳市)会师,并在京县(位于今河南省荥阳市东南)等地击败楚军,阻止楚军继续西进。韩信因功被提升为左丞相。

八月,韩信领兵击败反汉附楚的魏王魏豹,占领魏国④。九月,韩信领兵战胜代国⑤军队。之后,他又与常山王张耳联兵击败自称赵王的陈余及其二十万兵士,夺取赵国⑥。汉王派人前来调拨韩信精兵,加强荥阳防卫,以抗击楚军。同时,韩信奏请立张耳为赵王,得到汉王批准。

汉王三年(前204年)六月,汉王从成皋(位于今河南省荥阳市西北)逃脱楚军包围,进入韩信兵营。汉王收取韩信部队主力,令他带一部分将士攻打齐国⑦。

汉王四年(前203年)十月,韩信率部在历下(位于今山东省济南市西)击败齐军,攻克齐都城临淄。接着,韩信领军在潍水(今山东省潍河)一带击溃齐、楚联军,楚将龙且率领的二十万援军全军覆没。韩信占领齐地。

---

① 楚王项羽所封,王府设在洛阳,位于今河南省洛阳市。
② 楚王项羽所封,王府设在朝歌,位于今河南省淇县。
③ 齐王田都、代王赵歇皆为楚王项羽所封。
④ 楚王项羽封国,王府设在平阳,位于今山西省临汾市西南。
⑤ 楚王项羽封国,王府设在代县,位于今河北省蔚县东北。
⑥ 楚王项羽封国,王府设在信都,位于今河北省邢台市。
⑦ 楚王项羽封国,王府设在临淄,位于今山东省淄博市东。

## 居功骄傲请求封王

韩信平定齐国后恃功自傲,急于追求自己的名位。他以齐人"伪诈多变"、"不为假王以镇之,其势不定"为由,派人去向汉王请求封他为假齐王。汉王当时正被楚军围困在荥阳,听说后当着韩信所派使者的面发火说:"我正等着他来接应,他倒要在那里称王!"谋士张良、陈平交换了一下眼色,张良暗中踩了一下汉王的脚,耳语劝汉王顺势立韩信为齐王,以防其叛乱。汉王明白了,立即改口道:"大丈夫平定一方就要做真王,做什么假齐王!"于是,汉王派遣张良赴韩信军营,宣布封韩信为齐王,并再次征调其部众去荥阳以抗击楚军。

此后,韩信对汉王仍一如既往,汉王对韩信却开始戒备。

韩信虽主动请封齐王,但并无背叛汉王之心。

龙且部众败亡后,楚王一直为之惊恐不安。为了分化汉军阵营,他派说客武涉去劝告韩信叛汉亲楚。武涉向韩信挑唆说:"汉王多次违约,不守信用。你为他尽力征战,最终可能会被他捏造罪名而被捕。你现在拥有重兵,何不与楚、汉二王并立,三分天下而各自称王?"韩信答称汉王对他非常信用,以"虽死不易"而加以辞绝。

此后,齐国人蒯通(又名蒯彻)亦出面劝说韩信。蒯通自称会看相,断言韩信面相不会超过封侯,且处境危险,不得安全。蒯通认为,汉王和楚王争夺天下,胜负取决于韩信的归附,韩信若为汉王效力则汉王胜利,若为楚王效力则楚王胜利。蒯通亦建议韩信同楚、汉二王分治天下,鼎足而立。他提醒韩信说:"将军如果以为

# 一、触犯君王　祸水泱泱

汉王肯定不会谋害你，那就完全想错了。"蒯通以文种、范蠡①等人为例，说明人臣一旦功高震主，处境就十分危险了，劝告韩信认真思考这个问题。韩信回答说："汉王待我很厚，让我乘他所乘的车子，穿他所穿的衣服，吃他所吃的饭食。我听说，乘主人车子的人应当与之共患难，穿主人衣服的人应当与之同忧愁，吃主人饭食的人应当为之效死。我怎么能为了自己的私利而背信弃义呢？"韩信不忍心背叛汉王，自以为功劳很大，汉王不会亏待他，又谢辞蒯通的劝告。

汉王五年（前202年）十月，汉王率军追击楚军抵达固陵（位于今河南省太康县南）。而韩信未能如约按时率部赶到会师地点，致使汉军失败。汉王强压怒火，采用张良的计谋，把陈县（位于今河南省淮阳县）以东到沿海地区正式封给齐王韩信。韩信随即率三十万军士与汉王在垓下（位于今安徽省灵璧县南）会师，将楚王项羽的军队彻底击溃。

楚军主力覆灭后，鲁城（位于今山东省曲阜市）守将不肯投降，汉王领军向北攻克鲁城。接着，他回师定陶（位于今山东省定陶县），突然进入韩信军营，宣布免去韩信在齐国的军权。

同年正月②，汉王刘邦称帝，为汉高祖。汉高祖随即将韩信改封为楚王（王府设在下邳，位于今江苏省睢宁县西北）。

---

① 文种和范蠡同为春秋晚期越国（都会稽，位于今浙江省绍兴市）大臣。越王勾践三年（前494年），越军被吴国（都吴，位于今江苏省苏州市）军队击败。文、范二人全力协助越王治政，经过二十多年准备，越国于越王勾践二十四年（前473年）出兵攻灭吴国。不久，范蠡隐居齐国，写信给文种以"飞鸟尽，良弓藏，狡兔死，走狗烹"，劝文种功成身退。文种犹豫而没有断然离走，被勾践逼令自杀。

② 当时每年纪月从十月开始。

## 受禁谋反旋被诱杀

韩信有个老朋友名叫钟离眛,原是楚军将领。项羽败亡后,他投奔到韩信军中。汉高祖听说后对韩信更为怀疑,传令将钟离眛逮捕。

韩信受封楚王后,外出巡视州县,总是列兵进出,大摆威风。有人以此上书诬告他谋反。

汉高祖六年(前201年)十月,高祖采用护军中尉(负责监督和协调诸将)陈平的计谋,亲自来到楚国西部的陈县,以邀集诸王群臣巡视云梦泽(位于今湖北省潜江市西南)为名,准备在陈县诱捕韩信。

此时,韩信已察觉到高祖顾虑他善于指挥作战,对他怀有疑忌。但他自认为无罪,接到通知后如期前往陈县。为了证明自己的清白,他特意将畏罪自杀的钟离眛的头砍下来,带去拜见高祖。

韩信抵达陈县后,汉高祖当即下令将他逮捕。对于这突如其来的变故,韩信忧愤无比,不禁仰天长叹:"果然如人们所说的那样,'狡兔死,良狗烹;飞鸟尽,良弓藏;敌国破,谋臣亡'。如今天下已经平定,我亦该被烹杀了!"汉高祖对韩信说:"有人告发你谋反。"韩信认为,对于这一指控,他自己无论如何也说不清、道不明,请求高祖派人调查。汉高祖没有查到韩信谋反的实据,只好下令将他押到洛阳释放,改封他为淮阴侯。之后,韩信被移至京都长安(位于今陕西省西安市)软禁。

从此,韩信怨恨在心,闷闷不乐。他知道高祖惧怕和憎恶他的才能,常常称病不去上朝。一次,汉高祖向韩信问道:"你看我能带多少兵?"韩信回答说:"陛下不过能带十万兵。"汉高祖转问韩信:

# 一、触犯君王　祸水泱泱

"你能带多少兵呢?"韩信说:"如果让我带兵,是越多越好!"汉高祖对韩信的回答极为嫉恨。

汉高祖七年(前200年),阳夏侯陈豨受命为钜鹿郡(治所位于今河北省鸡泽县北)太守。陈豨去向韩信辞行时,韩信拉着他的手仰天长叹:"可以跟你说句心里话吗?"陈豨回答:"一切听从将军的号令。"韩信说:"你要去的地方,是天下精兵集聚的地方,我替你起兵呼应,天下是可以夺取的。"陈豨表示同意。

汉高祖十年(前197年)九月,陈豨反叛朝廷,自称代王。汉高祖亲自率军去平叛。韩信称病没有随军出征,而是暗中派人去与陈豨串通,鼓动他向西出兵,称自己将在京都作为内应。

第二年(前196年)正月,韩信乘汉高祖出征之机与门客密谋,想在夜里假传诏令赦放囚犯,并率领囚犯去袭击吕后和太子刘盈。未等韩信行动,此事已被他的一个门客之弟告发。

吕后想召见韩信,将他逮捕,又担心韩信不肯就范,便与丞相萧何商议,令人伪装成汉高祖从前方派回来的使臣,传告陈豨已被抓住斩杀,通知大臣入朝庆贺。韩信接到通知后不太想去。萧何诓骗他说:"平定陈豨叛乱是件大喜事,你虽然有病,也得进宫庆贺。"韩信没有料到这是萧何为他设下的陷阱,也就随着众臣入宫。他刚一走进宫门,一群武士突然冲上来将他逮捕。吕后当即下令将韩信押至长乐宫悬钟室斩杀,随后又令人诛灭韩信的家族。

汉高祖平息陈豨叛乱后回到京城,得知韩信已被处死,向吕后询问:"韩信临死时说了什么话?"吕后回答说:"韩信说他悔恨没有听蒯通的话。"

《史记》卷九十二　淮阴侯列传
　　　　　卷七　项羽本纪
　　　　　卷八　高祖本纪
《资治通鉴》卷十一·汉纪三　汉高祖五年
《通鉴纪事本末》卷二　高祖灭楚

## 中国古代历史风云·朝政风波（上）

**【简评】**

司马光认为："世或以韩信为首建大策，与高祖起汉中，定三秦，遂分兵以北，禽魏，取代，仆赵，胁燕，东击齐而有之，南灭楚垓下，汉之所以得天下者，大抵皆信之功也。观其距蒯彻之说，迎高祖于陈，岂有反心哉！良由失职怏怏，遂陷悖逆。""臣以为高祖用诈谋禽信于陈，言负则有之；虽然，信亦有以取之也。始，汉与楚相距荥阳，信灭齐，不还报而自王；其后汉追楚至固陵，与信期共攻楚而信不至。当是之时，高祖固有取信之心矣，顾力不能耳。及天下已定，则信复何恃哉？夫乘时以徼利者，市井之志也；酬功而报德者，士君子之心也。信以市井之志利其身，而以士君子之心望于人，不亦难哉。"（《资治通鉴》卷十二·汉纪四）

朱德认为：汉高祖"以莫须有三字除功臣，良心何在？无一兵一将，何以谋反？自古以'反'字冤杀亲干功臣也。汉高祖真无赖子，国家已平，无事做，将功臣尽诛之，又骗人谋反，实心坏已极"。（《毛泽东读书笔记》上·朱德读司马迁《史记·高祖本纪》的批语）

笔者认为，刘邦本是乡间一小官吏，他的君权并非天授，而是在众多文臣武将的帮助下夺取的。刘邦即帝位后称："夫运筹于帷帐之中，决胜于千里之外，吾不如子房；镇国家，抚百姓，给馈饷，不绝粮道，吾不如萧何；连百万之军，战必胜，攻必取，吾不如韩信。此三者，皆人杰也，吾能用之，此吾所以取天下也。"（《史记》卷八·高祖本纪）而在三杰中，韩信的功劳最大，没有韩信，刘邦不可能夺取天下。韩信本来并无反叛刘邦之心。他的过失在于居功自傲，急于封王，固陵失约也是一过。把韩信请求封王视为大逆不道，把刘邦听信诬告软禁韩信视为天经地义，是将刘邦的权力神圣化了。韩信后来谋反，在很大程度上是由于刘邦等人逼迫的。

一、触犯君王　祸水泱泱

# 彭越未去拜帝

汉高祖十年(前197年)秋天,赵国①相国(丞相)陈豨在代地举兵反叛朝廷。汉高祖刘邦亲自率军讨伐陈豨。高祖一行抵达邯郸后,向梁王彭越②征调兵马。梁王彭越推说有病,没有去邯郸朝拜高祖,派其部将领兵赴邯郸听命。汉高祖对彭越没有亲自来拜见他一事十分恼火,派人去定陶对梁王指责了一通。

彭越害怕了,想亲自去邯郸向汉高祖赔罪。他的部将扈辄劝告说:"大王开始没有去拜见皇上,受到责备。这时再去皇上那里,准会被捉拿。与其这样,不如起兵造反。"于是,彭越没有再去邯

---

① 汉高祖九年(前198年),汉高祖刘邦封代王刘如意(汉高祖戚夫人生)为赵王,王府设在邯郸,位于今河北省邯郸市,辖云中(治所位于今内蒙古托克托县东北)、雁门(治所位于今山西省右玉县南)、代郡(治所位于今河北省蔚县东北)三郡。

② 彭越原是秦昌邑(位于今山东省巨野县南)豪杰。汉王二年(前205年),彭越率三万兵士投归汉王刘邦。汉王三年(前204年),彭越为解楚王项羽率兵围攻汉王之急,领兵攻下楚王控制的十七座城,牵制楚军对荥阳的包围。汉王五年(前202年),彭越领兵攻下昌邑等二十余城,缴获粮食十余万斛,供给汉王。接着,彭越率部配合汉王大军在垓下(位于今安徽省灵璧县南)彻底击溃楚军。彭越以功受封为梁王,其王府设在定陶,位于今山东省定陶县西北。

郸,但他亦无意起兵反叛朝廷,索性称病,企图蒙混过关。

彭越一向厌恶太仆(主管王府车马的官员),扬言要杀死他。太仆逃到高祖那里,诬告彭越同扈辄谋反。汉高祖随即派人去定陶召见彭越等人,突然宣布其罪状,将其逮捕,押到洛阳囚禁。有关部门审理认定,彭越已经构成反叛罪,奏报将彭越处死。

汉高祖念及彭越过去的军功,下令赦免其死罪,把他贬为平民,流放到蜀地青衣县(位于今四川省名山县北)。

彭越被押至郑县(位于今陕西省华县)时,遇上从都城长安去洛阳的皇后吕雉一行。彭越向吕后哭诉,申辩自己无罪,请求让他回到故乡昌邑定居。吕后当即答应彭越的这一要求,把他带回洛阳。

彭越万万没有料到,吕后居心歹毒,要把他置于死地。他被押回洛阳囚所后,日夜等待吕后施恩,期盼返还故乡。吕后却对高祖说:"彭越是个壮士,如果把他流放到蜀地,将来必有后患,不如现在就把他杀掉!我已经把他带回洛阳来了。"汉高祖认为吕后说得有道理,点头同意。随后,吕后授意彭越的仆人,让他诬告彭越回到洛阳后又在谋反。廷尉(最高审判机关长官)王恬以此定案,奏请将彭越处死灭族。汉高祖随即下令将彭越斩首并诛灭其三族。

《史记》卷九十 彭越列传

【简评】

彭越曾为汉高祖刘邦夺取天下立下汗马功劳,却因为没有去邯郸朝拜高祖而受到指斥。之后,有人诬告他谋反。据此,汉高祖竟下令将彭越逮捕,贬为平民。接着,汉高祖居然听信吕后之言将彭越处死并灭族。汉高祖和吕后枉杀功臣,足见其为人薄情寡义。

一、触犯君王　祸水泱泱

# 邓通富极饿死

邓通是西汉蜀郡南安(位于今四川省乐山市)人,因善于划船,被召入宫中为黄头郎(侍从皇帝外出行船的官员)。一次,汉文帝做梦想上天,急着上不去,梦见一个腰带向后打结的黄头郎从身后把他推上了天。汉文帝圆了登天美梦,很是感激那个推他上天的黄头郎。为此,他暗暗对宫中的黄头郎加以观察,不久竟发现一个腰带向后打结的黄头郎,和梦中推他上天的那个黄头郎长得很像。

汉文帝随即召见这个腰带向后打结的黄头郎,询问他的姓名,知道他叫邓通。汉文帝见邓通忠诚老实,提任他为上大夫(地位仅次于丞相),赏赐他数万两金银。此后,汉文帝把邓通看成是吉祥如意的象征,经常带邓通外出,并多次到邓通家里消闲娱乐。他特别关注邓通的命运,特意令人请来一个善于看相的人,给邓通看相。看相人说:"邓大人最后会因贫穷饿死。"汉文帝不以为然地笑着说:"邓通能不能富裕由我决定,他怎么会贫穷呢?"汉文帝下令将蜀郡严道县(位于今四川省荥经县)铜山赐给邓通,特许他自行铸钱。于是,"邓通钱"流通天下,邓通成为全国数一数二的巨富。

邓通无意中得到汉文帝如此宠遇,自然也甘愿尽心报恩。后来,汉文帝身上长了痈疽,邓通常常趴下身,嘴贴其患处,为他吸吮脓水。汉文帝有些苦闷,也很为之感动,向邓通问道:"天下对我最好的人是谁呢?"邓通回答说:"没有人能比得上太子对皇上孝心。"

不久，太子刘启入宫问候父皇，汉文帝要太子为他吸吮痈疽。太子虽然遵命了，但面色很勉强。过后，太子听说邓通经常为汉文帝吸吮痈疽脓水，心中感到惭愧，由此暗暗怨恨邓通。

汉文帝后元七年（前157年）六月，汉文帝病逝，太子刘启继位为汉景帝。汉景帝即位后便免去邓通官职，让他在家闲居。之后，有人告发邓通私自到铜山境外铸钱。汉景帝把此事交给司法部门审理，经查属实。据此，汉景帝下令没收邓通全部家产，邓通缴纳应追缴的款额后，尚欠缺数万两银子债款。这样，邓通从亿万富翁一下子沦落为负债累累的穷光蛋。

汉景帝的姐姐长公主刘嫖念及邓通曾忠心侍奉父皇，派人送给邓通一些钱财。每次，长公主的钱财刚刚送来即被官吏没收入官库，邓通一文钱也不能进入腰包，连一根玉簪也没有得到。邓通穷困无奈，只好四处乞食，最终饿死在别人家里。

《史记》卷一百二十五 佞幸列传

## 【简评】

邓通本无大的过失，他对皇帝侍奉过于殷切，使太子为之难堪，引起太子忌恨。太子继位为帝后，借故下令抄没他的家产。从邓通身上可以看到做人难，做一个忠心侍君的臣子更难。

一、触犯君王　祸水泱泱

# 周亚夫狱中绝食

　　周亚夫是西汉丞相绛侯周勃的次子。当初,周亚夫在担任河内郡(治所位于今河南省武陟县西南)太守的时候,曾请看相先生许负为他看相。许负对他说:"您三年以后将被封为侯;封侯八年后能当上将军和丞相,主管朝廷军政大事,位高权重;再过九年您会饿死。"周亚夫不以为然地笑了笑说:"既然像先生说的那样富贵,怎么会饿死呢?"许负回答说:"你的嘴边有竖纹入口,这是饿死的相貌。"

　　汉文帝十一年(前169年),绛侯周勃去世,其侯位由其长子周胜之继承。周胜之是汉文帝的女婿,与公主感情不合,又犯了杀人罪。由此,周胜之侯位被废。汉文帝让周亚夫承袭其父侯位,封他为条侯。

　　汉文帝后六年(前158年),匈奴①出动六万名骑兵入侵西汉北部边境。周亚夫由河内太守调任将军,驻守细柳(位于今陕西省咸阳市西南渭河北岸),以防御匈奴骑兵。周亚夫所建的细柳军营壁垒森严,不准人随意出入。一天,汉文帝派人传话要来视察军营,周亚夫没有让传令官进入军营。不久,又有官员来通知说皇帝驾到,周亚夫的部将回答说:"军营将士只听主将的命令,不直接接

---

① 西汉北方部族,游牧地位于今内蒙古及其以北地区。

受皇上的圣旨。"他们仍然紧紧关闭军营大门。汉文帝只好派使臣持符节（用金属、玉或竹木制作表示受皇帝之命的凭证）去周亚夫军营,传令说皇上要来军营慰劳将士,周亚夫这才命令打开军营大门。周亚夫全身披甲一副临战状态,迎见文帝时只行军礼,而没有行叩拜之礼。汉文帝对周亚夫严于治军十分赏识,随后任命周亚夫为中尉（主管京都治安的将领）。

后来,汉文帝患了重病。他在去世之前,特意告诫太子刘启说:"今后国家如果有什么急事,周亚夫可以领兵担当重任。"

汉景帝三年（前154年）正月,吴王[①]刘濞经过长期准备,串通楚王[②]刘戊等六王发动叛变。汉景帝刘启任命周亚夫代行太尉（代理最高军事将领）职务,率军讨伐叛军。周亚夫仅用了三个月时间即平息吴、楚七国叛乱。为此,汉景帝下令重新设立太尉这一职位,任命周亚夫为太尉。汉景帝五年（前152年）,周亚夫改任丞相。

汉景帝七年（前150年）正月,景帝不再宠爱栗姬,决意废去栗姬所生的太子刘荣。周亚夫以太子无过极力劝阻。景帝没有听取周亚夫的意见,由此对周亚夫开始疏远。

窦太后（汉景帝之母）提出要将王皇后之兄王信封侯,汉景帝推辞,窦太后坚持。母子俩相持不下,汉景帝退避说,此事得同丞相商量后才能定。汉景帝征询周亚夫的意见,周亚夫态度非常鲜明,对汉景帝说:"当年高帝规定:'不是刘家皇族子弟,不得封王;不是立有大功的人,不得封侯。谁不遵守这一规定,普天之下的人就应当共同讨伐他。'王信虽然是皇后的哥哥,但没有功劳,给他封侯违背高帝规定。"由于周亚夫持反对意见,王信封侯一事搁下。

此前,在平息吴、楚七国之乱时,周亚夫没有应梁王刘武（窦太

---

[①] 王府设在广陵,位于今江苏省扬州市。

[②] 王府设在彭城,位于今江苏省徐州市。

## 一、触犯君王　祸水泱泱

后次子、汉景帝之弟)之请及时派兵救援梁国①,得罪了刘武。为此,窦太后已对周亚夫心怀不满。这次,周亚夫又搬出高帝的圣旨压制她的主张,更激起窦太后对他的嫉恨。

汉景帝中三年(前147年),匈奴王唯、徐卢等五人投降汉朝。汉景帝想将王唯、徐卢等人封为侯,以使匈奴人效法他们。周亚夫劝阻说:"他们背叛自己的君主来投降陛下,陛下如果封他们为侯,这样还怎么惩罚不守节操的臣子呢?"汉景帝没有听取周亚夫的意见,随即把王唯、徐卢等人封为侯。周亚夫气得称病不肯上朝。汉景帝就此以周亚夫有病而罢免了他丞相职务。

不久,汉景帝宴请周亚夫。席上只摆着一盘没有切开的肉,且没有放筷子。周亚夫见情况不同平常,心里感到纳闷,回头呼喊主管宴席的官员拿筷子来。汉景帝指着那块没有切开的肉,笑着对他说:"这还不够你吃吗?"周亚夫感觉受到侮辱,当即脱下帽子,向景帝谢辞,转身扬长而去。汉景帝没有料到周亚夫会离席,显得很尴尬,睁大眼睛看着周亚夫出门,对身边侍从说:"这个人牢骚满腹,今后不能担任少主的大臣!"

经过这次刺激,周亚夫气恼成疾,病得很重。他的儿子在为他安排后事时,买了五百件盔甲盾牌,以备殉葬。这些雇来搬运盾牌的劳工没有拿到工钱,便诬告周亚夫的儿子谋反。周亚夫受到牵连。汉景帝指派官员对周亚夫加以责问,周亚夫拒绝回答。汉景帝大为恼火,下令把周亚夫逮捕,交给廷尉治罪。

廷尉责问周亚夫说:"你想造反吗?"周亚夫回答说:"我是快要死的人了,所买的东西都将用于殉葬,怎么能说我要造反?"审判官接过他的话说:"你活着虽然没有造反,但死后想造反。"周亚夫对审判官这种无稽之谈嗤之以鼻。

周亚夫被捕时,就想自杀。经其夫人苦心劝慰,他才打消了这

---

① 王府设在睢阳,位于今河南省商丘市南。

个念头。他被关进监狱后,审判官对他严加逼供。周亚夫不屑于同他们争辩,绝食五天,吐血而死。

《史记》卷五十七 绛侯周勃世家

## 【简评】

周亚夫身居高位,刚正不阿,正是这种刚强的性格酿造了他的人生悲剧。他最终入狱致死,是因为"足己而不学,守节不逊,终以穷困"。(《史记》卷五十七·绛侯周勃世家)

一、触犯君王　祸水泱泱

# 沈怀文受友牵连

南朝宋①元嘉三十年(453年)二月,太子刘劭杀死其父宋文帝,自立为帝。不久,武陵王刘骏(宋文帝第三子)自五洲(位于今湖北省浠水县浠水口与巴河口之间的长江中)起兵讨伐刘劭。刘劭要中书侍郎(主管拟草诏令的副官)沈怀文拟草讨伐刘骏的檄文,沈怀文坚持不肯答应。刘劭勃然大怒,将笔摔到地上,质问他:"眼下形势危急,你难道想逃避吗?"在场的侍中(侍从皇帝的主官)殷冲为他讲情,沈怀文才幸免于难。之后,沈怀文谎称骑马摔伤,逃到新亭(位于今江苏省南京市西南)。

当年四月,刘骏在新亭即位,为宋孝武帝。接着领兵攻入建康,击杀刘劭。沈怀文受任竟陵王刘诞(宋文帝第六子)卫军记室参军(主管军事文秘)。后来,他以政绩屡经提任为侍中。沈怀文与右将军、东扬州(治所位于今浙江省绍兴市)刺史(军政长官)颜竣和庐陵(治所位于今江西省吉水县东北)内史(行政长官)周朗共事多年,关系密切。

宋孝武帝称帝后,大兴土木。颜竣"谏争恳切,无所回避",得罪了宋孝武帝。大明三年(459年),宋孝武帝以"讪讦怨愤"的罪名下令将颜竣处死。

---

① 都建康,位于今江苏省南京市。

第二年,周朗也因上书言事触怒宋孝武帝,被革职处死。

宋孝武帝知道沈怀文同颜、周二人关系要好,对沈怀文也产生戒备。一次,宋孝武帝对沈怀文说:"颜竣如果知道我会把他杀掉,恐怕也不敢老是同我唱反调吧?"沈怀文听出孝武帝话中有话,默然不作回答。又一次,沈怀文与其同僚应召去拜见孝武帝。路上,侍中王景文称赞颜竣和周朗都是优秀人才,沈怀文附和王景文的意见。之后,侍中颜师伯将这一情况报告孝武帝。由此,宋孝武帝对沈怀文更加厌恶。沈怀文见孝武帝"游幸无度",曾同王景文一起加以劝谏。宋孝武帝很不高兴,板着面孔斥责道:"你们想学习颜竣吗?颜竣那个小子,我恨不能用鞭子抽打他的脸!"

宋孝武帝常常举行宴会,每次总是要在座的王公大臣喝得酩酊大醉。沈怀文向来不饮酒,也不喜欢参与宴会上的娱乐活动。宋孝武帝以此指责沈怀文"故欲异己"。吏部尚书(朝廷主管官吏任免的部门长官)谢庄曾告诫沈怀文说:"你老是同别人不一样,在现在这个位子上能呆多久啊?"沈怀文回答说:"我从小就不喜欢违心做人,几十年养成的性格怎么能一下子改掉?我不是故意标新立异,只是秉性难以改变而已。"

大明五年(461年),宋孝武帝将沈怀文贬为广陵(治所位于今江苏省扬州市)太守。第二年,沈怀文奉命回朝廷述职。述职之后,宋孝武帝要沈怀文立即返回广陵。沈怀文以女儿有病请假获准在京都留住三天。三天过后,沈怀文还没有动身。有人弹劾他延误行期。宋孝武帝随即下令免去沈怀文职务,并规定十年内不得重新起用他为官。

沈怀文被免官后,把自己的住宅卖掉,准备回到老家武康(位于今浙江省德清县西)去。宋孝武帝听说后大为恼火,借此下令将沈怀文逮捕入狱,并逼令他在狱中自杀。

《宋书》卷八十二 沈怀文传

卷七十五 颜竣传

《南史》卷三十四 沈怀文传

# 一、触犯君王　祸水泱泱

【简评】

　　沈怀文有其独立的人格,不肯附和达官贵人酗酒酣歌。他拒绝为弑父自立的刘劭拟草檄文,"屡经犯忤"劝谏宋孝武帝善政爱民,不失为一名正直官员。他因友人被杀而受到宋孝武帝猜忌,以致被贬斥关杀。大臣一旦被帝王怀疑很难不遭此祸难。

# 阮佃夫图谋废帝

南朝宋泰豫元年（472年），宋明帝刘彧病逝。时年九岁的太子刘昱继位为帝，史称后废帝。几年后，后废帝长成少年。他不受其母陈太妃的管束，经常带着针、锥、凿、锯等凶器外出，遇上男女行人或狗马牛驴，就要将其杀死。一次，后废帝亲手用铁椎插入一妇人的阴部，身边侍从见状皱起眉头。后废帝勃然大怒，当即令皱眉的侍从脱去上衣站立，用矛刺穿他的肩胛。后废帝"天性好杀，以此为欢"。民户百姓吓得白天不敢开门，路上几乎看不到行人。朝廷文武百官人人自危，惶惶不可终日。冠军将军阮佃夫对后废帝这样恣行无道深恶痛绝，决意为民除去这个恶魔。

元徽五年（477年）春天，后废帝准备去江乘（位于今江苏省句容市北）射猎野雉。阮佃夫与直阁将军（皇帝贴身警卫将官）申宗伯，步兵校尉（级别低于将军的武官）朱幼、于天宝等人秘密策划，准备乘后废帝出猎之机，将其逮捕，废其帝位，立安成王刘准（宋明帝第三子）为帝。

当天，后废帝没有按原计划去江乘狩猎。参与预谋的于天宝则向后废帝告发阮佃夫等人的密谋。后废帝随即下令将阮佃夫、申宗伯、朱幼等人逮捕并处死。

《宋书》卷九 后废帝纪
卷九十四 阮佃夫传

# 一、触犯君王　祸水泱泱

**【简评】**

　　阮佃夫早年为湘东王刘彧(宋前废帝刘子业之叔)主衣(主管衣服饰物)。前废帝暴虐猜忌,滥杀无辜,将刘彧关押准备处死。阮佃夫串通前废帝主衣寿寂之等人杀死前废帝。后废帝嗜杀成性,阮佃夫又图谋废其帝位。帝王无道危害天下,大臣图谋将其废黜,改立新帝,是正义的行动。阮佃夫没有料到其同谋者叛变告密,系察人不慎。

# 谢超宗出言不逊

南齐①祭祖郊庙建成后,齐高帝肖道成令黄门郎(侍从皇帝的官员)谢超宗同司徒(宰相)褚渊、侍中谢朏、散骑侍郎(皇帝侍从顾问官)孔稚珪等十名文章高手为郊庙拟草颂词。谢超宗撰写的颂词以词句精湛达意被齐高帝选用。

谢超宗恃才嗜酒,常常口出狂言。有一次,齐高帝召见谢超宗,同他谈及如何防范北魏②军队南下侵扰一事,谢超宗随口答道:"胡虏(北魏)南侵已有二十年,就是活佛出来也没有对付他们的好办法!"齐高帝对谢超宗这样的回答大为不快,不久把他贬为雍州(治所位于今湖北省襄樊市)刺史南郡王肖长懋王府中军司马(主管军事的属官)。

谢超宗受贬后心怀不满。有人问他:"听说你接到朝廷的调令,把你调到哪个府上去了?"谢超宗回答说:"我不知道什么是司马,以为是司驴;既然是驴府,我的职务应当是司驴。"有人把他这话奏告朝廷。齐高帝随即下令将谢超宗罢官,并禁令十年内不得起用他为官。

建元四年(482年),齐武帝肖赜将谢超宗召回朝廷,让他主持

---

① 都建康,位于今江苏省南京市,当时拥有淮河以南地区。
② 都平城,位于今山西省大同市,当时拥有淮河以北地区。

编修国史。为时不长,谢超宗又因说话触犯皇帝被下放到南徐州(治所位于今江苏省镇江市)刺史竟陵王肖子良王府担任征北谘议参军(军事参谋官)、领记室(主管文书)。谢超宗再次受贬更加郁郁不得志。

永明元年(483年)五月,谢超宗的亲家护军将军(主管京都以外部队)张敬儿因贪赃枉法被处死。谢超宗为之愤愤不平,在丹阳尹(京都地区行政长官)李安民(《南史》记作李安人)面前煽动说:"去年杀了韩信,今年又杀了彭越①,府尹大人可有什么打算?"李安民把谢超宗对他说的话报告了朝廷。

齐武帝本来就厌恶谢超宗"轻慢",听了李安民的奏报后非常恼火。齐武帝认为:"谢超宗同情大逆不道的罪犯,而且滋衅生事,罪当处死。"他当即指令中丞(最高监察机关长官)袁彖、左丞(相当于宰相助理)王逡之等人弹劾谢超宗,下令将他收捕入狱。谢超宗入狱后极为忧愤,一夜之间,他的头发全白了。

不久,谢超宗被判处流放越巂(位于今四川省西昌市东南)。当谢超宗走到豫章(位于今江西省南昌市)时,齐武帝指令豫章内史虞悰逼令他自杀。

《南史》卷十九 谢超宗传
《南齐书》卷三十六 谢超宗传

【简评】

"言有召祸",(《荀子·劝学篇》)为人说话必须慎重。谢超宗自恃才高,出语狂妄,由此惹祸。

----

① 汉高祖五年(前202年),汉王刘邦称帝后,按军功封将军韩信为楚王、彭越为梁王。汉高祖十一年(前196年),刘邦以谋反罪先后将韩信、彭越杀死。此处借指张敬儿等人有功被杀。

# 元谐骂隋文帝

元谐是北周①河南洛阳人,早年在国子学(朝廷主办的最高学府)与杨坚同学,彼此十分友爱。后来二人俱入仕途,元谐担任大将军,杨坚升任丞相,关系更为亲密。元谐对杨坚说:"你这个做丞相的,要是没有几个得力亲信支持,就如同水中墙一样,时间长了必然要倒塌。但愿你记住我这句话。"

北周大定元年(581年)二月,杨坚废黜周静帝,改国号为隋,即位为隋文帝。在开国庆典的宴会上,隋文帝忆及元谐当年说过的话,笑着对元谐说:"'水中墙'今天怎么样?"元谐为他称帝祝贺,宴会的气氛极为欢快。之后,隋文帝任命元谐为上大将军,让他参与修订国家的法律条令。

隋开皇元年(581年)八月,吐谷浑②乘隋朝刚刚建立、局势尚未稳定之机,出动数万名骑兵入侵凉州(治所位于今甘肃省武威市)。元谐受命行军元帅,率军将吐谷浑军击败。隋文帝非常高兴,发布嘉奖令,称赞元谐"功成疆场"、"誉流朝野"。元谐对隋文帝说:"我是一心为陛下效命,不愿曲意奉迎别人。"隋文帝回答说:

---

① 都长安,位于今陕西省西安市。

② 游牧区位于今甘肃省南部及青海省。可汗(国王)居伏俟城,位于青海湖西岸布哈河河口附近。

## 一、触犯君王　祸水泱泱

"但愿你始终履行这一诺言。"随着时间的推移,隋文帝觉得继续把元谐留在朝廷对自己不利,便任命元谐为宁州(治所位于今甘肃省宁县)刺史。元谐性格豪爽,出任宁州刺史后,处事武断,不久因公事失误被免职回京。

元谐免职闲居后,与上柱国(虚职一品武官)王谊经常往来。二人都是开国大臣,因为得不到任用,在一起发些牢骚。有人据此诬告他们谋反。此事经查虽无实据,隋文帝却由此对元谐和王谊心存戒备。

开皇五年(585年)四月,有人又告发王谊有怨恨皇帝的言论。隋文帝随即派人逼令王谊在家中自杀。此后,隋文帝对元谐更为戒备,但仍让他享受大臣的礼遇。

元谐在家闲居依然关心国事。他目睹突厥①骑兵常常南下侵扰、江南之地仍为陈叔宝②占据,很想重上战场,为国立功。一次,在隋文帝招待文武百官的宴会上,元谐对隋文帝说:"陛下的威望和功德远播天下,臣请求重返战场,南征北战,活捉突厥可汗,让他做我朝候正(守望警卫官员);活捉陈叔宝,让他做我朝令史(文书官员)。"隋文帝对元谐此话感到厌恶,回答说:"我要平定陈朝,目的是讨伐罪人,并不是想荒诞自夸,扬威天下。你所说的不符合我的心意。突厥可汗不熟悉我朝山川地形,怎么能担任警卫!陈叔宝荒淫昏醉,哪能供驱使!"元谐被隋文帝当众奚落一通,只好"默然而退"。

后来,有人举报元谐同其堂弟上开府(三品虚职文官)元滂等人谋反。隋文帝下令调查。有关部门调查获悉,一次,元谐同元滂一同上朝,元谐悄声对元滂说:"坐在皇位上的那人是个贼!我才

---

① 隋北方邻国,可汗庭设在郁督军山,位于今蒙古国杭爱山东段。
② 陈朝最后一代皇帝。隋开皇九年(589年),隋军攻入陈都城建康(位于今江苏省南京市),陈叔宝亡国被俘。

该当国主。"隋文帝听了奏报后勃然大怒,当即下令将元谐等人处死,并抄没其家产。

《隋书》卷四十 元谐传<br>卷一 高祖纪上

**【简评】**

　　元谐与杨坚同学当年亲密无间。杨坚称帝后,与元谐由要好同事关系变成君臣关系,对元谐产生戒备,将其免职。元谐不识时变,为之怨愤怒骂,引来杀身之祸。

一、触犯君王　祸水泱泱

# 李君羡小名犯讳

　　李君羡是隋洺州武安(位于今河北省武安市西南)人。唐朝初年,他脱离在东都(位于今河南省洛阳市)称帝的原隋朝太尉(最高军事将领)王世充,率部归附唐高祖李渊,受任上轻车都尉(侍从武官)。后来,他跟随秦王李世民南征北战,参加讨伐王世充军以及农民起义军窦建德部、刘黑闼部,屡建战功,被提任为左卫府中郎将(警卫部队将领)。

　　唐武德九年(626年)八月,唐高祖退称太上皇,太子李世民即位为唐太宗。当月,突厥颉利可汗(国王)率军南侵,抵达唐京都长安北面的渭水桥,京都戒严。李君羡等率领部众将突厥军击退。唐太宗高兴地说:"假如都能像李君羡这样英勇善战,胡虏来犯还有什么可忧惧的!"于是,唐太宗加封李君羡为武连县公(《旧唐书》记为武连郡公)。

　　贞观初年(627年),天空出现异常现象,在白天人们常常能看得见太白星(即金星,又名启明星)。太史(主管天文、历法、祭祀的官员)占卜说:"这是要出女皇帝的预兆。"这期间,民间谣传"将有姓武的女人当皇帝"。对于天象占卜和民间谣言,唐太宗深恶痛绝。

　　当时,李君羡任左武卫将军,负责警卫玄武门。一次,唐太宗在宫内宴请武官。席间行酒令,要各人自报小名。轮到李君羡时,他自报小名叫"五娘子"。唐太宗听说后,顿时联想到太史的占卜和民间谣传,不由得大吃一惊,转而强作欢笑,对李君羡说:"叫什么女人名字,你可是一名猛将啊!"

李君羡出言无意,唐太宗从此却对他心存戒备。他发现李君羡的原籍"武安"和封地"武连"皆有"武"字,又把女武皇的谣言与李君羡的小名"五娘子"联系在一起,以为"五"即是"武",认定李君羡就是天象占卜和民间谣传的女武皇。

不久,唐太宗将李君羡调离京都,让他赴华州(治所位于今陕西省华县)担任刺史。接着,御史(最高监察机关官员)经人授意,告发李君羡与妖人员道信"潜相谋结,将为不轨"。唐太宗随即下令将李君羡处死。

《旧唐书》卷六十九 李君羡传
《新唐书》卷九十四 李君羡传

## 【简评】

李君羡因小名犯讳被杀,固然冤枉,可唐太宗之后真的出了个姓武的女皇帝,为天象占卜和民间谣言所言中,确实令人感到费解。唐太宗枉杀李君羡而忽视他身边有个姓武的后妃。这个后妃名叫武则天,当时只是才人(低级后妃名号)。唐太宗去世后,太子李治继位为唐高宗,将已经迁至寺庙削发为尼的武则天接回后宫,立为皇后。唐高宗去世后,武则天以皇太后控制朝政。载初元年(690年)九月,武太后令唐睿宗李旦(武则天第四子)退位,自称圣神皇帝,将国号唐改为周。太史占卜天象、民间相关谣传及李君羡死因如果不是后人编造,那么此事值得研究。

一、触犯君王　祸水泱泱

# 杨邠要帝勿言

后汉①乾祐元年(948年)春天,后汉高祖刘知远病逝,其子刘承祐继位为后汉隐帝。后汉隐帝尊奉其母李皇后为皇太后,由中书侍郎同平章事(宰相)兼吏部尚书杨邠等人辅佐朝政。

杨邠为官公正,"居家谢绝宾客"。后汉隐帝时年十八岁,对杨邠阻止前宰相苏逢吉滥任官职的做法十分支持。在任用官员之前,隐帝总是先同杨邠商量,充分尊重杨邠的意见。杨邠却自以为是,数次拒绝后汉隐帝的意见。

李太后之弟武德使(负责监察官员出入宫门)李业见宣徽使(主管朝会礼仪等)职位空缺,想改任这一职务。为此,李太后和后汉隐帝私下特意去杨邠家造访。杨邠以"朝廷内史,迁拜有序,不可超居"为由,没有同意对李业职务的调整。

后汉隐帝想将他宠爱的耿夫人立为皇后,杨邠认为隐帝即位不久,以立皇后不宜"太速"加以劝止。不久,耿夫人病逝,后汉隐帝想以皇后的礼仪进行安葬,又受到杨邠阻止。为此,后汉隐帝心里很不高兴。

一次,后汉隐帝同杨邠等几位大臣商量某件大事。后汉隐帝要杨邠等人考虑周密一些,以免让人说三道四。杨邠当即回答说:

---

① 都开封,位于今河南省开封市。

"陛下不必多说，有臣下在，不会出问题。"后汉隐帝对杨邠不让他说话极为恼火，强忍着没有发作。在场的大臣无不为杨邠出语冒犯皇上而胆颤心惊。

左右侍臣看出隐帝恼恨杨邠，伺机向隐帝进谗言说："杨邠专横到了极点，最终必然要作乱。"隐帝对此话信以为真。有天夜晚，后汉隐帝听见附近作坊里传来打铁声，怀疑有人连夜在赶制兵器，忧愁到天亮都没有入睡。从此，后汉隐帝起意想把杨邠除掉。

李业未能调任宣徽使，对杨邠怀恨在心。杨邠当政后，后汉隐帝亲信侍臣枢密承旨（负责传达皇帝诏令）聂文进、飞龙使（主管皇帝的车马）后匡赞（《旧五代史》、《新五代史》记作后赞）、翰林茶酒使（主管皇帝的茶和酒）郭允明等人的职务一直没有得到提升。聂、后、郭等人对杨邠亦十分怨恨。

乾祐三年（950年）十一月，李业、聂文进、后匡赞、郭允明等人与后汉隐帝密谋，准备杀死杨邠。当后汉隐帝和李业将这一计划报告李太后时，却遭到李太后的反对。后汉隐帝当即拂袖而去，怒气冲冲地说："国家大事，不是妇人们能懂得的！"

当月十三日清晨，杨邠像往常一样早早入朝。未等他进入广政殿，数十名武装兵士突然冲上来，将杨邠等人杀死在东边的走廊上。随后，后汉隐帝召集文武大臣，令聂文进宣布杨邠罪状，称杨邠等人因为谋反，已被处死。接着，后汉隐帝对众臣说："杨邠一直把我看成是一个幼稚无知的孩子，今天，我才真正成为你们的君主。"

《旧五代史》卷一百七 杨邠传
《新五代史》卷三十 杨邠传
《通鉴纪事本末》卷四十二 郭威篡汉

# 一、触犯君王　祸水泱泱

【简评】

　　杨邠身居要职虽没有谋私,但"秉大政而务苛细"。(《新五代史》卷三十·杨邠传)他固执己见,不尊重隐帝和太后的意见,甚至要隐帝不要多说。这样,他当然不能同隐帝久处。

# 赵德昭被议为帝

北宋开宝九年（976年），宋太祖赵匡胤病危。他遵照其母杜太后的遗命，将皇位传给其大弟赵光义①。赵光义即位为宋太宗后，将宋太祖次子（其长子赵德秀早逝）赵德昭封为武功郡王，任命他为永兴军（治所位于今陕西省西安市）节度使。

太平兴国四年（979年）夏天，宋太宗亲率大军攻打契丹②，令赵德昭随军出征。宋军在高梁河（位于今北京市西直门外）一带被契丹军击败。一天夜里，宋军军营内发生惊啸，官兵极为恐惧，众将领不知道宋太宗哪里去了。这时，有人提议想立赵德昭为帝。之后，宋太宗听说此事，心里很不高兴。

八月，宋军撤回。宋太宗恼于出师失利，不准备论功行赏。赵德昭却以其部众劳苦建议给予赏赐，无意中触怒太宗。宋太宗板着面孔对赵德昭说："你还是好好检讨一下自己吧，检讨好了，再对你行赏也不算迟！"

赵德昭碰了钉子后，才意识到太宗对前不久有人欲拥立他为帝忌恨在心。他感到有口难辩，想到今后亦不会为叔皇所容，心中忧愤难平，回到住所当天举刀自杀。

---

① 陈振著《宋史》认为，赵光义乘宋太祖病危夺取其帝位。
② 又称辽，都皇都，位于今内蒙古巴林左旗南。

## 一、触犯君王　祸水泱泱

《宋史》卷二百四十四　赵德昭传
　　　　　卷三　太祖本纪三
　　　　　卷四　太宗本纪一

**【简评】**

　　宋太宗继承其兄皇位,担心其侄赵德昭不服。军中有人动议要立赵德昭为帝,触痛了他的神经。赵德昭自杀是迫不得已。一年后他唯一在世之弟赵德芳亦"寝疾崩"。由此看出赵德昭自尽或许是明智之举。

# 完颜亨炫耀武艺

完颜亨是金①都元帅(最高军事长官)、领行台尚书省事(中原地区行政长官,治所汴京,位于今河南省开封市)完颜宗弼(兀术)的儿子。金天德元年(1149年),平章政事(丞相)完颜亮夺取帝位为海陵王后,将完颜亨由猛安(统率千户的军事首领)提升为右卫将军(警卫部队将领)。

完颜亨武艺高超,善于在马上出击。他常常骑马奔驰,把手杖投掷到飞马前面,随即"侧身附地,取杖而去"。一次,完颜亨随同海陵王出猎,看见远处有一群野猪,便对海陵王说:"我能用手中铁锤将野猪打死。"说罢,他策马扬鞭,冲向野猪群,老远将铁锤投掷过去,击中一头野猪的腹部。海陵王见完颜亨有这般武艺,非但不感到快慰,反而产生顾忌。

完颜亨性格粗放,以为自己武艺超人,喜欢吹牛。一天,海陵王赐给他一副精良的弓箭,完颜亨试用后对人说:"皇上赏赐给我的这只弓,弦力太弱,简直不能用。"有人把他这句话传给海陵王,海陵王很不高兴,开始对完颜亨疏远。不久,海陵王以镇守要塞的名义将完颜亨调任真定(治所位于今河北省正定县)尹,接着又改

---

① 都会宁府,位于今黑龙江省阿城市南。金贞元元年(1153年),迁都中都,位于今北京市区。

## 一、触犯君王　祸水泱泱

任他为中京(位于今内蒙古宁城县西大明城)留守(军政长官)、东京(位于今辽宁省辽阳市)留守。

在此期间,家奴梁遵诬告完颜亨与卫士符公弼谋反。有关部门查无实据而把梁遵处死,海陵王由此却对完颜亨更加怀疑。之后,海陵王改任完颜亨为广宁(治所位于今辽宁省北宁市)尹,同时派其亲信李老僧担任同知广宁尹事(行政副长官),以监察完颜亨的行动、罗织他的罪状。完颜亨察觉自己已经受到海陵王怀疑,心中十分恐惧。

完颜亨的管家六斤为人狡诈,暗下与完颜亨的侍妾通奸。有人将此事告发,完颜亨非常恼火,扬言"一定要杀死这个奴才!"六斤听说后十分恐惧。李老僧乘机在六斤面前煽动说:"你本来是渤海①大族子弟,今日沦为奴仆,难道不想争取美好前程吗?"六斤对李老僧的话心领神会。于是,二人密谋共同陷害完颜亨。

贞元二年(1154年)夏天,完颜亨有个家奴从京城返回,向他报告太原尹徒单阿里出虎被处死。完颜亨知道,当年徒单阿里出虎任护卫十人长(皇帝警卫队长),曾协助时任丞相的完颜亮杀死金熙宗,拥立其为帝而被授予铁券(皇帝赐予可免于死罪的凭证),不由得为之一惊,问道:"徒单阿里出虎不是被授予铁券了吗?"该家奴回答说:"皇上决定要把他杀掉,他握有铁券又有什么用?"完颜亨若有所思地感叹说:"这样看来,不久的将来就要轮到我了!"六斤以此诬告完颜亨怨恨朝廷,想伺机刺杀皇上。

十月,海陵王密令李老僧将完颜亨逮捕。完颜亨受审时申辩只谈论铁券的事,实在没有反叛之心。海陵王不容完颜亨为自己

---

①　唐代粟末靺鞨族所建政权,号称渤海,其境位于今黑龙江以南至朝鲜半岛北部,日本海以西至辽宁省开原市以东。辽(又称契丹,都中京,位于今内蒙古宁城县)天显元年(926年),渤海为辽所灭。金灭辽后,其部众又归属于金。

辩解，令李老僧夜间赶到看守所，指使人将完颜亨推入水塘。

　　完颜亨临难时，怀着满腔悲愤高呼冤枉，周围许多人都听到他撕心裂肺的叫喊。事后，海陵王假惺惺地流下眼泪，派人对完颜亨的母亲说："有人举报你的儿子犯了法。他有没有犯法还需要调查才能认定。没有想到他投水自杀了。"

《金史》卷七十七　完颜亨传

【简评】

　　完颜亨作为侍卫将军多次炫耀自己的武艺，引起海陵王忌惧。海陵王暴虐滥杀，自然不会放过身边这位自命不凡的武将。

一、触犯君王　祸水泱泱

# 张逵批评明世宗

明嘉靖元年(1522年),刑科给事中(朝廷主管刑事的部门监察官员)张逵上书,对明世宗朱厚熜法治不严提出批评。

张逵写道:"陛下即位之初亲自制定大政方针,国政为之一新。如今陛下逐渐丢弃这些方针,各种弊端很快也就暴露了。求仙崇道之事风行各地,赏赐官吏不按规定办事,陛下决定国家大事有时不同辅政大臣商量,皇亲贵戚犯法大多不予追究,御史和谏官上书被指斥为干扰朝政,大臣秉公执法亦受到指责。像崔元(时任附马都尉,明宪宗二女婿)被封为京山侯,蒋轮(明世宗之母蒋太后近亲)公开炫耀自己而受到宠信,陈万言(明世宗陈皇后之父)受赐在黄华场建造豪华住宅,这些封赏都是前朝贵戚未曾有过的;再如宦官廖鹏由死罪改为缓刑,原都督(虚职高级武官)刘晖以奸党论处戍边而后又官复原职,原甘肃总兵(军事长官)李隆杀死巡抚(省级行政长官)许铭罪行清楚还要复查。先帝对犯人从来没有这样放纵过。请陛下反思一下目前的所作所为吧!"

明世宗看了张逵这封奏书后,当时虽没说什么,心中却十分恼火。事隔不久,明世宗以张逵参与"大礼议"之争①,下令将其关进

---

① 明武宗去世后无子继位,由兴献王朱祐杬(已故)长子朱厚熜(明武宗堂弟)继位为明世宗。明世宗要群臣讨论给其父追封尊号,首辅(首席宰相)杨廷和等大臣主张追封其尊号为皇叔父,另一些官员主张追封其尊号为皇考(皇父),史称"大礼议"之争。嘉靖三年(1524年),明世宗不顾众臣反对,追封其父为皇考,并将反对这一追封的134位官员收捕入狱。

监狱,打一顿板杖后将其释放。

嘉靖四年(1525年)十一月,张逵再次上书,对明世宗阻塞言路提出批评。

张逵在这封奏书中写道:"最近一个时期,大臣上书言事,陛下总是批示'已有旨处置',这就是说某事已经在办,大臣无须就此事再提新的建议;或者批示'尚议处未定',这就是说某事正在研究之中,大臣只须耐心等待决定,用不着再提别的意见。这两种批示,都是不要人说话。何况今天大臣上书言事,已经不能和陛下初即位时相比了。当初,凡治政大事,总是开会讨论,听取众臣意见,还让众臣各自上书发表自己的见解。那时候,凡属正确意见得不到采纳的,大臣都会心神不安,感到惭愧。近来就不是这样了。开会讨论问题,许多大臣有意删削陛下忌讳的内容以避免祸患。若受命独自进言,亦只讲一些无关紧要的意见以应付塞责。大臣们以不受陛下责备苟免祸患而相互庆幸,耿直谏言的正气消失了,顺从沉默之风却日益盛行,这绝不是朝廷的福气!"明世宗对张逵这封奏书更为痛恶。

不久,明世宗以"言事忤旨"将张逵贬为吴江(治所位于今江苏省吴江市)县丞(副县长)。随后,明世宗借口张逵曾弹劾武定侯郭勋包庇犯人李福达一事,下令将其逮捕审问。接着,张逵被发配到辽东(位于今辽宁省辽河以东地区)戍边。他在辽东被监禁十年,在这期间其母去世,他也未能南返余姚(位于今浙江省余姚市)老家奔丧。张逵无比忧伤,含愤死于谪所。

《明史》卷十七 世宗本纪一
卷十八 世宗本纪二
卷二百六 张逵传

# 一、触犯君王　祸水泱泱

【简评】

　　明世宗"御极之初,力除一切弊政,天下翕然称治"。为时不长,他违背传统制度规定,挑起"大礼议"之争,大肆迫害忠正之臣。他崇尚道教,迷恋佛经,下令大兴土木建筑,致使"府藏告匮,百余年富庶治平之业,因以渐替"。张逵深为担忧,两度上书提醒明世宗,冒犯龙颜,虽幸免被杀,却长期被软禁于边地,忧愤而死。

# 季开生以传闻进谏

清顺治十二年(1655年)夏天,乾清宫(位于今北京故宫内殿,为皇后、嫔妃及宫女生活区)竣工。顺治帝下令从国库拨款,派主管宫廷内务的官员去江南采购供宫中陈设的器皿。

此间,兵科右给事中(朝廷主管军事的部门监察官员)季开生的家人从通州(治所位于今江苏省南通市)来京,途中遇见吏部郎中(朝廷主管官吏任免的部门内设机构长官)张九征回其原籍,称其乘船差点被朝廷南下采购的官员以奉旨去扬州收美女而开走。季开生听说后未加核实,即以这一传闻上书顺治帝并加以谏阻,称"从来歌舞之席,易生怠荒,历史垂戒,何庸臣赘。今当四方多警,楚闽用兵,正皇上励精图治、寝食不安之际,何不移此,使以阅旅,省此费以犒军,鼓忠勇而励防剿之为愈乎?"

顺治帝看了季开生的上书后勃然大怒,对在场的大臣说:"太祖、太宗早已订立制度,宫中从来不用汉族女子。我是奉皇太后的旨意派人去采购器皿的,哪敢违反宫中制度去随意妄行?即使今后天下太平了,都不能那样做,何况当今天下还没有完全平定呢!"顺治帝指责季开生"不行确访,辄妄捏渎奏,肆诬沽直,甚属可恶",下令将季开生交刑部从重议罪。接着,顺治帝下令撤销季开生的官职,将其流放到尚阳堡(位于今辽宁省开原市东)。

季开生到了流放地后虽吃尽苦头,仍守节不移。顺治十六年

## 一、触犯君王　祸水泱泱

(1659年),季开生在流放地被人用木棍活活打死,时年三十三岁。季开生遇害后名声反而更高,被誉为清朝开国后"第一谏臣"。

顺治十七年(1660年),天下大旱。顺治帝十分焦急,颁发诏书检查自己的过失,令吏部对过去因言论被贬官员的案件进行复查。吏部将有关情况奏报后,顺治帝对季开生的处理有所反悔,对吏部官员说:"季开生当年的建议,本意还是维护我的。"

于是,顺治帝下令恢复季开生的官位名誉,把他的遗骸送回其故乡泰兴安葬,并保送其一个儿子入国子监(朝廷主办的最高学府)读书。

《清史稿》卷二百四十四　季开生传
《清通鉴》卷十二　清世祖顺治十二年

【简评】

"顺治帝命内监赴江南采买女子,大江南北,人情惶骇,为避灾难临头,纷纷嫁女,喧阗道路。"(《清通鉴》卷十二引自《三冈识略》卷三)季开生直言进谏,虽违反顺治帝旨意,被流放毒打致死,但在客观上对顺治帝戒奢戒淫起到了提醒作用。后来,顺治帝反省对季开生处罚一事,主动改错,为其恢复名誉,不失为明智之举。

中国古代历史风云·朝政风波(上)

# 塞楞额剃发犯禁

清乾隆十三年(1748年)三月,皇后富察氏随同乾隆帝外巡,行至德州时病逝。乾隆帝万分悲痛,下令停朝九日,文武百官须连续二十七天穿戴白色孝服志哀,丧满百日后方可剃头。接着,乾隆帝又下令将"国恤百日内不得剃头,违者立即处斩"写入《律例》。

富察皇后去世后,湖广(治所位于今湖北省武汉市)总督塞楞额等人因为没有奏请去京都叩谒富察皇后梓宫(灵柩),其职级皆被乾隆帝降了两级。

塞楞额曾在朝廷和地方多处任职,历经康熙、雍正、乾隆三朝。在长达四十年的官宦生涯中,他对宫中的一切都司空见惯,对皇后丧期禁令采取不以为然的态度。满二十七日脱下丧服后,塞楞额违禁带头剃发,其下属文武官员亦跟着剃发。乾隆帝听说后大为恼火,传令塞楞额回京等候处置。

塞楞额抵京后即被逮捕,交刑部治罪。乾隆帝说:"塞楞额系满洲①大臣,历任督抚有年,全不知君臣大义。汉人犹尚诿曰不知,满洲世臣而亦不知此乎?"不久,塞楞额被判处死刑。乾隆帝批示:"祖宗定制,君臣大义,而违蔑至此,万无可恕!"当年九月七日,

---

① 即满族,后金(清前称)天聪九年(1635年),后金帝皇太极将其族名由女真改为满洲。

## 一、触犯君王　祸水泱泱

乾隆帝下令塞楞额自尽。

　　　　　　《清史稿》卷三百三十八　塞楞额传
　　　　《清通鉴》卷一百五　清高宗乾隆十三年

【简评】

　　帝王的禁令未必都合乎情理,乾隆帝以皇后去世禁止官员百日内不得剃发就是一例。塞楞额为此小事被处死,死得可惜,但亦属明知故犯。

## 二、忠正被难　光明磊落

　　古代官员中有许多忠正之士。他们恪尽职守，廉洁自律，不阿权贵，不徇私情。为了国家和民众的利益，他们大义凛然，无所畏惧，坚持同违法行为和邪恶势力作坚决斗争。他们以其坎坷、磨难的命运和宝贵的生命，谱写出一曲曲正气之歌。

## 二、忠正被难　光明磊落

# 里革更改君令

鲁文公十八年(前609年)二月,鲁文公去世。十月,襄仲(公子遂)杀死太子恶,立文公庶子公子俀为鲁宣公。

鲁宣公即位不久,莒国被废黜的太子仆杀死其父莒纪公,携带珍宝美玉前来投附鲁国①。鲁宣公十分高兴,亲笔写信给正卿(宰相)季文子,要他当天就划出一片土地给莒太子仆作为食邑,不得延误。

鲁国大史(即太史,主管拟草君令、编写史书)里革②(又名克)听说后,在路上拦住送信的官员,断然更改鲁宣公的手令,令送信官员当天就将莒太子仆送到东部边境地区去,不得违抗。

第二天,送信官员把里革擅改君令一事报告鲁宣公。鲁宣公勃然大怒,当即下令将里革抓来见他。

鲁宣公怒气冲冲地瞪着里革,声色俱厉地问道:"违反国君的命令就要被杀头,你知道吗?"里革回答说:"更改国君的命令,即犯了杀头之罪,这我知道。不过,莒太子仆是杀其国君、偷其国宝逃

---

① 春秋诸侯国,都曲阜,位于今山东省曲阜市。
② 《左传》文公十八年记载,鲁宣公下令当天赏赐给莒太子仆一个城邑,季文子却下令司寇(主管全国司法)当天就得把莒太子仆驱逐出国境,事后派大史克向鲁宣公说明原因。

到鲁国来的。他是个弑君、窃宝、叛国的盗贼,为天下人所不耻。我生怕君主您背上包庇盗贼的坏名声,所以更改了您的命令。臣违反国君的命令该杀头,请君主您处罚我吧!"鲁宣公听里革这么一说,知道自己错了,随即下令将里革释放。

《国语》鲁语上 里革更书逐莒太子仆

《左传》文公十八年

【简评】

里革明知擅改君令会被杀头,仍果敢动笔以维护大义,其精神可嘉。鲁宣公为里革的道理所说服,亦不失为明君。

二、忠正被难　光明磊落

# 栾布祭哭亡主

栾布是秦朝梁地(位于今陕西省韩城市)人,早年流落齐地(位于今山东省泰山以北地区),同昌邑(位于今山东省巨野县南)人彭越有过交情。后来,栾布被人掳掠卖到燕地(位于今北京市及河北省北部)当奴仆。栾布因替主人报仇杀人,受到在燕地起兵反秦的将领臧荼的看重。臧荼受封燕王①后,任用栾布为将领。

汉高祖五年(前202年),汉王刘邦建立汉朝,称帝。不久,燕王臧荼反叛朝廷。汉高祖刘邦举兵围杀臧荼,栾布被朝廷军队俘虏。

当初,栾布去燕地后,彭越起兵投附汉王刘邦,因屡建战功,被汉王封为梁王(王府设在定陶,位于今山东省定陶县西北)。彭越听说栾布被俘,随即去拜见汉高祖,替他讲情。栾布因而获释,被彭越任用为梁国大夫。

汉高祖十一年(前196年)春天,彭越派遣栾布出使齐国。当年夏天,栾布从齐国返回,听说彭越受人诬陷在洛阳被斩首,火速赶到洛阳。栾布见彭越的头尚悬挂在城门上,旁边贴有布告写道:

---

① 汉王元年(前206年)冬天,反秦义军灭亡秦朝。上将军项羽(原楚将项燕任孙)自称西楚霸王,分封沛公刘邦等十八人为王,臧荼受封为燕王,王府设在蓟,位于今北京市区西南部。

"不准为叛首彭越收尸,谁敢来收尸就逮捕谁。"栾布不相信彭越真的会谋反,对布告的禁令视而不见。他拜倒在彭越的头颅下面,照常报告出使情况,接着放声恸哭哀悼。

刑事官吏将栾布逮捕,主管官员将栾布祭哭彭越的情况报告汉高祖。汉高祖召见栾布,大骂他追随彭越谋反,当即下令要将他烹杀。

执刑人员将栾布押至一口大锅边。栾布面对满锅沸腾的开水毫不畏惧,回头请求高祖让他说一句话再死。汉高祖问他:"要说什么?"栾布说:"当年皇上在彭城被困,彭越曾率兵救援[①]。后来,皇上在荥阳、成皋一带出师失利,彭越再次率兵救助[②]。当时,彭越的势力举足轻重,他若跟楚王联合,皇上就难以成功;他跟皇上联合,楚王就被打败。再说,垓下会战[③],如果没有彭越率部配合陛下作战,项王不会马上败亡。如今,天下平定,梁王功不可没。陈豨谋反[④],皇上征调梁国军队平叛,梁王因病未能前去拜见皇上,但派去军队参加平叛,有人却据此诬告他谋反。没有查到彭越

---

① 汉王二年(前205年),楚王项羽率楚军离开都城彭城(位于今江苏省徐州市)远攻齐国,汉王刘邦乘机率兵攻入彭城。项羽闻讯,回师围攻彭城,刘邦军败,仅率数十骑逃走。当时,彭越率三万部众投附刘邦。

② 汉王三年(前204年),汉王刘邦收拢败兵驻守荥阳,再次受到楚军包围。彭越率部袭击楚军,在梁地切断楚军后援粮草。汉王四年(前203年),汉王刘邦被楚军飞箭射伤,逃入成皋(位于今河南省荥阳市西北)。彭越率军攻下楚军控制的睢阳(位于今河南省商丘市南)、外黄(位于今河南省民权县西北),将楚王项羽主力牵引过去,以掩护刘邦脱险。

③ 汉王五年(前202年),彭越受汉王刘邦封为梁王,率领全部人马参加垓下战役,为彻底围歼楚军立下战功。

④ 汉高祖十年(前197年),赵国(王府设在邯郸,位于今河北省邯郸市)相国(丞相)陈豨在代地(位于今河北省蔚县东北)谋反。汉高祖亲赴邯郸调兵讨伐。

## 二、忠正被难　光明磊落

谋反的证据,竟将他处死。这样一来,我担心有功之臣今后会人人自危。"

汉高祖被栾布的这番话说动了心,问他还有什么要说的。栾布回答说:"如今梁王已经死了,我活着毫无意义,请让我接受烹刑吧!"汉高祖沉默片刻,下令赦免栾布罪过,任命他为都尉。

《史记》卷一百　栾布列传<br>卷九十　彭越列传

【简评】

栾布冒犯杀头之罪祭哭亡主,堪称义士。他临刑不惧,历数亡主彭越的战功,表示情愿随其赴难,反而感动汉高祖,获得赦免。司马迁称赞说:"栾布哭彭越,趣汤如归者,彼诚知所处,不自重其死。虽往古烈士,何以加哉。"(《史记》卷一百)

# 樊哙晚年受诬

汉高祖十二年(前195年)二月①,燕王卢绾②举兵反叛朝廷,汉高祖派左丞相樊哙率军前往燕地平叛。樊哙离开京都不久,有人诬告他谋反。汉高祖随即密令将樊哙处死,朝廷大臣闻讯无不为之吃惊。

## 樊哙随同沛公打天下功勋卓著

樊哙是秦朝沛(位于今江苏省沛县)人,早年以宰狗为生。秦二世元年(前209年),樊哙跟随其同乡泗水亭(位于今江苏省沛县城东南,亭为乡的下属单位)长(管理治安民事的小吏)刘邦在丰邑(位于今江苏省丰县)聚众反抗秦朝暴政,攻占沛县。刘邦自称沛公,樊哙为其舍人(亲近侍从)。此后,樊哙率部随同沛公攻城略

---

① 当时每年纪月从十月开始。
② 卢绾早年随刘邦起兵反秦,因功封为长安侯。汉高祖五年(前202年),卢绾参与平息燕王臧荼叛乱,后受封为燕王。王府设在蓟县,位于今北京市区。

## 二、忠正被难　光明磊落

地,历经数十战,直到攻下武关(位于今陕西省丹凤县东南),灭亡秦朝。樊哙每次参战总是冲锋陷阵,首先登城杀敌。他多次立功,受封贤成君,成为刘邦最得力的战将之一。

汉王元年(前206年)十二月,上将军项羽听说沛公刘邦先攻入秦朝都城咸阳,勃然大怒,随即率领四十万反秦将士进驻新丰鸿门(位于今陕西省西安市临潼区东北),准备举兵袭击刘邦。当时,刘邦率十万军士驻霸上(位于今陕西省西安市东灞水西岸),距离鸿门只有四十里。刘邦闻讯后大为惊恐。第二天,他带着少数随从去向项羽赔礼。项羽设宴招待刘邦一行。席间,项羽部将项庄起身舞剑,意欲乘机击杀刘邦。樊哙当时守候在军营外面,听说刘邦处境危险,手持铁盾入席护卫。项羽为之一惊,赐予他酒食。樊哙豪饮尽食项羽赐予的酒和肉后,当众大声宣称:"沛公先率部攻入咸阳,然后撤退至霸上,等待大王到来,劳苦而功高。大王听信小人之言,欲诛杀有功之人,这完全是走秦朝灭亡的老路,我以为不可取!"项羽为之"默然"。接着,刘邦借入厕之机脱身,樊哙等人掩护刘邦回到军营。

当年四月,项羽自称西楚霸王,封沛公刘邦为汉王。汉王封樊哙为临武侯,并任命他为将军。此后,樊哙跟随汉王继续南北转战,为击败项羽势力、建立汉朝,立下汗马功劳。

## 樊哙数次率部平叛再立新功

汉王五年(前202年),汉王刘邦称帝,为汉高祖。樊哙作为一名开国元勋没有松懈斗志,又全力投入保卫江山的战斗。在西汉初建的几年中,他率部先后参与平息燕王臧荼①、楚王韩信②、韩王韩信③、赵国相国(丞相)陈豨④等人的叛乱,以功受封为舞阳侯,由将军升任左丞相。

樊哙不仅是汉高祖同乡,而且是他的连襟,樊哙之妻吕须是皇后吕雉的妹妹。由于这层关系,汉高祖与樊哙特别亲近。

汉高祖十二年(前195年)十月,淮南王黥布⑤发动叛乱,汉高祖亲自率军讨伐,在蕲县会甄(位于今安徽省宿州市东南)击败叛军。汉高祖在战斗中被流矢击伤,从前线撤离。其间,汉高祖顺便返回其故乡沛,宴请当年的故人和父老兄弟。席间,汉高祖慨然高歌:"大风起兮云飞扬,威加海内兮归故乡,安得猛士兮守四方!"

十一月,汉高祖从沛返回京都长安,伤病很重,深卧内宫,厌恶见人,大臣们都不敢进入奏事。过了十多天后,樊哙从小门进入汉高祖卧室。当时,汉高祖独自枕着一个宦官躺卧。樊哙见状,凄然泪下,对高祖说:"当初陛下领着微臣等人起兵于丰、沛老家,夺取天下,威加海内,是多么宏大的壮举啊!如今,江山虽然打下来了,

---

① 燕王臧荼,其王位系西楚霸王项羽所封,王府设在蓟,位于今北京市区。

② 楚王韩信系秦淮阴(位于今江苏省淮阴市南)人,早年随项羽参加反秦武装,后投附汉王刘邦,因战功卓著先被封为齐王,后由齐王改封为楚王,王府设在下邳(位于今江苏省睢宁县西北)。汉高祖六年(前201年),韩信受到汉高祖怀疑。樊哙受命在陈(位于今河南省淮阳县)将韩信抓捕。

③ 韩王韩信系战国末年韩襄王庶孙,其王位系汉高祖所封。王府设在晋阳,位于今山西省太原市西南。

④ 汉高祖七年(前200年),陈豨由游击将军受任赵国(王府设在邯郸,位于今河北省邯郸市)相国,率兵镇守代郡(位于今河北省蔚县东北)。汉高祖十年(前197年),陈豨反叛朝廷,自称代王。汉高祖十二年(前195年),陈豨兵败被杀。

⑤ 又名英布,王府设在六县,位于今安徽省六安市东北。

## 二、忠正被难　光明磊落

天下并没有完全太平，陛下却因疾劳有病，不肯接见大臣商议国事，成天同宦官在一起，难道忘记了赵高①的教训吗？"高祖当即笑着起身，接见樊哙等人。

## 樊哙受诬而幸免于难

汉高祖晚年宠爱戚夫人及其所生的儿子刘如意，吕皇后失宠。吕后不甘失落，与戚夫人明争暗斗，十分激烈。樊哙虽为吕后的妹夫，无意卷入这场斗争，但人们还是把他划入其中。

汉高祖十二年春天，有人乘樊哙离京去燕地平叛之机，在汉高祖面前诬告樊哙，说他和吕后勾结在一起，意欲等待皇上百年之后，带兵把戚夫人和赵王刘如意杀掉。汉高祖信以为真，十分忧虑，决意将樊哙处死，以消除隐患。他当即下令绛侯周勃去燕地取代樊哙指挥平叛，派丞相陈平送周勃去燕地，并令陈平就地将樊哙处死。

陈平看到汉高祖已不久于人世，慑于吕后的权威，没敢就地处死樊哙，决定先把他逮捕，带回长安再说。

当年五月，樊哙被押回长安。此时，汉高祖已经去世。太子刘盈即帝位，尊其母吕后为皇太后，由吕太后执掌朝政大权。吕太后当即下令将樊哙释放，恢复他的官爵和封地。

---

① 赵高为秦朝宦官，受到秦始皇信任，为中车府令（主管皇宫车马）兼行符玺令事（代掌皇帝印玺）。秦始皇三十七年（前210年），秦始皇出巡病逝于沙丘（位于今河北省广宗县西北）。随同出行的赵高伪造秦始皇遗令，立胡亥（秦始皇次子）为太子，赐扶苏（秦始皇长子）自杀。后来，赵高发动政变，杀死丞相李斯，逼秦二世胡亥自杀，导致秦朝灭亡。

## 中国古代历史风云·朝政风波(上)

《史记》卷七 项羽本纪
　　　　卷八 高祖本纪
　　卷九十五 樊哙列传

**【简评】**

　　刘邦晚年宠爱戚夫人,与吕后关系几近破裂。他病重之际,竟听信谗言欲将樊哙处死。樊哙作为刘邦的同乡和连襟,几十年忠心耿耿,并无大过,更没有反叛,却被充作皇帝和皇后勾心斗角的牺牲品。置身在权力争夺的旋涡之中,即使是公正无邪的忠臣也难以久处。

二、忠正被难　光明磊落

# 晁错力主削封

　　晁错是西汉颍川（位于今河南省禹州市）人。汉文帝刘恒在位期间，他官至中大夫（侍从皇帝、谏议朝政的官员）。晁错针对匈奴骑兵经常侵扰北部边区和重商轻农这些问题，曾多次上书建言"守边备塞，劝农务本"，受到汉文帝赞许。他看到各地封王势力日趋强大，深为忧虑，极力主张削减诸王封地，以加强朝廷集权。汉文帝没有采纳晁错的建议。太子刘启即位为汉景帝后，将晁错提任为御史大夫（最高监察机关长官）。

　　汉景帝前二年（前155年），晁错向景帝建议说："当初，高祖（刘邦）平定天下时，兄弟少，儿子年幼，大封弟子为诸侯王，封给齐王①七十二座城，封给楚王②四十座城，封给吴王③五十多座城。上述三王并非嫡亲，封地就占去一半天下。吴王因其太子的缘故④与朝廷产生隔阂，多年来一直称病不肯朝拜皇上，依法应当被处

---

　　① 即刘肥，汉高祖之子，曹夫人所生。王府设地临淄，位于今山东省淄博市东。
　　② 即刘交，汉高祖同父异母弟。王府设地徐州，位于今江苏省徐州市。
　　③ 即刘濞，汉高祖兄刘仲之子。王府设地广陵，位于今江苏省扬州市。
　　④ 汉文帝在位时，吴王派其太子刘贤去京都朝拜。一天，刘贤与皇太子刘启下棋发生争执，被皇太子用棋盘误击致死。

死。先帝对他宽厚,以其年老赐予手杖。可吴王并没有改过自新,反而日益骄狂。他利用采铜铸钱、熬海水治盐的方法聚积财富,招收天下亡命之徒图谋作乱。现在看来,不管削减不削减吴王的封地,他迟早都要叛乱。与其这样,不如尽早削减他的封地,以免造成大的祸害。"汉景帝要大臣就晁错这一提议进行讨论。詹事(主管后宫事务)窦婴曾任吴国丞相,对晁错的提议表示反对。汉景帝见其他大臣没有异议,便批准晁错实施削减诸王封地。

晁错随即着手修改法令,为削减诸王封地做准备。朝廷内外众说纷纭,受封诸王大为怨愤。晁错的父亲听说后,特意从老家赶到京都长安,劝阻晁错说:"皇上即位不久,你作为辅政大臣,提出要削减诸王封地。人们议论纷纷,都怨恨你离间皇家骨肉关系。你何必要这样做呢?"晁错回答说:"国家需要这样做。要不然,天子的权位就达不到至尊,国家今后就不可能安宁。"其父叹息说:"这一来,刘家天下是安稳了,而晁家的祸难却临头了!"晁错父亲回到老家后忧心忡忡,对家人说:"我不愿看到祸难落到身上。"于是,他服毒自杀。

在此期间,吴王刘濞派人暗中串通因罪被削减封地的楚王刘戊以及赵王刘遂、胶西王刘卬等人,谋划反叛朝廷。

汉景帝前三年(前154年)正月,景帝颁发削藩令,规定削除吴国会稽郡(治所位于今江苏省苏州市)和豫章郡(治所位于今江西省南昌市),对其他封王的封地也有所削减。十多天后,吴王即以诛杀晁错为名,在广陵策动叛乱,与楚王等人举兵北上。

此前,晁错查处吴国前丞相袁盎受贿,使其罢官,为此,彼此结怨很深。吴王叛乱后,晁错对御史中丞(最高监察机关副长官)等人说:"袁盎接受吴王金钱,尽力掩饰吴王的罪行,他说吴王不会反叛朝廷,如今吴王不是起兵造反了吗?你们考虑一下应该怎样对袁盎论罪。"

有人把晁错这一意向泄露给袁盎。袁盎十分恐惧,连夜去会

## 二、忠正被难　光明磊落

见窦婴,请窦婴奏告汉景帝,说他有话要向皇上面奏。于是,汉景帝召见袁盎。当时,晁错正在同汉景帝议事。袁盎声称他要奏告的事不能让别的大臣知道,汉景帝便要晁错离开。袁盎对汉景帝说:"吴王等人恨的是贼臣晁错夺了他们的地,他们起兵的目的是要诛杀晁错。如果杀死晁错,恢复他们的故地,用不着将士去流血,叛乱便可以平息。"汉景帝沉默良久,转而对袁盎说:"果真是这样,我不能因为爱惜晁错一个人而得罪天下人。"汉景帝转变态度后,任命袁盎为太常(朝廷主管礼仪的官员),派他秘密前往吴王处洽谈。

接着,汉景帝密谋诱杀晁错。对此,晁错毫无知晓。一天,中尉(主管京都治安)嘉约晁错乘车出行。行至东城区闹市时,中尉突然以"大逆无道"罪,宣布奉景帝诏令处死晁错。他不容晁错半点分辩,当即下令将身穿官服的晁错斩杀。

吴王自称东帝,听说朝廷处死晁错,不仅没有退兵,反而将袁盎扣留。不久,校尉(职位略次于将军的武官)邓公从平叛前线回到京都。汉景帝向他询问吴王有没有退兵,邓公回答说:"吴王反叛朝廷之心由来已久,因为朝廷削减其封地而发动叛乱,请诛晁错只是他的借口。他的真实用意不在于杀死晁错,怎么可能因为朝廷处死晁错而罢兵呢?晁错是担心诸王势力强大,朝廷难以控制,才建议削减封地的。这本是维护朝廷集权,关乎国家长治久安的大计。计划刚刚实行,他就被处死,这恰恰为吴王报了仇。这样一来,我担心忠臣今后再不敢说话了!"汉景帝听了邓公这番话,喟然长叹说:"你说得很对,我也为错杀晁错而感到后悔。"

《史记》卷一百一　晁错传、袁盎传
《汉书》卷四十九　晁错传、袁盎传
卷三十五　吴王刘濞传
《资治通鉴》卷十六·汉纪八　孝景皇帝下

【简评】

　　《汉书》作者班固认为:"晁错锐于为国远虑,而不见身害","错虽不终,世哀其忠"。(《汉书》卷四十九)

二、忠正被难　光明磊落

# 盖宽饶刚直高节

盖宽饶字次公,是西汉魏郡(位于今河北省临漳县西南)人。起初,他以通晓儒家学说被召入郡府做官,以忠孝廉洁被郡府推荐入朝廷为郎(皇帝侍从官)。后来,盖宽饶的职务几经提任,官至司隶校尉(主管纠察京都百官兼领兵缉捕)。

盖宽饶为官清廉,"志在奉公"。他的经济状况并不宽裕,常常拿出薪俸的一半给部下和京都地区民众帮助他们克服困难,鼓励他们举报违规违法事件,自己家里却过着贫困的生活。他身居高官能严于律己,让自己的儿子步行去戍守北部边疆,没有让人取代他服役。

盖宽饶为官不阿,"刚直高节"。平恩侯许伯(汉宣帝许皇后之父)乔迁新居,丞相、将军等高官都去祝贺,唯有盖宽饶不肯前往。许伯见盖宽饶没有来,亲自驱车去请他,并以其后到向他敬酒。盖宽饶说:"不要劝我多喝酒,我喝多酒会发狂。"丞相魏侯笑着说:"次公清醒时就很狂,何致于酒多发狂?"在座的高官贵戚都向盖宽饶投以鄙夷的眼光。

酒喝到兴头上的时候,长信少府(主管皇太后宫中事务)檀长卿起身跳舞,并叫人玩起猴狗相斗的游戏。众人为之大笑,盖宽饶却不开笑色。他仰望富丽堂皇的厅堂饰顶,叹息说:"太漂亮了!然而人生富贵不长在,忽而就会由富变穷。像这样的豪华住宅,转给别人的先例实在是太多了。只有谨慎才能保持长久,身居高位的人都应当引以为戒啊!"说罢,盖宽饶辞谢而去。

盖宽饶为官尽职,"刺举无所回避"。他爱护兵士,经常视察他们的饮食住所,亲自抚慰有病的兵士,为他们请医送药,为此深受部众爱戴。对于文武百官违禁不法的事,他决不放过,总是不留情面,一查到底。由于盖宽饶秉公执法,在京的高官贵戚和来京办事的地方官吏,都有所顾忌而不敢犯禁。一时间,京都长安官场风气为之清新。

然而,盖宽饶的公正无私亦伤害了不少达官贵人,许多人对他心怀怨恨。他时常直言进谏,冒犯皇帝旨意,汉宣帝也不喜欢他。汉宣帝把盖宽饶违旨直言看作是书生意气,虽然没有追究他,但也没有提升他的职务。和盖宽饶同时任某项职务甚至比他迟任职的,都提升为丞相一级高官;一些德才平庸的人,官位也都一个个超到他的前面,盖宽饶却一直没有得到升迁。盖宽饶对其职位为"凡庸所越"心理不能平衡,数次上书谏诤。太子庶子(太子侍从官)王生向来崇敬盖宽饶的气节,劝他要明哲保身,不要同皇帝抗争,以免"不测之险"。盖宽饶没有接受王生的建议。

西汉神爵二年(前60年)九月,汉宣帝信用宦官,颁布一部新的刑法。盖宽饶上书批评说:"如今,圣人治理天下的规章废除了,儒家提倡的礼义仁爱也不奉行了,把受过宫刑的宦官当成辅政的周公①、召公②,以刑法取代诗③、书④作为教材。"汉宣帝看了盖宽

---

① 周公为西周开国元勋,周武王去世后,辅佐年幼的周成王执政。他平定管叔等人叛乱,建立典章制度,主张"明德镇罚",以"礼"治国,奠定周初"成康之治"基础。

② 召公系周公同时代人,周初辅政大臣,因其高寿,后来辅佐周康王执政,天下大治。

③ 诗,即《诗经》,我国最早的诗歌总集,儒家奉其为经典。

④ 书,即《尚书》,又称《书经》,我国最早的历史文献汇编,汉武帝尊奉其为五经之一。

## 二、忠正被难　光明磊落

饶这份奏书后大为恼火,指责他"怨谤"朝政,批给大臣讨论。执金吾(主管京都地区治安)等官员诬称盖宽饶想要宣帝让位,称其为"大逆不道",建议给盖宽饶治罪。

谏大夫(主管议论朝政得失的官员)郑昌认为盖宽饶"忠直忧国",称他"言事不当意而为文吏所诋挫",上书为他讲情。郑昌在奏书中称盖宽饶"居不求安,食不求饱,进有忧国之心,退有死节之义",国家有像盖宽饶这样的忠臣,奸邪之人才不能得势。

汉宣帝没有听取郑昌的意见,下令将盖宽饶逮捕入狱。盖宽饶闻讯,当即拔出佩刀在北门外自杀。人们听说盖宽饶含愤自尽,都为他感到痛惜。

《汉书》卷七十七　盖宽饶传<br>卷八　宣帝纪

【简评】

《汉书》作者班固认为:"盖宽饶为司臣,正色立于朝,虽《诗》所谓'国之司直[①]'无以加也。"(《汉书》卷七十七)

---

① 唐代学者颜师古注:"《诗·郑风·羔裘》之篇曰'彼己之子,邦之司直',言其德美,可主正直之任也。"(《汉书》卷七十七)

# 王嘉怒掷药杯

汉哀帝刘欣即位后,将太子舍人董贤任命为郎。后来,汉哀帝迷上董贤的美貌,将他提拔为驸马都尉侍中。汉哀帝出宫让董贤陪同乘车,入宫让董贤侍奉左右,入寝常同董贤睡在一张床上。他还破例让董贤的妻子住入宫内,拨巨款为董贤建筑豪宅,赏赐给他黄金万两,良田千顷,甚至对董贤死后也考虑得很周到,下令在为他预建的陵墓旁边,同时为董贤预建一个墓园,并赐给他用珍珠和玉璧连接而成的寿衣。汉哀帝对董贤恩赐无与伦比,只剩下没有找到借口给他封侯。对此,丞相王嘉等大臣深为忧虑。

西汉建平三年(公元前4年)十一月,待诏(具有一技之长备皇帝召用的官员)孙宠、息夫躬通过中常侍(侍从皇帝的官员)宋弘上书汉哀帝,告发东平王刘云等人咒诅并密谋杀害皇上。刘云等人被处死。

建平四年(前3年)三月,侍中傅嘉迎合汉哀帝欲为董贤封侯的心理,献计假称孙宠等人的奏章是由董贤递上的,好让董贤以举报有功被封侯。汉哀帝随即派皇后之父孔乡侯傅晏就董贤封侯一事,去征求王嘉和御史大夫贾延的意见。

王嘉和贾延不赞成给董贤封侯,向汉哀帝上奏说:"陛下给予董贤的恩惠够多的了。若要给他封侯,应该公开董贤所递的奏章,取得众臣同意,然后才可以给他册封。不然的话,恐怕会失去人

## 二、忠正被难　光明磊落

心,引起朝野上下的非议。我们才能低下,不称职,即使身死也负不起贸然同意给董贤封侯的责任。我们知道顺从皇上旨意能够暂且容身。之所以不敢这样做,是想报答皇上对我们的恩惠。"汉哀帝被他们的奏书所感动,把给董贤封侯的事暂时搁下。

当年八月,汉哀帝未经大臣讨论还是把董贤封为高安侯。他在诏书中称:"刘云等人图谋杀害天子进行叛乱,公卿大臣未能把他们的阴谋消除在萌芽之中。是侍中驸马都尉董贤等人发觉后举报,才使刘云等人的阴谋被揭露。"孙宠、息夫躬二人跟着董贤沾光,也都封为侯。

当年冬天,廷尉梁相怀疑刘云谋逆案是冤案,奏请汉哀帝将此案交给大臣集体复审。汉哀帝以"无讨贼疾恶主仇之意",下令将梁相罢官为民。

元寿元年(前2年)正月,发生日蚀。汉哀帝下诏推举敢于直言的大臣。王嘉举荐梁相,认为他"明习治狱"、"计谋深沈",建议重新起用梁相。王嘉在奏书中对汉哀帝偏爱董贤再次加以劝谏,奏书写道:"陛下在封国当太子①的时候,喜爱《诗》、《书》,崇尚节俭。即位之初,怜惜百姓劳苦,考虑国家经费不足,下令停修皇宫宗庙。可是最近,陛下却为侍中驸马都尉董贤修建宏大住宅,赏赐董贤两千余顷土地,以致官员限田的制度被破坏,流言在百姓中传播。孔子说:'国家面临颠覆的危险而不去扶持,要你这个宰相有什么用!'臣王嘉有幸能够位居丞相,无法使陛下相信我的愚忠,为此我常常暗自悲伤。如果身死能够有益于国家,我不敢爱惜自己的生命。请陛下审慎地对待自己的偏宠,细察众人共同的疑惑。弄得不好,宠爱董贤恰恰会害了他。"汉哀帝看了王嘉这份奏章后大为不满。

二月,汉哀帝祖母傅太皇太后病故。汉哀帝假托傅太皇太后

---

① 汉哀帝刘欣为汉成帝之侄,袭封为定陶王,王府设地位于今山东省定陶县。汉成帝无子,于绥和八年(前8年)将刘欣立为太子。

遗诏,请王太皇太后(汉成帝之母)向丞相、御史大夫下令,要他们给董贤增加二千户食邑。王嘉看过诏书后,将诏书封起来退回,同时递上一份奏书加以劝谏。

王嘉在奏书中写道:"我听说爵位、俸禄、土地,是上天所有的。天子代表上天给臣下封爵,应该慎重。如果处理得不当,民心便不服。高安侯董贤受到丰厚的封赐,已经使陛下权威下降、国库积储枯竭。国用财富都是百姓的血汗。当年孝文帝想修建露台,算算要花去百金,就停建了。如今董贤一家就得到千金赏赐。有关董贤的流言传遍天下,人们都很怨恨他。民谚说得好:'千夫所指,无病而死。'现在再赐给董贤二千户食邑,无法向天下公布。陛下应当顺应天意民心,我谨把诏书封还。我知道封还诏书犯了罪,不是爱惜生命而不肯自劾,实在是恐怕天下人知道诏书内容而不敢自我弹劾。"汉哀帝对王嘉封还诏书极为恼火,决意寻找理由给王嘉治罪。

此后不久,汉哀帝指责王嘉举荐梁相一事为"恣心自在,迷国罔上",传令王嘉到尚书那里接受质询。王嘉脱下官帽表示接受审查。接着,汉哀帝就王嘉举荐梁相一事交由大臣讨论。光禄大夫(主管朝廷议论)孔光等人随即弹劾王嘉"迷国罔上不道",提请将王嘉交付廷尉治罪。汉哀帝点头同意。

三月某日,汉哀帝派谒者(侍从皇帝的礼仪官或奉命出使的官员)持符节来到丞相府,传令王嘉去廷尉直管的监狱接受审讯。丞相府官员见王嘉大难临头,伤心得痛哭流涕。他们按照惯例为丞相调好毒药,请丞相喝下。王嘉拒绝服毒。主簿(主管文秘的官员)说:"将相不面对执法官为自己诉冤,这是世代沿袭的惯例,丞相您还是自己决定吧!"谒者在旁边催促,主簿将一杯毒药递到王嘉面前。王嘉接过毒药杯,把它掼到地上,愤愤地说:"我身为丞相,如果奉职不谨慎,辜负了国家,理应在都市上斩首示众。做丞相的难道是小儿女吗?干吗要避着众人喝毒药而死!"说罢,王嘉脱下官帽随谒者去廷尉官府。

## 二、忠正被难　光明磊落

汉哀帝听说王嘉不肯自杀而去见廷尉,勃然大怒,令文武大臣对他进行会审。王嘉回答审判官员说:"我并不认为刘云不该处死,只是赞成梁相的慎重处置,没有看出梁相怀有二心攀附刘云的罪证。梁相是优秀的官吏,我举荐他,是为国家爱惜人才。"审判官员困惑不解地问道:"既然是这样,你有什么罪?你准有负国之罪,不然怎么平白无故让你入狱?"王嘉喟然长叹说:"我充数为丞相,不能引进贤能,斥退奸佞,这就是我所犯的负国之罪。死有余辜啊!"

王嘉入狱不久开始绝食,二十多天后吐血而死。

元寿二年(前1年)六月,汉哀帝病逝。王太皇太后起任王莽为领尚书事(丞相),让他主持丧事,并弹劾董贤。二十七日,董贤被免官。当天,董贤与妻子一起自杀。有关部门派人抄没其家产,共有四十三万万,折合黄金四十三万斤①。

元始四年(公元4年),汉平帝追封王嘉为忠侯。

　　　　　　　　　　《汉书》卷八十六　王嘉传
　　　　　　　　　　　卷九十三　佞幸董贤传
　　　　　　　　　　　　卷十一　哀帝纪
　　　　　　　《通鉴纪事本末》卷五　董贤嬖佞

【简评】

汉哀帝与董贤搞同性恋,声名狼藉。王嘉因抵制汉哀帝给董贤封侯,反对增加其封赏而获罪。他义无反顾,在狱中忧愤而死。清代学者王夫之称,当时"汉室之孤忠,唯一王嘉"。(《读通鉴论》卷五·哀帝)

---

① 参阅《通鉴纪事本末》卷五·《王莽篡汉》,该文载:"聘皇后,黄金二万斤,为钱二万万。"

# 杨震正大光明

杨震字伯起,东汉弘农华阴(位于今陕西省华阴市东南)人。他从少年时代起便酷爱读书学习,"明经博览,无不穷究",时人号称杨震为"关西孔子杨伯起"。后来,杨震长期旅居湖县(位于今河南省灵宝市西北),以教书为生,不肯应州郡官府之聘为官。有许多好心人劝他说,再不出去做官就迟了,杨震笃志不移。五十岁那年,他才应聘入郡府。后来,经大将军(执掌朝廷军政)邓骘推举,杨震出任荆州(治所汉寿,位于今湖南省常德市东北)刺史。任职期满后,杨震调任东莱郡(治所黄县,位于今山东省龙口市东南)太守。

杨震任荆州刺史期间,曾经举荐过书生王密。他赴任东莱太守路过昌邑(治所位于今山东省巨野县南)时,王密恰任昌邑县令。一天夜晚,王密去看望杨震,给他送去十斤金子以酬谢。杨震谢辞说:"请你把这金子带回去。我们是老朋友,我了解你,你为何还不了解我呢?"王密笑着说:"我趁晚上一个人来的,没有第二个人知道。"杨震回答说:"天知,地知,我知,你知,怎么能说无人知道!"王密只好羞愧地把金子带了回去。

此后,杨震转任涿郡(治所位于今河北省涿州市)太守。他为官清廉,公务以外不接受私人拜访。他教育儿孙只求粗茶淡饭,坚持步行走路,防止他们养成骄纵安逸的恶习。他的一些老部下、老

## 二、忠正被难　光明磊落

朋友,想帮助他的儿孙们开产业做生意,杨震坚决不同意,谢辞说:"让后人称他们是清官的子孙,以清白作为遗产留给他们,不亦是很厚重的吗?"

东汉永宁元年(120年),杨震因政绩突出,由太仆(主管皇帝车马、兼管兵器制作)提任为司徒(丞相,主管民政)。

永宁二年(121年)三月,临朝听政的邓太后(汉和帝皇后)去世,汉安帝(清河王刘庆之子)亲掌朝政。汉安帝乳母王圣对邓太后临朝听政一直心怀忌妒。邓太后一去世,王圣便串通中黄门(低级侍从宦官)李闰等人诬告邓太后已经去世的兄弟邓悝等人曾谋废安帝,将大将军邓骘牵连进来。汉安帝当即下令罢免邓骘的官职,邓骘被迫绝食自杀。从此,汉安帝放纵王圣,允许她同她的女儿伯荣任意出入后宫。王圣母女"缘恩放恣","传通奸赂"。杨震对于王圣母女横行不法十分厌恶,上书建议汉安帝尽快让王圣搬到宫外居住,禁止伯荣出入后宫。汉安帝将杨震这份奏书拿给王圣看,由此,王圣等人对杨震产生忌恨。

朝阳侯刘护的堂兄刘瓌娶伯荣为妻,由于朝阳侯已故,刘瓌得以承袭刘护的侯位,并提任为侍中。杨震对此感到不平。他上书汉安帝说:"刘护同胞弟刘威还活着,按照兄终弟及的原则,侯位应由刘威承袭。刘瓌并无功绩德行,仅仅因为与伯荣结婚,便升官封侯,不符合传统制度。人们正在为此事议论纷纷,发泄不满。"杨震建议汉安帝要坚持按制度封赏。汉安帝对杨震的这份奏书没有答复。

延光二年(123年)十月,汉安帝任命杨震为太尉。汉安帝之舅大鸿胪(主管少数民族及邦交事务)耿宝向杨震推荐中常侍(皇帝侍从宦官)李闰之兄去太尉府做官,杨震以须经官吏主管部门任命而没有答应,耿宝怀恨而去。阎皇后之兄执金吾(主管京都治安及保卫武库)阎显向杨震推荐其朋友,杨震也没有接收。之后,司空(丞相,主管水土工程)刘授将耿、阎二人所推荐的人召入幕府。

杨震由此又得罪了一些人。

当时，汉安帝下令给王圣建造住宅，中常侍樊丰及侍中周广、谢恽等人极力鼓动。杨震则上书称国家财政困难，建议压缩工程开支。汉安帝没有接受。樊丰、谢恽等人见杨震的谏议没有被采纳，更加胡作非为，无所顾忌。不久，京都洛阳发生地震。杨震再次上书汉安帝，指出由于侍臣"骄溢逾法"，使皇上的威信下降，建议汉安帝"弃骄奢之臣"。汉安帝看了杨震的奏书，心里很不痛快。樊丰等人获知这一情况，对杨震"侧目愤怨"。

在此期间，河间郡（治所位于今河北省献县东南）有个叫赵腾的人上书评议汉安帝为政的得失。汉安帝大为恼怒，下令将赵腾逮捕审讯，以"罔上不道"罪判处其死刑。杨震念及赵腾系直谏犯罪，"与手刃犯法有差"，上书建议免去其死罪，以敞开言路。汉安帝拒绝采纳杨震的意见，当即下令将赵腾押往闹市斩首。

延光三年（124年）春天，汉安帝到岱宗（即今山东省泰山，古时为诸山之宗）游览。樊丰等人趁汉安帝外出之机，"竞修第宅"。杨震听说后派人调查，查获樊丰等人伪造诏书调拨国库钱财。樊丰等人惊恐万分，他们抢在杨震将其"诈作诏书"上奏之前，诬告杨震因赵腾案"深用怨怼"，对曾经引荐他做官的邓骘免职自杀"有恚恨之心"。汉安帝对樊丰等人的诬告偏听偏信，回到京都的当天晚上，便派人持诏令收缴杨震的官印绶带。

杨震被罢官后，住在简陋的平房里闭门谢客。樊丰仍不解恨，又串通大将军耿宝投井下石，诬告杨震"不服罪，怀恚望"。于是，汉安帝下令将杨震遣返其原籍。

杨震离开京都，走到城西边的几阳亭时，慨然长叹，对随行的儿子和门生说："为国赴死是壮士的本分，我蒙受皇恩而身居高位，憎恶奸臣狡诈祸国而未能将其诛灭，痛恨恶女受宠乱政而未能加以禁止，还有什么脸面再见日月青天！我死后，只要用杂木做口棺材，用布单裹住身体就行了。不要归葬祖坟，也不要祭祀哀悼！"杨

## 二、忠正被难　光明磊落

震将后事交待完便饮鸩自杀,时已年过古稀。

樊丰听说杨震自杀,传令将杨震的棺材扣留陕县(位于今河南省陕县),暴露在路边。路过行人见此情状,无不为杨震忠诚受陷而悲伤流泪。

延光四年(125年),汉安帝病逝,汉顺帝即位。耿宝、樊丰、周广等人在权争中被杀。之后,杨震的门生虞放等人为其主人申冤,朝廷文武百官都称赞杨震是忠臣。汉顺帝亦认为杨震死得冤枉,下令按太尉的礼仪将杨震改葬于华阴潼亭(位于今陕西省潼关县北),许多人从很远的地方赶去参加葬礼。汉顺帝特为杨震写了悼词,悼词称赞杨震"正直是与,俾匡时政"。

《后汉书》卷五十四　杨震传<br>卷十六　邓骘传

【简评】

杨震为官清正,他不受王密馈赠一事历来为人称道;他抵制汉安帝某些违规决定,引起汉安帝不满;他揭露樊丰等人伪造诏令盗用国库资财营造私宅,反受樊丰等人诬陷罢官。《后汉书》作者范晔认为:杨震"先公道而后身名,可谓怀王臣之节"。(《后汉书》卷五十四·杨震传)

# 虞诩自系投案

虞诩是东汉陈国①武平(位于今河南省柘城县南)人。他幼年失去父母,由祖父母抚养读书,十二岁能通晓②。成年后,虞诩辞谢陈国丞相的召聘,以孝养年届九十的祖母而闻名于县。祖母去世后,虞诩被太尉李脩召为郎中(事务官员)。

东汉永初四年(110年),羌族人反叛朝廷,凉州(位于今甘肃省张家川回族自治县)发生动乱。朝廷讨论对策,大将军邓骘以军费紧缺,主张放弃凉州。文武百官多数赞同邓骘的意见。虞诩听说后认为凉州不可放弃,他向李脩进言,建议朝廷从凉州籍官员中选派一批优秀者去取代凉州当地冗官,以安抚凉州民众。李脩高兴地说:"我还没有想出这个办法。"李脩采纳虞诩的意见,使凉州得以安定。邓骘由此忌恨虞诩。

此后不久,朝歌(位于今河南省淇县)人宁季聚众造反,攻杀官吏,州郡官府无法镇压。邓骘提名任命虞诩为朝歌长(县长),想以此把他置于死地。虞诩的亲朋故友知道邓骘起心不善,都为他愤愤不平。虞诩笑着对他们说:"遇事不避艰难,是我的志向。不经过艰难曲折的考验,怎么能识别我这把刀子快不快呢?"虞诩到任

---

① 西汉初年封国,王府设地位于今河南省淮阳县。

② 儒家经典之一,记述商、周两朝君臣言论事迹,是中国最早的历史文献汇编。

## 二、忠正被难　光明磊落

后,招募敢死勇士打入叛乱者内部,诱杀数百人,很快平息朝歌的动乱。众人都称赞虞诩"神明"。

永建元年(126年),虞诩被提任为司隶校尉(主管纠察京都百官)。虞诩上任后几个月,连续上书弹劾太傅(名誉丞相)冯石,太尉刘熹,中常侍程璜、陈秉、孟生、李闰等多名高官。朝廷文武百官感到紧张恐惧,埋怨虞诩执法太苛刻。

三公(即太尉、司徒、司空,位皆丞相)指责虞诩在炎热的夏天"捕系无辜",使官吏遭受祸患。面对权势的高压,虞诩毫不畏惧。他上书给汉顺帝,自我申辩说:"法律和禁令,是约束人们行为、减少犯罪的堤防。如今,违禁犯法的官员大有人在,他们互相包庇,层层推卸责任,州推卸到郡,郡推卸到县,以致把宽容犯罪的官视为好官,把尽职执法的官视为愚拙。纵容官吏违法犯罪,老百姓要埋怨我们啊! 二府(丞相府、最高监察官府)害怕我上奏,便诬告我犯罪。我将像史鱼①那样死去,以尸谏劝!"汉顺帝理解虞诩的一片忠心,下令罢免陶敦的司空职务。

之后,虞诩弹劾中常侍张防滥用职权,收受贿赂,但多次上书都遭到扣压。虞诩积愤难平,叫人把他捆绑起来送到廷尉直管的监狱。虞诩向汉顺帝上书说:"从前安帝任用樊丰,扰乱朝政,几乎亡国;当今张防玩弄权势,国家又将有祸乱。我不能与张防同朝共事,也不想走杨震②的老路,自己捆绑着投案问罪!"张防听说后,

---

① 《韩诗外传》载:春秋时卫国大臣史鱼临死前对他儿子说,我数次向国君推荐蘧伯玉贤能,蘧伯玉一直未能提任;数次举报弥子瑕不法,弥子瑕一直没被解职。作为人臣,我活着不能举贤斥奸,死后亦不能在正厅设灵堂,把我的灵柩停放在另外一个房间就行了。卫国国君听说此事后,随即提升蘧伯玉的官职而罢免弥子瑕的职务。

② 东汉延光三年(124年),太尉杨震抵制中常侍樊丰勾结汉安帝乳母王圣乱政,揭露樊丰等人"诈作诏书"套用国库资金大修私宅,反受樊丰诬告,被汉安帝解职遣返原籍,杨震含愤自杀。第二年,樊丰因罪被处死。

跑到汉顺帝面前哭泣申诉。汉顺帝偏信张防的诬告，下令罢免虞诩司隶校尉职务，把他押送到左校（修建宫室的机构）去做苦工。张防意欲害死虞诩，两天之内传讯他四次，并暗下指使狱吏诱劝虞诩自杀。虞诩回答说："我宁愿被公开处死，让天下人都知道。"

宦官孙程当初拥立汉顺帝有功，他知道虞诩忠正无罪，求见汉顺帝说："皇上当初与臣一起谋事的时候，常恨奸臣害国。如今陛下即位不久又被奸臣蒙蔽，这样怎么能与先帝相区别呢？司隶校尉虞诩为官忠正，弹劾张防赃罪确凿，反而受到张防诬陷被拘禁。应当立即释放虞诩，让他复职，而将张防逮捕治罪。"中常侍高梵也进言诉说虞诩冤枉。汉顺帝为之省悟，当天下令释放虞诩，将张防流放到边远的地方。孙程接着上书陈述虞诩有大功，"语甚切激"。于是，汉顺帝任命虞诩为尚书仆射（副丞相）。后来，虞诩官至尚书令（丞相）。

虞诩为官忠正，严格执法，"数以此忤权威，遂九见谴考，三遭刑罚，而刚正之性，终老不屈"。

永和初年（136年），虞诩病故。临终前，他对儿子虞恭说："我为朝廷办事公正无私，问心无愧。唯一使我后悔的是，当年在朝歌杀了几百人，其中不少人是冤枉的。"

《后汉书》卷五十八 虞诩传

## 【简评】

虞诩文武双全，为官公正，嫉恶如仇，不避祸难，堪称忠正之臣。他临终回顾自己一生，反悔在朝歌误杀了一些人，令人为之赞赏。

## 二、忠正被难　光明磊落

# 张纲独埋车轮

　　张纲是东汉犍为武阳（位于今四川省彭山县东）人，年少时便攻读儒学，深明大义。他的父亲张晧官至廷尉。张纲没有因为是高官的儿子而骄纵，而是"厉布衣之节"，一直保持普通平民的本色。开始，地方州郡以孝廉向朝廷推荐张纲，他没有去朝廷应试。后来，司徒府（丞相府）破格召任张纲为侍御史（最高监察机关内设机构长官）。

　　汉顺帝即位后信赖宦官，而多数宦官放纵不法，有识之士无不为之心忧。张纲常和人议论此事，感叹说："邪恶之徒充满朝廷，我不能为国家扫除祸难，活着有什么意义！"他怀着满腔激情上书汉顺帝，指出前汉之所以兴盛，后汉之所以中兴，在于先帝"恭俭守节，约身尚德"。而最近一个时期以来，由于没有坚持按照规章制度办事，使得一些无功小人身居要位。他建议汉顺帝认真思考，下决心削除身边的宦官。汉顺帝对张纲的奏书没有答复。

　　汉顺帝在位后期，由大将军梁冀（梁皇后之兄）掌揽朝政。梁冀专权跋扈，贪赃不法。张纲对梁冀乱政极为痛恶。

　　东汉汉安元年（142年）八月，朝廷选派侍中杜乔和张纲等八名大臣，分八路巡视州郡，以纠察贪官污吏。其中七名大臣官高位尊，久负名望，唯有张纲官位最低。张纲率员行至京都洛阳城外都亭，断然下令停止前进，将车轮拆下来埋掉。他对随行人员说："如今是豺狼当道，何须再去查找狐狸！"于是，张纲转身回到京都，上书弹劾梁冀及河南尹（京都行政长官）梁不疑（梁冀之弟）陷害忠良、恣意贪赃的罪行。张纲列举梁氏兄弟"无君之心十五事"，称都是国法所不能宽容的，认为不杀死梁氏兄弟，不足以平民愤。

张纲如此举动，使"京师震竦"。朝廷正直官员无不为张纲捏着一把汗。汉顺帝知道张纲说的都是事实，但他宠爱梁皇后，又考虑梁氏兄弟大权在握，不好下令查办。由此，梁冀对张纲恨之入骨，千方百计想把他置于死地。

当时，广陵郡（治所位于今江苏省扬州市）有个叫张婴的人，聚集数万人造反，曾杀死多名刺史及其他地方官吏，朝廷对他们软硬兼施，一直无效。梁冀授意吏部尚书提名让张纲去广陵担任太守，企图借张婴之手除掉张纲。

不久，张纲被任命为广陵郡太守。张纲上任后，改变前任郡守一味向张婴施压的老办法，带着十余名随从，乘着一辆车子，亲自去张婴营寨慰问。他以礼会见张婴及一些年长的头目，让张婴坐在他的上座。张纲以国家利益的大义安抚、开导张婴等人，"问所疾苦"，使张婴等人为之动情。

张纲接着对张婴说："原先朝廷派来的郡守大多贪赃残暴，侵害民众利益，致使你们满怀愤恨相聚在一起。如今皇上仁厚，想赐给你们官爵俸禄，使你们荣耀，不愿对你们动用武力和刑罚，这实在是你们转祸为福的好时机。如果对朝廷的宽待仍然不服从，天子将把各路军马调来，你们的处境也就危险了。我以为，不考虑力量强弱，不能说是明智；叛逆朝廷而取灭门之祸，不能说是忠孝；见义不为而弃善作恶，亦并不是真正的英雄。你们可要权衡利弊，从长计议啊！"

张纲一席话说得张婴心悦诚服，他流着眼泪对张纲说："我们因为不堪忍受前任郡守的掠夺，才被迫聚集在一起。今天受到你这位高明的郡守开导，使我们获得新生。"接着，张纲与张婴"约之

## 二、忠正被难　光明磊落

以天地,誓之以日月",张婴及其部众深受感动。

第二天,张婴便率领一万多名部众向张纲投降。张纲宣布疏散其部众,并作妥善安置,使得"人情悦服"。

之后,朝廷大臣议论张纲的功劳,都认为应当给他封侯。梁冀本想陷害张纲,反而让他立功扬名,心里更加忌恨,竭力反对给张纲封侯,汉顺帝只好作罢。汉顺帝赞美张纲,想把他调回朝廷委以重任。张婴则上书请求把张纲留在广陵,汉顺帝批准张婴的请求。

张纲在广陵治政一年,积劳成疾,于汉安二年(143年)不幸病逝,年仅四十六岁。

张纲去世后,广陵郡的老百姓扶老携幼,前往官府为他哀悼。张婴率五百余人穿着孝服,一直把张纲的灵柩送回其犍为老家,并亲自挑土为他垒起一座大坟墓。

汉顺帝听说张纲病逝亦很悲痛,称张纲为"大臣之苗","息干戈之役,济蒸庶之困,未升显爵,不幸早卒"。

此后,广陵郡的官民自发为张纲建立祠堂,以纪念他的功德。人们久久地谈论着张纲,感叹说:"千年万年之后,何时才能见到像张太守这样的好官啊!"

《后汉书》卷五十六　张纲传
《通鉴纪事本末》卷七　梁氏之变

## 【简评】

张纲身为朝廷监察官忧国忧民,他憎恶大将军梁冀专权贪赃,独埋车轮,拒绝外巡,称"豺狼当路,安问狐狸!"其言掷地有声。他了解民众的疾苦,体谅张婴聚众造反系贪官污吏所逼,他单车前往安抚,晓之以大义,以诚信使张婴部众归顺官府,广陵郡得到大治。他死后,汉顺帝为之惋惜,民众无比悲痛,谈论着何年何月才能再出现像张纲这样的好官。纵观张纲短暂的官宦生涯,他不愧为杰出的政治家,其浩然正气与日月同辉。清代学者王夫之对张纲安抚张婴部众持否定态度,称"张纲者,以缓梁冀一时之祸,而不暇为国谋也,何足效哉",(《读通鉴论》卷八·顺帝)显然是偏见。

二、忠正被难　光明磊落

# 荀彧收到食品空盒

东汉中平六年（189年）八月，外戚与宦官争权，朝廷发生内乱。屯兵河东（位于今山西省夏县）的前将军董卓率兵进入京都洛阳，废黜汉少帝刘辩，立刘辩异母弟时年九岁的刘协为汉献帝，自称相国，控制朝政。荀彧时任亢父（治所位于今山东省济宁市南）令（县长），他见汉朝皇权旁落，弃官返回其故乡颍川颍阴（位于今河南省许昌市）。

当年冬天，司隶校尉袁绍和典军校尉（警卫部队将领）曹操分别在勃海（治所位于今河北省南皮县东北）、己吾（治所位于今河南省宁陵县西南）起兵讨伐董卓乱政。冀州（治所位于今河北省临漳县西南）牧韩馥亦欲起兵讨伐董卓。韩馥与荀彧同乡，知道荀彧很有才能，派人去接他来一同举事。荀彧到达冀州时，韩馥已被袁绍诱逼自杀。袁绍把荀彧留下，待之以上宾之礼。

荀彧"见汉室崩乱，每怀匡佐之义"。他对起兵声讨董卓的群雄加以比较，认为袁绍畏惧董卓，无意西征，不能安定汉朝天下；曹操举兵攻打董卓虽然失败，仍积极进取，可成就大事。于是，荀彧离开袁绍而投奔曹操。曹操当时屯兵东郡（治所位于今山东省莘县西南），他与荀彧接谈后极为高兴，称荀彧如同他的子房（即张良，字子房，协助汉王刘邦争夺天下的谋臣），任命他为奋武司马（协助主管军事）。

荀彧投附曹操后,没有忘记被董卓劫持到长安(位于今陕西省西安市)的汉献帝。董卓被杀后,其部将李傕等人继续控制朝政。荀彧见曹操具有雄才大略,把匡扶汉室的希望寄托在曹操身上。他竭尽全力以辅助,为曹操势力的发展屡建功勋。

兴平元年(194年),曹操领兵攻打徐州(治所位于今山东省郯城县)牧陶谦,任命荀彧为留事(留守长官)驻守甄城(位于今山东省鄄城县北)。兖州(治所位于今山东省金乡县西北)守将张邈背叛曹操,把自称徐州刺史的吕布引入兖州。张邈派人诓骗荀彧,称吕将军为助曹将军攻打陶谦而来,请尽快供给他兵器和粮食。荀彧识破张邈的骗局,派部属程昱去稳定范(位于今山东省梁山县西北)、东阿(位于今山东省东阿县)二城军心,得以守住甄城、范、东阿三城,以等待曹操返回。

兴平二年(195年),曹操欲领兵攻打占据徐州的吕布。荀彧以"深固根本,以治天下",建议曹操暂放徐州,先收复兖州,稳固根据地,然后再攻吕布。曹操采纳荀彧的意见,下令兵士割麦备粮,平定兖州各县,接着率兵击败吕布部众。

建安元年(196年)七月,汉献帝摆脱李傕等人的控制,率众臣回到被董卓焚为废墟的洛阳。荀彧劝说曹操把汉献帝从洛阳接到许(位于今河南省许昌市东)。之后,汉献帝定都许,任命曹操为司空(丞相)、行车骑将军事,由其执掌朝廷军政;任命荀彧为侍中、守尚书令(代理丞相)。此间,曹操经常征战在外,凡军国大事都与荀彧谋划。

建安五年(200年),袁绍率七万大军南下欲攻打许。曹操采纳荀彧的计谋,拦截烧毁袁绍的军粮,在官渡(位于今河南省中牟县东北)击败袁绍军,为攻取北方打开局面。

建安九年(204年),曹操率军击败袁尚(袁绍之子)部众,占据邺城(位于今河北省临漳县西南)。有人劝说曹操乘胜率兵南下收复九州。曹操接受这一意见并将付诸行动。荀彧对曹操说:"丞相攻杀邺城,使天下受到震动,南方各州郡都加强了防守。大军南

## 二、忠正被难　光明磊落

下,一旦出现意想不到的情况,就难以匡复天下了。"他建议先安定黄河以北地区,然后修复旧京洛阳,以威力震慑南方各州郡,并可责难其长官没有向汉献帝朝贡,从而使他们服从朝廷。曹操接受荀彧这一建议,暂停南征。

建安十二年(207年),曹操向汉献帝上书,称荀彧"摧扑大寇,济危以安","以亡为存,以祸为福,谋殊功异,臣所不及",建议给荀彧增加封邑,正式任命他为尚书令。荀彧推辞再三,只好接受封邑,而坚决谢辞尚书令一职。

建安十七年(212年),司空祭酒(丞相府事务长官)董昭动议,想奏请汉献帝加封曹操为"国公"、九锡备物(车马、服饰等九种用品比照皇帝),私下征求荀彧的意见。荀彧回答说:"曹公当初募集义兵的宗旨,是重新振兴汉朝。如今,他虽然功勋卓著,却仍然保持忠贞的节操。我们崇敬他,就是要学习他做臣子的道德情操,而不是去为他争取加封'国公。'"于是,董昭动议被搁下。曹操大为恼恨,从此把荀彧视为异己,决意将他除掉。

不久,曹操率军南征,攻打占据江南的讨虏将军孙权。军队抵达谯(位于今安徽省亳州市)后,曹操上书奏请汉献帝派留守京都的荀彧去慰劳军队。荀彧抵达谯后,曹操又上书汉献帝,称荀彧为"国之重臣,德洽华夏",请求将荀彧留在军中,宣扬此次南征使命,以鼓舞士气。汉献帝同意让荀彧随同曹操一起南征。

当年十月,荀彧随军行抵寿春(位于今安徽省寿县),因病停留治疗。曹操听说后,派人给他送去一盒食品。荀彧打开盒盖,发现送来的是一个空盒,里面什么也没有。

荀彧明白曹操此举是要把他处死。他回顾二十年来协助曹操以匡扶汉室,最终却因忠正直言惹祸上身,感到无比悲愤,当即饮毒自杀,时年五十岁。

《后汉书》卷七十　荀彧传

《三国志》卷一　武帝纪

【简评】

　　荀彧和曹操道同而志不合。他们开始以讨伐董卓乱政而走到一起,最终目标却迥然不同。荀彧志在"匡振汉朝",曹操意在"挟天子而令诸侯"。(《三国志》诸葛亮传)随着形势的发展,他们之间的分歧逐步显现出来,分手只是迟早的事。

## 二、忠正被难　光明磊落

# 高颎受谗被杀

北周大象二年(580年)五月,左大丞相杨坚看重开府(统领二千名兵士的警卫军将领)高颎"习兵事,多计略的才能",派人招请他入其官府。高颎知道杨坚对周朝怀有二心,称"不辞灭族",受任丞相府司录(主管文秘)。

## 高颎功高受忌

当年六月,相州(治所位于今河南省安阳市)总管(军政长官)尉迟迥举兵讨伐杨坚专权。高颎见诸将推诿不肯迎战,托人代向其母辞行,称"忠孝不可两兼",主动请求出征,领兵平息尉迟迥叛乱,为杨坚扫除了劲敌。第二年,杨坚灭周建隋,即位为隋文帝,任命高颎为尚书左仆射(宰相)、左卫大将军(主管警卫部队)。

隋开皇九年(589年),隋文帝任命晋王杨广为元帅、高颎为元帅长史(元帅府事务长官),统率军队攻灭南陈①。高颎因功受封为齐国公,受到一些人妒忌。隋文帝宽慰高颎说:"攻灭陈国后,有

---

① 都建康,位于今江苏省南京市。

人对我说你要造反,我已把此人杀了。我和你虽是君臣关系,但志同道合,不是几个苍蝇嗡嗡叫就能离间得了的!"此后,右卫将军(警卫部队将领)庞晃等人上书弹劾高颎。隋文帝认为庞晃等人吹毛求疵,下令将他们免官。隋文帝就此事宽慰高颎说:"独孤公①就好像明亮的镜子,每经过一次磨擦,就更加明亮生辉。"

高颎功成名就后,其母亲曾告诫他说:"你已经富贵到了极点,千万要谨慎,谨防有杀头之祸!"高颎为避免受人攻击,曾多次请求退职,隋文帝称赞高颎是上天赐予他的优良辅臣,要他不必为请求退位浪费笔墨。隋文帝还把太子杨勇的女儿嫁给高颎之子高表仁为妻。

## 高颎被诬罢官

当初,高颎之妻病故之后,独孤皇后曾建议隋文帝给他续娶,高颎以年老"唯斋居读佛经"婉言谢辞。后来,高颎的妾生了一个男孩。于是,独孤皇后在隋文帝面前谗毁高颎"心存爱妾,面欺陛下"。隋文帝由此开始对高颎疏远。

开皇十八年(598年),隋文帝任命高颎为元帅长史,随同汉王杨谅(独孤皇后小儿子)出征辽东。高颎认为杨谅年幼,不大尊重他的意见。杨谅对高颎大为怨恨,返回京都后哭着对母后说:"儿差一点被高颎杀了!"隋文帝听说后,对高颎更为疑忌。

不久,上柱国王世积受诬谋反被处死。王世积在受审时,称有关朝廷机密事宜是从高颎那儿听说的。隋文帝大为恼火,下令将

---

① 指高颎。高颎早年随其父投奔北周大司马(一品虚职武官)独孤信,曾改姓独孤氏。隋文帝独孤皇后为独孤信二女儿。

## 二、忠正被难　光明磊落

高颎免职,保留爵位。接着,有人诬告高表仁曾对高颎说:"父亲大人应放宽心,今天虽然被罢官,说不定会有后福!当年司马仲达[①]称病不上朝,最后夺取天下。"隋文帝听说后勃然大怒,下令将高颎逮捕入狱,严加审问。有关部门在审查中获知,有个叫真觉的和尚曾对高颎说:"明年国家有大丧。"尼姑令晖亦曾对他说:"第十七年至十八年,皇帝有大灾,十九年过不去。"隋文帝听说后更加恼火。有关部门建议将高颎斩首,隋文帝怕连杀大臣有损他的名声,下令将高颎贬为平民。高颎被罢官后,毫无怨言,"欢然无恨色",以为从此再不会有什么祸难了。

## 高颎受谗被杀

仁寿四年(604年),太子杨广逼死其父隋文帝,即位为隋炀帝。不久,高颎被起用为太常(主管朝会、祭祖礼乐)。

隋炀帝下令征集原北周、北齐[②]的音乐人才及流散于民间的乐曲。高颎以"此乐久废"加以劝阻,隋炀帝很不高兴。

高颎对隋炀帝大兴土木、沉溺声色尤为忧虑,经常同人议及此事。他对太常丞(太常的副官)李懿说:"周天元(北周宣帝)爱好声色音乐而亡国,前车之鉴为时不长,怎么能重蹈他的覆辙?"

大业三年(607年)七月,隋炀帝在榆林郡(治所位于今内蒙古准格尔旗东北)宴请突厥启民可汗,礼遇极为隆重。高颎对太府卿

---

[①] 即魏国太傅(丞相)司马懿。魏正始八年(247年),司马懿称病不出。嘉平元年(249年),他谋杀其政敌大将军曹爽,重新执掌朝政大权。

[②] 都邺,位于今河北省临漳县西南。北齐承光元年(577年),北齐为北周所灭。

（主管国库收支的官员）何稠说："突厥人知道中国的虚实，恐怕将成为后患。"高颎又对观王杨雄说："近来朝廷几乎没有什么纲纪可言了。"

有人把高颎说的这些话报告隋炀帝。隋炀帝极为恼火，当即以"谤讪朝政"罪，下令将高颎处死，并将其几个儿子流放到边远的地方。高颎长子高盛道时任莒州（治所位于今山东省沂水县）刺史，被流放到柳城（位于今辽宁省朝阳市境内），不久便死去。高颎被冤杀后，普天下的人都为他感到悲伤和惋惜。

《隋书》卷一 高祖纪
卷四十一 高颎传

【简评】

《隋书》作者魏征认为：高颎"竭诚尽节，进引贞良，以天下为己任"。"当朝执政将二十年，朝野推服，物无异议。治致升平，颎之力也。论者以为真宰相"。（《隋书》卷四十一）

清代学者王夫之认为："杨广之弑君父，杀兄弟，骄淫无度，其不可辅而不相容，涂之人知之。"高颎被重新起用后"嚅嗫於李懿、何稠佞幸之侧"，"进不能抒其忠愤，退不能守以缄默，骈首以就狂夫之刃。悲哉"。（《读通鉴论》卷十九·炀帝）

## 二、忠正被难　光明磊落

# 褚遂良等人反对册立武后

　　武则天原是唐太宗李世民的才人,太子李治出入后宫看上她的姿色。唐太宗去世后,太子李治即位为唐高宗,武才人与众后妃一起被迁入感业寺当尼姑。唐永徽五年(654年)春天,唐高宗去感业寺拜佛,见到削发为尼的武则天,两人久别重逢,悲喜交集。不久,唐高宗将武则天接回后宫,封为昭仪(地位仅次于皇后的后妃)。

　　永徽六年(655年),唐高宗意欲废黜王皇后,改立武昭仪为皇后。唐高宗的母亲长孙皇后这时已经去世。唐高宗担心大臣们对废立皇后持有异议,于是带着武昭仪首先去拜访其舅舅太尉(名誉宰相)长孙无忌。长孙无忌是唐太宗的"布衣之交",曾参与决策"玄武门之变"①和废立太子②,又接受唐太宗遗诏,同中书令(宰

---

① 唐朝初年,秦王李世民功高权重,太子李建成感到其地位受到威胁,便与齐王李元吉合谋想除掉李世民。李世民与长孙无忌等人策划,先发制人,于唐武德九年(626年)六月四日在京城长安玄武门诛杀李建成、李元吉。之后,李世民被其父唐高祖李渊立为太子。

② 长孙皇后共生三个儿子:李承乾、李泰、李治。唐太宗开始立李承乾为太子,因李承乾废学贪玩失宠,谋反被废。接着,唐太宗许诺立李泰为太子,后发现他对李治口是心非,气恼得以头撞墙、拔刀想自杀,长孙无忌和褚遂良等人安抚并建议他立李治为太子,协助平息李泰发动的叛乱。

相，主管拟草并发布诏令）褚遂良共同辅助太子李治执政，在群臣中德高望重。行前，唐高宗派人给长孙无忌送去两车金银珍宝和十车绫缎。会见长孙无忌时，唐高宗又许诺将他宠妾所生的三个儿子都授予朝散大夫（虚职文官）。然后，唐高宗以王皇后没有生儿子，暗示想改立武昭仪为皇后。长孙无忌没有顺着唐高宗的话意往下讲，唐高宗和武昭仪扫兴而归。之后，武昭仪又要自己的母亲杨氏去长孙无忌家请求，长孙无忌始终没有答应。接着，唐高宗派卫尉卿（主管武器库藏和宫廷仪仗队器物供应）许敬宗去劝说长孙无忌。许敬宗受到长孙无忌严厉斥责。

七月，唐高宗想特设一个宸妃的名号，封给武昭仪。侍中韩瑗、中书令来济以没有先例可循加以谏阻，使此事作罢。

长孙无忌厌恶中书舍人（负责拟草诏令）李义府的为人，提议将他贬为壁州（治所位于今四川省通江县）司马（州府属官）。李义府闻讯，随即迎合唐高宗旨意，上书请求废黜王皇后，改立武昭仪为皇后。唐高宗极为高兴，赐给李义府一斗珍珠，不但没有将他贬出朝廷，反而提任他为中书侍郎。于是，许敬宗及御史大夫（最高监察机关长官）崔义玄、御史中丞（最高监察机关副长官）袁公瑜等人纷纷表明赞成立武昭仪为皇后。由此，许敬宗改任礼部尚书（朝廷主管礼仪、教育的部门长官）。

九月庚午日，唐高宗退朝后留下长孙无忌和尚书右仆射（宰相）褚遂良等人，明确对他们说："王皇后没有生男儿，武昭仪生了儿子，我想改立武昭仪为皇后，你们看怎么样？"褚遂良想到唐太宗临终嘱托，决心以死诤谏，首先回答说："先帝临终的时候，拉着陛下的手对我说：'朕的好儿子好儿媳，今天就交付给你了。'这句话是陛下亲耳听到的，至今还在我的耳边回响。我们没听说王皇后有什么过失，怎么能轻易将她废掉呢？我不敢违背先帝的遗愿，不敢曲意顺从陛下！"唐高宗听褚遂良这么说十分不快，随即不欢而散。

## 二、忠正被难　光明磊落

第二天，唐高宗再次同长孙无忌和褚遂良商谈废立皇后的事。褚遂良说："陛下一定要更换皇后，我请求从全国望族世家中挑选女子，何必偏偏要立武昭仪呢？武昭仪曾经侍奉过先帝，这是人所共知的。如果将她立为皇后，千秋万代，人们将怎样评价陛下呢？愿陛下深思！"褚遂良见高宗仍不松口，将笏板（大臣上朝用于记事的手板）放在殿内台阶上，解下头巾向高宗叩头说："我把朝笏还给陛下，请求放我回老家去。"唐高宗勃然大怒，令人将褚遂良拉出去。当时，武昭仪坐在帘后，恶狠狠地嚷道："何不就地杀死这个老东西！"长孙无忌说："褚遂良是受先帝遗命的辅政大臣，即使他有罪，也不能对他用刑。"唐高宗随即下令将褚遂良贬为潭州（治所位于今湖南省长沙市）都督。

韩瑗听说高宗已经公开征询废立皇后的意见，流着眼泪劝谏说："普通百姓家男女结为夫妇都很慎重，何况天子呢？皇后对国家命运有决定性的影响，嫫母辅佐黄帝使天下大治①，妲己祸乱朝纲使商朝灭亡②。希望陛下三思而后行。我的话如果有益于国家，即使被剁成肉酱也心甘情愿！"接着，来济也上书劝谏说："皇上册立皇后，应当选择有教养的名家淑女。"唐高宗对韩瑗、来济的意见一概不听。

十月，唐高宗发布诏令，废黜王皇后为平民，诳称先帝"以武氏赐朕"，立武昭仪为皇后。

显庆元年（656年），韩瑗上书为褚遂良申冤，认为他是国家的忠臣，请求将他调回朝廷任职。唐高宗没有同意，反而把褚遂良调到更远的桂州（治所位于今广西区桂林市）任都督。

显庆二年（657年）秋天，许敬宗、李义府迎合武皇后旨意，上书诬告韩瑗、来济和褚遂良图谋不轨。唐高宗下令将韩瑗贬为振

---

① 《汉书》卷二十·古今人物表，记嫫母为黄帝四妃之末妃，事迹不详。
② 妲己为商纣王爱妃，诱惑商纣王淫乐荒政，致使商朝灭亡。

州（治所位于今海南省三亚市西北崖城）刺史、来济贬为台州（治所位于今浙江省临海市）刺史、褚遂良贬为爱州（治所位于今越南清化市西北）刺史。

褚遂良抵达贬所后，曾给唐高宗写去一封信，陈述当年他"不顾死亡"拥立陛下为太子，又受先帝遗诏辅政，请求陛下对他这个"蝼蚁余齿"给予哀怜。褚遂良此信发出后石沉大海，没有回音。第二年（658年），褚遂良在悲愤绝望中长眠于爱州。

显庆四年（659年）四月，武皇后指使许敬宗诬告韩瑗煽动长孙无忌谋反。唐高宗竟然听信这一谗言，将长孙无忌贬为扬州（治所位于今江苏省南京市）挂名都督，实际将长孙无忌流放到黔州（治所位于今重庆市彭水县）。当年七月，许敬宗秉承武皇后旨意，派人去黔州审问长孙无忌"谋反"罪状，逼迫长孙无忌上吊自杀。此前，韩瑗已在忧愤中死去。受命前去斩杀韩瑗的人，不相信他已死，开棺验尸后方才回京报告。

来济受贬后心情郁闷。显庆五年（660年），唐高宗又将他发配到更远的庭州（治所位于今新疆奇台县西北）任刺史。后来，他听说褚遂良、韩瑗、长孙无忌相继被迫害致死，知道武皇后不会放过他。龙朔二年（662年），来济奉命迎击突厥军队入侵。临战前，他对部众说："我曾经是挂在法网上的罪人，承蒙皇上没有把我处死。今天，我当以身赴敌，以报国恩。"说罢，来济冲向敌军阵地，在战斗中壮烈牺牲。

《旧唐书》卷四 高宗本纪上
卷六 则天皇后本纪
卷五十一 太宗长孙皇后传
卷六十五 长孙无忌传
卷八十 褚遂良传、韩瑗传、来济传
《通鉴纪事本末》卷三十 武韦之祸

## 二、忠正被难　光明磊落

【简评】

宋代学者欧阳修评论说:"高宗之不君,可与为治邪? 内牵嬖阴,外劫谀言,以无忌之亲,遂良之忠,皆顾命大臣,一旦诛斥,忍而不省。反天之刚,挠阳之明,卒使牝咮鸣辰,牸移后家,可不哀哉! 天以女戎间唐而兴,虽义士仁人抗之以死,决不可支。"(《新唐书》卷一百五)

# 王义方弃孝尽忠

唐显庆元年（656年），中书侍郎李义府看中大理寺（最高审判机关）监狱中关押的女囚犯淳于氏，便要大理寺丞（最高审判机关官员）毕正义释放淳于氏，将其收纳为妾。大理寺卿（最高审判机关长官）段宝玄听说此事后，怀疑其中有枉法作弊行为，便将这件事报告唐高宗。唐高宗指令给事中（侍从皇帝、负责收纳奏章、协理监察事务）刘仁轨等人调查此事，将毕正义收审。李义府害怕事情暴露，随即逼迫毕正义在狱中上吊自杀，以灭口。唐高宗听说毕正义死了，下令不要再继续追查，有意将李义府包庇下来。

侍御史（最高监察机关内设机构长官）王义方对毕正义被逼自杀愤愤不平。他知道，李义府由于迎合高宗旨意，上书奏请改立武昭仪为皇后，正受到皇帝宠信，他准备冒着杀头的危险上书弹劾李义府。上书之前，王义方征求母亲的意见。

王义方少年丧父，是寡母历尽磨难一手将他抚养长大的。早年，他以"博通五经"的才学被召入朝廷担任太子校书（主管太子所居东宫图书）。前些年，王义方因与刑部尚书张亮要好，无辜受其冤案牵连，被贬为儋州吉安（位于今海南省儋州市）等县县丞，不久前才被召回朝廷担任侍御史。

王义方对母亲说："我的职务是御史，发现奸臣犯法不去纠举，是不忠；因为纠举奸臣遭到祸难连累母亲，是不孝；忠孝不能两全，

## 二、忠正被难　光明磊落

我拿不定该选择哪头为好,请母亲决定。"王义方的母亲回答说:"从前,王陵的母亲宁愿自杀,也要成全儿子的名节①。你身为朝中大臣,能尽忠国家,我就是死了,也毫无遗恨!"

在母亲的支持下,王义方拜见唐高宗,奏告说:"李义府枉杀大理寺丞,陛下已经赦免他的罪行,按说臣不应该再去追问。然而,天子既然设置众臣,就是要听取不同意见。陛下不可以独断专行,一切由自己的心意决定。如今奸臣在朝廷肆意违法,忠臣义士无不为之愤慨。我请求重新审查毕正义死亡之因,公开依法论处奸臣,为毕正义洗冤昭雪。"

接着,王义方上书弹劾李义府,严厉指出:"李义府贪恋美色,包庇罪犯淳于氏。他害怕泄露事实真相,又害死无辜受牵的毕正义。李义府如此违法枉杀,是不能容忍,还是可以宽恕?"王义方表示,宁愿"碎首玉阶",也要请求高宗除去其身边的奸臣。

然而,在已经失去是非标准、忠奸颠倒的唐高宗面前,王义方只能是空流一腔热血。对于李义府贪色违法、谋害无辜的行为,唐高宗护而不问;对于王义方弹劾不法的忠正之举,他反而斥之为"毁辱大臣,言词不逊"。随后,唐高宗竟下令将王义方贬为莱州(治所位于今山东省莱州市)司户参军(州府属官),反将李义府提升为中书令。

王义方看到唐高宗受武皇后左右,朝政黑暗而又无力改变,到达贬所不久便辞职而去。后来,他在昌乐(位于今河南省南乐县)安家,赡养母亲,聚徒讲学。王义方自甘清贫,坚持著书立说,共撰《笔海》十卷,文集十卷。

《旧唐书》卷一百八十七上　王义方传

---

① 汉王元年(前206年),楚王项羽听说王陵率部依附汉王刘邦,将王陵母亲抓捕。王陵派人去看望母亲。其母请来人转告王陵务必跟随汉王,并以此诀别。随后,王陵母自杀,被项羽烹尸。

《新唐书》卷一百一十二 王义方传
《通鉴纪事本末》卷三十 武韦之祸

### 【简评】

　　发觉奸臣杀人灭口而受到皇帝包庇,是站出来揭露护法,还是避而不问,对于一名御史来说,不仅意味着面临着正与邪的选择,更是一场生与死的考验。王义方知道,挺身护法,与当权的奸臣及其后台皇帝抗争,可能会贬官、坐牢、杀头。这样做,虽然能尽忠职守,但对自己年迈的母亲却不能再尽孝;而迎合帝意,纵容犯法,可以明哲保身,为母尽孝,却不能为国尽忠。忠孝不能两全。在母亲的支持下,王义方舍孝取忠,其凛然大义令人敬佩。他的母亲尤其令人肃然起敬。只有这样伟大无私的母亲,才能教育并培养出勇于为国献身的儿子。王义方的难能可贵之处还在于,他没有把皇帝看作是法律的化身,也没有把皇帝与国家等同看待,而把忠于职守、忠于国家同忠于皇帝个人区别开来,这比某些大臣对皇帝个人的盲忠、愚忠不知要高明多少倍。王义方舍身护法、舍家为国、忠于职守的思想行为堪称千古楷模。

二、忠正被难　光明磊落

# 张砺临事必尽言

契丹①天显十一年（936年），后唐②发生内乱。十一月，后唐翰林学士（皇帝学术顾问）张砺受任招讨判官（事务长官），随军讨伐河东（治所位于今山西省太原市）节度使石敬瑭叛乱。石敬瑭以割地为条件向契丹求援，辽太宗耶律德光派兵救援石敬瑭，后唐灭亡。张砺兵败进入契丹。

辽太宗见张砺为人刚直不阿，富有文采，任命他为翰林学士。张砺就职后，"临事必尽言"，无所回避与保留，深受辽太宗信赖和器重。不久，张砺偷偷上路，企图逃回南方，被契丹骑兵追回。辽太宗责备他为何要逃走，张砺回答说："我不服北方水土，对这儿的饮食和住所也不习惯，心里很着急，所以想回到家乡。"辽太宗听张砺这么说表示理解，并责成有关官员要安排好张砺的生活。一年以后，辽太宗提任张砺为翰林承旨（主管拟草诏书、传达诏令）兼吏部尚书。

---

① 又称辽，都皇都，位于今内蒙古巴林左旗南。
② 唐天祐四年（907年），宣武军（治所位于今河南省开封市）节度史朱全忠灭唐，建国号梁，史称后梁。后梁龙德三年（923年），原唐晋王李存勖以复唐的名义，率军攻灭后梁，建国号唐，史称后唐，定都洛阳。

大同元年（947年）正月，辽太宗出兵攻灭后晋①。辽国将军肖翰、麻答等人放纵部众大肆杀掠，使中原人民饱受祸难。对此，张砺极为憎恶。

三月，辽太宗准备率部回撤，拟任命肖翰为宣武军节度使，将他留下镇守汴。张砺认为留肖翰镇汴，对国家对人民都不利，向辽太宗进谏说："如今，大辽刚刚得到中原，应当用中原人来治理中原，不可以用辽人风俗习惯治理中原。如果留守长官政令不当，人心就不会服。那样，虽然得到中原也会失去。"辽太宗没有接受张砺的意见，还是任命肖翰为宣武军节度使。同时，辽太宗提任张砺为尚书左仆射兼门下侍郎、平章事（宰相）。

四月，辽太宗返至栾城（位于今河北省栾城县），猝然病逝。

当时，张砺行抵恒州（位于今河北省正定县），亦患病卧床。肖翰、麻答乘机领兵包围张砺的住所。张砺闻讯后支撑着病体出来会见他们。肖翰质问张砺为何在太宗面前反对他留任宣武军节度使，同时命令兵士给他戴上枷锁，扬言要将他杀死。张砺义正词严地抗辩说："我在先帝面前说的是国家大事。对于关系国家安危存亡的大事，我不能不坦率表明自己的态度。如今皇上去世了，对我，你们要杀便杀，何须动用枷锁！"麻答以不可擅杀大臣，将肖翰劝止。

当天夜里，张砺怀着满腔的忧愤与世长辞。

《辽史》卷七十六　张砺传

《通鉴纪事本末》卷四十一　石晋篡（后）唐

---

① 后唐清泰三年（936年），石敬瑭攻灭后唐，建国号为晋，史称后晋，都汴，位于今河南省开封市。后晋出帝石重贵（后晋高祖石敬瑭之侄）即位后背离契丹。

## 二、忠正被难　光明磊落

【简评】

　　襟怀坦白,是为人为官应有的品格。张砺从国家和民众的利益出发,直抒己见,得罪了放纵兵士杀掠的将领,病中被围捕。他临危不惧,显示出忠正不屈的亮节。

# 唐介犯颜直谏

宋仁宗在位后期特别宠爱张贵妃（其父张尧封已去世），并将张贵妃伯父张尧佐任命为宣徽使（主管后宫事务）、节度使（授予宗室、外戚的名誉职务）、景灵使（主管宋真宗灵宫）、群牧使（主管养马业），让其身任四使。对此，殿中侍御史唐介持有异议。他和知谏院（负责谏议朝政）包拯、吴奎及御史中丞（最高监察机关长官）王举正等人极力进言劝谏。宋仁宗只好免去张尧佐宣徽、景灵二使职务。

北宋皇祐三年（1051年）十月，宋仁宗恢复张尧佐宣徽使职务，让他兼任河阳（治所位于今河南省孟州市南）知府。对于张尧佐复职，其他谏官不再劝阻，唯独唐介当着宋仁宗的面提出反对意见。宋仁宗对唐介解释说："张尧佐此项任命是中书省（主管传达皇帝诏令、批转群臣奏书的机构）提出的。"唐介随即弹劾主管中书省的首席宰相文彦博，指出他在任益州（治所位于今四川省成都市）知州时，曾制造各种款式的金器和织锦，通过宦官买通宫中妃嫔，由此当上了宰相；现在又违反规定恢复张尧佐的职务，想借以巩固自己的地位。他建议罢免文彦博宰相职务，并举荐河北路（治所位于今河北省大名县东北）安抚使（军政长官）富弼担任宰相。唐介对宋仁宗直言谏诤，语气十分激昂恳切。

宋仁宗勃然大怒，将唐介的奏书推到一边不看，声称要把他流

## 二、忠正被难　光明磊落

放到远方去。唐介神态自若,说:"臣的激情完全出于忠诚义愤,面对鼎镬(指烹刑)我也决不退避,对于流放远方更不会推辞了!"宋仁宗见唐介言辞毫不退让,更为恼火。在场的修起居注(负责记录皇帝言行事迹的官员)蔡襄连忙上前替唐介开脱说:"唐介作为谏官出语直率,确实近乎于狂妄。然而容许谏臣讲话,虚心纳谏,这是做皇上的美德,请求陛下恩赐唐介,宽恕他的过失。"

蔡襄的一席话使宋仁宗的火气稍微消了一些,当即下令将唐介贬为春州(治所位于今广东省阳春市)别驾(州府虚职属官)。王举正认为对唐介这样处罚太重,宋仁宗亦有所省悟,第二天又改令唐介去英州(治所位于今广东省英德市)闲居待令。同时,宋仁宗罢免文彦博的宰相职务,让他出任许州(治所位于今河南省许昌市)知州。

唐介离开京都开封时,著名诗人梅尧臣、直史馆(修史官员)李师中等人赋诗为他送行。梅尧臣写了长诗《书窜》,称"臣言天下公,奚以身自恤?""是时白此心,尚不避斧锧。"李师中赠诗写道:"去国一身轻似叶,高名千古重如山。并游英俊颜何厚,未死奸谀骨已寒。"由此,唐介耿直的名声传遍天下,文人墨客称赞他是"真御史",尊称他"唐子方",而不直呼其名。

宋仁宗担心唐介性情耿直,对受到贬谪想不开,会死在流放途中,这样他将背上杀害正直大臣的恶名,所以特意派朝廷官员一路护送唐介。其实,唐介受贬后心情坦然,不以为意,他在《谪官渡淮风欲覆舟而作》一诗中写道:"平生仗忠信,今日任风波。"

几个月后,唐介被重新起任为监郴州(治所位于今湖南省郴州市)税(主管税收)。接着,唐介由复州(治所位于今湖北省仙桃市)知州复任殿中侍御史。宋仁宗接见唐介时,安慰他说:"你发配到远方以后,没有私下给朝廷官员写信,可见你意志是很坚定的。"唐介向宋仁宗请求说:"臣既然受任言论官,有责任对皇上直言,言论不被采纳就要固执争辩,争辩的言语重了,势必有损陛下的尊严,请解除我这项职务。"宋仁宗接受唐介意见,不久改派他到地方任职。

治平元年(1064年),宋英宗即位后将唐介由瀛州(治所位于今河北省河间市)知州提任为御史中丞。宋英宗对唐介说:"你在先朝有耿直的名声,所以我用你。"唐介回答说:"我做得很不够,陛下过奖了,我只是甘愿奉献我的愚忠而已。自古以来,想治理天下的君主,不在于追求绝世惊俗的治理方略,关键是要顺乎民意。先帝的功德尚留民间,陛下只要汲取祖上成功的治国经验,天下人就能得到幸福。"

熙宁元年(1068年),宋神宗任命唐介为参知政事(副宰相)。宋神宗想起用翰林学士王安石,唐介认为王安石不宜重用,如果让他执政,必然要改变现行国策。唐介对推荐王安石的尚书左仆射(名誉宰相)曾公亮说:"王安石如果得到重用,天下必然要受到困扰。"但此后不久,王安石担任宰相。唐介与王安石政见不同,数次发生争论,而宋神宗总是向着王安石一边。唐介无比愤慨,为时不长,背上生疽而死。终年六十岁。

《宋史》卷三百一十六 唐介传
《宋史纪事本末》卷二十五 郭后之废

## 【简评】

《宋史》作者脱脱认为:"介敢言,声动天下,斯古遗直也。"(《宋史》卷三百一十六)

清代学者王夫之认为:"唐介所称'真御史'也,张尧佐之进用,除拟出自中书,责文彦博自有国体,乃以灯笼锦进奉贵妃,诋诃之於大廷。"(《宋论》卷四·仁宗)

二、忠正被难　光明磊落

# 赵鼎丹心未泯

赵鼎是北宋解州闻喜(位于今山西省闻喜县)人,四岁丧父,由母亲一手教养成人。他刻苦求学,博览"经史百家之书",于北宋崇宁五年(1106年)考中进士。在朝廷殿试对策中,赵鼎痛斥前宰相章惇误国,以鲜明的政治观点步入官场。后几经转任,赵鼎被提任为开封士曹(军事参谋官)。

靖康二年(1127年)四月,金①军在攻占开封后,劫持宋太上皇(宋徽宗)、宋钦宗及后妃等人北去。五月,康王赵构(宋徽宗第九子)在南京(位于今河南省商丘市)即帝位,为宋高宗,史称南宋。宋高宗任命赵鼎为司勋郎官(负责考察官吏政绩)。

---

① 北宋政和五年(1115年),女真族首领完颜阿骨打在其居住地按出虎水(位于今黑龙江省哈尔滨市南阿什河流域)建国号金,称帝为金太祖。金天会元年(1123年),金太宗完颜晟即位后建都会宁府,位于今黑龙江省阿城市南。

## 内政治理，赵鼎极力拨乱反正

南宋建炎元年（1127年）十月，宋高宗率群臣南撤，并征询朝政得失。赵鼎上书称："自从熙宁二年（1069年）王安石出任宰相改变祖宗之法时，老百姓就开始受苦了。他们借口开拓疆土，引发边境战乱；打着为朝廷增财的幌子，搜刮民众使之穷困；设置脱离实际的办学制度，败坏人才的培养。到了崇宁初年（1102年），宰相蔡京以绍述①为名全面恢复王安石新法。国家出现今天的患难，开始于王安石当政，最终由蔡京造成。如今，蔡京的余党还没有得到彻底清除，这是朝政的最大弊端。"宋高宗认为赵鼎说得有道理，提任他为殿中侍御史。此后，宋高宗提任赵鼎为御史中丞、参知政事、尚书右仆射同中书门下平章事兼知枢密院事（最高军事机关长官）。其间，赵鼎以治理天下为己任，坦诚直言，举贤任能，兴利除弊，被宋高宗誉为"真宰相"。

宋高宗即位之初曾对宰相朱胜非说："神宗、哲宗两朝史籍，记述多有失实，不可以作为信史传世。"朱胜非说："神宗朝的史籍多增了王安石的目录，哲宗朝的史籍经蔡京、蔡卞②之手，议论多数不公正。"后来，因为战乱未停、政局不稳，宋高宗把修改神、哲两朝

---

① 元丰八年（1085年），宋神宗去世，其时年九岁的儿子赵煦继位为宋哲宗，由其祖母高太皇太后垂帘听政。高太皇太后全面废除神宗熙宁、元丰年间推行的新法，恢复原来旧法，史称元祐更化。元祐八年（1093年），高太皇太后去世，宋哲宗亲掌朝政，起用章惇为宰相，以绍述（继承）神宗之法为名，陆续废除元祐年间旧法，恢复神宗推行的新法，史称绍述。

② 蔡卞为蔡京之弟，曾任国史修撰，称宋神宗功德卓绝千古。

## 二、忠正被难　光明磊落

史籍一事搁下。

绍兴五年(1135年),宋高宗委任宰相赵鼎监修神、哲二朝史籍,使得"是非各得其正"。宋高宗深为快慰,亲书"忠正德文"四字以褒奖赵鼎。

## 外御金军,赵鼎力主抗战

对于金军南下,赵鼎一向主张坚决抗战。靖康元年(1126年)春天,金军将领向北宋朝廷提出须割让三镇之地①作为和谈条件。宋钦宗就割地一事提交大臣讨论。赵鼎对割地一事提出异议,认为"祖宗传下来的土地不可以送与别人,这事何须要讨论?"当年冬天,金军攻下开封,策划欲将宋宰相张邦昌立为异姓皇帝。赵鼎闻讯逃入太学(朝廷主办的最高学府),拒绝在立张邦昌为帝的"建议书"上签字。

建炎三年(1129年),金军攻入扬州,宋高宗将朝廷迁往临安(位于今浙江省杭州市)。第二年春天,御营左军都统制(左路军总指挥)韩世忠领兵在黄天荡(位于今江苏省南京市至镇江市之间长江中)击败金军。据此,宰相吕颐浩劝宋高宗亲率大军征讨金军。赵鼎时任御史中丞,认为黄天荡之捷只是一次小胜,亲征大事"不可轻举"。吕颐浩痛恶赵鼎反对他的意见,上书奏准罢免赵鼎御史中丞职务,改任他为翰林学士。赵鼎没有受任翰林学士。

不久,韩世忠部被金军击败。赵鼎坚持卧病不出,上千言书历数吕颐浩的过失。宋高宗随即罢免吕颐浩的宰相职务,复任赵鼎

---

① 即太原、中山、河间三镇。太原镇治所位于今山西省太原市。中山镇治所位于今河北省定州市。河间镇治所位于今河北省河间市。

为御史中丞。宋高宗对赵鼎说:"我常听说以前朝代忠谏大臣的故事,恨不能与他们相识,今天,我从你身上见到了他们!"之后,宋高宗任命赵鼎为端明殿学士(皇帝侍从顾问)、签书枢密院事(最高军事机关副长官)。

当年(1130年)七月,楚州(治所山阳,位于今江苏省淮安市)失守,赵鼎引咎辞职。在此期间,赵鼎因非议辛企宗(原职不详)提任节度使(某地军政长官)而忤逆宋高宗旨意,被贬为平江(治所位于今江苏省苏州市)知府。

绍兴三年(1133年)十月,襄阳(位于今湖北省襄樊市)失陷,赵鼎由洪州(治所位于今江西省南昌市)知府被召回朝廷任参知政事。接着,宋高宗任命赵鼎为宰相兼知枢密院事。当时,伪齐皇帝刘豫①之子刘麟领兵配合金军大举南侵,"举朝震恐"。有人劝宋高宗撤离临安。赵鼎谏阻说:"陛下十年来养精蓄锐,用兵之日正在今天。如果不战而退,人心势必涣散,长江天险也就不再能作为防御的依恃了。组织抗战,万一不能取胜,那时撤退也不晚"。他鼓励宋高宗调兵遣将迎战,最后取得阻击金军南下的胜利。

## 宽宏大量,赵鼎关爱抗金将领

原川(位于今四川省)、陕(位于今陕西省西南部)宣抚处置使(代表朝廷巡督军政)张浚兵败受诬,撤职在福州闲居。绍兴五年(1135年),赵鼎向宋高宗建议重新起用张浚,宋高宗随即任命张

---

① 刘豫原为南宋济南(治所位于今山东省济南市)知府,建炎二年(1128年),他杀害守城将领关胜,投降金军。建炎四年(1130年),刘豫被金封为"齐"帝,定都汴京(开封)。

## 二、忠正被难　光明磊落

浚为右仆射兼知枢密院事,都督诸路军马(军事总指挥)。不久,张浚领军击退刘豫之子刘麟、刘猊等南犯部众。

张浚部将吕祉入朝奏事夸大其辞,此举受到赵鼎的批评。宋高宗对赵鼎说:"今后张浚如果与你不和,必定是吕祉从中挑拨引起的。"此后,张浚入朝议事,话语中流露出对赵鼎的不满。张浚主张罢免抗战不力的江东(即江南东路,治所位于今江苏省南京市)宣抚使刘光世的职务,赵鼎以"无故而罢之,恐人心不安"而提出异议,张浚更加不高兴。于是,赵鼎决意让张浚充分施展才能,请求并获准离开朝廷,出任绍兴知府。

绍兴七年(1137年)八月,淮西(治所位于今安徽省凤台县)都统制(军事统帅)王德与副都统制郦琼矛盾激化,张浚派兵部尚书吕祉前往调处。郦琼将心中的怨愤向吕祉陈诉却未能得到伸张,便将吕祉抓起来率部投附伪齐。为此,张浚引咎辞职。宋高宗恢复赵鼎原任职务,很快平息淮西事态。

宋高宗对张浚误用吕祉十分恼火,要把他流放到岭南(位于今广东省、广西区及海南省)。赵鼎为张浚讲情说:"张浚的母亲已年老,需要他照养,再说他效忠君王是有功的!"当天深夜,宋高宗仍盛怒不息,赵鼎再三向宋高宗恳求说:"张浚的罪过只是失策而已。人们谋划事情,尽管都希望万无一失,但难免有失误的时候。如果仅仅因为一次过失,便将当事人置于死地,今后有人即使有奇谋秘计,也不敢再提出来了。这是关系到朝廷用人的大事,不仅仅是处置张浚一个人的问题。"经赵鼎全力救助,张浚被发配到永州(位于今湖南省永州市)闲居。

当年十一月,金废黜伪齐帝刘豫。赵鼎派人前去刘豫旧部策反,"得精兵万余,马数千"。之后,金派使臣来南宋朝廷商谈议和事宜。宋高宗想同金使臣议和,却遭到群臣反对。宋高宗大为恼火,赵鼎宽释说:"群臣过火言论,是出于对陛下的忠诚,不可以此治罪。"

## 反对议和,赵鼎惨遭迫害

绍兴八年(1138年),赵鼎因反对无条件同金人议和,与尚书右仆射秦桧意见不合。宋高宗想将和州(治所位于今安徽省和县)防御史(军事长官)赵璩(宋皇室成员)封为国公,赵鼎加以劝阻,引起宋高宗不满。秦桧乘机指使侍御史肖振弹劾与赵鼎志同道合的参知政事刘大中,又指使人诬告赵鼎私"结台谏及诸将"。宋高宗偏信秦桧谗言,对赵鼎更加疑忌。

赵鼎察觉宋高宗对他有所疏远,对高宗说:"刘大中坚持正确意见,过去为章惇、蔡京所忌恨,如今又被排挤出朝廷。我的治政主张和刘大中是相同的,大中既然走了,我怎么还可以留在朝廷?"他托言有病,请求去地方任职。

当年十月,宋高宗免去赵鼎宰相职务,再次让他去担任绍兴知府。赵鼎离开朝廷没几天,枢密副使(最高军事机关副长官)王庶奏报宋高宗,说奉命出使金国的直学士(高级文散官)王伦回来了,同金国谈妥以黄河为界,当初这是赵鼎提出的主张。宋高宗对王庶叹息说:"假使五天前得到这一报告,怎么能让赵鼎离开朝廷呢?"

赵鼎离京时,秦桧率领执政大臣为他饯行。赵鼎没有向秦桧行拜别之礼,"一揖而去"。为此,秦桧更加忌恨赵鼎。赵鼎到了绍兴后,上书奏请修建祠堂。秦桧认为赵鼎此举意在胁迫他,又奏准改任赵鼎为泉州知府。接着,秦桧指使御史中丞王次翁诬告赵鼎曾接受张邦昌伪命。宋高宗据此将赵鼎贬为挂名清远军节度副使,流放潮州。

赵鼎到了潮州后,"杜门谢客",不再谈论时事。有人问起他的

## 二、忠正被难　光明磊落

过去,他只是引咎自责。赵鼎在潮州被软禁五年,行为端正。尽管这样,秦桧仍不肯放过他,又授意御史中丞詹大方诬告赵鼎受贿。

绍兴十四年(1144年)九月,宋高宗下令将赵鼎流放吉阳军(治所位于今海南省三亚市西北厓城)。赵鼎给宋高宗上了一封感谢奏书,书中写道:"白首何归,怅余生之无几;丹心未泯,誓九死以不移。"秦桧看后说:"这个老家伙,倔强的性格还是从前那个样子!"

赵鼎被流放吉阳军后,深居简出。一些门人故吏想拜望他,但又不好意思去打扰他。秦桧听说驻守广西(即广南西路,治所位于今广西区桂林市)的将领张宗元时常派人给赵鼎送去一些大米和白酒,极为恼火,下令吉阳军主官每月都得向他报告赵鼎是否死了。赵鼎自知难逃秦桧毒手,派人对其儿子赵汾说:"秦桧最后必定要把我杀死。我只有先死,全家才能免祸。"此时,赵鼎已病魔缠身,进入风烛残年。他自书墓志铭,回首自己忠贞壮烈而又充满波折的一生,最后写道:"身骑箕尾归天上,气作山河壮本朝。"墓志铭写成后,赵鼎绝食而死。

这一年是绍兴十七年(1147年)。赵鼎时年六十二岁。人们听说赵鼎含冤自杀,无不为之悲痛。宋孝宗即位后,追授赵鼎为"忠简"。后人评论南宋几位贤明的宰相,认为赵鼎应当排在最前面。

　　　　　　　　　　《宋史》卷二十四　高宗本纪一
　　　　　　　　　　　　　　卷二十八　高宗本纪五
　　　　　　　　　　　　　　卷三百六十　赵鼎传

【简评】

《宋史》作者脱脱称"鼎之为国,专以固本为先,根本固而后敌可图、仇可复,此鼎之心也。惜乎一见忌于秦桧,斥逐远徙,卒赍其

志而亡,君子所尤痛心也"。"千载而下,忠臣义士犹为之抚卷扼腕,国之不竞,有以哉"。(《宋史》卷三百六十)

清代学者王夫之认为:宋高宗"虐杀功臣,遂其猜妨,而无不忍之心;倚任奸人,尽逐患难之亲臣,而无宽假之度"。(《宋论》卷十·高宗)

清代学者赵翼指出:"秦桧赞成和议,自以为功,惟恐人议己,遂起文字之狱,以倾陷善类。"(《二十二史札记》卷二十六·秦桧文字之祸)

二、忠正被难　光明磊落

# 周新锄奸受陷

周新是明南海(位于今广东省广州市)人。明成祖即位(1402年)后,周新以"善决狱"由大理寺评事(最高审判机关官员)改任监察御史。周新敢于直言,弹劾违法行为不避权势,大臣贵戚都怕他几分,称他为"冷面寒铁"。京城中,人们用他的绰号来吓唬小孩,淘气的小孩一听说"冷面寒铁"来了,总是吓得东躲西藏,不敢哭闹。

后来,周新出任浙江按察使(主管刑事监察)。含冤坐牢的人听说周新来上任,都高兴地说:"我有望重见天日了!"周新到任后,不仅极力平反冤案、侦破疑案,同时还严厉惩处一批贪官污吏。一次,周新穿便衣去某县巡察,因事触怒县令,被关进监狱。周新在狱中调查众犯人,获得县令贪赃的罪状后,向狱吏暴露了自己的身份。县令听到报告后惊恐万状,连忙向周新叩头赔罪。周新随即将该县令弹劾罢免。周新公正执法,为官清廉,以"周廉使名闻天下"。

明永乐十年(1412年),锦衣卫指挥(皇帝直管的侦探审判机关长官)纪纲派某千户(统领一千一百二十名兵士的指挥官)去浙江侦缉案犯。这名千户到浙江后索贿受贿,作威作福。周新准备依法处治他,他闻讯逃走了。

不久,周新因公事去京师(位于今北京市区)①。路过涿州(位于今河北省涿州市)时,周新遇上那个逃走的千户,便令人将他逮捕,并关进涿州监狱。没过几天,该千户逃出,将周新捉拿他的事报告纪纲。纪纲大为恼火,上书诬奏周新有罪。明成祖偏听偏信,下令将周新逮捕。路上,锦衣卫的士卒把周新打得体无完肤。周新被押见明成祖时毫无惧色,义正词严地抗辩道:"陛下诏令按察司(省级司法监察机关)执行公务,可与都察院(最高监察机关)一样。我按照陛下这一命令,依法逮捕奸贪的恶人,为何反而要对我治罪?"明成祖见周新不肯屈服勃然大怒,当即下令将周新处死。周新临刑时放声高呼:"我活着是直臣,死后亦要做直鬼!"

周新被冤杀后,明成祖有所反悔,询问周新是哪里人。侍臣告诉他周新是南海人,明成祖叹息道:"岭外竟然也有这样耿直的人,错杀了他啊!"后来,纪纲因罪被杀,明成祖更为错杀周新而悔恨。一次,明成祖见一个穿红衣的人站在阳光下,对身边侍臣说:"直臣周新已经变成了神,你们看,他不是还在为我惩治贪官奸臣么!"

《明史》卷一百六十一 周新传

## 【简评】

周新为官清廉正直,不阿权贵。一心为国除奸,为民除害,含冤至死仍不改耿直秉性,其铮铮铁骨令人钦佩。广东巡抚(行政长官)杨信民称周新为"当代第一人"。周新被杀后,其妻以节操自守,甘于清贫。后来,周新之妻去世,浙江籍在广东做官的人相聚在一起为她安葬。

---

① 当时,明都城为应天,位于今江苏省南京市。永乐十九年(1421年),明成祖将都城迁至京师。

二、忠正被难　光明磊落

# 蒋钦直谏至死

　　明弘治十八年(1505年)五月,明孝宗去世。时年十五岁的太子朱厚照继位为明武宗。明孝宗临终前,委托大学士(宰相)刘健、谢迁等人辅佐太子执政。

　　明武宗年少贪玩,内官监(总领内宫事务的宦官)、团营(驻京部队)总督(军事长官)刘瑾投其所好,引导他成天歌舞游戏。刘健、谢迁等人担心这样下去会贻误国事,于正德元年(1506年)十月上书,建议将刘瑾逮捕处死。刘瑾闻讯后惊恐万状,连夜哭见明武宗。明武宗听信刘瑾谗言,反而将刘健、谢迁罢官,责令他们回乡。同时将刘瑾升为掌司礼监(主管宦官机构,协助皇帝处理奏章),让其掌揽朝政。

　　明武宗的上述决定,使朝廷内外有识之士感到震惊。南京(明故都,位于今江苏省南京市)御史蒋钦等人上书,对明武宗恳切劝谏。刘瑾看了蒋钦的上书后十分恼火,令人把蒋钦逮捕入狱,打了一顿板子后,将他革职为民。

　　事隔三天,蒋钦第二次上书明武宗,称其"目击时弊,乌忍不言"。蒋钦在奏书中指出:"刘瑾是毁坏国家的大贼。他弄权索贿,少则千金,多至万两,官员给他送礼便得以升迁,不向他行贿便遭受贬斥。朝野上下为之寒心,而陛下却把他视为心腹,不知左右有贼,把贼当作耳目。陛下若继续放纵刘瑾祸国殃民,将如何做天下之主？臣蒋钦请求立即诛杀刘瑾，以宽慰天下人心，然后再将臣处死，以祭告刘瑾。"蒋钦这份奏书递上后，刘瑾当即又指使人打了蒋钦三十板杖，将他关进监狱。

三天之后，蒋钦第三次上书明武宗。他在奏书中说："臣与国贼刘瑾势不两立。我第二次上书进谏，再次受到杖刑。臣虽然被打得血肉淋漓、浑身疼痛，瘫倒在狱中，仍然难以沉默。陛下应将臣与刘瑾作一比较，是刘瑾忠于陛下，还是臣忠于陛下？谁忠，谁不忠？天下人都知道，陛下心里亦清清楚楚。为何就听不进臣的忠谏而偏信刘瑾这个逆贼？眼下，我皮开肉绽，形销骨立，泪血交流，尚有七十二岁老父，亦顾不上赡养了。臣死倒毫不足惜，我只为陛下早晚将面临亡国丧家之祸而感到非常可惜。陛下如能处死刘贼，说明陛下英明；陛下如不愿杀死刘贼，则应当先将我处死，我坚决不愿与刘贼一同活在世上！"奏书递上后，蒋钦又被打了三十板杖。

蒋钦被打得昏迷不醒，朦胧中，他仿佛听见其先辈的亡灵劝他不要再上书，声音非常凄哀悲怆。醒来后，蒋钦叹息说："我既然把身心生命交给国家，就不能顾及一己私利。如果就此沉默，既有负于国家，也会给先人丢脸，那才真是不孝啊！"于是，蒋钦强忍剧痛，勉强支撑坐起，握住笔自言自语："死就死吧，奏稿不可不写！"第四份奏稿还没有写成，蒋钦因伤势过重死在狱中。时年四十九岁。

正德五年(1510年)八月，刘瑾因随身携带的扇中藏有两把匕首，以谋反罪被押往闹市斩杀。有关部门从其家中抄出二十四万锭黄金、五百万锭白银。蒋钦如果地下有知，亦该笑慰于九泉。

《明史》卷一百八十八 蒋钦传
卷三百四 刘瑾传
《明史纪事本末》卷四二 弘治君臣
卷四三 刘瑾用事

## 二、忠正被难　光明磊落

【简评】

　　蒋钦身为一名监察官,为清除国贼,接连上书,以致含冤入狱。被打得体无完肤,仍然不屈不挠,直至战斗到生命最后一息。这种舍身为国坚持斗争的精神令人钦佩,其浩然正气千古流芳。

# 周顺昌疾恶如仇

周顺昌是明吴县（位于今江苏省苏州市）人，考中进士后步入仕途，由福州推官（主管刑事）调任文选员外郎（朝廷主管官吏任免的部门内设机构副官）。他为官杜绝私人请托，以"清操"称誉于朝廷。当时，司礼监秉笔太监（代皇帝批阅奏章兼管东厂①的宦官）魏忠贤在朝廷擅权乱政。周顺昌刚正不阿，对魏忠贤迫害忠良深恶痛绝。

明天启三年（1623年），周顺昌请假离职回乡。右佥都御史（相当最高监察机关长官助理）周起元时任苏州等十府巡抚，因弹劾魏忠贤的亲信织造中官（主管纺织的宦官）李实等人贪赃暴虐而被罢官为民。周顺昌极为义愤，写文章为周起元送行，文中点名对魏忠贤严加痛斥。

天启五年（1625年），原吏科都给事中嘉善（位于今浙江省嘉善县）人魏大中因秉公办事受魏忠贤党羽陷害，革职回乡后被捕，路过吴县。周顺昌疾恶如仇，对魏大中深为同情。他特意设宴招待魏大中，一连陪伴他三天，并其将女儿许配给魏大中的孙子。旂尉（旗官，此处指狱吏）多次催促要魏大中上路，周顺昌瞪着眼睛对他说："你难道不知道世上还有不怕死的男子汉吗？回去告诉魏忠贤，我就是吏部郎周顺昌。"接着，周顺昌直呼魏忠贤的名字，又破

---

① 由宦官操纵的侦缉刑狱机构。

## 二、忠正被难　光明磊落

口大骂一番。

旂尉回去后将这一情况报告魏忠贤。魏忠贤大为恼恨,指使其义子御史倪文焕弹劾周顺昌同罪犯结亲,并诬告他接受贿赂。魏忠贤随即假传明熹宗诏令,撤销周顺昌官职。

天启六年(1626年)二月,魏忠贤指使李实诬告周起元贪污、周顺昌替周起元私藏赃物,下令将周起元和周顺昌同时逮捕。

周顺昌回乡期间仗义直言,替许多受苦蒙冤的平民说话,当地民众非常敬佩他。当逮捕周顺昌的诏令下达时,民众愤怒高呼,为他喊冤叫屈,以至将道路堵塞。旂尉厉声喝道:"东厂抓人,你们谁敢阻挡?"众人一听说他们是东厂的狱吏,呼喊着蜂拥而上,愤怒的拳头直朝旂尉挥去,当场打死一个旂尉,其余的旂尉狼狈逃窜。周顺昌没有乘机逃走,从容就捕。

随后,周顺昌被押至京都,关进监狱。他受尽严刑折磨,始终坚贞不屈,痛骂魏忠贤不止。锦衣卫指挥(主管侍卫和刑狱)许显纯用铁椎敲掉周顺昌的牙齿,问他还骂不骂魏上公。周顺昌把满口的血水吐到许显纯的脸上,骂得更厉害。当年六月十七日夜,周顺昌被秘密杀害。

第二年(1627年),崇祯帝即位,魏忠贤畏罪自杀,周顺昌被追认为"忠介"。

《明史》卷二百四十五　周顺昌传
周起元传
卷三百四十四　魏大中传

【简评】

明朝晚期,魏忠贤专权,朝政极为黑暗,许多忠正之士受到魏忠贤及其党羽的诬陷被迫害致死。周顺昌坚决与魏忠贤之流抗争,宁死不屈,其英雄气概无愧于"忠介"之称。

# 王鼎"尸谏"抗战

清道光二十一年(1841年)六月二十九日,黄河水猛涨,河南祥符(位于今河南省开封市)大堤决口八十余丈。河东河道总督(主管黄河东段河道治理)文冲奏称河南省府所在地开封地势低洼潮湿,建议将省府迁往地势好的地方。东阁大学士(宰相)王鼎认为,自古以来没有放任黄河横流的先例,要紧的是筑堤堵水,否则,江淮大地数百万民众的生命将受到威胁。王鼎请求亲往河南治水,称"不效愿执其咎"。于是,道光帝令王鼎和通政使(负责收理朝廷内外奏章事务)慧成等人急赴河南治理。

当时,开封城四面都是洪水,城墙随时都可能被冲塌。王鼎时年已七十三岁,始终住在抗洪工地上,亲自率领部众巡视护城墙,指挥民工抢修黄河大堤。

在此之前,两广(位于今广东、广西)总督林则徐在广州收缴并焚烧英国等国商人的鸦片烟,禁止鸦片贸易。英国军队借机发动侵华战争,道光帝由同意禁烟转而畏惧退让,下令将林则徐撤职,流放伊犁(位于今新疆伊宁市)。林则徐在流放途中奉命返回祥符参加治水。

道光二十二年(1842年)二月,黄河大堤修复完工,林则徐仍被发配伊犁。王鼎积劳成疾,带病返回京都。王鼎一向力主抗战,反对向英国侵略军妥协,对道光帝革除林则徐职务、同英国侵略军

## 二、忠正被难　光明磊落

议和之事极为义愤。他向道光帝建议重新起用林则徐,道光帝没有同意。

大学士、首席军机大臣穆彰阿迎合道光帝意旨,赞同与英国侵略者议和。为此,王鼎常与穆彰阿争论,甚至厉声痛骂。穆彰阿总是笑而避之,不同王鼎正面交锋。

四月三十日,道光帝同时召见王鼎和穆彰阿。王鼎当着道光帝的面严厉质问穆彰阿,骂他是秦桧①、严嵩②,穆彰阿仍然保持沉默,不与他争辩。道光帝笑着对王鼎说:"您喝醉了吧?"命太监将王鼎扶出门去。

第二天上朝,王鼎又向道光帝苦谏抗战。道光帝大为恼火,"拂衣而起"。王鼎牵着道光帝的衣襟跟上去。道光帝拒绝再听他陈说抗战的主张。王鼎气恼已极,含恨写下遗书,效仿史鱼尸谏,当晚在家中自缢而死。

王鼎在遗书中弹劾穆彰阿误国,表明他以"尸谏"殉国,希望唤醒道光帝发动军民抗战。穆彰阿的党羽军机章京(军机处文秘官员)陈孚恩将王鼎遗书稿销毁。

《清史稿》卷三百六十三　王鼎传、穆彰阿传
　　　　　　卷三百六十九　林则徐传
《清通鉴》卷一九八　清宣宗道光二十一年
　　　　　卷一九九　清宣宗道光二十二年

【简评】

面临外敌入侵,历来就有坚决抗战和屈膝求和两种对策。穆

---

① 南宋宰相,主张同金国(南宋北方邻国,数次派军南下攻宋)讲和,曾以"莫须有"罪杀害抗金将领岳飞。
② 明朝首辅(首席宰相),在朝廷专权,荒废边防。

彰阿是唯唯诺诺的奴才，王鼎则是宁死不屈的英雄。史鱼其实算不上"尸谏"，卫国国君采纳了他的临终遗言。王鼎堪称真正"尸谏"，懦弱无能的道光帝对他这一义举却毫无感悟。

# 三、身处逆境　抗争守节

古代官员仕途上往往难以一帆风顺,他们常常会遇到挫折,身处逆境。而如何对待逆境,则是一场严峻的考验。本题所选多为志士,亦有智人。危难之际,他们不屈不挠,坚持斗争,或者守节不移,舍生取义;或者镇定自若,以智脱险。他们高风亮节光照千秋;他们机智应变启迪后人。

三、身处逆境 抗争守节

# 魏绛执法请罚

晋悼公四年(前570年)六月,晋悼公邀请各诸侯国君主来晋国鸡泽(位于今河北省邯郸市东北)聚会结盟。在诸侯会盟期间,晋悼公的弟弟扬干乘车在曲梁(位于今河北省永年县东南)横冲直闯,扰乱军队队列,触犯了军法。为此,中军司马(主管军法的军官)魏绛下令将扬干的车夫处死。

晋悼公听说后大为恼火,对中军尉佐(参谋长官)羊舌赤说:"邀请诸侯来我国会盟,本来是一件荣耀的事,扬干的车夫被杀,反而使我在诸侯面前蒙受耻辱。我一定要杀掉魏绛,决不能让他逃掉。"羊舌赤回答说:"魏绛事奉国君忠心不二,不避任何危难,有了罪过也不会逃避处罚。他肯定会主动前来请罪,何须劳驾君公下令啊!"

羊舌赤的话刚刚说完,魏绛果然来到他们面前。魏绛把一封信交给晋悼公的侍从后,拔剑准备自杀。大臣士鲂和张老见状,冲上前去阻止了他。侍从把魏绛的信递给晋悼公。晋悼公打开信封,见信中写道:"当初国君缺乏人手,委任我这个庸人担任司马之职。我听说:军队服从纪律,才能称得上武;将士宁死不违军纪,才能称得上敬。国君会盟诸侯,军队不守纪律是一大罪过,我作为司马不敢不执行军纪军法。我知道杀了扬干的车夫,连累扬干,是我的罪过。为了不让国君生气,我岂敢不前来伏罪?请把我交给司寇(主管刑狱)处死吧!"

晋悼公看了魏绛的信,意识到刚才只想到自己的尊严,在羊舌赤面前说错了话。他顾不得穿上鞋子,连忙跑上前向魏绛赔礼说:"你杀了扬干的车夫,执行军法,这是你的职责;我没有教育好弟弟,致使他触犯军纪,影响诸侯会盟,这是我的过错。你可千万不能再以死来加重我的失误了!"

魏绛公正执法受到百官一致称赞。之后,晋悼公提任魏绛为新军副将。

《左传》襄公三年
《史记》卷三十九 晋世家

【简评】

魏绛为了维护军队的纪律和国家的尊严,毅然执法,触犯了国君,将要被杀头。他不避死难,陈述执法理由,主动请求将其处死。晋悼公为其忠正行为所感动,反而对他委以重任。魏绛无愧为忠臣,晋悼公亦不失为明君。

三、身处逆境 抗争守节

# 陈翠犯颜说太后

燕昭王平即位(前311年)之初①,燕国②刚刚经历内乱,又被齐国军队入侵③,国力薄弱。大臣陈翠建议把昭王之弟送到齐国作人质,同齐国修好结盟,以消除来自齐国的威胁,等燕国富强后再图谋报复齐国。

陈翠的这一建议,得到燕昭王的支持,却引起燕太后的强烈愤恨。燕太后对人说:"陈翠如果没有本事治理国家,就不要他干!他竟然存心要把我和我的小儿子分开,只有杀了他,我才能出掉这口气!"

陈翠听说太后对他的提议大为恼火,没有因此改变自己的主张,更没有畏惧退避,决意冒死去拜见太后,劝她将小儿子放行。燕昭王对陈翠说:"太后现在正在生你的气,你还是等太后的气消

---

① 《战国策》所记该事时间不详,据《史记》所记燕国历史,姑且记作燕昭王即位之初。

② 战国国名,都蓟,位于今北京市区西南部。

③ 燕王哙在位后期把王位让给丞相子之,向子之称臣。齐宣王六年(前314年),燕国发生内乱,将军市被和太子平率兵攻打子之。齐国乘机出兵攻打燕国。燕王哙、市被和子之在战乱中先后被杀。太子平继位为燕昭王,尊其母为太后。

了之后再去吧！"陈翠回答说："不要紧。"于是，他进入后宫拜见燕太后。

陈翠向燕太后问安后，见太后板着面孔不肯说话，便故意找话说："太后近来好像瘦了。"燕太后愤愤地回答道："我还能吃到先王①留下的东西，瘦不了！要说瘦，也是听说有人要把我的小儿子派到齐国做人质给气的！"

陈翠摇摇头，不以为然地说："依我看，太后还没有平民百姓对他们的子女爱得深。对于公子（指太后小儿子），太后的关爱就更少了！"燕太后瞥了陈翠一眼，冷冷地说："恐怕不是照你说的这样吧？"

陈翠观察太后的语气有所缓和，便开诚布公地对她说："当初，太后把女儿嫁给诸侯，送给她千斤黄金、百里土地作为陪嫁，认为这样就能够让女儿永享富贵。如今，君王想对公子进封爵位，可大臣们认为公子没有功劳，不应当受封。君王意欲让公子去齐国做人质，是想让他为国立功，在大臣中建立威望，然后加封。听说太后不同意让公子去齐国作人质。依臣之见，太后只是顾及公子眼前的安逸，而没有想到如何让他终身永享富贵。所以，我说太后对公子爱得不深。"

燕太后若有所思，沉默不语。

陈翠接着说："太后和君王如今健在，公子的地位当然尊贵。将来太后和君王百年之后，由君王的太子继承王位，公子要是依然无功，可能就会沦落为布衣平民了。依我看，不如趁早让公子立功受封，那样，才能保证他终身富贵。"

燕太后听陈翠这么一说，觉得他的话很有见地，紧锁的眉头展开了，高兴地说："还是你老人家考虑得深远，开始我是不明白你的意思啊！"于是，燕太后下令为他的小儿子准备行装，派他到齐国作

---

① 指燕王哙，被齐军所杀。

三、身处逆境　抗争守节

人质。

《战国策》卷三十·燕策二　陈翠合齐、燕

《史记》卷三十四　燕召公世家

【简评】

　　陈翠主张将燕太后的小儿子送到齐国做人质,太后为之痛恶,扬言要将陈翠处死。陈翠迎着太后气头,前去拜见并以理说服太后。为了国家的利益,陈翠不顾个人安危,犯颜直谏,难能可贵。

# 范痤以智获释

魏安釐王十一年(前266年),魏国丞相范痤被免职,赵国君臣大为高兴。为了将范痤置于死地,赵王派人向魏王提出,魏国如果把范痤杀掉,赵国愿向魏国割让方圆七十里的土地。魏王答应赵王要求,派人去包围他的住宅,逮捕范痤。

范痤听说君王为了换取赵国的土地而派人来抓捕他,赶忙爬上屋顶,骑在屋脊上对前来逮捕他的官吏说:"我没有犯杀头之罪。与其把我杀死来满足赵王要求,还不如让我活着,这样更有利于君王同赵王谈条件。假如把我杀死,君王又得不到赵王许诺的土地,那该怎么办呢?请你们转告君王,不如趁我活着的时候与赵王先划定割让的土地,得到赵国的土地后,再派人来杀我也不迟。"

魏王听了执刑官员的报告,觉得范痤说得有道理,便下令将逮捕范痤的人员撤回。范痤乘机给魏公子信陵君(名魏无忌,魏王同父异母弟,因贤能受魏安釐王猜忌)写信求救,信上说:"赵王以割地为诱饵,点名要君王把我杀掉,君王竟然同意。我担心有朝一日,秦国亦会仿照赵国的作法,点名对公子您提出同样要求。那时,您又该怎么办?"信陵君亦认为范痤没有罪过,不应该拿他的生命作为筹码同赵国做交易,便说服魏安釐王,取消捕杀范痤的命令。范痤由此获得自由。

《史记》卷四十四 魏世家
卷七十七 魏公子列传

三、身处逆境　抗争守节

【简评】

　　范痤大难临头,得以缓于被捕,再得以免于被捕,在于他善于抓住魏安釐王和信陵君的心理,并利用魏王同赵王、魏王同信陵君之间的矛盾攻心斗智。

# 贯高不诿罪过

汉高祖七年(前200年)冬天,韩王(汉高祖所封,王府设在马邑,位于今山西省朔州市)韩信投降匈奴,反叛朝廷。汉高祖亲率大军前往讨伐,被匈奴军队围困于平城白登山(位于今山西省大同市东)。七天后,汉高祖脱围,率部回撤。路过赵国时,汉高祖稍事休息,但心中余怒未息。

赵王张敖是鲁元公主(吕皇后所生)之夫。作为臣下和女婿的他,侍奉汉高祖十分殷勤谦卑,早晚问安,亲自进献食物,很有礼节。汉高祖却迁怒于张敖,大耍威风,动辄谩骂。赵国丞相贯高对高祖的蛮横无理极为恼火,暗下请求赵王允许他将高祖杀掉。赵王当即咬破手指警告贯高,要他务必打消这一错误念头,不要再说下去。贯高在赵王面前没有再说什么,背着赵王却继续策划杀死高祖,为赵王泄愤。

汉高祖八年(前199年),汉高祖亲自率军在东垣(位于今河北省石家庄市东)击溃韩王韩信的余部,回师路经柏人县(治所位于今河北省隆尧县西)。贯高听说后,派刺客埋伏在馆舍的夹墙中,伺机刺杀高祖。当时,汉高祖准备进馆舍住宿,忽然觉得心跳,询问侍从此处是什么县?侍从告诉他是柏人县。汉高祖喃喃自语:"柏人,柏人,就是要迫于他人!"于是,他没有进馆留宿,率众离开柏人县。

汉高祖九年(前198年),贯高的仇人告发他曾谋害皇上。汉

## 三、身处逆境　抗争守节

高祖随即下令将贯高连同张敖等人一起逮捕。受贯高指使的杀手闻讯想自杀,贯高呵叱道:"都死了,谁人能证明赵王清白?"

贯高被押至京都长安后,多次受审,仍坚持说这件事是他指使人干的,赵王确实不知道。狱吏扬鞭抽打贯高,先后打了他几千下,又用烧红的铁椎刺他,把他折磨得体无完肤,死去活来,但贯高始终没有改口。

廷尉向高祖奏报:"贯高宁死不肯改口。"汉高祖不禁赞叹道:"贯高是位壮士!"他下令改派朝廷中熟悉贯高的人,私下去询问他。中大夫(皇帝侍从官)泄公自称与贯高同乡,了解贯高是个很讲诚信的人。汉高祖便令泄公去私访贯高。

泄公来到贯高床边,贯高抬起头望着他说:"你不是泄公吗?"泄公点头称是。他安慰贯高一番,若无其事地和他谈起往事。当泄公问及张敖是否真的没有参与谋害皇上时,贯高推心置腹地说:"人之常情,谁人不爱自己的父母和妻子儿女?眼下,我家老少三辈将要受我连累一起被处死,我怎么会为了赵王而牺牲自己的亲人呢?赵王实在是没有参与谋反,完全是我领着人干的。"贯高详细说出他的作案动机和避着赵王的情况。泄公随后将贯高所说的话原原本本报告汉高祖。

汉高祖对贯高的义气和诚信十分赏识,下令将赵王释放,同时赦免贯高的罪过,派泄公去通知他。

贯高听说赵王获释后无比欣慰,对于自己获赦反而感到羞愧。他对泄公说:"我被捕后受尽酷刑而没有自杀,坚持活下来,就是为了澄清是非,还赵王一个清白。如今赵王已经获释,我死而无憾。我反思,作为人臣,谋害皇上,罪该杀头。皇上虽然赦免我的罪过,我难道能问心无愧吗?"

泄公离开后,贯高割断自己的喉咙,慨然自尽。

《史记》卷八　高祖本纪
卷八十九　张耳陈余列传

【简评】

　　仅仅因为汉高祖对赵王无礼,贯高便蓄意谋杀高帝,其行为虽然出于对赵王的忠义,亦罪不容诛。可贵的是,他甘于承担罪责,忍受酷刑,宁死不诿罪于人,以求得还赵王一个清白。

### 三、身处逆境　抗争守节

# 龚胜不事王莽

龚胜是西汉彭城廉里（位于今江苏省徐州市）人，年少时博览书经，注重名节。后来，龚胜由郡吏（州府办事人员）几经提升为谏大夫（朝廷议政官员）。龚胜多次上书汉哀帝，直陈时弊，建言整治。他认为："百姓贫，盗贼多，吏不良，风俗薄，灾异数见，不可不忧。制度泰奢，刑罚泰深，赋敛泰重，宜以俭约先下。"后来，龚胜转任丞相司直（丞相高级助手，协助丞相选用和监督百官）、光禄大夫（主管议论朝政）、诸吏给事中等职，仍以忠正著称。

博士（皇帝学术顾问）夏侯常忌妒龚胜的才能和声望，指责他"小与众异，外以采名"。龚胜则对夏侯常的为人十分厌恶，不愿与他在一起共事，于是上书请求退休。汉哀帝加以挽留，改任龚胜为渤海郡（治所位于今河北省沧州市东南）太守。龚胜称病辞而未受，不久回归故乡。

汉哀帝去世后，领尚书事（丞相）王莽毒杀继位的汉平帝（汉元帝庶孙，时年十四岁），立时年二岁的刘婴（汉宣帝玄孙）为太子，代行皇帝事。西汉居摄三年（公元8年）十二月，王莽废黜太子刘婴，改国号为新，称帝。龚胜对王莽窃国称帝深恶痛绝。

王莽称帝后派官员去龚胜家拜访。第二年，王莽派使臣去彭城宣布任命龚胜为讲学祭酒（主管学术机构）的诏令。龚胜声称身体有病，没有应召。

新莽始建国四年(公元12年)夏天,新帝王莽再次派使臣带着马车专程去请龚胜出来做官,任命龚胜为太子师友祭酒(太子总辅导老师),让他享受上卿(丞相)的俸禄,并提前发放六个月俸禄,以便他办理行装。

使臣到达那天,郡太守、县官以及当地的名流书生争相陪同,共有一千多人赶到龚胜的住处,听候宣布诏令。使臣派人通知龚胜,想请他出来迎接他们。龚胜躺在床上,声称病得很重,拒不出门。使臣只好带着郡太守等少数人进入龚胜家里。

使臣对龚胜说:"圣明的新朝未曾忘记先生的高才,希望先生回到朝廷,并想听听先生对新朝的各项法规有哪些高明的见解,如此修改后才颁布施行,以便安定天下。"

龚胜决意不事奉王莽,当即推辞说:"我这个人向来就很愚笨,加之年老有病,说不定在哪个早上或者晚上就会断命。如跟随你们上路,必然会死在路上,这样对谁都没有好处啊!"

使臣要把太子师友祭酒的印绶加在龚胜身上,龚胜一再推辞,不肯接受。使臣派人报告新帝王莽说:"眼下正是酷暑季节,龚胜也正在患病,可否等至秋凉时再接他上路。"王莽答复同意。

此后,使臣每隔五天就同太守一起去向龚胜问安,并以"为子孙遗大业"为诱饵,要龚胜的两个儿子和管家高晖,帮助劝说龚胜早日离家上路。

高晖把使臣的话转告龚胜。龚胜自知身不由己,坦诚地对高晖等人说:"我受刘汉朝的厚恩,还没有报答。如今老了,早晚就要入土,怎么能事奉二姓皇帝?那样死后有什么脸面去见九泉下的先帝?"

接着,龚胜要儿子和高晖等人为他安排后事,只要准备一套布衣、一口能装下他的小棺材即可,不要随同世俗在他坟边种植松柏、修建祠堂。吩咐完毕,龚胜便不再讲话,也不再饮食。拖了十四天后,龚胜默然长逝,时年七十九岁。

### 三、身处逆境 抗争守节

《汉书》卷七十二 龚胜传
卷九十九上 王莽传上

**【简评】**

龚胜注重名节,宁愿自杀,也不事王莽。其思想觉悟远远高于那些争位于朝、争利于市的贪官庸吏。之后,和龚胜具有同样气节的还有李业,其事迹见《后汉书》卷八十一·李业传。

# 田畴传递臣节

东汉光熹元年(189年)八月,辅政大将军何进召令屯兵河东(治所位于今山西省夏县)的前将军董卓率部来京,以除灭宫中宦官。董卓领军抵达京都郊外时,听说何进被宦官杀死、众宦官亦被司隶校尉(主管纠察京都百官兼领军队)袁绍等人领兵屠杀,随即乘乱入宫,邀集朝廷百官,废黜汉少帝刘辩(汉灵帝之子),改立年仅八岁的陈留王刘协(刘辩同父异母弟)为汉献帝,自称相国,控制朝政。

不久,袁绍和典军校尉(警卫部队将领)曹操等人分别在勃海(治所位于今河北省南皮县东北)、己吾(治所位于今河南省宁陵县西南)等地起兵讨伐董卓乱政。董卓闻讯惊恐万状。

初平元年(190年),董卓下令焚毁洛阳皇宫,胁迫汉献帝迁都长安。袁绍、曹操等人各自拥兵割据。一时间,天下大乱,朝廷内外有识之士无不为汉室倾覆而忧愤。幽州(治所位于今北京市区西南部)牧刘虞认为,他作为刘汉皇室同宗,应当联合各方豪杰"清雪国耻",而不能苟且于乱世。

初平二年(191年),刘虞想选派一个"不辱命之士"去长安向汉献帝"展效臣节",一时未能确定合适人选。其部众共同推举田畴,认为他可以担当此任。田畴是右北平无终(位于今天津市蓟县)人,时年二十二岁,"好读书,善击剑"。他虽然年轻,才能和气

## 三、身处逆境 抗争守节

度却超群出众。刘虞随即召见田畴，任命他为从事（州府属官），令他准备出行。

临出发时，田畴对刘虞说："眼下兵荒马乱，叛臣横行，道路被隔断，称官奉使出行反而不方便。我想以私人出游的形式上路，这样可能更有利于完成您交给的任务。"刘虞赞同田畴这一想法，发给他一些路费。

田畴邀集二十名年轻的勇士，向北绕道塞外，从小路到达长安。田畴拜见汉献帝后，向他递交刘虞效忠朝廷的书信。汉献帝想任命田畴为骑都尉（侍从皇帝的武官），田畴辞谢没有受命。丞相府想把田畴留下来委任职务，田畴亦没有接受。

初平四年（193年），田畴完成使命返回幽州，当时刘虞已被辽东属国（治所位于今辽宁省义县）长史（事务长官）奋武将军公孙瓒攻杀。田畴闻讯后极为悲痛。他无以报告拜见汉献帝时的情况，便去刘虞坟边祭告，哭着向墓主陈述传递臣节的情况和朝廷的指令。

公孙瓒听说此事后非常恼火，悬赏将田畴抓获，责问他为何去哭刘虞之墓而不把朝廷的指令送给他。田畴回答说："当今皇室衰颓，人们各怀异志，唯有刘公不失忠节。朝廷指令中没有讲到公孙将军的好话，恐怕公孙将军也不乐于知道。所以，我就没有奉呈给将军。将军既然想成就大事，却又杀死无罪之人，对奉守忠义的人也不放过，我担心这样下去，燕、赵大地（位于今河北省及京、津地区）的有识之士宁愿投赴东海而死，也不会再追随将军了！"

公孙瓒赞赏田畴出语豪壮，忠义守节，把他囚禁在军中，没有杀他。有人对公孙瓒说："田畴是忠信义士，囚禁他，恐怕会失去人心。"公孙瓒接受这一意见，便把田畴释放了。

后来，田畴率其亲友隐居徐无山（位于今河北省玉田县东北），没有接受控制汉献帝朝政的丞相曹操的召任，甘于清贫自守。

《三国志》卷十一 田畴传

《后汉书》卷七十三 刘虞传
《通鉴纪事本末》卷八 宦官亡汉

**【简评】**

　　身处皇权衰微、群雄纷争的乱世，能保持忠贞的节操实属不易。"时危见臣节，世乱识忠良"。（南朝宋·鲍照《代出自蓟北门行》诗句）田畴生当乱世，不失忠贞之节。

三、身处逆境　抗争守节

# 周处志不生还

　　周处是吴国阳羡(位于今江苏省宜兴市)人,年少时"不修细行,纵情肆欲",当地人把他同南山上白额虎、长桥下蛟(鳄鱼)并称为"三害"。周处听说乡邻把他视为当地一害,决心痛改前非。于是,他上山射杀白额虎,下水搏杀蛟,离乡投奔吴国名士陆云。从此,周处"励志好学","言必忠信克己"。后来,周处被召入朝廷做官,官至无难督(警卫部队将领)。

　　晋武帝派兵灭亡吴国后,周处随吴国旧臣入晋朝①做官,几经转任为御史中丞。他为官公正,"凡所纠劾,不避宠戚"。梁王司马肜(晋武帝之叔)犯了法,周处照样依法惩处。司马肜对周处恨之入骨,朝廷权臣对周处刚正执法也十分憎恶。

　　西晋元康六年(296年)八月,氐族人齐万年聚众反叛朝廷,围攻泾阳(位于今甘肃省平凉市西北)。朝廷任命司马肜为都督关中诸军事(军事统帅),率军征讨齐万年,同时任命周处为建威将军随司马肜出征。

　　伏波将军孙秀看出司马肜等人居心险恶,对周处说:"你此次出征,风险太大了,应当以家有老母,加以推辞。"周处亦知道司马肜对他怀恨在心,此行受制于司马肜凶多吉少,仍回答孙秀说:"忠

---

① 即西晋,都洛阳,位于今河南省洛阳市。

孝不能两全,既然辞别母亲事奉皇上,母亲还指望有我这个儿子吗?臣子应为国尽节,即使赴死亦当在所不辞!"于是,周处"悲慨即路,志不生还"。

元康七年(297年)正月,司马肜率军抵达六陌(位于今陕西省兴平市境内)。当时,齐万年率七万人马屯驻梁山(位于今陕西省乾县北)。司马肜指使安西将军夏侯骏令周处率五千名兵士出击。周处说:"敌军人多势众,我率部冲杀过去固然可以,但如果没有援兵跟上来,必然寡不敌众。我战败阵亡倒无所谓,为国家招致耻辱可就不好回报朝廷了。"司马肜对于周处的陈述充耳不闻。他不顾周处部众尚未吃饭,强令其立即出击,并不准派兵增援。

周处知道出战必败,感慨万千,临阵赋诗一首:"去去世事已,策马观西戎。藜藿甘粱黍,期之克令终。"吟罢,周处率领孤军出战,从早晨一直战斗到晚上,斩杀万余名敌兵,众将士亦"弦绝矢尽"。

这时,周处的部将劝其下令撤退。周处按着战剑说:"今天是我为国尽节效命之日,怎么能撤退?古代良将出征,都是有进无退的。我身为大臣,以身殉国,不是应当的吗?"于是,周处率部与齐万年军作殊死拼搏,战死在沙场。

《晋书》卷五十八 周处传
《资治通鉴》卷八十二 晋纪四

【简评】

《晋书》作者房玄龄认为,周处"纵毒乡间,终能克己厉精,朝闻夕改,轻生重义,徇国亡躯,可谓志节之士也"。(《晋书》卷五十八)

三、身处逆境 抗争守节

# 尧君素以身殉隋

尧君素早年为隋晋王杨广的侍从,杨广即位为隋炀帝后,将他提任为鹰击郎将(警卫部队副将领)。

隋大业十二年(616年),隋炀帝为逃避北方民众造反,离开京都,逗留江都(位于今江苏省扬州市)。尧君素奉命随从骁卫大将军屈突通镇守河东(位于今山西省西南部黄河以东地区)。

大业十三年(617年)八月,太原留守李渊领兵从晋阳向长安进发。屈突通率部阻挡李渊部众,因尧君素富有胆略,便让他署领河东通守(代理军政长官),镇守蒲坂(位于今山西省永济市西南蒲州)。

不久,李渊进入长安,将时年十三岁的代王杨侑(隋炀帝之孙)立为隋恭帝,尊隋炀帝为太上皇。李渊自封唐王,自任大都督内外诸军事、大丞相,控制朝廷军政大权。屈突通兵败率部投附唐王,平凉(治所位于今宁夏区固原县)留守张隆、河池(治所位于今陕西省凤县)太守肖瑀等北方州府长官也纷纷归附唐王,唯有尧君素不肯附唐。

当年十二月,屈突通奉唐王李渊之命来到蒲州城下招抚尧君素,动之以情,声泪俱下。尧君素义正词严地回答他说:"你身为国家重臣,皇上把关中地区委托给你镇守,代王把朝政大事托付给你,国家生死存亡的命运掌握在你的手中。你为何不思报效国家,反而走到背叛朝廷这一步？对远在南方的皇上，你问心有愧！你所骑的马，是代王赐给你的，今天你还有什么脸面骑着这匹马？"屈突通被尧君素骂了一通，只好扫兴而归。

义宁二年（618年）五月，太上皇在江都被杀，将皇位让给了李渊。李渊随即改国号为唐，即位称帝为唐高祖。尧君素获知这些情况后，仍然不肯向唐朝投降。

九月，唐高祖派兵攻打蒲坂城。尧君素率领城内军民严密防守，唐军久攻不下。十一月，唐行军总管赵慈景（唐高祖女婿）兵败被俘。尧君素下令将赵慈景的头砍下来，吊在城门外示众。

十二月，唐高祖派投降唐朝的原隋监门直阁（警卫军军官）庞玉、武卫将军皇甫无逸来到蒲坂城下，劝说尧君素投降。唐高祖并许诺赐给尧君素金券（皇帝授予的免罪凭证），保证他投降后免于治罪，尧君素还是拒不投降。

此后，尧君素的妻子也来到蒲扳城下，向尧君素喊话，劝告他说："隋朝已经灭亡了，上天已将江山归属于大唐。夫君你何必自讨苦吃，自取祸难呢？"尧君素对她说："天下大事，不是你们妇人能懂得的！"说罢，尧君素竟用箭将其妻射倒。

尧君素亦知道，单凭他的力量无法挽救隋朝灭亡的命运，但他决意守着隋朝这块阵地，坚持到死。尧君素对守城将士说："我是奉命守卫河东的隋朝旧臣，隋朝既然败亡，我出于大义不得不死。请你们坚持到最后，我将把头交给诸位，让你们拿着它去获取富贵。"

这时，唐军围攻蒲坂城已有一年之久，蒲坂城中粮食已经吃光，出现人吃人的现象。当月丙子日，尧君素被其随从薛宗等人杀死。

《隋书》卷四 炀帝纪下
卷七十一 尧君素传
《旧唐书》卷一 高祖本纪
《通鉴纪事本末》卷二十六 高祖兴唐

## 三、身处逆境　抗争守节

【简评】

　　《隋书》作者魏征认为:"古人以天下至大,方身则小,生为重矣,比义则轻。然则死有重于太山,生以理全者也,生有轻于鸿毛,死与义合者也。然死不可追,生无再得,故处不失节,所以为难矣。""尧君素岂不知天之所废,人不能兴,甘就菹醢之诛,以徇忠贞之节。虽功未存于社稷,力无救于颠危,然视彼苟免之徒,贯三光而洞九泉矣"。(《隋书》卷七十一)

# 段秀实宁死不叛

唐建中四年(783年)八月,反叛朝廷的淮宁(治所位于今河南省汝南县)节度使李希烈领三万名官兵围攻襄城(位于今河南省襄城县)哥舒曜部。唐德宗令同平章事(宰相)李勉、神策军(警卫部队)将领刘德信等率部救援襄城,结果被李希烈军击败。之后,唐德宗传令泾原(治所位于今甘肃省泾川县)节度使姚令言率领五千名兵士赴援襄城。十月,泾原军途经京城长安,兵士因为长途跋涉没有得到赏赐而举行哗变。警卫部队官兵慌忙逃散,唐德宗带着后妃和部分大臣仓皇逃到奉天(位于今陕西省乾县)。

司农卿(主管农业、粮食储备及宫廷膳食供应)段秀实等人没有随同离京。段秀实曾任四镇①北庭(治所位于今新疆吉木萨尔县北破城子)行军(即行军司马,位在节度使下、副节度使上)、泾原节度使,因反对宰相杨炎不顾农忙大兴土木而调任司农卿。

在此之前,凤翔(治所位于今陕西省凤翔县)节度使朱泚因无意中受其弟范阳(治所位于今北京市区西南部)节度使朱滔谋反牵连,从其驻地被召至京都闲居。朱泚曾任泾原节度使,在官兵中有一定影响。哗变军士控制京都局势后,拥戴朱泚为主帅。朱泚随

---

① 唐安西都护府下属四个军事重镇:焉耆(位于今新疆焉耆县)、龟兹(位于今新疆库车县)、于阗(位于今新疆和田县)、疏勒(位于今新疆喀什市)。

### 三、身处逆境 抗争守节

即进入皇宫,公开反叛朝廷。朱泚知道段秀实任泾原节度使期间"颇得士心",揣度他被罢免军职的话心中不会满意,便想拉拢他共同背叛朝廷。

朱泚派人去迎接段秀实入宫。段秀实闻讯后紧闭大门,拒而不见。兵士翻过围墙冲进段秀实的住宅,强行劫持段秀实跟他们走。临行时,段秀实对家人说:"国家有难,我怎么能躲避?应当以死报国!你们可以各自求生。"

朱泚见段秀实被带来,高兴地对他说:"段公一来,我的大事就有望成功了!"段秀实劝告朱泚说:"你本来是以忠义闻名天下的。泾原将士没有受到赏赐,是主管官员的过错,皇上并不知道。你应当向将士们说清楚,迎接皇上回宫,以建立功勋。"朱泚听段秀实这么说心中感到不快,没有再说什么。但他以为自己和段秀实同属不受朝廷信任,对他没有产生怀疑。段秀实看到不能劝说朱泚回头,暗下与左骁卫将军刘海宾等人策划,准备伺机除掉朱泚。

此后,朱泚派将军韩旻率三千名骑兵急驰奉天,谎称迎接天子。段秀实知道,德宗和大臣如果受骗,生命将危在旦夕,便使用司农印符派人将韩旻追回。他对刘海宾说:"韩旻一回来,我们就危险了。我打算直接去和朱泚搏杀,不然就是等死。"

第二天,朱泚召集段秀实等人议事。当朱泚说到他准备即位称帝时,段秀实勃然而起,抓住朱泚委任的京兆尹源休的手腕,夺过他手中的象笏(用象牙制作的供大臣记事用的手板),冲上去吐了朱泚一脸唾沫,破口大骂道:"你这个叛贼!我恨不能把你碎尸万段,怎么会随同你谋反!"说着,段秀实便用象笏击打朱泚的头。朱泚的额部被击中,鲜血直流到脸上。叛军官兵被段秀实突如其来的举动惊呆了,一时间惊慌失措。朱泚连滚带爬,企图避开段秀实的袭击。段秀实扑上去和朱泚扭打成一团。在场的刘海宾等人却没有配合段秀实的行动,乘乱逃离现场。

这时,朱泚的党羽李忠臣等人冲过来抓住段秀实,朱泚得以脱身。段秀实怒目圆睁,向李忠臣等人喝令道:"我不参与你们谋反,为何还不把我杀死?"叛军兵士当即冲上来将段秀实杀害。段秀实遇难时已六十五岁。

唐德宗听说段秀实壮烈殉国,深深悔恨没有重用他,长时间为之流泪叹息。他下诏称段秀实"守人臣之大节","声震寰宇,义冠古今,足以激励人伦,光昭史册"。

《旧唐书》卷一百二十八 段秀实传
《新唐书》卷一百五十三 段秀实传
《通鉴纪事本末》卷三十三 藩镇连兵

## 【简评】

清代学者王夫之称:"段司农自结发从军以来,其光昭之大节,在军中而军中重,在朝廷而朝廷重,夫岂一旦一夕之能然哉。"(《读通鉴论》卷二十四·德宗)

三、身处逆境　抗争守节

# 陈禾不附奸臣

宋徽宗在位穷奢极欲,纵情吃喝玩乐。供奉官(皇帝侍从)阉人童贯迎合宋徽宗的欲望,千方百计为徽宗搜寻字画古玩而受到宠信。陈禾时任左正言(负责议论朝政得失),他"性不苟合,立朝挺挺有风操",对童贯等人深恶痛绝,对宋徽宗玩物荒政深为忧虑。

北宋大观三年(1109年)三月,陈禾上书弹劾童贯及其亲信宦官黄经臣误国,并当面对宋徽宗进行劝谏。陈禾对宋徽宗说:"黄经臣仗恃皇上对他的信任,玩弄权术,经常在朝廷众臣面前夸耀,说皇上诏令都是出自他的手笔,他还经常向外宣扬皇上将要任用某个人,举办某项事。之后,他的话也都能一一兑现。皇上发号施令是国家的大事,为何要让宦官先知道?我担心放任黄经臣如此乱政,会影响其他人,建议把他流放到远方去。"

宋徽宗对陈禾的忠谏听不进去,没有等他把话说完,便拂袖而起,动身离开。陈禾连忙拉住宋徽宗衣袖,请求让他把话说完。宋徽宗用力一甩,衣袖被挣断脱落。宋徽宗怒斥道:"看你把我的衣服都拉碎了!"陈禾回答说:"陛下不惜碎衣,臣报答陛下宁愿碎首!如让黄经臣等人今日享受富贵,陛下明日将要遭受危亡之祸啊!"宋徽宗见陈禾话语恳切,转而息怒说:"你既然如此忠诚,我还有什么忧虑!"他令侍从将拉烂的衣服留着,以告示众臣直谏。

第二天,童贯等人对宋徽宗说:"当今天下大治,怎么能让陈禾乱说不吉祥的话!"御史中丞卢航追随童贯,弹劾陈禾"狂妄"。宋徽宗内心亦并未接受陈禾的规谏。于是,他下令将陈禾贬为监信州(治所位于今江西省上饶市西北)酒(主管酒税),并令当地官府对他的行动加以监视。

大观四年(1110年),宋徽宗发布赦令,陈禾获准自由还乡。

宣和元年(1119年),陈禾服母丧期满,朝廷任命他为秀州(治所位于今浙江省嘉兴市)知州。当时,少宰(宰相)王黼在朝廷当权,推行一些改革措施,被人们称为"贤相"。陈禾知道王黼在任提领应奉局(负责搜罗各地奇珍异宝的机构)期间为了迎合徽宗的奢欲,同童贯一样压榨民众,称"安能出黼门下?"于是断然辞绝朝廷召任。接着,朝廷将陈禾改任汝州(治所位于今河南省汝州市)知州。陈禾态度更为坚决,声称宁愿饿死,也不赴任。后来,陈禾寄居在其兄寿春府(治所位于今安徽省寿县)教授(官办学校教官)陈秉处。一次,童贯路过寿春,想见见陈禾,陈禾拒而不见。童贯想送给他一点财物,陈禾拒而不受。几年后,陈禾在贫病中去世。

宋徽宗信用童贯、王黼等祸国殃民的奸臣,终于把北宋推向灭亡的边缘。靖康元年(1126年),金军攻破北宋都城开封,于次年将宋徽宗等人掳至北方。宋徽宗再也没能返回。

在北方囚禁期间,宋徽宗忆及当年陈禾拉碎衣袖一幕不无反悔。他在燕山一个寺庙的墙壁上题诗写道:"九叶鸿基一旦休,狷狂不听直臣谋!甘心万里为降虏,故国悲凉玉殿秋。"可惜,他悔之已晚。

《宋史》卷三百六十三 陈禾传
　　　　卷四百七十 王黼传
　　　　卷二十 徽宗本纪二
《宋史纪事本末》卷五十 花石纲之役
《续资治通鉴》卷九十 宋纪九十

## 三、身处逆境　抗争守节

【简评】

"陈禾引裾尽言,有古谏臣之风"。(元·脱脱《宋史》卷三百六十三)陈禾因直谏被免官。他甘于清贫,宁愿饿死,不肯依附奸臣做官,其精神可嘉。

# 刘好礼智脱险境

刘好礼是元①汴梁祥符（位于今河南省开封市）人，年少时便胸怀大志，刻苦读书，精通蒙古语言。后来，他以优秀的品德和才干被举荐做官。蒙古至元七年（1270年），刘好礼由永兴府（治所位于今陕西省西安市）达鲁花赤（行政长官）改任益兰州（治所位于今俄罗斯克孜勒）等五部断事官（管理西部属地的行政长官）。

至元十年（1273年），占据海押立（位于今哈萨克斯坦巴尔喀什湖东南）并控制察合台汗国（位于今新疆西部至哈萨克斯坦、俄罗斯、蒙古等国境内）的海都（元太宗窝阔台之孙）自称蒙古大汗，聚集部众发动叛乱，把刘好礼抓起来关押在军营中，准备将他处死。刘好礼被囚禁后镇定自若，善于应对，受到叛军大将的赞赏。后经这位大将说情，刘好礼得到宽释，但其治所仍受叛军控制。

至元十六年（1279年）春天，海都把刘好礼召到欠欠州，愤愤不平地对他说："因为皇帝（元世祖忽必烈）怀疑我，才导致今天这样的局面。"刘好礼回答说："皇上并没有怀疑大王。大王既然应召去了京都，皇上如果真的怀疑大王，还会让大王回来吗？"海都无言以对，从此对刘好礼减少戒备。

---

① 蒙古贵族首领成吉思汗所建的国家。蒙古至元八年（1271年），忽必烈立国号为大元，第二年建都大都（位于今北京市区）。

## 三、身处逆境　抗争守节

至元十七年(1280年)春天,刘好礼率领部众转移,企图固守险要关口,等待朝廷平叛大军到来。路上,刘好礼及其部众遭遇海都叛军拦截。叛军逼迫刘好礼等人,要他们翻越雪峨岭(即今俄罗斯西萨彦岭)向西远行。

刘好礼心里明白,一旦翻过雪峨岭,便再也没有返回的可能了。于是,他用珍贵的毛皮大衣贿赂叛军千户(率领千名以下兵士的军官),才得以率部回头向东,走出铁壁山口。刘好礼等人不敢停下休息,选择小路一直快速往南走。途中,他们携带的粮食吃光了,便捕猎野兽充饥。

当年七月,刘好礼率部抵达菊海,才与驻扎在那里的朝廷边防官兵接上头,从而脱离险境。

《元史》卷一百六十七 刘好礼传
周良霄、顾菊英著《元史》第六章第二节

【简评】

刘好礼任职于边远地区,没有掌领军队。海都等人叛乱后,他实际处于被软禁的境地,但他没有屈从叛王,坚持与叛王进行面对面的说理斗争。关键时刻,刘好礼当机立断,以智慧脱离险境。

# 卓敬不避死难

明洪武三十一年（1398年）闰五月，明太祖朱元璋去世，皇太孙朱允炆（其父太子朱标已病故）继位为明惠帝。燕王朱棣（明太祖第四子，封地北平，位于今北京市区）对惠帝即位不服，暗中策动反叛朝廷。卓敬时任户部侍郎（朝廷主管户籍财政的部门副长官），他看出燕王图谋称帝，深为朝廷安危而忧虑。

建文元年（1399年）二月，燕王朱棣来京都应天（位于今江苏省南京市）以窥探朝廷动向。卓敬建议惠帝乘机将燕王留下，把他从北平迁出，改变其封地，削弱其势力。他秘密向惠帝上书说："燕王智能出众，有雄才大略，曾经领兵打过仗，手下有一支精锐的部队。他又拥有北平这块兵家圣地，金、元两朝都是从那里兴起的。我建议将燕王改封到南昌去。那样，今后万一他有什么变化，也容易加以控制。有些事虽然还处于萌芽状态，也应严加察防，要防患于未然。"

明惠帝看过卓敬这份奏书后，第二天召见他商谈此事。明惠帝问道："燕王是我的亲叔父，你怎么能这样看待他？"卓敬向明惠帝叩头劝告说："我所说的是天下最紧要的事，希望陛下能认真考虑。"明惠帝不以为然，把卓敬的提议搁置下来。

建文四年（1402年）六月，燕王朱棣率兵攻入京都应天，明惠帝投火自焚（一说不知所终）。燕王夺取皇位，为明成祖。明成祖

### 三、身处逆境　抗争守节

下令将卓敬抓起来,指责卓敬曾建言把他迁出燕地,意在"离间骨肉"。卓敬愤恨地说:"可惜先帝没有采纳我的建议!"

明成祖对卓敬不肯屈服大为恼火,但他极力克制,没有发作。他爱惜卓敬的才华,想起用他,便派人去狱中会见卓敬,以管仲①、魏征②的先例开导他。卓敬则以先帝无过、人臣不事篡位之君,严词加以拒绝。尽管如此,明成祖仍不忍心将卓敬处死。

明成祖的密友道衍和尚(姚广孝)与卓敬有旧怨。他极力劝告明成祖杀死卓敬,以免留下后患。道衍对明成祖说:"卓敬的话当时如果被采用,皇上难道会有今天吗?"于是,明成祖下令将卓敬斩首,并诛灭其三族。

卓敬博览群书,天文、地理、军事、刑律、吏治等无不精通。他"立朝慷慨",临刑时从容自若,以先帝缺少谋臣而自责。执刑官员查抄他的家产,只查到数卷图书而已。明成祖处死卓敬后非常惋惜,感叹道:"国家三十年来培养的读书人,最贤能的还是卓敬啊!"

《明史》卷一百四十一　卓敬传
《明通鉴》卷十一　明太祖洪武三十一年
《明史纪事本末》卷十六　燕王起兵
　　　　　　　　卷十八　壬午殉难

---

① 管仲是春秋时期齐国大臣。齐襄公即位后,公子纠携管仲去鲁国避难,公子小白去莒国避难。齐襄公被杀后,管仲曾领兵阻止小白回国即君位。小白即位为齐桓公后,不计前嫌,任用管仲为上卿,依靠管仲辅佐称霸。

② 魏征是唐朝初年太子李建成属官,曾劝李建成先发制人除去其弟秦王李世民。李世民闻讯反将太子李建成等人杀死。后来,李世民继位为唐太宗,重用魏征为丞相,取得贞观之治。

## 【简评】

卓敬为官"鲠直无所避"。对于明太祖分封诸王,授予其兵权,且禁绝大臣劝谏,卓敬深为忧虑。他提议对太子的礼仪与诸王应有所区别,为明太祖所接受。明惠帝即位后,卓敬看到燕王是潜在的最危险因素,建议将其迁封,见识高超,然而没有被惠帝采用。燕王击杀惠帝即位称帝后,引诱他为其效力,卓敬以"恨不即死见故君地下",断然拒绝事奉篡位之君,其视死如归的气节使明成祖为之感动。

三、身处逆境　抗争守节

# 郝浴流放不辍学

　　清顺治九年(1652年)七月,湖广道御史(最高监察机关派驻地方的监察官)郝浴去保宁城(位于今四川省阆中市)监察乡试(选录举人的省级考试)。此间,投靠南明①永历帝的农民军将领孙可望率兵进逼保宁城。郝浴见保宁城形势危急,派人向退守绵州(位于今四川省绵阳市)的平西王吴三桂求援。吴三桂迟迟不肯赴援,过了一个月才领兵抵达保宁。事后,郝浴上书弹劾吴三桂"拥众观望",朝廷没有追究吴三桂的责任。吴三桂由此却对郝浴怀恨在心,挖空心思寻机报复。

　　顺治十一年(1654年),吴三桂弹劾郝浴在保宁解围后给朝廷奏书中使用"亲冒矢石"一语,称其"冒功"。朝廷牵就吴三桂的情绪,竟下令将郝浴流放尚阳堡(位于今辽宁省开原市东)。

　　郝浴"少有志操,负气节",含冤遭贬后意志没有消沉。在流放地的恶劣环境中,他坚持读书写作,以排解心中的苦闷。郝浴潜心研究理学②,尤其爱读《孟子》及《二程③遗书》。他书写"致知格物"

---

　　① 明朝灭亡后,其宗室成员在南方先后建立六个政权,统称南明。桂王朱由榔在肇庆(位于今广东省肇庆市)建国,即位为永历帝。
　　② 宋、元、明时期儒学的主要流派,以阐释义理,兼谈性命为主,故称理学。
　　③ 二程即北宋理学家程颢、程颐。

四个大字,贴在房内,作为追求的目标,立志以自己广博的知识去研究事物发展的规律。郝浴在流放地度过漫漫二十多个春秋,写了大量的论文和笔记,后人将他的著作汇编成《中山郝中丞集》。

康熙十二年(1673年)十一月,吴三桂自称"天下都招讨兵马大元帅",在昆明举兵反叛朝廷,给西南地区带来重大灾难。

康熙十四年(1675年),户部侍郎魏象枢建议重新起用郝浴。他在奏书中说:"郝浴血性刚强,他的才能、学识、操守,我自愧不如。吴三桂公开叛乱后,天下人无不痛恨吴三桂,无不同情郝浴。在吴三桂身居王位、手握军权之时,郝浴不畏强暴,弹劾他的罪过,以致为吴三桂所仇恨。现在看来,吴三桂所仇恨的人,正是国家的忠臣义士。郝浴如今仍在流放,这样的忠臣不可弃之不用。"

康熙帝看了魏象枢的奏书后,下令将郝浴从流放地召回,重新任命他为湖广道御史。郝浴复职后继续保持刚正的作风,"禁苛征,恤民困",严惩贪官污吏。后来,他以其显著政绩升任左副都御史(最高监察机关副长官)。

《清史稿》卷二百七十 郝浴传
《中国历史大辞典》郝浴
《清通鉴》卷三十 清圣祖康熙十二年

## 【简评】

郝浴弹劾吴三桂贻误军机,反而受陷流放。他没有为之气恼消沉,而是刻苦读书治学,坚持探索客观真理,其精神非同凡庸,可谓"穷且益坚,不坠青云之志。"

三、身处逆境　抗争守节

# 叶映榴到任遇乱

　　清康熙二十七年（1688年）三月，朝廷决定撤销湖广（治所武昌，位于今湖北省武汉市）总督徐国相的职务，并裁减总督标兵（总督直管的地方部队），停发其军饷。裁减命令下达后，二千名标兵怒气冲冲，都不愿回家。他们推举夏逢龙为盟主，强行登上奉命回京的徐国相的乘船，围着徐国相索要军饷。

　　五月二十二日，夏逢龙率领标兵围攻湖广巡抚衙门。当时，新任湖广巡抚柯永升就职不久，摄布政使（代理主管民政和财政的官员）叶映榴到任也只有三天。叶映榴见事态严峻，赶紧报告柯永升，请求拨给每个兵士两个月的粮饷，把他们遣散回家。柯永升没有同意。

　　众裁兵冲进巡抚官府，举起快刀呼喊。叶映榴劝柯永升出面讲些好话安慰他们回去。柯永升出来接待裁兵代表，众裁兵的话讲得很难听。柯永升耐不住性子，反问道："你们难道想造反吗？"众人回答说："造反又怎么样？"于是，众裁兵冲上去将柯永升砍伤在地，夺取他的官印，又把叶映榴劫持到阅马场。夏逢龙带领裁兵控制巡抚府后，自称"总统兵马大元帅"。

　　柯永升乘裁兵不备自缢而死。夏逢龙逼迫布政使以下官员接受他的委任。叶映榴劝说他们不要杀掠平民百姓，许诺三天后答复他们提出的要求，以平缓众裁兵的情绪。

叶映榴无法满足众裁兵拒绝裁减的要求，亦拒不接受夏逢龙任命的伪职，决心以身殉职。他在给康熙帝的遗书中写道："臣幼读诗书，粗知节义，虽斧锧在前，岂肯丧耻偷生？""臣如微服匿影，或可幸免以图后效。伏念臣守土之官也，城存与存，城亡与亡，义所当然。今勉尽一死，以报国恩。所恨事起仓猝，既不能事先绸缪，默消反侧；复不能临期捍御，独守孤城。上辜三十载之皇恩，下弃七旬余之老母，君亲两负，死有余惭！"

叶映榴嘱托他的妻子陈氏，让她陪伴他七十六岁的老母吴氏从水沟涵洞逃出，把他的官印及遗书交给仆人带走。安排就绪后，叶映榴穿上朝廷赐予的官服，升堂坐上他的官位，大骂夏逢龙为反贼，随即拔佩刀自杀。

康熙帝听说叶映榴以身殉职极为悲痛。他召集群臣展读叶映榴遗书，众臣无不感伤泪下。康熙帝下令对叶映榴遗属优厚抚恤，亲自手书"忠节"二字，赐给叶映榴之子叶舅。

《清史稿》卷二百五十三 叶映榴传
《清通鉴》卷四五 清圣祖康熙二十七年

## 【简评】

官吏受任某项职务不只是承担责任，同时还会遇到风险、经受考验。叶映榴上任三天即遇到兵士暴动。他无法平息暴乱，却可以寻机脱逃。然而，他选择的是以身殉职，用自己的鲜血和生命写出"忠节"二字。

# 四、是非恩怨　遗恨悠悠

　　身居一定职位的官员,要直接或间接同君王相处,要与同僚(包括上司、部下)及官场内外的亲戚、朋友交往,其妻儿亦随之生活在官宦氛围中。上述层面构成一个官员主要的社会关系。而这些人际关系的实质是利害关系,其一旦因故发生变化,便会形成个人恩怨。其中的是非曲直固然可以分辨,但亦留下许多遗恨,令人感叹深思。

四、是非恩怨　遗恨悠悠

# 甫假自叹不得好报

郑厉公四年(前697年),国卿(宰相)祭仲得知郑厉公要将他害死,随即率兵将郑厉公驱逐到边地栎邑(位于今河南省禹州市),派人迎接流亡卫国的郑昭公①回国复位。

郑子婴十四年(前680年)春天,郑厉公派人把大夫(朝廷中等级别的官员)甫假劫持到栎邑。郑厉公要挟甫假,要他除掉国君郑子婴,把他接回都城复位。甫假回答说:"只要君主您放我回去,我一定杀死郑子婴,迎接您回都城复位。"甫假与郑厉公达成交易后,获释返回郑。

六月甲子日,甫假发动政变,杀死郑子婴及其两个儿子,派兵将郑厉公迎回都城复位。

郑厉公重掌大权后即对大臣秋后算账。此时,祭仲已死。郑厉公责备祭仲伯父原说:"我被逐出国都,流放到外地,伯父没有把我接回来的心意,亦太无情了吧!"原回答说:"事奉在位的国君不能有二心,这是人臣起码的职守。你无须多说,我知道自己的罪过

---

①　郑庄公四十三年(前701年),郑庄公病逝。国卿祭仲立太子忽为郑昭公。宋庄公派人将祭仲诱骗到宋国(都商丘,位于今河南省商丘市)加以扣留,逼迫他答应改立宋国女子同郑庄公所生的公子突为郑国国君。郑昭公闻讯后逃奔卫国。公子突随祭仲返回郑国,即位为郑厉公。

了。"之后,原被迫自杀。

接着,郑厉公称赞原事奉君主一心一意,转而指斥甫假说:"你为臣不忠,事奉君主有二心啊!"说罢,郑厉公下令将甫假处死。

甫假临刑时感叹道:"人们常说大恩大德往往得不到好报,确实是这样啊!"

《史记》卷四十二 郑世家

【简评】

郑厉公为人寡恩少义,其流亡栎邑十七年,没有受到故臣的同情和帮助,是道道地地的孤家寡人。他劫持甫假,胁其杀死郑子婴得以复位,反过来却又指责甫假事君有二心。甫假被杀虽是咎由自取,但他临刑叹悔是令人深思的。

四、是非恩怨　遗恨悠悠

# 伍子胥历尽沧桑

楚平王七年（前522年）春天，楚国太子少傅费无忌（《左传》记作费无极）诬告太子建串通太子太傅伍奢谋反。楚平王信以为真，当即下令逮捕伍奢，并派人去处死镇守城父（位于今安徽省亳州市东南）的太子建。太子建闻讯后逃到宋国。接着，费无忌向楚平王进谗，请求平王把伍奢两个儿子伍尚、伍员召来，将其父子三人一齐杀掉，以免留下后患。于是，楚平王传令召见伍氏兄弟，许诺他们应召就释放其父，否则就将其父杀死。

## 流亡国外

接到楚平王召令后，伍尚打算应召前往以挽救父亲。伍员对其兄伍尚说："平王召见我们兄弟，不是要释放我们的父亲，而是要将我们父子三人一起杀死，斩草除根。与其这样白白送死，不如逃到别的国家，将来还可以为父亲报仇雪恨。"伍尚回答说："我也知道，纵使我们应召前往，也难以保住父亲的性命，但国王既然传话，许诺我们应召就释放父亲，我们如果不去，岂不是对不起父亲，也让天下人耻笑吗？你就快点离开吧，要永远记住为父亲报仇！我去陪父亲同死。"

伍氏兄弟挥泪诀别。伍尚挺身就捕。伍员拉弓自卫，摆脱兵士追捕，随即改名伍子胥出逃。他听说太子建逃至宋国，便逃往宋国追随太子建。之后，楚平王下令将伍奢、伍尚父子处死。当年六月，宋国右师（相当于副宰相，主管教育）华亥等人发动叛乱。伍子胥为了避祸，随同太子建从宋国逃到郑国，受到郑国君臣以礼接待。不久，太子建出访晋国，恰逢晋顷公准备出兵攻打郑国。晋顷公要太子建回到郑国后充当晋军内应，许诺晋军灭亡郑国后，将把原郑国的土地封给他，太子建点头答应。太子建回到郑国后，因为某件私事发怒，扬言要处死他的一个随从。这个随从向郑国官员告发太子建与晋顷公的阴谋。郑定公和宰相子产听说后非常恼火，当即派人将太子建杀死。

伍子胥害怕受牵连被杀，带着太子建的儿子胜落荒而逃，向南投奔吴国。逃到昭关（位于今安徽省含山县西北小岘山上）时，镇守昭关的楚国官兵要抓捕他们。伍子胥领着胜徒步逃跑，楚兵穷追不舍。他们逃到长江边，躲进一个渔翁的小船，渔翁将他们送到长江南岸。伍子胥感激渔翁救命之恩，解下身上的佩剑赠给渔翁。他对渔翁说："我身上没有值钱的东西，只有这把剑能值一百金，就送给您老人家吧！"渔翁辞而不受，回答说："楚国以五万石粮食和最高爵位，悬赏捉拿伍子胥。我同情你们父子蒙受冤屈，帮你躲过追兵，不是贪图你这把价值百金的宝剑！"

伍子胥不敢停留，匆匆告别渔翁。这时，他连惊带累生了病。但身无分文，只好强撑病体，带着胜沿路乞讨，饱尝一番艰辛之后才辗转进入吴国。

四、是非恩怨　遗恨悠悠

## 鞭尸复仇

　　伍子胥在吴国落脚后，设法结识将军公子光，通过公子光见到吴王僚（公子光堂弟），得以侍奉在吴王僚和公子光身边。

　　吴王僚九年（前518年），楚国边邑钟离（位于今安徽省凤阳县东北临淮关镇）和吴国边邑发生两女为养蚕争采桑叶一事。楚平王大为恼火，出兵攻打吴国。吴王僚派公子光领兵反击楚军，占领楚国钟离和居巢（位于今安徽省六安市东北）。伍子胥认为乘胜可以一举攻破楚国，劝吴王僚派公子光继续向楚国进军，公子光则以伍子胥意在为自己父兄复私仇而加以推辞。伍子胥看出公子光不想在对外征战中建功，而怀有除掉吴王僚自立为王的异心，便迎合他的心意，为他推荐勇士专诸。然后，伍子胥和胜隐居乡下种田，观察吴国事态的发展变化。

　　吴王僚十一年（前516年）秋天，楚平王去世，太子轸（《史记》卷四十·楚世家记作珍）继位为楚昭王。

　　第二年春天，吴王僚乘楚国守丧之机，派其同母弟掩馀（《史记》卷三十一记作盖馀）和烛庸率军袭击楚国潜地（位于今安徽省霍山县东北）。楚军切断吴军退路，掩馀、烛庸部众被困在楚国六地（位于今安徽省六安市东北），不能撤返。四月，公子光乘国内兵力空虚之机，指使专诸刺杀吴王僚，夺取吴国王位，自立为王，即吴王阖庐。掩馀、烛庸听说公子光杀死国王，随即率其部众投降楚国。楚国将舒地（位于今安徽省庐江县西南）封给他俩。

　　吴王阖庐即位后感念伍子胥的帮助，将他任命为行人（主管朝廷礼仪兼奉命出使），让他参与商量国家大事。

　　当年夏天，楚国杀死大臣伯州犁及其儿子郤宛。伯州犁的孙子伯嚭逃亡到吴国。吴王阖庐任命伯嚭为大夫。

吴王阖庐三年(前512年),吴王率伍子胥、伯嚭领兵攻克舒地,将掩馀、烛庸俘获。

吴王阖庐六年(前509年),楚昭王派兵攻打吴国。伍子胥奉命领兵迎击,在豫章(位于今安徽省寿县至合肥市一带)击败楚军,夺取楚国居巢。

吴王阖庐九年(前506年)冬天,吴王采纳伍子胥和将军孙武的计谋,联合唐国①和蔡国②,共同出兵攻打楚国,五战皆捷。吴国军队随即攻入楚国都城郢,楚昭王仓皇出逃。伍子胥令人挖开楚平王的坟墓,毁其棺,暴其尸骨,亲手鞭打三百下,以报杀父之仇,一吐心中怨气。

楚国大臣申包胥是伍子胥当年的老朋友,此时逃匿在山中。他听说伍子胥掘开楚平王之墓鞭尸复仇,派人对伍子胥说:"你报仇的举动,未免太过份了吧!原来你是平王的臣子,称臣侍奉过大王。如今,他已死去多年,你仍不肯放过,挖出他的尸骨肆意侮辱。你这样做不是丧尽天良无以复加了吗?"伍子胥对来人说:"请代我向申包胥表示歉意。当初我被逼到穷途末路的地步,今天要倒行逆施!"之后,申包胥去秦国求来援军,将吴军击退。

## 含冤被杀

吴王阖庐十九年(前496年),吴王阖庐率军攻打越国,因脚趾被毒箭射伤去世。临终前,他叮嘱太子夫差不要忘记越王勾践的

---

① 春秋国名,位于今湖北省随州市西北。
② 春秋诸侯国名,都新蔡,位于今河南省新蔡县。

## 四、是非恩怨　遗恨悠悠

杀父之仇。夫差回答说:"任何时候也不会忘记!"

伍子胥曾为夫差争立太子效力,夫差称王后欲将吴国部分土地划分给伍子胥。伍子胥没有这一奢望,当即辞谢。而伯嚭为人奸诈,善于迎合上意,受到吴王夫差的信任,被任命为太宰(宰相)。

吴王夫差二年(前494年),吴军打败来犯的越军,将越王勾践部众包围在会稽山。越王勾践派大夫文种用厚礼贿赂伯嚭求和,伯嚭为文种引见吴王。吴王想答应越国求和的请求,伍子胥进言说:"越王眼下屈居大王之下,是以屈求伸。大王现在如果不乘胜消灭他,将来一定会后悔!"此时,吴王夫差已经淡忘勾践杀父之仇。他没有采纳伍子胥的意见,而听信伯嚭的话,同越国讲和。

吴王夫差八年(前488年),齐国①发生内乱,吴王夫差准备率军进攻齐国。伍子胥劝谏说:"勾践亲自耕种田地,吃饭不准上第二种荤菜。他悼念死难将士,慰劳贫苦百姓,笼络人心,其志不在小。勾践这个人不死,必定是吴国的后患。如今,眼看越国复兴变强,越国才是吴国最大的威胁。大王不首先灭亡邻近的敌国,而去远征齐国,恐怕不妥吧?"吴王仍然没有接受伍子胥的规劝,决定出兵攻齐。

吴王夫差十二年(前484年)春天,吴王准备乘齐军进攻鲁国之机,再次出兵攻打齐国。越王勾践听说后,派人用重金贿赂伯嚭。伯嚭受贿后竟蓄意庇护勾践,鼓动吴王出兵攻打齐国。对于吴王忘记杀父之仇,听信伯嚭胡言,丢下越国不打而远攻齐国,伍子胥非常痛心。他再次向吴王进言说:"越国是吴国的心腹之患。如果听信太宰伯嚭的花言巧语,即使攻下齐国,亦如同得到一块全是石头的田地一样,没有多大用处。而今越国一天天强大起来,留下这个祸患不除,将会后悔莫及!"

---

① 春秋诸侯国名,都临淄,位于今山东省淄博市东。据《左传》鲁哀公七年、鲁哀公八年记载,此记齐国似为鲁国。

吴王夫差听不进伍子胥的意见,反而强令他出使齐国探听虚实。伍子胥临走时对他的儿子说:"我多次劝谏大王灭亡越国,先不要攻打齐国,大王总是不听。眼看吴国灭亡的日子不会很远了,你继续留在吴国没有好处。"于是,伍子胥带着他的儿子一齐来到齐国。他把儿子托付给齐国执政大臣鲍牧,然后回吴国复命。

伯嚭对伍子胥老是盯着越国而反对远征齐国,总是同他唱反调心怀忌恨。伍子胥从齐国返回后,伯嚭在吴王面前谗告说:"伍子胥为人刚强暴烈,缺少恩德。当初,他反对攻打齐国。我军取胜后,他反而忌恨。这次,我暗中派人监视,他出使齐国,竟把儿子托付给鲍牧,里通外国的迹象已经十分明显。此人一向狡诈多疑且心狠手毒,留下他恐怕会酿成大祸。建议大王趁早考虑这件事。"吴王回答说:"你不说,我也早就怀疑他了。"于是,吴王随即派人给伍子胥送去一把属镂利剑,逼令他用这把剑自杀。

伍子胥接过吴王夫差所赐属镂利剑,不禁仰天长叹:"唉!奸臣伯嚭当权作乱,大王听信他的谗言居然要杀死我!想当初,我帮你父王称霸,冒死为你在父王面前争立太子。如今,你听信谄媚小人的话,竟派人来杀害我这个老臣!"伍子胥按捺不住心中的悲愤,转身对门客说:"我死后,你们把我的眼睛挖下来放在都城的东门上,让我亲眼看着越国军队打过来灭亡吴国!"说罢,伍子胥举剑自杀。

吴王夫差二十三年(前473年)十一月,越王勾践经过长达二十余年的充分准备,率军一举攻灭吴国。吴王夫差被俘,伯嚭被杀。

越王勾践感念夫差当年兵围会稽山时给他留下一条生路,没有将夫差处死。他派人对夫差说:"把你安置到甬东(位于今浙江省舟山群岛),去做一个百户人家的主人吧!"夫差对来人辞谢说:"我已经老了,不能侍奉君王了!"其语调无限悲伤。夫差决意自杀,了此一生。临死前,他遮住自己的脸说:"我没有脸去见伍子

### 四、是非恩怨　遗恨悠悠

胥啊！"

《左传》昭公二十年

昭公二十七年

《史记》卷六十六　伍子胥列传

卷四十一　越王勾践世家

【简评】

　　司马迁认为："向令伍子胥从奢俱死，何异蝼蚁。弃小义，雪大耻，名垂于后世，悲夫！方子胥窘于江上，道乞食，志岂尝须臾忘郢邪？故隐忍就功名，非烈丈夫孰能致此哉。"（《史记》卷六十六·伍子胥列传）

# 子西引狼入室

楚平王七年(前522年),太子少傅费无忌诬告镇守城父(位于今安徽省亳州市东南)的太子建谋反。楚平王信以为真,派人去捕杀太子建。太子建闻讯后带着儿子胜逃到宋国。之后,太子太傅伍奢及其长子伍尚无辜受牵被杀,伍奢的次子伍员(伍子胥)逃奔太子建。不久,宋国发生内乱,太子建和伍员带着胜转入郑国。太子建接受晋国大臣的收买,答应在晋国军队进攻郑国时充当其内应。郑国君臣获悉这一情况后,派人把太子建杀死。伍员带着胜历经险阻逃入吴国。

楚平王十三年(前516年),楚平王去世。将军子常认为太子珍年龄还小,想拥立令尹(宰相)子西(楚平王庶弟)继王位。子西为人仁义,没有接受子常的意见。于是,他们拥立太子轸继位为楚昭王。

楚昭王二十七年(前489年),楚昭王去世,其子章继位为楚惠王,由子西辅政。

楚惠王二年(前487年),子西念及胜长期流亡国外,派人把他从吴国接回楚国。子西知道太子建的母亲是巢邑(位于今安徽省巢湖市)人,任命胜为巢邑大夫,号称白公,让他镇守巢地。

谁知,三十多年来,流亡国外的胜一直对郑国心怀怨恨,时光流逝,他复仇的欲望却依然强烈。白公胜在巢地当权后礼贤下士,

## 四、是非恩怨　遗恨悠悠

笼络人心,操练兵士,聚集力量,一心想攻打郑国,替他的父亲报仇。

楚惠王六年(前483年),白公胜请求子西出兵讨伐郑国。子西虽然答应了,但迟迟没有发兵。为此,白公胜对子西产生不满。

楚惠王八年(前481年),晋国出兵攻打郑国。郑国向楚国求援,子西率军救援郑国,帮助郑国击退晋军,子西接受郑国丰厚的馈赠回到楚国。白公胜对子西领兵攻晋援郑非常恼恨。于是,他把对郑国的仇恨转移到子西头上,磨砺宝剑,扬言要杀死子西。有人把白公胜的图谋报告子西,子西不以为然。

楚惠王十年(前479年)六月,吴国军队攻打楚国慎地(位于今安徽省颖上县西北江口镇)。楚惠王令白公胜领兵反击,将吴军击败。七月,白公胜以向朝廷送缴战利品为名,带领勇士进入都城郢。白公胜乘群臣上朝之机,领着勇士石乞等人,将子西杀死在朝廷,同时劫持楚惠王。宫中侍从卫士屈固等人奋力拼搏,将楚惠王救出。

白公胜控制朝廷后,自立为王。当年八月,叶公领兵从蔡地(位于今安徽省凤台县)攻入郢,平息白公胜叛乱。白公胜逃入山中自缢而死。

《史记》卷四十　楚世家
《左传》哀公十六年

【简评】

子西是个善良的人,他同情胜长期流亡国外,把他接回楚国,给予妥善安置,却不了解胜已经变成狼一样的恶人;当他听说胜恩将仇报、准备向他举起屠刀之后,仍不以为意。身为一国宰相,岂能善良得不问邪恶?

# 严遂买凶行刺

严遂,又名韩严、严仲子,战国时期卫国濮阳人。后来,严遂去韩国①做官。韩哀侯在位期间(前376~前374年),严遂官至韩国国卿。

严遂曾和韩国执政宰相侠累(又名侠傀、侠侯累)伤了和气,积怨很深。侠累是韩哀侯的叔父。每当严遂与侠累发生冲突时,韩哀侯总是向着侠累。这样,严遂对韩哀侯亦产生怨恨。严遂害怕这样下去迟早要被侠累杀害,便离开韩国出走。然而,严遂咽不下这口怨气,决意收买刺客将侠累杀死,以解心头之恨。

严遂到处物色能够刺杀侠累的勇士。他到了齐国后,有人向他推荐勇士聂政,说聂政当初在家乡轵县(位于今河南省济源市东南)杀了人,为躲避仇家,跟母亲、姐姐来到齐国,以屠宰为生,勇敢而有义气。严遂找到聂政家,带去一百镒(当时一镒为二十四两)黄金为聂政母亲祝寿。聂政大为惊奇,严遂向他说明来意。聂政以其母年老多病需要他孝养加以推却,辞而未受严遂的黄金。

此后不久,聂政的母亲去世,姐姐聂荣出嫁。聂政为感严遂知遇之恩,主动去濮阳找到严遂,询问他要杀的仇人是谁,表示愿意

---

① 韩哀侯二年(前375年),韩国灭亡郑国,迁都郑,位于今河南省新郑市。《史记》所记韩哀侯年代有误。

### 四、是非恩怨　遗恨悠悠

为他献身效命。严遂告诉聂政,他要杀的仇人是韩国宰相侠累,而侠累周围防卫很严密。为了事情成功,他可以派车马壮士配合他行动。聂政说:"我用不着助手,人多了,好出岔子,容易走漏消息。"于是,聂政辞别严遂,一个人上路。

韩哀侯三年(前374年),聂政手持宝剑击倒韩国宰相府的门卫,飞步冲入厅堂将侠累杀死。侍卫兵士一齐冲上来围攻聂政。聂政狂啸高呼,当场击杀数十人,随后刺破脸部,举剑自杀。

韩国人都不认识这个刺客是谁,只好把他的尸首陈放在闹市,让人们辨认。聂荣听说侠累被人刺死,刺客也自杀身亡,料想那刺客一定是她的弟弟。当她哭着前去收尸时,人们才知道刺客名叫聂政。

聂政杀死侠累后,严遂乘乱带人入宫,将韩哀侯杀死,控制了韩国的朝政大权。

《史记》卷八十六　聂政传
《中国历史大辞典》韩哀侯

【简评】

严遂在韩国不得志,并未受到虐待,一走了之即可,无须收买刺客杀死其政敌。为了泄私愤,以别人的生命为代价,其品行可谓低劣。

中国古代历史风云·朝政风波(上)

# 中山王饭食结恩怨

　　周赧王十四年(前301年)①,中山国②国王设宴招待国都的知名人士,大夫司马子期接到通知后,按约参加宴会。席间,司马子期没有分到味美的羊羹,感到受了轻视和侮辱。他一气之下投奔楚〔赵〕国,并引来楚〔赵〕国军队攻打中山国。中山王仓皇出逃。

　　路上,中山王发现有两个男子提着戈一直跟随在他后面。中山王感到奇怪,便令随行侍卫询问二人是什么人。二人回答说:"当年,我们的老父亲饿得快要死了,大王曾经赐给他一壶熟食,救了他的命。后来,老父临死的时候对我们说:'中山王一旦有难,你们一定要以死相报。'今天,我们特意来报答大王的恩情。"

　　中山王听了两兄弟这番话后,仰天长叹,感慨地说:"施予不在于多少,而在于能否急人之难;结怨不在于事情大小,而在于是否伤人之心。我因为一碗羊羹被迫离国出走,而以一壶熟食得到两

---

　　①　据《史记》赵世家和《资治通鉴》记载,中山国君称王(前323年)后,赵国军队曾数次进攻中山国,并于前296年将中山国灭亡;其间,楚国屡受秦军攻占,自顾不暇,故疑该篇所记"楚"似为"赵"。又据《资治通鉴》周纪三·赧王十四年记载:"赵王伐中山,中山君奔齐",姑且把该文所记事件的时间定为是年。

　　②　都灵寿,位于今河北省灵寿县西北。

四、是非恩怨　遗恨悠悠

位效死的义士!"

《战国策》卷三十三 中山策·中山君飨都士

【简评】

中山王饭食结恩怨,事小见大,耐人寻味。

# 吕不韦入秦为相

吕不韦是战国时期韩国阳翟（位于今河南省禹州市）人，早年往来各地经商，"家累千金"。成为巨富以后，吕不韦想跻身官场。他纵观天下风云变幻，把目光投向强大的秦国，认为秦国最有希望击败其他各国，投放金钱谋求去秦国做官最为保险。

秦昭王四十二年（前265年），秦昭王将其次子（其长子已死）安国君柱立为太子。太子柱正妻华阳夫人没有为他生儿子，别的姬妾虽然为他生下二十多个儿子，可是没有一个受到他特别宠爱。这样，年近四十的太子柱一时难以确定后嗣。

吕不韦当时在赵国都城邯郸经商。他瞅准秦太子后嗣尚属空档，认为秦国派往赵国作人质的子楚（太子柱之子）"奇货可居"，决意以金钱铺路，把子楚这个"奇货"推到秦太子后嗣的位子上，再通过向子楚施恩，日后随子楚进入秦朝廷做官。他认为只有这样，子孙后代才能永享荣华富贵。

由此，吕不韦主动去拜访子楚，对他说："你的父亲安国君已经被立为太子，你在众兄弟中排行在中间。今后，太子如要确定某个儿子继承其位，很难能立到你的头上啊！"子楚说："是这样，那又有什么办法呢？"吕不韦说："我一直在为你着急，让我来给你想想办法吧！我愿意拿出千金，替你活动，让你的父亲立你为嗣。"子楚向吕不韦叩头感谢说："如果能够成功，将来我愿将秦国土地分封给

## 四、是非恩怨　遗恨悠悠

你,与你共同享有。"

之后,吕不韦拿出五百金送给子楚,供他结交秦国过往的大臣。他又亲自去秦国,买通华阳夫人的姐姐,通过她结识华阳夫人,并送给华阳夫人价值五百金的奇珍异宝,讨得华阳夫人欢心。接着,吕不韦向华阳夫人鼓吹子楚如何贤能,劝说她乘现在受太子宠爱之时,向太子建言立子楚为嗣,这样施恩于子楚将永远会得到他的回报。否则,日后一旦色衰爱弛,就会失去讲话的机会。于是,华阳夫人极力向太子柱请求立子楚为嗣,以至为之哭诉。太子柱只好答应立子楚为嗣,同华阳夫人私下刻玉符作为凭证,并聘请吕不韦作为辅导子楚的老师。

一次,在吕不韦宴请的酒席上,子楚被一个美若天仙的歌女所倾倒。此人是吕不韦的爱妾,已身怀有孕。子楚按捺不住,站起来向吕不韦敬酒,请求把这个歌女赏给他。吕不韦心里很为气恼,转而一想,献出这个怀有他孩子的美女,今后会更有利于实现他的目的,便欣然答应。子楚娶了这个赵国美女后,生下一个儿子,取名政。

秦昭王五十年(前257年),秦军围攻邯郸。赵国君臣把仇恨牵延到子楚身上,想把子楚杀掉。吕不韦用六百斤黄金买通守护城门的官吏,让子楚得以逃入秦军军营。子楚夫人是赵国富豪的女儿,受到其父和吕不韦的保护,她同其儿子政都幸免于难。

秦昭王五十六年(前251年),秦昭王去世,太子柱继位为秦孝文王。孝秦文王将子楚立为太子。赵国派人将子楚夫人和儿子政护送回秦国,吕不韦随之亦进入秦国。

秦孝文王即位一年后去世,太子子楚继位为秦庄襄王。吕不韦梦寐以求的愿望终于实现。秦庄襄王任命吕不韦为丞相,封他为文信侯,将洛阳十万户赋税封给他作为食禄,同时将政立为太子。

秦庄襄王在位三年去世。时年十三岁的太子政继位为秦王,尊其母为太后，由太后和丞相吕不韦掌揽朝政大权。吕不韦号称秦王政"仲父"，与昔日的爱妾、今日的太后旧情复萌，经常在一起幽会。后来，秦王政渐渐长大，吕不韦生怕同太后的丑事败露，惹祸上身，便物色一个阳性十足名叫嫪毐的人，伪装成宦官派到太后身边，从而得以脱身。此后，太后和嫪毐私生两个儿子。

秦王政九年（前238年），嫪毐与太后奸情暴露，吕不韦受到牵连。嫪毐盗用秦王政及太后的官印，发兵准备围攻王宫。秦王政率兵平息嫪毐的叛乱，将嫪毐处以车裂。秦王政对吕不韦扰乱后宫非常痛恶，本想将他处死，只是念及他侍奉先王之情，没有立即追究他的罪责。第二年（前237年）十月，秦王下令免去吕不韦的丞相职务，令他去洛阳封地闲居。

吕不韦到了洛阳封地后不甘寂寞，来访的各国宾客络绎不绝。人们怀疑他在谋乱，风言风语很快传到秦王政耳边。

秦王政十一年（前236年），秦王政怀疑吕不韦被贬不服，图谋叛乱，写信向吕不韦提出质问："君何功于秦？秦封君河南，食十万户；君何亲于秦？号称仲父。"秦王政下令将吕不韦全家迁往蜀地（位于今四川省）。吕不韦见秦王政对他已毫无情义，预感到自己性命难保，惶惶不可终日。不久，吕不韦饮鸩自杀。

《史记》卷八十五 吕不韦列传

【简评】

吕不韦作为一名富商善于投机钻营。家累千金之后，他想跻身官场。他通过谋立子楚为太子柱之嗣而位居秦国丞相，显示出超群出众的才智。当时，秦王政尚处少年，吕不韦作为丞相辅政功不可没。吕不韦与秦王政（后称秦始皇）有着不解之缘，其父子之间的恩恩怨怨后人各有评说。

四、是非恩怨　遗恨悠悠

# 蒙恬望天问罪

蒙恬的祖先是战国时期齐国人。秦昭王在位期间（前306～前251年），蒙恬的祖父蒙骜从齐国来到秦国，受任将军，屡建战功，官至上卿。蒙恬的父亲蒙武也是秦国名将。秦王政（后称帝为秦始皇）二十四年（前223年），蒙武率军攻打楚国，俘虏楚王负刍，灭亡楚国。

蒙恬早年学习刑法，担任过狱官。秦始皇二十六年（前221年），蒙恬受任将军率军进攻齐国，为秦国攻灭最后一个敌国、统一天下建立功勋。接着，蒙恬奉命率领三十万大军驻守北部边疆，驱逐戎狄（秦朝西方少数民族）部众，防御匈奴骑兵南侵。此间，蒙恬奉命选择有利地势，组织兵士和民工修筑长城，西起临洮（位于今甘肃省岷县），东到辽东（位于今辽宁省辽河下游以北），绵延长达一万多里。蒙恬镇守北方十多年，声威震慑匈奴。他率领军队长年驻扎在荒原野外，为守卫国家历尽艰辛。蒙恬的弟弟蒙毅为秦朝上卿，侍从秦始皇出入，参与谋划朝政大事，被秦始皇称为"忠信"。

中车府令（主管皇宫车马）宦官赵高曾经犯了大罪，秦始皇下令蒙毅负责惩处他。蒙毅依法撤销赵高官职，判处其死刑。秦始皇转而又改变态度，认为赵高办事认真，下令赦免他的死罪，将他官复原职。由此，赵高对蒙毅怀恨在心，也恨及蒙恬。

秦始皇三十七年（前210年）冬天，蒙毅、丞相李斯和赵高等人陪同秦始皇南巡。在返回的路上，秦始皇患病，令蒙毅率领部分随从往回走，向所经过的山川神灵祈祷。当年七月（当时每年纪月从十月开始），出巡车队返至沙丘（位于今河北省广宗县西北）时，秦始皇病逝。李斯、赵高等人决定保守秘密，不对外公布秦始皇的死讯。

当时，秦始皇嫡长子扶苏在蒙恬部队担任督军（监督军事），其嫡次子胡亥随同出巡。赵高一向同胡亥关系密切，想拥立胡亥继位，害怕蒙毅反对，决意将蒙恬、蒙毅兄弟害死。

赵高同李斯、胡亥在一起策划，伪造秦始皇遗命，立胡亥为太子，称扶苏和蒙恬有罪，令他俩自杀。与此同时，赵高又在胡亥面前中伤蒙毅，谎称先帝早想立他为太子，就是因为蒙毅谏阻而被搁下。赵高劝胡亥将蒙毅杀掉。胡亥听信赵高谎言，下令将蒙毅逮捕，押往代地（位于今河北省蔚县东北）囚禁。

扶苏接到伪诏后信以为真，随即自杀。蒙恬则认为自己无罪，要求申诉，不肯自杀。传令官令人将蒙恬逮捕，押往阳周（位于今山西省子长县西北）囚禁。胡亥听说扶苏已死，想把蒙恬释放出狱，被赵高阻止。

八月，胡亥回到京都咸阳，即位为秦二世皇帝。他拒不接受公子婴（秦始皇之孙）等人的劝谏，派人去代地杀死蒙毅。接着，秦二世又派人去阳周令蒙恬自杀。

蒙恬申辩说："天下人都知道我们祖孙三代为秦国建立的功业。如今我虽然受囚禁，所统率的三十万部众照样听从我指挥，仍有足够力量背离朝廷。我之所以遵守节义，是感激先帝的恩遇，不敢玷辱祖先的教诲。"执刑官员不愿听蒙恬多说，催促他快点就刑。蒙恬仰天长叹道："苍天哟，我蒙恬有什么罪啊？"说罢，蒙恬一口吞下摆在面前的毒药，饮恨而死。

《史记》卷六 秦始皇本纪

卷八十八 蒙恬列传

### 四、是非恩怨　遗恨悠悠

【简评】

司马迁认为："秦之初灭诸侯，天下之心未定，痍伤者未瘳，而恬为名将，不以此时强谏，振百姓之急，养老存孤，务修众庶之和，而阿意兴功，此其兄弟遇诛，不亦宜乎。"(《史记》卷八十八）

司马光认为："秦始皇方毒天下而蒙恬为之使，恬不仁可知矣。然恬明于为人臣之义，虽无罪见诛，能守死不贰，斯亦足称也。"(《资治通鉴》卷七·秦纪二·始皇帝下）

笔者认为，秦朝建立之初，蒙恬奉命率部守卫北部边疆是有功的。他率领数十万兵士和民工修筑长城，是阻止匈奴骑兵南下的一项重大国防建设，与动用大量人力物力修建阿房宫、骊山墓不可相提并论。许多人为修建长城劳累冻饿而死固然令人痛心，但他们是为国防而牺牲，其意义非同寻常。如要追究其责任，决定者是秦始皇，蒙恬只是奉命组织实施而已。因蒙恬和蒙毅身居高位而把他俩视为不仁该杀，未必公允。蒙氏兄弟被杀显然是冤案，赵高挟私报怨且借以乱政窃权不应忽视。

# 张良难平亡国恨

张良,字子房,战国晚期韩国人。他的祖父张开地历任韩昭侯(前362～前333年在位)、韩宣惠王(前332～前312年在位)、韩襄哀王(前311～前296年在位)三代丞相;他的父亲张平历任韩釐王(前295～前273年在位)、韩桓惠王(前272～前239年在位)二代丞相。张良出生在韩国丞相世家,年幼时便享受荣华富贵,对韩国有着特别深厚的感情。

## 张良痛怀亡国恨

张良年轻的时候有志于报效国家。然而,韩国将要被秦国灭亡已成定局,他无力挽救国家的命运。韩王安九年(前230年),韩国被秦国军队攻灭。张良抱恨目睹韩国灭亡,深切感受到亡国的沧桑和凄凉,把刻骨仇恨集中在秦王政的身上。

张良决意辞散家里三百名奴仆,变卖全部家产收买刺客,谋刺秦始皇,以解亡国之恨。张良早年曾在淮阳(位于今河南省淮阳县)学习过礼仪,在那里结识过很多人。他特意重游淮阳,拜见名士仓海君等人。仓海君为张良引荐一个能使用一百二十斤铁锤的

## 四、是非恩怨　遗恨悠悠

大力士。张良以礼厚待这个大力士,使其甘愿为他效命。

秦始皇二十九年(前218年),秦始皇离开京都咸阳去东方巡视。张良闻讯后,带着大力士埋伏在秦始皇出巡必经之地博浪沙(位于今河南省郏县东),准备袭杀秦始皇。当秦始皇车队行抵博浪沙时,大力士突然冲上去举起铁锤,狠狠朝一辆华丽的马车砸去。可是,他砸中的是副车,秦始皇安然无恙。等到侍卫兵士从惊恐中清醒扑过来抓凶手时,张良和大力士已逃之夭夭。秦始皇勃然大怒,下令通缉全国,捉拿凶手。张良随即改名换姓,逃亡到下邳(位于今江苏省睢宁县西北)隐居。

秦二世元年(前209年),役吏陈涉(陈胜)、吴广不堪忍受秦朝暴政,被迫率众在蕲县大泽乡(位于今安徽省宿州市东南)举行反秦暴动。

接着,各地义士纷纷聚众反秦。在这种形势下,张良也聚集一百多个年轻人准备起事。他知道单靠自己这一点力量推翻不了秦朝,便率众投附占据下邳西部的沛公刘邦率领的反秦军队。与此同时,原楚国名将项燕①之子项梁同其侄项羽在会稽郡(治所位于今江苏省苏州市)率领八千名精兵反秦。

## 张良反秦意在重建韩国

秦二世二年(前208年)六月,张良随刘邦投附项梁。项梁以

---

①　楚王负刍四年(前224年),秦军攻杀项燕。第二年,楚国为秦国所灭。

当年楚怀王被害①后楚国流传"楚虽三户，亡秦必楚"的民谣为托辞，将流落在民间的楚怀王之孙熊心拥立为王。张良由此触发故国情怀，他向项梁建议说："将军既然拥立楚王的后代，原韩国公子韩成贤能，将军也可以立他为王，以扩大你的势力。"于是，项梁立韩成为韩王，任命张良为韩国司徒（丞相），并拨给他们一千多名兵士，让他们率众去攻取原韩国的土地。此后，韩成、张良领军攻下原属韩国的几个城邑，随即又被秦军夺回。张良同韩成转至颍川（治所阳翟，位于今河南省禹州市）一带，与秦军开展游击战争。

秦二世三年（前207年）四月，刘邦从洛阳率军南下，攻占原属韩国的十余座城邑，让韩成留守阳翟，要张良随同他南下。之后，秦军主力攻打赵国，上将军项羽率领反秦军队主力赴援赵国。此间，张良随刘邦挥师西进，并向刘邦献计先攻取秦都城咸阳。

汉王年（前206年）十月（当时纪月从十月开始），刘邦率部攻灭秦朝，张良为之扬眉吐气。接着，张良建议刘邦退居霸上（位于今陕西省西安市以东灞水西岸），以避开项羽大军的锋芒。项羽听说刘邦先攻下咸阳勃然大怒，率领四十万大军欲消灭刘邦十万之众。项羽在鸿门（位于今陕西省西安市临潼区东北）举行宴会想借机杀死刘邦，张良帮助刘邦从项羽刀剑下脱走。

四月，项羽自称西楚霸王，大封诸侯王，封刘邦为汉王，续封韩成为韩王。张良请求并获准跟随韩王。

---

① 楚怀王熊槐三十年（前299年），秦昭王致书约楚怀王去秦国武关（位于今陕西省丹凤县东南）会盟。楚怀王应约抵达武关后被秦国拘禁，最后死在秦国。

### 四、是非恩怨　遗恨悠悠

## 张良理想破灭含恨隐退

不久,汉王刘邦赴汉国①封地,张良为他送行至褒中(位于今陕西省汉中市西北)。楚王项羽见张良同刘邦关系亲近,大为忌恨。他转而不准韩成去其封国,下令将韩成杀死。张良见势不妙,从小道逃奔汉王。重建韩国的理想眼看难以实现,张良为之忧愤成疾。

汉王二年(前205年),汉王刘邦封原韩襄哀王庶孙韩信为韩王,让他管辖原韩国十多个城邑。张良似乎同韩王韩信不大投机,没有要求去韩王那里,而一直跟随汉王南征北战。

此后,在汉王刘邦与楚王项羽的争战中,张良因多病未曾单独挂帅出征,但他运筹帷幄,为刘邦夺取天下立了大功。

汉王六年(前201年),刘邦即位为汉高祖。为奖赏张良的功劳,高祖让他在齐地(位于今山东省)自选三万户为封邑,同时决定把韩王府移至太原郡(治所晋阳,位于今山西省太原市西南)。张良一直心系韩国故土,这一来,他魂牵梦绕的故国不复存在。

张良不想去人生地疏的齐地,对三万户的封邑也不感兴趣。他反复思考着在哪个地方落脚为宜。张良意识到,如果强求回到韩国故地,或许会给高祖及别人造成误解。思前想后,他选择当年和刘邦初次会面的留县(位于今江苏省沛县东南)受封。于是,汉高祖封张良为留侯。

张良受封留侯后一直称病,差不多没有再上朝议政,也很少出门。在汉高祖意欲废太子刘盈(吕皇后所生)、改立少子刘如意(戚

---

① 王府设在南郑,位于今陕西省汉中市。

夫人所生)为太子的关键时刻,张良应吕后请求为之出谋划策,请来不肯应汉高祖召见的东园公等四位八十多岁的老人,说服汉高祖打消更换太子的念头。

张良无意于享受汉朝的荣华富贵。汉高祖十二年(前195年),他决定逐渐减少进食,让自己轻身,直至饿死。张良公开对人宣称:"我家先辈是韩国五代丞相。韩国被秦国灭亡后,我不惜拿出万金家产为韩国报仇,使天下受到震动。如今,我凭三寸之舌成为皇上的谋臣,被封为万户侯。这个地位,对于我这个当年已沦为平民百姓的人来说,已经到了极点,张良知足矣!现在我唯一的心愿,是想抛弃人世间的事情,跟随赤松子①去天地间遨游!"

不久,汉高祖去世,太子刘盈即位为汉惠帝,尊吕后为太后。吕太后感激张良救助太子的恩德,劝告他说:"人活在这世上,就像白马从一道缝隙前穿过那样短暂,你何必这样自讨苦吃呢!"吕太后强劝张良吃饭,他只好重新进食。

汉惠帝六年(前189年),张良在失落和凄哀中病逝。

《史记》卷五十五 留侯世家
　　　　卷六 秦始皇本纪
　　　　卷八 高祖本纪
《通鉴纪事本末》卷一 豪杰亡秦

【简评】

司马光认为:"以子房之明辨达理,足以知神仙之为虚诡矣,然其欲从赤松子游者,其智可知也。夫功名之际,人臣之所难处。""故子房托于神仙,遗弃人间,等功名于外物,置荣利而不顾,所谓明哲保身者,子房有焉"。(《资治通鉴》卷十一·汉纪三·太祖高

---

① 传说为上古仙人。

### 四、是非恩怨　遗恨悠悠

皇帝中）

清代学者王夫之认为："留侯欲从赤松子遊,司马温公曰:'明哲保身,子房有焉。'未足以尽子房也。子房之言曰:'家世相韩,为韩报仇。'身方事汉,而暴白其终始为韩之心,无疑於高帝之妒。其忘身以伸志也,光明磊落,坦然直剖心臆於雄猜天子之前。且曰:'愿弃人间事,从赤松子遊。'视汉之爵禄为鸿毛,而非其所志。"（《读通鉴论》卷二·汉高祖）

# 主父偃肆意泄愤

主父偃是西汉齐国淄人,早年学习纵横家学说①受到当地读书人排斥。主父偃家里很穷,连高利贷也借不到。后来,他离家北行,游历燕、赵等地(位于今河北省及京、津地区),漂泊困顿,到处受人歧视。然而他却孤芳自赏,认为不值得同封王交游。

西汉元光元年(前134年),主父偃去京都长安拜见侍中卫青。卫青数次向汉武帝推荐主父偃,都没有为他帮上忙。主父偃的钱渐渐花光了,与之经常交往的朋友对他疏而远之。

在潦倒无奈中,主父偃上书朝廷,提出九项治政建议,引起汉武帝的重视。汉武帝召见主父偃,任命他为郎中(皇帝侍从官员)。此后,主父偃又多次上书言事,建议汉武帝颁布推恩令,令封王将其封地分割给没有世袭为王的同宗弟子,以削弱封王的势力。汉武帝采纳主父偃的意见,一年之内四次提升他的职务,让他担任谒者(主管邦交及联络各封国)。

主父偃受到汉武帝信任后,帮助卫青之姐卫子夫由后妃到立为皇后。他揭发燕王(王府设地位于今北京市区)刘定国淫乱及杀

---

① 战国时期以智谋巧辩说服对方的外交理论。鼓吹齐、楚、燕、赵、韩、魏六国联合抗秦,称为"合纵";宣扬秦国联合六国中某国攻打其他国家,称为"连横"。

## 四、是非恩怨　遗恨悠悠

人灭口等罪行，汉武帝据此令燕王自杀。从此，诸王大臣都害怕主父偃这张嘴，纷纷拿财物去贿赂他，请他在武帝面前为他们多讲好话。由此，主父偃很快便家累千金。

王太后（汉武帝之母）想把她原先同姓金的丈夫所生的女儿修成君之女娥嫁给封王，托宦官徐甲去齐国穿针引线。主父偃得知此事后，也请徐甲将他的女儿向齐王后宫引荐。徐甲抵达齐国说明来意后，遭到齐王刘次昌（汉高祖曹夫人所生齐悼惠王刘肥曾孙）之母纪太后拒绝。主父偃由此对齐王和纪太后产生怨恨。之后，主父偃对汉武帝说："眼下，齐国食邑有十万户，每天市场贸易都能收取千金税赋，比朝廷还要富裕。这样的福份，只有皇上的亲弟或者爱子才能得到，难怪齐王和朝廷越来越疏远了！"主父偃向汉武帝提起齐王刘肥在吕太后当政时违反礼制[①]以及吴楚七国叛乱时齐孝王刘将闾（刘肥之子）曾想与之通谋[②]的往事，又举报齐王刘次昌与其姐姐淫乱之事。汉武帝大为震怒，任命主父偃为齐国丞相去"正其事"。

元朔二年（前127年），主父偃上任齐国丞相后，把其兄弟、故交一齐请到他的府上，拿出五百金当众散发，奚落他们说："想当初我贫困的时候，兄弟们不肯帮助我衣食，朋友们不让我进门。如今，我做了齐国丞相，你们有的千里迢迢赶来向我祝贺。从今以后，我和你们断绝往来，请不要再进我主父偃的门！"

---

[①] 汉惠帝二年（前193年），齐王刘肥入朝，汉惠帝刘盈（吕太后生）宴请齐王，将他安排在上座，引起吕太后的忌恨。吕太后毒杀刘肥未成，刘肥恐惧，将城阳郡（治所位于今山东省莒县）献给鲁元公主（吕太后之女）作为汤沐邑（收取赋税及休养之所）。吕太后息怒，齐王刘肥得以返回封国。

[②] 汉景帝前三年（前154年），吴王刘濞联合楚王刘戊等人发动吴楚七国叛乱，公开反对朝廷。吴王企图拉拢齐孝王刘将闾同他一起反叛，齐孝王拒绝参与反叛。叛军包围齐国都城，齐孝王思想曾一度发生动摇。朝廷平息吴楚七国之乱后，齐孝王畏罪自杀。

有人见主父偃得势后张狂,劝告他说:"你的某些做法显得太骄横了吧?"主父偃回答说:"我从小开始游学,已有四十多年了,早年一直不得志,父母不喜欢我,兄弟不收留我,朋友嫌弃我,我饱经世态炎凉,已经看破红尘了。大丈夫生不能用五鼎烹饪食物,死了就让五鼎烹煮好了。如今,我年岁大了,光阴也不多了,所以要倒行逆施,抓紧办我想办的事!"

主父偃为泄其女被拒之恨,下令查处王宫宦官为齐王与其姐淫乱牵线搭桥之事,齐王刘次昌害怕现丑被治罪,服毒自杀。

赵王(王府设地邯郸,位于今河北省邯郸市)刘彭祖知道燕王刘定国系受主父偃告发被处死,一直担心主父偃会给赵国带来灾难。主父偃在朝廷任职时,刘彭祖不敢告发他。在他去齐国担任丞相后,刘彭祖上书举报主父偃接受封王贿金。接着,汉武帝又收到齐王自杀的报告,怀疑齐王自杀是主父偃逼迫的。于是,汉武帝下令将主父偃逮捕。

主父偃入狱后承认曾收受封王贿金,不承认逼迫齐王自杀。汉武帝本来不想将主父偃处死,御史大夫公孙弘认为主父偃是导致齐王自杀的"首恶",不杀不足以谢天下,极力主张从重判处主父偃。汉武帝听信公孙弘的意见,随即下令将主父偃及其家人全部处死。

《史记》卷一百一十二 主父偃传
《汉书》卷九十七上 孝武卫皇后传
　　　　卷三十五 燕王刘定国传
　　　　卷三十八 齐王刘次昌传
　　　　卷五十三 赵敬肃王刘彭祖传

【简评】

主父偃早年受到亲朋熟人冷遇,产生谋出头、泄私愤的欲望。

## 四、是非恩怨　遗恨悠悠

在这种逆反心理支配下,他谋取汉武帝信任,恣意张狂,有怨必报,最终被杀。孔子说:"不怨天,不尤人。"(《论语·宪问》)一个人立身处世,一个官员仕途奔波,保持心态平衡十分重要。

# 张汤严酷树敌

西汉元光五年（前130年），汉武帝令侍御史张汤主审皇后陈阿娇巫蛊案①。该案审理中，张汤"深竟党与"，致使三百多人株连被杀。由此，汉武帝认为张汤很能干，提任他为太中大夫（侍从皇帝、参议朝政）。汉武帝要张汤参与制定法律，张汤把各项法令都制定得严峻苛刻，让各级官员感到害怕。此后，张汤升任廷尉。

元狩元年（前122年），张汤主审淮南王刘安、衡山王刘赐、江都王刘建谋反案，"皆穷根本"，受该案株连处死和被关押流放的达数万人之多。张汤以查办有功升任御史大夫。此后，汉武帝对张汤更为信任，"天下事皆决于汤"，丞相的职务仅仅挂名而已。

元狩四年（前119年），汉武帝下令发行白鹿皮币。大农（即大农令，主管财政收支）颜异认为白鹿皮币面值太贵，对汉武帝说："封王进献给天子的苍璧（祭祀先帝所用的玉璧）价值不过几千钱，可璧下垫着的皮币却价值四十万钱，主次不相称。"汉武帝听颜异这么说十分不快。张汤对颜异怀有成见，决意寻机将他整倒。有一次，颜异同客人谈心，客人谈及某项法令不便执行，颜异未作表

---

① 陈阿娇为汉武帝第一任皇后，汉武帝宠爱歌女卫子夫后，陈皇后十分忌妒，令女巫制作外形像卫子夫的木偶，咒诅其早死。此事被人告发，陈阿娇被废去皇后位，幽禁于长门宫。

## 四、是非恩怨　遗恨悠悠

态,只是稍微动了动嘴唇。张汤听说后以此奏告汉武帝,指责颜异身为朝廷大臣,对于法令条文有意见不在朝廷上讲,却在心里诽谤,应当判处其死罪。汉武帝随即下令将颜异处死。随之,张汤在刑法上增添了"腹诽"的条文。

御史中丞李文同张汤素有积怨,千方百计搜集材料以诋毁张汤。张汤则指使其亲信史官鲁谒居诬告李文违法办案。汉武帝将诬告李文的信件交由张汤处理。张汤竟奏请将李文处死。事后,汉武帝问及李文案是谁举报的,张汤故作猜察说:"大概是李文的故交吧。"

赵王(王府设在邯郸,位于今河北省邯郸市)刘彭祖因经营冶铸业和人打官司,曾求助张汤,但遭到张汤拒绝。张汤曾派鲁谒居查办赵王的案件。由此,刘彭祖怨恨张汤和鲁谒居。刘彭祖奏称,鲁谒居病重期间,张汤亲自为他捏脚,怀疑他们有不可告人的勾当。不久,鲁谒居病死,其弟时为导官(为皇宫选供粮米的官员),受牵被收审。张汤见到鲁谒居之弟时,表面上态度冷淡,引起他的误解。鲁谒居之弟随即告发张汤与鲁谒居策划谋害李文的实情。汉武帝将此事交给御史中丞减宣调查。减宣与张汤不和,很快便将事情调查清楚。正当他准备上报之时,发生汉文帝陵墓被盗事件。

丞相庄青翟就文帝陵被盗一事,约张汤一同去向汉武帝谢罪。张汤认为管理文帝陵是丞相府的事,与他无关,拒绝与庄青翟一同前往。汉武帝令御史调查文帝陵被盗一事,张汤授意负责调查的御史在调查报告上写明盗陵案系丞相知之故纵,庄青翟听说后十分害怕。

丞相府长史朱买臣、王朝、边通等人过去官职都比张汤高。张汤得势后对朱买臣等三长史骄横无礼,朱买臣等三人都对张汤怀恨在心。他们得知张汤要借盗陵一事加害庄青翟,生怕自己被殃及,便合谋诬告张汤贪赃,称他经常向其经商的朋友田信泄露经济情报。汉武帝信以为真,向张汤探问道:"我所要做的事,商人很快都会知道,囤积居奇,好像有人事先告诉他们。"张汤没有买账,故作惊讶地反问道:"难道有人会这样做?"

这时,减宣将张汤同鲁谒居谋害李文的事报告汉武帝。汉武帝指斥张汤"怀诈面欺",派人对他的言行作全面审查,并就一些具体事情与他对证,张汤不服。

元鼎二年(前115年)年初,汉武帝派廷尉赵禹去责问张汤。赵禹对张汤说:"你为何还不自知呢?经你查办的案子,处死了多少人!如今,别人指控你的都有证据,皇上迟迟没有把你关进监狱,是让你自己考虑该怎么办,你何必要多次对簿公堂呢?"张汤意识到赵禹等人要将他置于死地,随即写下遗书,向汉武帝申诉说:"我本来没有什么功劳,开始只是个刀笔小吏,受到陛下信任,官至三公(丞相)。我无法推翻强加在我头上的罪名,不能再为陛下尽忠。但我最后要向陛下奏报,合谋陷害我的人是朱买臣、王朝、边通三长史。"张汤将遗书递上后当即自杀。

张汤的兄弟和儿子极为悲哀,想厚葬他。张汤之母愤愤地说:"张汤是天子的大臣,受人诽谤而死,用不着厚葬!"

张汤死后,有关官员查抄他的家产,折合计算只有五百金,大部分是俸禄节攒下来的,有的则是汉武帝赏赐给他的,没有发现他贪赃的物证。

汉武帝对张汤自杀痛惜不已,下令审讯并诛杀朱买臣等三长史。庄青翟随即忧惧自杀。

《史记》卷一百二十二 张汤传
卷三十 平准书
《汉书》卷五十九 张汤传
卷九十七上 孝武帝陈皇后传

## 四、是非恩怨　遗恨悠悠

**【简评】**

　　朱买臣等三长史称张汤受贿,固然是诬告,但"张汤治狱为酷吏魁"(清·王夫之《读通鉴论》卷三·武帝),竟然发明"腹诽"罪名,受其迫害含冤致死的人亦不少。他执法过于苛刻,四处树敌,下场当然不会好。汉武帝为之痛惜,只是痛惜他失去一根打人的棍子而已。

# 张方的冤家和朋友

西晋①永安元年（304年）七月，东海王（王府设地位于今山东省郯城县北）司马越挟制晋惠帝，领兵讨伐成都王（王府设地邺，位于今河北省临漳县西南）司马颖。成都王的部将领兵迎战，司马越兵败逃回其封国，晋惠帝被迎入邺。

八月，平西将军（其镇所长安，位于今陕西省西安市）河间王司马颙令其部将张方率部进驻京都洛阳。十月，司马颖护送晋惠帝返回洛阳。十一月，张方劫持晋惠帝去长安。晋惠帝被迫宣布迁都长安，任命司马颙为太宰兼都督中外诸军事（最高军事将领）、张方为录尚书事（丞相）兼中领军（主管警卫部队）。

永兴二年（305年）七月，东海王司马越指控张方劫持晋惠帝，于是聚集力量，起兵讨伐张方。司马颙大为惊恐。

司马越派遣皇太弟（确定由其继承帝位的皇帝之弟）司马炽的中庶子（属官）缪播及其堂弟缪胤（司马颙后妃之弟）去长安，劝说司马颙将晋惠帝送回洛阳，并商约与河间王以崤山（位于今河南省陕县东南）为界分地而治。河间王向来相信缪氏兄弟，打算听从他们的安排。张方提出不同意见。

张方担心，河间王同东海王和解后如若追究迁都之事，他有可

---
① 都洛阳，位于今河南省洛阳市。

## 四、是非恩怨　遗恨悠悠

能被诛杀,便劝告河间王说:"如今我们占据险要的地势,国富兵强,侍奉皇帝发号施令,天下谁敢不服从？怎么能拱手去受别人控制？"河间王认为张方说得有道理,表示同意。缪播、缪胤则加紧对河间王游说。一时间,河间王左右为难,忧心忡忡。

河间王参军(军事参谋官)毕垣曾受过张方的凌辱,对张方怀恨在心。他见河间王犹豫不决,便诬告张方握有兵权,怀有二心。他知道帐下督(将军府警卫军官)郅辅同张方平素交情很深,谎称郅辅了解他的阴谋。转而,毕垣又威胁郅辅,要他在河间王面前证实张方有反叛之心,否则会有杀身之祸。郅辅原是长安的富豪。当初,张方从其故乡河间(位于今河北省献县)随同河间王来到长安时,地位微贱,郅辅曾资助过他。后来,张方当上将军,把郅辅引荐为帐下督。郅辅经不住毕垣的威胁,背叛了张方。缪氏兄弟则与郅辅一唱一和,建议河间王处死张方,以向天下谢劫持天子之罪。

河间王被他们的挑唆所迷惑,向郅辅询问张方是否谋反,郅辅回答说:"是。"河间王要郅辅刺杀张方,他满口答应。而此时张方仍然蒙在鼓里,对即将来临的祸难一无所知。

光熙元年(306年)春天,某天晚上,郅辅身上挂着一把刀,向门卫声称给张方送信。门卫知道郅辅同张方关系密切,丝毫未加提防便让他进门。郅辅见到张方后,将河间王写的信交给了他。张方接信后在灯下展看,郅辅乘机挥刀向张方砍去。张方猝不及防,被砍下了头。

河间王满以为杀了张方,东海王会退兵,谁知东海王闻讯后继续领兵西进。河间王后悔不该杀死张方,随即下令将郅辅等人斩杀。

《晋书》卷六十　张方传
　　　　卷五十九　河间王颙传
《通鉴纪事本末》卷十二　西晋之乱

【简评】

　　张方对司马颙并无二心，其冤家毕垣进谗言企图置他于死地。司马颙为了取得同司马越的和解，竟听信谗言下令处死张方。郅辅是个势利之徒，张方却把他视为知己，关键时刻他背信弃义而伪装友善将张方杀死。身处如此复杂多变的局势而丧失警惕，是张方的失误所在。

四、是非恩怨　遗恨悠悠

# 慕容翰逃而复归

慕容翰是西晋昌黎棘城（位于今辽宁省义县西）人，鲜卑族慕容部首领慕容廆的庶长子。他"性雄豪，多权略"，在对外征战中数次立功，被其父任命为军事将领。

东晋咸和八年（333年）五月，慕容廆去世，其世子慕容皝继位。慕容皝"用法严峻，国人多不自安"。慕容翰时任建威将军，受到慕容皝猜忌，他害怕受到迫害，哀叹说："我怎么能眼睁睁坐在这里等待祸难呢！"于是，慕容翰带着儿子投奔鲜卑族段部（首府令支，位于今河北省迁安市西）首领段辽。

段辽早听说慕容翰的才能，对他特别尊重。慕容翰身在段部，心里还思念着慕容部。咸和九年（334年）二月，段部军队在柳城（位于今辽宁省朝阳市南）击败慕容部军队。段部将领段兰本来想乘胜追击，慕容翰担心慕容部败亡，便以慕容皝善于伏兵诳骗段兰，使其没有再向慕容部进军。

咸康三年（337年），慕容皝称王，建国号为燕，史称前燕[①]。

前燕二年（338年）正月，前燕王慕容皝联合后赵[②]天王石虎出兵攻打段部。段辽兵败逃入密云山（位于今北京市密云县南）。慕

---

[①] 十六国之一，都龙城，位于今辽宁省朝阳市。
[②] 十六国之一，都邺，位于今河北省临漳县西南。

容翰向北投奔鲜卑族宇文部(首府紫蒙川,位于今辽宁省朝阳市西北)。

宇文部首领宇文逸豆归见慕容翰才能非凡,对他产生忌妒和戒备。慕容翰恐怕被杀,便终日酗酒,以酒装疯。他有时披头散发,大声呼号;有时佯装乞丐,向人跪拜乞食;有时随地而卧,随处大小便。宇文部的人都认为慕容翰疯了,不再对他留意,任其到处流窜。慕容翰借机记下宇文部的山川地形。

后来,前燕王慕容皝意识到慕容翰当初并无叛乱之心,只是出于疑惧才出走,且离开之后还暗中维护燕,想把他接回来,便派遣商人王车以经商的名义,去宇文部窥探慕容翰的行踪。

王车到了宇文部,找到慕容翰,作自我介绍。慕容翰没有搭腔,只是捶胸点头示意。前燕王接到王车报告后,知道慕容翰意欲回国,为他特制一副弓箭,派王车去接他。慕容翰也想结束佯作癫狂的流浪生活,于前燕四年(340年)二月带着儿子逃回前燕。

前燕王以厚礼接待慕容翰,重新任命他为建威将军。慕容翰深受感动,对前燕王的疑惧渐渐消除,戒备之心不复存在。

前燕七年(343年)二月,宇文部丞相莫浅浑率兵攻打前燕。慕容翰奉命领兵迎击,将莫浅浑部众击败。

前燕八年(344年)正月,前燕王亲率大军攻打宇文部。慕容翰为前锋将军,率部斩杀宇文部名将涉夜干。宇文部兵众随之溃败,宇文部从此离散。慕容翰也在攻战中被流矢射伤。

慕容翰连打胜仗,使前燕王慕容皝反而感到惶恐不安。他认为慕容翰回国对他构成威胁,暗中盘算还是尽早把慕容翰除掉为好。对此,慕容翰丧失警惕,没有察觉。

慕容翰受伤后卧床休养。不久,他的伤口渐渐痊愈,时而在自家的场地上练习骑马。有人据此诬告他装病,私下练习骑射,图谋作乱。前燕王随即派人逼令慕容翰自杀。

慕容翰临刑前感慨万千,对前燕王派来执刑的使臣说:"早些

## 四、是非恩怨　遗恨悠悠

年,我怀疑会遭祸离国出奔,论罪当死。我不能把遗骸留在国外,所以回到本国。如今被处死,算是多枉活几年!上天可怜我,不让我在闹市受刑,我死也瞑目了。我个人没有什么遗恨,命中注定要遭受这一死难!我自不量力,常在内心发誓要平定中原,以成就先辈的遗志。我唯一遗憾的是,再也不能去实现这一宏愿了!"说罢,慕容翰仰天长叹,饮下毒酒自杀。

《晋书》卷一百九　慕容翰传

《通鉴纪事本末》卷十四　燕讨段辽

【简评】

清代学者王夫之认为:"慕容翰不安于国而出奔,则固以所寓者为所托矣。始依段氏,沮段氏之追慕容皝,而贻其害,犹曰惧宗国之亡也。段氏灭,宇文氏逸豆归恤而安之,乃既归于燕,即说皝以灭宇文。""逸豆归走死,宇文氏散亡,翰得全功以归,而皝急杀之,非徒皝之忍也,翰之挟诈阴密而示人以叵测,天下未有能容之者也"。(《读通鉴论》卷十三·康帝)

笔者认为,德才出众的人难免遭受排挤,其避难求生无可厚非。慕容翰并非不安于国而出奔,他受忌出走是明智的,其装疯系环境所迫。慕容翰一直留恋故土,后重返燕国,虽属糊涂,其爱国思想还是值得肯定的。

# 慕容垂被迫离国

慕容垂原名慕容霸,是前燕王慕容皝第五个儿子,聪明而有气度。慕容皝虽将其第二子慕容儁立为世子,对慕容霸却更为宠爱。由此,慕容霸受到慕容儁忌妒。

前燕十二年(348年)冬天,前燕王慕容皝去世,慕容儁即位为前燕王。慕容儁以慕容霸骑马摔掉牙齿,把他的名字改为慕容𡙇。"𡙇"即是"缺"。之后,他又去"夬",将其改名为垂。前燕元玺二年(353年),慕容儁称帝,为前燕景帝。将其妃可足浑氏立为皇后,封慕容垂为吴王。

慕容垂原配夫人段氏是鲜卑族段部首领段末波(又名段末杯)的大女儿,为慕容垂生下慕容令、慕容宝两个儿子。段夫人才华出众,秉性刚烈,自以为出身高贵,不肯恭敬侍奉可足浑皇后。可足浑皇后对段氏轻慢少礼怀恨在心。这样,两妯娌之间的矛盾亦十分尖锐。

光寿二年(358年),中常侍涅皓迎合前燕景帝心理,诬告段氏同吴王典书令(侍从官)高弼以木偶搞巫蛊邪术诅咒皇上,企图以此给慕容垂治罪。前燕景帝下令将段夫人和高弼逮捕入狱,分别交由大长秋(主管后宫事务的宦官)和廷尉审问。

段夫人入狱后坚持申辩,"志气确然,终无桡辞"。狱吏对她严刑拷打,打得她皮开肉绽。慕容垂不忍心让夫人再受皮肉之苦,派

## 四、是非恩怨　遗恨悠悠

人向她传话说:"人生都免不了一死,长时间遭受毒刑拷打怎么能吃得消?不如委屈认罪算了!"段夫人叹息道:"我也不想被他们活活打死啊!我没有做那种事,不能为了减轻皮肉之苦而诬蔑自己,那样,既对不起祖宗,亦会连累大王。我宁死也不会向他们低头!"不久,段夫人被害死在狱中。前燕景帝找不到慕容垂的过失,只好把他调任平州(治所位于今辽宁县辽阳市)刺史。慕容垂不忘段夫人的情意,随即续娶段氏的妹妹作为夫人。可足浑皇后强迫慕容垂将段氏之妹废黜,娶其妹长安君为妻。慕容垂为之苦闷,更引起可足浑皇后的憎恶。

之后,慕容垂出任征南将军、兖州(治所位于今山东省兖州市)牧、荆州(治所位于今河南省鲁山县)刺史。

建熙元年(360年),前燕景帝去世,时年十一岁的太子慕容暐继承帝位,为前燕幽帝,尊奉其母可足浑氏为皇太后,由太宰、录尚书事慕容恪(慕容皝第四子)辅政。

建熙八年(367年)五月,慕容恪病危。临终之前,他对前燕幽帝说:"吴王文武双全,担任将相的才能超过我十倍,只是因为年龄比我小,排在我的后面。我死后,希望陛下让吴王辅政,这样做,亲贤并举,国家才能安定。否则,秦国和晋朝①就会打我国的主意。"慕容恪还向太傅(名誉宰相)慕容评(慕容皝之弟)等人推荐吴王慕容垂,希望他们以国家利益为重,不要贪图名位而忘记外患。

可足浑太后对慕容垂一直疾恶如仇,她不准许幽帝采纳慕容恪的建议让慕容垂辅政。慕容恪去世后,可足浑太后要幽帝任命年仅八岁的慕容冲(慕容暐之弟)为大司马(主管军队),让慕容垂担任侍中,由她和慕容评掌揽朝政。

建熙十年(369年)四月,东晋大司马桓温率领五万名步骑兵攻打前燕。下邳王慕容厉、乐安王慕容臧先后奉命领兵迎战,均被

---

① 即东晋,前燕南面邻国,都建康,位于今江苏省南京市。

晋军击败。随后,晋军进抵枋头(位于今河南省浚县西南)。可足浑太后和慕容评惊慌失措,准备撤离邺都,逃往龙城。危急关头,慕容垂挺身而出,领八千名兵士反击晋军,斩杀桓温部众三万余人,将晋军击溃。

枋头大捷后,慕容垂声名大振,引起慕容评的忌妒。慕容垂报请给参战将士记功奖赏,慕容评一直压着不答复。为此,二人在朝廷上发生争论。慕容评对慕容垂更为忌恨。可足浑太后则极力诋毁慕容垂的战功。于是,慕容评与可足浑太后合谋,给慕容垂捏造罪名,企图将他处死。

慕容恪之子慕容楷和兰建(慕容垂之舅)获悉可足浑太后同慕容评这一阴谋后,当即报告慕容垂,并建议他先发制人除掉慕容评。慕容垂回答说:"我不忍心骨肉相残,更不忍心由于我而给国家造成祸乱。等看一看再说吧,真的无路可走,我只有选择死。"楷、建二人离开后,不一会又转身前来劝告慕容垂动手。慕容垂回答说:"实在没有办法,我宁愿避开他们到远方去。"

当年(369年)十一月,慕容垂以去大陆(即大陆泽,位于今河北省隆尧、巨鹿、任县三县交界地区)打猎为名,带领一支人马离开邺城,奔往龙城,准备在那里聚集力量以自保。慕容垂此举被其小儿子告发。幽帝当即派兵追赶。慕容垂只好乘着夜色又返回邺城,隐藏在后赵天王石虎的陵园里。慕容垂世子慕容令(亦记作慕容全)提议举兵袭击慕容评,以"安国存家"。慕容垂认为"不如西奔,可以万全"。在国内无法继续存身的情况下,慕容垂只好带着慕容令投奔前秦。

前秦王苻坚早想兼灭前燕。他之所以迟迟没有出兵攻燕,唯一惧怕的是慕容垂。枋头之战后,苻坚更为佩服慕容垂善于指挥打仗,更加不敢贸然向燕国出兵。当他听说慕容垂离开燕国前来投附,不禁又惊又喜,当即任命慕容垂为冠军将军。前秦丞相王猛亦忌妒慕容垂的才能,劝说前秦王将其处死,前秦王没有同意。之

## 四、是非恩怨　遗恨悠悠

后,王猛诈骗慕容令,使其返回前燕。

建熙十一年(370年)十一月,前秦王苻坚亲率十万名精兵攻入邺,灭亡前燕。慕容垂回到邺,得以同其妻儿重逢,相对悲伤不已。

《晋书》卷一百二十三　慕容垂载记
　　　　卷一百十一　慕容暐载记
《通鉴纪事本末》卷十五　苻秦灭燕

**【简评】**

慕容垂是前燕杰出的人才,在国内长期受忌妒排斥,皇太后和权臣甚至密谋将他处死,致其被迫逃奔前秦。他入秦后险些又遭王猛谗害。司马光评论说:"垂以材高功盛,无罪见疑,穷困归秦,未有异心,遽以猜忌杀之,是助燕为无道而塞来者之门也,如何其可哉! 故秦王坚礼之以收燕望。"(《资治通鉴》卷一百二·晋纪二十四)慕容垂身在前秦,心在故土。后来,苻坚率部攻打东晋失败,慕容垂乘机率部北返,重建燕国,史称后燕。

# 侯安都向帝邀功

　　侯安都原为梁始信郡（治所位于今广东省韶关市东南）主簿（主管文秘）。梁太清二年（548年）冬天，他招募三千名兵士跟随始兴太守陈霸先讨伐侯景叛乱[①]。侯景之乱平息后，侯安都协助陈霸先攻杀控制朝政的录尚书事王僧辩，为陈霸先夺占宰相之位立下汗马功劳，于是他被提任为南徐州（治所京口，位于今江苏省镇江市）刺史、都督南徐州诸军事（军事统帅）。

　　太平二年（557年）十月，陈霸先废黜梁敬帝萧方智，灭梁建陈，即位为陈武帝。侯安都受任丹阳尹、都督南豫州（治所位于今安徽省当涂县）诸军事。

　　陈永定三年（559年）六月，陈武帝病逝。陈武帝身边没有儿子，遗诏让临川王陈蒨（陈武帝之侄）继位。陈蒨谦让不敢就位，武

---

[①] 侯景原为东魏（都邺城，位于今河北省临漳县西南）大将军。梁太清元年（547年），侯景投奔梁朝。太清二年（548年）八月，侯景在寿阳（位于今安徽省寿县西）起兵反叛朝廷。十月，侯景领叛军攻入建康。

## 四、是非恩怨　遗恨悠悠

帝章皇后则以衡阳王陈昌①不久将回到京都而不肯发布让临川王继位的诏令,群臣为之惶恐不安。这时候,侯安都站出来大声疾呼说:"如今四方尚未平定,哪有时间考虑那么远?临川王对国家有功,应当共同拥立他。今天就这样定了,谁不赞成就处以斩首!"于是,侯安都请章皇后交出皇帝玉玺,扶立临川王陈蒨即位为陈文帝。陈文帝任命侯安都为司空(名誉宰相)、都督南徐州诸军事。

不久,王琳兵败,衡阳王陈昌从安陆启程回京。他写信给陈文帝,话说得很不客气。陈文帝看完信后极为扫兴,召见侯安都,坦然地对他说:"先帝的太子快要回来了,我想把帝位让给他,只想到京都以外某个地方住下来,终此一生。"侯安都回答说:"自古以来,哪有自动让位的天子?我不敢同意陛下意见。"之后,侯安都主动请求去迎接陈昌,将陈昌害死在汉水渡船上。侯安都以功受封清远郡公。接着,侯安都领军平息原东阳(治所位于今浙江省金华市)太守留异等人的叛乱。陈文帝特批为侯安都立碑,颂扬他的功绩。从此,侯安都在朝廷享有盛名。

在功劳和荣誉面前,侯安都开始骄矜放纵。他经常召集文人武士,骑马射箭,吟诗作文,人数多达千人。他纵容部下胡作非为,一些违法受到追究的人,纷纷投奔他的门下寻求保护。

侯安都自以为"功安社稷",对待陈文帝也日益傲慢无礼。他同陈文帝在一起饮酒不拘礼节,有时伸开双腿仰靠在陈文帝身上。一次,宫中举行宴会,侯安都向陈文帝问道:"和你当临川王时相比

---

① 陈武帝第六子,其母不详,陈霸先平息侯景叛乱后,曾将他立为世子。梁承圣三年(554年),陈昌在荆州(位于今湖北省荆州市)被西魏(都长安,位于今陕西省西安市)军队俘虏至北方。宇文氏灭西魏建北周后,将陈昌继续扣留。陈武帝曾派人多次与北周交涉,请将陈昌放还,北周一直没有给陈昌放行。陈武帝去世后,北周将陈昌放回。途中,陈昌被原梁朝将领王琳阻拦,滞留安陆(位于今湖北省安陆市)。

怎么样？"陈文帝开始没有答理，侯安都再三追问，他只好回答："虽说是天命，那也是你出的力啊！"陈文帝话虽这么说，心里却很不高兴。第二天，侯安都坐在皇帝的御座上，让宾客坐在群臣的位子上，为他举杯祝寿。对此，陈文帝极为憎恶，起意欲将侯安都除掉。

天嘉三年（562年）冬天，中书舍人蔡景历迎合陈文帝旨意，诬告侯安都谋反。陈文帝担心派兵攻打难以战胜侯安都，便暗中策划寻找时机对他动手。

天嘉四年（563年）春天，陈文帝任命侯安都为征南大将军、江州（治所位于今江西省九江市）刺史。六月，侯安都奉命率领部将离开京口赴任，癸巳日路过京都。陈文帝在嘉德殿设宴招待侯安都，在尚书朝堂设宴招待他的部将。席间，陈文帝下令将侯安都逮捕。接着，陈文帝公布蔡景历诬告侯安都谋反的奏书，发布诏书称侯安都"志唯矜己，气在陵上"，以"密怀异图"、"将行不轨"的罪名，下令将侯安都处死。

《陈书》卷一、卷二 陈高祖本纪

卷三 世祖本纪

卷八 侯安都传

卷十四 衡阳献王陈昌传

【简评】

　　侯安都在关键时刻极力支持陈蒨即位为陈文帝，之后又为他除掉与之争位的陈昌，对陈文帝可谓忠心耿耿。陈文帝没有重用侯安都，侯安都亦没有怨言。他的过失只是居功骄傲，对陈文帝礼仪不恭而已。陈文帝听信谗言，竟将侯安都诱杀，足见其忘恩负义，冷酷无情。

四、是非恩怨　遗恨悠悠

# 虞庆则红颜祸水

隋开皇十七年（597年）七月，桂州（治所位于今广西区桂林市）李贤（《资治通鉴》记为李世贤）等人造反。隋文帝召集群臣商量对策，准备派军队去平叛。在座有两三个将军主动请求率军出征，隋文帝都没有点头同意。他转身把目光停留在右武候大将军（侍从皇帝出行的警卫军将领）虞庆则身上，朝他问道："你位居宰相①，享受一等俸禄，国家出了贼寇，为什么无动于衷？"虞庆则听出文帝话音中对他不满，心中十分恐惧，连忙请求出征。于是，隋文帝任命虞庆则为桂州道行军总管、赵什柱（虞庆则妻弟）为随府长史（前线指挥部事务长官）。

赵什柱与虞庆则的爱妾早有奸情。虞庆则没有发觉，对赵什柱信赖无疑。赵什柱却害怕奸情暴露会受到惩罚，处心积虑想把虞庆则除掉，以便完全占有他的爱妾。

临行之前，赵什柱对外散布说："虞庆则对这次出征心里很不情愿。"此话传到隋文帝耳边，隋文帝大为不快，特意对虞庆则取消大臣出征前亲自为之饯行的礼遇。虞庆则向隋文帝辞行时，隋文帝表情冷淡，没有笑容。虞庆则出征上路"怏怏不得志"。

当年九月，虞庆则率部平息李贤叛乱，回师暂驻潭州临桂镇

---

① 虞庆则曾任尚书右仆射。

(位于今广西区临桂县)休整。他游览当地山川风物,感叹道:"这里真是个险固的地方!如果有良将把守,加之有充足的粮食,是难以攻破的。"虞庆则这番议论本是随口而发,并无什么不良图谋,在场的赵什柱却把它记在心里,当作诋毁虞庆则的话柄。

虞庆则揣摩不透隋文帝对他此次平叛结果满意不满意,利用部队休整之机,派赵什柱先回京都长安奏报平叛情况,顺便观察隋文帝的态度。虞庆则万万没有想到,赵什柱原来是存心要把他置于死地的情敌。赵什柱回京后,把虞庆则观察临桂山川时说的话奏告隋文帝,诬称他要谋反。隋文帝随即传令虞庆则将部队撤回。虞庆则回京后,隋文帝下令将他逮捕,并于当年十二月将他处死,同时将赵什柱提为柱国(二品武官衔)。

《隋书》卷四十 虞庆则传

## 【简评】

虞庆则之死,直接原因由其妾奸夫诬告,深层次原因则是隋文帝忌杀功臣。当时无罪被杀的还有凉州(治所位于今甘肃省武威市)总管王世积、原右卫大将军元胄等多人。《隋书》作者魏征指出:隋文帝"天性沉猜,素无学术,好为小数,不达大体,故忠臣义士莫得尽心竭辞。其草创元勋及有功诸将,诛夷罪退,罕有存者"。(《隋书》卷二·高祖纪下)

四、是非恩怨　遗恨悠悠

# 李浑贪纵食言

李浑字金才,是隋申国公李穆第十个儿子。他以军功经多次提拔,升为左武卫将军(警卫部队将领)、领太子宗卫率(主管太子警卫)。

李穆去世后,其在成安县(位于今河北省成安县)的三千户食邑由其已故长子李惇之子李筠袭封。李浑对李筠袭封后守财吝啬十分气愤,暗下指使李善衡(李浑之侄)收买刺客将李筠杀死,又诬陷凶手是与李筠不和的李瞿昙(李浑之侄)。李瞿昙作为替罪羊被斩后,李浑策划的这起谋杀案草草了结。

隋仁寿四年(604年),隋文帝要大臣讨论李筠的爵位由谁承袭为宜。李浑想得到这一封爵,便找到其妻兄太子左卫率(主管太子警卫)宇文述,请宇文述通过太子杨广向隋文帝提议由他袭封。李浑许诺宇文述,事成后每年将封地税收的一半奉献给他。宇文述曾参与陷害前太子杨勇(杨广之兄),为杨广取代太子位出过力,受到太子杨广的信赖。他听说每年能得到李浑所求封地收入的一半,动了心,便向太子杨广陈述李浑"有勋于国"、"非此人无可以袭封"。太子杨广奏报隋文帝,于是,李浑袭封为申国公,后改称郕国公。

李浑袭封后日益奢侈,家中妻妾婢女数以百计。两年后,他背弃当初的诺言,不再把封邑的收入分给宇文述。对此,宇文述十分怨恨。一次，宇文述喝醉了酒，对其酒友说："金才居然卖弄我，到死我都不会忘记！"不久，宇文述这句话传到李浑耳边，两人从此结怨。后来，宇文述任左卫大将军（主管警卫部队），李浑任右骁卫大将军（警卫部队将领），两人虽在一起共事，面和心不和。

大业十一年（615年），术士安伽陀自称精通图谶，向隋炀帝奏称有个姓李的人将要成为天子，建议防范天下姓李的人。宇文述获知安伽陀的奏报后，认为报复李浑的机会来了，随即向隋炀帝诬告说："安伽陀说的事确有征兆。我与金才是多年的亲戚，觉察他怀有异志。他常同李敏（李浑之侄，时任将作监，主管宫中土木建筑）、李善衡等人关门密谈，直到深夜。李浑身为负责警卫的大臣，不应该这样做，请陛下对他多加考察防备。"隋炀帝点头称是。

当年五月某日，宇文述指使武贲郎将（警卫部队副将领）裴仁基上书诬告李浑谋反。当天，隋炀帝指令宇文述率领千名卫兵封锁李浑的住宅，将李浑抓捕入狱，令左丞（宰相府事务长官）元文都、御史大夫裴蕴共同审理李浑谋反案。办案人员查了一段时间以后，元、裴二人奏报没有查出李浑谋反的事实证据。隋炀帝不肯放过此案，改令宇文述负责进一步深查。

宇文述把涉案入狱的李敏之妻宇文娥英传唤出来，对她说："你是皇上的外甥女，还怕找不到好丈夫！李敏和金才的所做所为应验图谶的预言，死定了，无可挽救。夫人应当保全自己，如果你能揭发他们，便不会被牵连获罪。"宇文娥英听信宇文述的话，问他该怎么办。宇文述递给她纸和笔，要她记下他的话。于是，宇文述口述，宇文娥英记录，编造一篇揭发李浑约李敏起兵谋反的材料，密封后报给隋炀帝。隋炀帝看到这份假材料大为吃惊，对宇文述感激涕零，随即下令将李浑、李敏及其家族共三十二人处死。

《隋书》卷三十七 李穆传、李浑传、李敏传

卷四 炀帝纪下

《周书》卷九 宣帝杨皇后传

## 四、是非恩怨　遗恨悠悠

【简评】

　　李浑人品低劣,谋财害命,但并未谋反。他受诬被杀在于贪财纵欲,而贪纵使其言而失信,与宇文述结怨。同时,宇文述制造伪证的手段亦十分卑劣。

# 刘文静心态失衡

刘文静任隋晋阳（治所位于今山西省太原市）县令时，裴寂为晋阳宫监（主管隋炀帝晋阳行宫事务），两人经常交往，并结为朋友。一天夜里，刘、裴二人住在一起，裴寂看见城楼上燃起烽火，不由得仰天长叹道："眼下，我的地位太卑贱了！家里又很穷。生当乱世，怎样才能出头啊！"刘文静笑着安慰裴寂说："天下既然已经动乱，形势发展可想而知。你我二人只要互相帮助，怎么会永远像今天这样卑贱呢！"

当时，北方各地的民众不堪忍受隋朝苛政的压迫，纷纷聚集在一起举行暴动。隋炀帝逗留江都（位于今江苏省扬州市），不敢返回都城长安。

刘文静暗中对太原（治所晋阳）留守李渊进行观察，发觉他怀有"四方之志"，其第二子李世民气度不凡，便主动向李渊父子靠拢。裴寂却不以为然。

此间，刘文静与农民军首领李密联姻。为此，隋炀帝传令李渊将刘文静逮捕入狱。李世民认为刘文静是可以与之图谋大事的人，便去狱中探望他。刘文静对李世民非常感激，和他谈起天下局势，建议他领兵入关，乘虚占领长安。李世民笑着说："你说的正合我的心意。"

之后，刘文静又说通裴寂，介绍他结交李世民。裴寂由此同李

## 四、是非恩怨 遗恨悠悠

渊交往密切,两人常在一起下棋饮酒。裴寂又私下将宫女送给李渊玩乐,交情超过一般。

隋大业十三年(617年)五月,经刘文静、裴寂和李世民共同劝说,李渊同意起兵。为了扫除障碍,刘文静与李世民设计斩杀太原副留守王威、高君雅。

李渊起兵后设立大将军府,任命刘文静为军司马、裴寂为长史。刘文静建议李渊联合突厥①以壮大军威,并亲自出使突厥,借来两千名骑兵、一千匹骏马。接着,刘文静随同李渊率部向长安进军,领兵击败镇守潼关(位于今陕西省潼关县东北)的骁卫大将军屈突通及其部众,占领新安(位于今河南省新安县)以西的土地。此间,裴寂向李渊进献五百个宫女,深受李渊信赖。

隋义宁二年(618年)五月,隋恭帝②退位,李渊灭隋建唐称帝,为唐高祖。唐高祖任命刘文静为纳言(侍奉皇帝的主官)、裴寂为尚书右仆射。此后,唐高祖委托刘文静主持修改隋朝法律,又令他随秦王李世民率军攻灭在天水(位于今甘肃省天水市)称帝的薛举部众。刘文静以功被任命为民部尚书(朝廷主管户籍财政的部门长官)、领陕东道(位于今河南省陕县以东地区)行台左仆射。

刘文静自以为才能在裴寂之上,又屡建战功,而地位却居于裴寂之下,"意甚不平"。两人由此失和。每当上朝议事时,刘文静有意与裴寂针锋相对,每议一事,裴寂说是,刘文静总是说非。日久天长,两人积怨愈来愈深。

唐武德二年(619年),有一天,刘文静与其弟通直散骑常侍

---

① 隋北方邻国,可汗(国王)庭位于今蒙古国杭爱山东段。
② 即杨侑,隋炀帝已故太子杨昭之子。隋大业十三年(617年)十一月,太原留守李渊率兵攻入长安,立代王杨侑为恭帝,遥尊时在江都的隋炀帝为太上皇。义宁二年(618年)五月,隋恭帝听说太上皇在江都被杀,让位于李渊。

（侍从皇帝的官员）刘文起在家中饮酒。酒饮到足量后，刘文静口出怨言，朝柱子上砍了一刀说："我一定要把裴寂杀掉！"刘文静如此举动被他的一个妾看在眼里，该妾因为失宠对刘文静怨恨在心。她把刘文静酒后的怨言告诉其哥哥，其兄奏告唐高祖。

唐高祖听说后十分恼火，下令将刘文静看管起来，派裴寂和内史令（主管拟草和发布诏书）肖瑀负责调查此事。刘文静毫不掩饰心中的不平，直截了当地对肖瑀等人说："当初高祖举兵时，我为司马，裴寂为长史，彼此地位大体相同；如今，裴寂为仆射，位居群臣之上，而我得到的官职和赏赐却没有超过众人的地方。回想当年，我率军东征西讨，一家老小无以寄托，如今实在感到失望，偶尔醉酒口出怨言。今后，我亦不能保证不犯这个毛病。"

唐高祖据此对大臣说："刘文静说这种话，反叛之心是明明白白的了！"肖瑀等人极力为刘文静申辩，说他并无反叛之心。秦王李世民亦为刘文静说情，称谋事之初，刘文静参与决策，尔后才告诉裴寂，刘文静只是对职务低于裴寂有怨言，没有谋反。裴寂却决意要把刘文静置于死地。他一口咬定刘文静反叛的言行已经十分明显，认为如今天下尚未完全平定，如果宽赦刘文静将会留下后患。唐高祖竟听信裴寂之言，随即下令将刘文静、刘文起兄弟处死，并抄没他们的家产。

刘文静临刑前压抑不住心中的愤慨，抚摸着自己的胸口长叹道："飞鸟尽，良弓藏，此话一点不假啊！"

《旧唐书》卷五十七 刘文静传<br>裴寂传

## 【简评】

《新唐书》作者欧阳修、宋祁认为："文静数履军陷阵，以才自进，而寂专用串昵显。"（《新唐书》卷八十八）

### 四、是非恩怨　遗恨悠悠

　　《旧唐书》作者刘昫认为:"文静奋纵横之略,立缔构之功,罔思宠辱之机,过为轻躁之行,未及封而祸也,惜哉。"(《旧唐书》卷五十七)

# 杨炎私怨必报

## 理财卓有成效

唐大历十四年(779年)五月,唐代宗李豫去世,太子李适继位为唐德宗。当时,原吏部侍郎(朝廷主管官吏任免的部门副长官)杨炎仍在贬所道州(治所位于今湖南省道县西)任司马。李适一直赏识杨炎的文才,他曾得到杨炎撰写并手书的《李楷洛碑文》,将它悬挂在墙上不时浏览。当年八月,经宰相崔祐甫推荐,唐德宗破格提任杨炎为门下侍郎、同中书门下平章事(宰相)。

杨炎入居相位后面临的突出问题是财税制度混乱,国库入不敷出。本来,左藏库(国家金库)和大盈内库(皇帝私库)是分开设置的。第五琦为度支、盐铁使(主管财政收支及盐铁税务)时,京都将帅权贵"求取无节",第五琦控制不了,便将税收全部纳入大盈内库。这种"天下公赋,为人君私藏,有司不得窥其多少,国用不能计其赢缩"的体制已经实行二十年之久。另一方面,由于唐玄宗在位

## 四、是非恩怨 遗恨悠悠

期间放宽户籍田亩管制,加之经过安史之乱①破坏,人丁死亡名籍混乱,田亩易主户额悬殊,唐开国之初建立在均田制②基础上的租庸调制③,已失去继续推行的现实基础。安史之乱后,军费开支增大,朝廷设立各自独立的四个税收机构,政出多门,各种税收的名目多达几百个,百姓不堪盘剥,大多离乡外流,以逃避苛捐杂税。

为了摆脱财政困境,杨炎决意进行财政税收体制改革。他主张国家金库和皇帝私库分开,财政收入统归国库,每年从国库中拨出一定数量入皇帝私库,供皇帝开销;废除租庸调制,推行两税法,即按照人丁实际居住地、以其资产多少确定纳税金额,分夏、秋两次征收。杨炎的上述意见经唐德宗批准后付诸实施,缓解了国家财政危机,减轻了中下层民众的负担,"救时之弊,颇有嘉声"。

## 为官恩怨必报

杨炎虽然理财有方,政绩显著,但他心胸狭隘,对个人恩怨耿耿于怀,特别是对于反对过他的人,总是想方设法加以打击报复,"唯其爱憎,不顾公道"。

杨炎知恩必感。当年,杨炎被贬到道州后,道州录事参军(主

---

① 唐天宝十四载(755年),范阳(治所位于今北京市西南部)等三镇节度使安禄山发动叛乱,于次年率兵攻入京都,唐玄宗逃入蜀(位于今四川省)。安禄山死后,其部将史思明继续叛乱。叛乱历时七年多,至宝应二年(763年)被平息。

② 均田制规定,每一男丁授田百亩,其中永业田二十亩,口分田八十亩;永业田可传子孙,口分田在分田者病故后退还国家。

③ 租庸调制规定,每丁每年向国家交粮二石为租,交绢二丈、布二丈四尺为调,服役二十日(可以绢、布抵役)为庸。

管州府文秘及事务)王沼曾给过他一些帮助。杨炎当政后便推举王沼为御史。

杨炎没有忘记,他由中书舍人提升为吏部侍郎是已故宰相元载推荐的。为了报答元载之恩,杨炎有意恢复元载为相时某些治政措施。元载曾奏请修建原州城(位于今甘肃省灵台县西南),以此作为抵御西番(即吐蕃,位于今西藏地区)军队东犯的要冲。此事后因元载罢相没有施行。建中二年(781年)二月,杨炎下令再建原州城。泾原(治所泾州,位于今甘肃省泾川县北)节度使段秀实提议稍缓实施,待农闲时动工。杨炎大为恼火,将段秀实调任司农卿(主管农业、粮储及宫廷膳食供应)。泾州裨将(副将)刘文喜请求让段秀实继续担任泾原主帅遭到朝廷否决后,闭城抗命,拒绝派遣兵士修建原州城。杨炎令邠宁(治所位于今陕西省彬县)别驾(节度使属官)李怀光等领兵攻打刘文喜,致使泾州别将(职位低于副将军的武官)刘海宾将刘文喜杀死。

杨炎怀怨必报。他在担任河西(治所位于今甘肃省武威市)节度使府掌书记(主管文秘)期间,曾被神乌县(治所位于今甘肃省武威市)令李大简(《新唐书》记作李太简)醉酒后侮辱过。此后,李大简奉调节度使府任职。杨炎以迎接李大简为名,率领左右亲兵将他痛打一顿。李大简血流满地,差一点被打死。

京兆尹严郢不肯依附杨炎,引起杨炎恼恨。杨炎指使御史张著弹劾严郢私自征集民工修渠,致使严郢受审,改任御史中丞。杨炎知道原御史中丞源休与严郢素有积怨,将流放岳州(位于今湖南省岳阳市)的源休起任为京兆尹,密令源休搜集严郢的过错。源休到任后却与严郢友好相处,杨炎极为恼火,不久派遣源休出使回纥①。源休在回纥差一点遇害。接着,杨炎又以"度田不实"之名,将严郢改任大理卿(最高审判机关长官)。

---

① 唐北方邻国,牙帐建于乌德鞬山(位于今蒙古国哈拉和林西北)。

## 四、是非恩怨 遗恨悠悠

当初,唐代宗以元载专权、贪赃下令将其收捕,令吏部尚书刘晏负责审讯元载。元载因罪被杀,杨炎受牵贬至道州。由此,杨炎对刘晏深怀仇恨。杨炎升任宰相时,刘晏为尚书左仆射。杨炎得势后即以流言诬告刘晏曾奏请代宗立其宠妃独孤氏为皇后,"摇动社稷",以此获准罢免刘晏兼任的东都(位于今河南省洛阳市)等地租庸、青苗、盐铁使的职务。接着,杨炎奏准将刘晏贬为忠州(治所位于今四川省忠县)刺史。

随后,杨炎将与刘晏素有积怨的司农卿庾准调任荆南(治所位于今湖北省荆州市)节度使,让他监管刘晏。庾准到任后诬告刘晏在忠州谋反,致使刘晏含冤被杀。

## 建祠触犯皇帝

刘晏被害后,"朝野为之侧目"。平卢(治所位于今辽宁省朝阳市)节度使李正已上书请求追查杀害刘晏的罪责。杨炎大为恐慌,派其亲信去各地游说,以平息舆论,并散布流言称:"刘晏曾谋立独孤妃为皇后,皇上憎恶这件事,除此没有别的罪过。"

唐德宗听说杨炎指使人把杀害刘晏的责任往他头上推,十分恼火,决意借事将杨炎处死。为了削减杨炎的权力,唐德宗任命御史中丞卢杞为门下侍郎、平章事,将杨炎改任中书侍郎、平章事,让二人共同执政。

杨炎看不起卢杞,借口有病,不愿与他同桌吃饭、同房午休。卢杞很为恼火。杨、卢二人在议事时经常发生争执,矛盾很快激化。不久,唐德宗要群臣推荐可以担当重要职务的人选,卢杞推荐张镒、严郢,杨炎推荐崔昭、赵惠伯。唐德宗以杨炎举贤不慎而改任他为左仆射。

卢杞知道严郢对杨炎怀恨在心，提请任命严郢为御史大夫，并让他负责查处杨炎儿子杨弘业受贿案。

杨炎在东都洛阳建有私宅，曾委托河南尹赵惠伯帮他卖给官府，以卖房钱建盖祠堂。卢杞派人调查这件事，尚未查结，又听说杨炎选择在曲江（即曲江池，位于今陕西省西安市东南）以南唐玄宗故居附近兴建祠堂。卢杞向德宗奏称："玄宗住过的那块地方有帝王之气，杨炎特意选在那个地方建祠堂，心中必有异谋。"唐德宗极为忌恨，随即下令将杨炎逮捕。

当年（781年）十月，唐德宗发布诏令，以"党援因依，动涉情故。堕法败度，罔上行私"、"纵恣诈欺，以成赃贿"的罪名，将杨炎贬为崖州（治所位于今海南省琼山市东南）司马同正（司马为州府属官、同正为增设一职位）。杨炎行至离贬所还有一百里的地方，唐德宗派人将他处死。

《旧唐书》卷一百一十八　杨炎传

元载传

卷一百二十三　刘晏传

《新唐书》卷一百四十五　杨炎传

严郢传


## 【简评】

清代学者王夫之认为："两税之法，乃取暂时法外之法，收入于法之中。""吏不能日进猾胥豪民而踪指之，猾胥豪民不能日取下户朴民而苛责之，膏血耗而梦寐粗安，故民亦甚便也"。（《读通鉴论》卷二十四·德宗）

《新唐书》作者欧阳修、宋祁记称："初，炎矫饬志节，颇得名。既傅会元载抵罪，俄而得政，然忮害根中，不能自止。眦睚必雠，果于用私，终以此及祸。自道州还也，家人以绿袍木简弃之，炎止曰：

### 四、是非恩怨　遗恨悠悠

'吾岭上一逐吏,超登上台,可常哉?且有非常之福,必有非常之祸,安可弃是乎?'"杨炎"殂命于道,盖自取之也。夫奸人多才,未始不为患"。(《新唐书》卷一百四十五)

# 李严自请监军

后唐①同光三年(925年)夏天,后唐庄宗李存勖准备出兵攻打前蜀②,派客省使(主管四方进贡)李严出使前蜀刺探情况。李严会见前蜀枢密使(主管军事)宋光嗣时,极力宣扬后唐军威,称"顺则涵之以恩泽,逆则问之以干戈"。前蜀王王衍及众臣为之惶恐不安。

九月,后唐庄宗命枢密使郭崇韬率军攻蜀。李严受任三川(剑南西川、剑南东川及山南西道合称三川)招抚使(主管讨伐安抚),率领五千兵马为前锋,"所过州县皆迎降"。十一月,郭崇韬领军进逼成都,迫令前蜀王王衍投降。王衍提出要见李严。将领们担心王衍痛恨李严,劝他不要去,李严却欣然前往。王衍见到李严后,把他的母亲和妻子托付给李严,请他保证她们安全,当天即投降后唐。郭崇韬平蜀不久受宦官诬陷被杀。

此后,后唐庄宗亦在内乱中被杀,中书令李嗣源即位为后唐明宗。枢密使安重诲察觉成都尹、西川节度使孟知祥增兵备粮颇有异志,担心任其发展朝廷会失去对蜀地的控制,想采取措施对孟知祥加以限制。

---

① 都洛阳,位于今河南省洛阳市。
② 都成都,位于今四川省成都市。

## 四、是非恩怨　遗恨悠悠

李严时任泗州（治所位于今江苏省宿迁市东南）防御使。他获悉安重诲这一意图后，请求出任西川监军。当初，李严和孟知祥曾在朝廷共事，李严为客省使，孟知祥为中门使（军事将领）。李严因事触怒后唐庄宗被处以死刑。孟知祥劝谏后唐庄宗说："李严犯的是小过失，君王不能因一时之怒杀人，这样会失去众人的拥护。"后唐庄宗接受孟知祥的意见，下令打了李严二十大板，将他释放。李严以为同孟知祥交情不错，自信入蜀后能说服或者监控孟知祥。于是，后唐明宗任命李严为西川兵马都监。

李严的母亲对李严再次去蜀地很为忧虑。临行前，母亲对他说："你上次去蜀地，为国家出谋划策灭亡了蜀国，今天再次去蜀地，恐怕会以死报答蜀地民众，说不定我们母子从此就见不到面了！"李严安慰母亲说："不会的，请您老人家放心！"

孟知祥获悉朝廷派李严来监督他的军务，十分痛恶。有人建议他奏请皇帝不要派李严来，孟知祥回答说："这没有必要，我自有对付他的办法。"

天成二年（927年）正月，李严抵达成都郊外，派人进城去通知孟知祥。孟知祥仗恃对李严有救命之恩，让将士身穿铠甲迎接他，企图把他吓回去。对此，李严没有介意。孟知祥虽然对李严的到来非常反感，表面上却待之以厚礼，李严越发感到自信。

没过两天，李严去孟知祥那儿议事。孟知祥对他说："你以前奉命使蜀，王衍以礼接待你，你回去却向庄宗献策灭了蜀国。如今，你又来到蜀地，蜀地人害怕你啊！再说，天下各道都废除监军这一职务，唯独派你来监督我的军务，这是为什么？"

李严听孟知祥这么说害怕了，连忙请求他给予谅解。孟知祥说："将士们听说你来监军都非常愤怒，不把你杀掉，消不了他们这口气。"孟知祥不容李严辩说，下令将他杀死。

事后，孟知祥诬告李严假传圣旨来取代他西川节度使职务，为其杀死李严开脱罪责。应顺元年（934年），孟知祥脱离后唐称帝，建国号蜀,史称后蜀。

《旧五代史》卷七十 李严传

《新五代史》卷二十六 李严传

《通鉴纪事本末》卷四十一 孟知祥据蜀

**【简评】**

  李严使蜀时"蜀之君臣皆庸暗",他凭借后唐军威取得成功。孟知祥欲据蜀叛离朝廷,李严自请赴蜀监军系蹈入祸患之地。孟知祥对李严虽然关爱且有救命之恩,那亦是当年之事。李严出面监军,其立场与孟知祥转为对立。他的失误在于不识时变。

四、是非恩怨　遗恨悠悠

# 耶律余睹落魄异邦

辽副都统(某方面军副统帅)耶律余睹的妻子,是辽天祚帝文妃的妹妹;枢密使萧奉先的妹妹,是天祚帝元妃。文妃所生的皇子敖鲁斡被封为晋王,元妃所生的皇子被封为秦王。晋王在诸王中最为贤能,深孚众望,而萧奉先却一心想要秦王日后继承皇位。他担心耶律余睹将拥立晋王,对耶律余睹十分忌妒,暗中设计想把他除掉。

辽保大元年(1121年)正月,文妃的姐姐(耶律挞葛里之妻)在军营里会见其妹耶律余睹之妻。萧奉先借这件事指使其亲信诬告耶律余睹和驸马肖昱、耶律挞葛里谋立晋王为帝,欲尊天祚帝为太上皇。天祚帝信以为真,下令将萧昱及耶律挞葛里夫妇处死,同时以知情不报的罪名逼令文妃自尽。

耶律余睹闻讯生怕受到牵连被杀,随即率领妻子儿女及千余名兵士逃奔女直①。当时,天下大雨,道路泥泞难行。天祚帝派宰相萧德恭等人率兵追捕耶律余睹,在闾山(位于今辽宁省北宁市境内)附近将其追上。肖德恭和诸将商议,认为萧奉先仗恃其妹受到天祚帝宠爱而滥用职权,耶律余睹系受其诬陷,决定放他逃走,以没有追上回报天祚帝。耶律余睹等人得以逃脱。

---

① 即女真族所建金国,都会宁府,位于今黑龙江省阿城市南。

保大二年（1122年）正月，天祚帝出游鸳鸯泺（位于今河北省张北县西北安固里淖）。耶律余睹突然带领金兵攻打过来。萧奉先诡称耶律余睹此举是要立晋王为帝，皇上如能把晋王除掉，他自然会退兵。于是，天祚帝下令处死晋王敖鲁斡。

　　晋王被杀后，耶律余睹不仅没有撤退，反而引导金军逼近天祚帝行宫，天祚帝率领卫兵逃往云中（位于今山西省大同市）。金军乘胜追击，天祚帝大为惊惧，率领卫兵逃入夹山（位于今内蒙古武川县西南阴山）。这时，他才识破萧奉先乱政误国的真相，下令将他驱逐。保大五年（1125年），辽被金军攻灭。

　　后来，耶律余睹在金国被任命为监军（职位低于副都统的军官）。由于长时间没有得到信用，他心理不能平衡。金天会十年（1132年），耶律余睹借外出游猎之机，率众逃奔西夏①。西夏官员询问耶律余睹带来多少兵士，他回答带来二三百人。西夏官员没有接纳他。耶律余睹感到无路可走，在忧愤中死去。

《辽史》卷二十九 天祚皇帝本纪三<br>卷一百二 耶律余睹传<br>萧奉先传<br>《辽史纪事本末》卷三十五 耶律余睹之叛

【简评】

　　耶律余睹虽是受陷被迫出逃，但他与慕容翰（见本题所记《慕容翰逃而复归》）不同，他出逃后叛国，给故国带来灾难。后来，耶律余睹在金国不得志，投奔西夏被拒绝。叛国投敌的人下场该当如此。

---

①　国名，都兴庆府，位于今宁夏区银川市。

四、是非恩怨 遗恨悠悠

# 卢世荣抑富济贫招怨

卢世荣是元大名（位于今河北省大名县东北）人，早年通过贿赂左丞相阿合马，得以出任江西（即江西行省，治所位于今江西省南昌市）榷茶运使（主管茶叶产销税收）。后来，卢世荣因犯有贪赃罪被解除职务。

## 卢世荣理财重在抑富济贫

元世祖至元二十一年（1284年）冬天，元世祖忽必烈意欲推行"裕国足民"之策，但感到缺少理财人才。总制院使（主管佛教及吐蕃藏族事务）桑哥推荐卢世荣有理财富国的才能。元世祖召卢世荣与群臣答辩，经过当众考察认可，任命卢世荣为中书右丞（副丞相），让他主管财政。

卢世荣上任后即着手整顿市场秩序，他建议发行绫制币券，与钱钞同时流通；解除金银买卖、竹货贸易及捕渔等禁令；调拨库存食盐，平抑盐价。元世祖认为卢世荣这些意见可行，批准实施。

接着，卢世荣针对京都富户酿酒私卖味薄价高，且不能及时纳税等情况，提出禁止民间酿酒私卖，改由官府专卖。他又上书建言禁止富豪私人炼铁,将炼铁业收为官办,国家以所得利益调节盐、粮价格,同时令各地库藏物资以低息贷给贫民,以平抑物价,减轻民众负担。此外,卢世荣还建议官办牧场,挑选蒙古人放牧,养马以充军备,养羊以赏赐有功将士。卢世荣奏称:按照他的这些筹划,只要坚持裁抑权势富户所侵夺的财富,无须增加民众负担,每年即可为朝廷增加三百万锭白银的税收。

至元二十二年(1285年)二月,卢世荣奏请立规措所,统一管理各地官钱和谷物贸易。接着,他又向元世祖提出革除民间杂税、鼓励流民安居复业、规定百官考课升擢等九条建议。元世祖诏告天下施行。

## 卢世荣排斥不同意见心怀忧虑

卢世荣实施经济改革,虽有元世祖大力支持,仍然阻力重重,步履维艰。他就职不到十天,御史中丞崔彧便提出卢世荣不适宜担任丞相。元世祖大为恼火,下令将崔彧罢官。

元世祖认为卢世荣制定的理财措施很好,应当尽快推行。卢世荣奏称:"臣提出这些国策,多为权势怨恨,我担心会受到某些人诋毁。"元世祖对卢世荣说:"为国家办事,想要人们不说三道四,哪有可能?你用不着担心,我全力支持你。至于日常饮食起居,你自己要提高警惕,门卫也需要加强。"之后,元世祖令丞相安童给卢世荣增加侍卫人员。

卢世荣知道,有些善于理财的人才因受阿合马犯罪牵连,仍被罢官闲置。他想选择其中可用者加以录用,又害怕被人指责起用罪人。他把这一顾虑奏告元世祖,元世祖答复说:"何必顾虑这些?可用人才都应该起用。"于是,宣德、王好礼都被起任为浙西道(治

四、是非恩怨 遗恨悠悠

所位于今浙江省杭州市)宣慰使(行政长官)。

卢世荣自以为得到元世祖支持,专权放肆,容不得反对意见。左司郎中(丞相府部门长官)周戭对他的举措提出一些不同看法,卢世荣便谗告他抵制诏令,致使元世祖下令将周戭处死。文武百官为之震惊。

卢世荣知道朝中大臣对他当权不满,担心他的变法中途而废,上书元世祖,称其改善财政如同耕种数万顷田:眼下,有人开始耕种,有人尚未下田;丞相安童督促施行变法,好比守田人;皇上支持变法,如同天雨。单有种田人劳作,没有守田人呵护,将徒劳无功;而只凭耕田人、守田人尽力,没有天雨滋润终究亦不会成功。元世祖答称知道这个道理。

## 卢世荣被处以极刑

当年四月,监察御史陈天祥上书弹劾卢世荣"为国敛怨"。陈天祥在奏书中称:"卢世荣在任江西榷茶运使期间,多次贪赃,共贪得二十五锭黄金、一百六十八锭白银、二万五千余锭铜钞,这是人所共知的。如今,他并没有痛改前非,反而更加狂妄悖逆。为了邀取功名,他不顾百姓死活,千方百计敛取民众钱财,企图在一年之内积聚十年创下的财富。他所说的话并没有兑现。开始,他说能使钱钞保值不变,如今钱钞越来越不值钱;他说能平抑物价,如今物价越来越高;他说不向民众搜取财富,如今却强迫各地官府增加税额;他说让老百姓生活快乐,如今他所做的事处处扰民。"陈天祥认为,如果不早日除去卢世荣这个蠹虫,将会给国家造成灾难。

当时,元世祖在上都(位于今内蒙古正蓝旗东闪电河北岸)。御史大夫玉速帖木儿将陈天祥的这一奏书呈送元世祖,并陈述有关情况。元世祖大为惊疑,对卢世荣突然改变态度。

接着,御史中丞阿剌帖木儿等人奏称:"卢世荣不跟丞相安童商量,擅自开支国库二十万锭白银、提升丞相府所属六部长官为二品官衔,又任用阿合马党人潘杰、冯珪为杭、鄂二行省参政。"丞相安童亦奏称:"四个月来,卢世荣所说的大都没有兑现。现在,国库支出多于收入。他擅自引用一些奸险的人,破坏了选人用人的章法。"

元世祖令阿剌帖木儿、陈天祥等人与卢世荣当面对质,卢世荣承认他们说的是事实。于是,元世祖下令停止施行卢世荣颁布的法规,罢免他提任的官员,将卢世荣逮捕入狱。十一月乙未日,元世祖下令将卢世荣处死,并将其尸体弄碎拿去喂禽兽。

《元史》卷二百五 卢世荣传

卷一百六十八 陈天祥传

《元史纪事本末》卷七 阿合马桑卢之奸

## 【简评】

清代学者赵翼认为:元世祖忽必烈"好大喜功,穷兵黩武,至老而不悔","中统、至元三十余年,无岁不用兵"。"内用聚敛之臣,视民财如土苴,外兴无名之师,戕民命如草芥"。"用卢世荣,亦以增多岁入为能。盐铁榷酤,商税田课,凡可以罔利者,益务搜括"。(《二十二史札记》卷三十·元世祖嗜利黩武)

笔者认为,元世祖即位后连年征战,是导致财库空缺的根本原因,卢世荣想方设法为朝廷敛财只不过是杯水车薪而已。卢世荣人品虽然低劣,但其所采取的财政改革措施不应全盘否定,他解除金银、竹业、渔业贸易禁令,限制富豪垄断市场,主张酒业和冶铁业由国家专营,提出平抑盐价、以低息贷款救济贫民、减免民间杂税、收容流民就业等主张,对于减轻民众负担,缓和社会矛盾有积极的

## 四、是非恩怨　遗恨悠悠

意义。可惜他执政时间太短,有些方案尚未来得及实施。毫无疑问,卢世荣的改革措施损害了权贵利益,加之其自身专权妄行,积怨众多,故执政几个月即被治罪处死。

# 脱脱负恩结怨

脱脱生于元朝官宦之家,幼年由其伯父伯颜抚养,十五岁被选为皇子怯薛官(侍卫官)。元顺帝至元四年(1338年),脱脱官至御史大夫。

## 大义逐伯父

当初,伯颜任河南行省(治所位于今河南省开封市)平章政事(行政副长官)时,护卫怀王图帖睦尔赴京即位为元文宗,以功受任中书左丞相、知枢密院事(最高军事机关长官),执掌朝政。元顺帝妥懽帖睦尔即位后,左丞相唐其势谋反。伯颜奉命诛杀唐其势,受任大丞相,独揽朝政。此后,他"专权自恣","渐有奸谋"。

脱脱对伯颜专权妄为深为忧虑,私下对其父亲说:"伯父专权骄纵太过分了,一旦激怒天子,我们全家族就会招致灭门之祸。须在大难来临之前,想办法避免祸难发生。"脱脱之父马札儿台认为儿子说得有道理,但犹豫不能决定。脱脱又向其老师吴直方问计,

四、是非恩怨 遗恨悠悠

吴直方对他说:"《左传》①记载有大义灭亲的故事。大丈夫只能忠于国家,其他还能顾虑什么!"脱脱深为吴老师的开导所感悟,决意伺机除去伯颜。他把这一意向奏告元顺帝,顺帝表示赞同。

至元六年(1340年)二月某日,伯颜带着卫兵请元顺帝外出打猎。元顺帝采纳脱脱的计谋,借口有病没有答应,而让太子燕帖古思与他同行。脱脱乘伯颜离开京城之机,下令封锁城门,并派警卫骑兵将太子接回城中。元顺帝连夜派平章事(副丞相)只儿瓦歹去伯颜住地柳林(位于今北京市通州区南)宣布,将伯颜贬为河南行省左丞相。

第二天一早,伯颜派亲信到城下询问贬职原因,脱脱在城楼上回答说:"这是皇帝的旨意。"伯颜请求进城向元顺帝辞行,但遭到拒绝,只好满怀忧惧上路。随后,元顺帝下令将伯颜流放南恩州阳春县(位于今广东省阳春市)。伯颜行至龙兴路(位于今江西省南昌市),在凄凉绝望中死于驿舍。

## 理政称贤相

驱逐伯颜后,元顺帝任命马札儿台为右丞相、脱脱为左丞相。当年十月,马札儿台称病辞职,元顺帝授予他太师(名誉丞相)之位,让他回家休养。

脱脱担任丞相后,革除伯颜遗留的弊政,为被伯颜枉杀的郯王彻彻秃等人平冤昭雪,废止马市贸易禁令,减轻盐业税收,减免民间拖欠的税款,恢复科举选官制度,并主持编写了《辽史》、《金史》、《宋史》,"中外翕然称为贤相"。

---

① 中国第一部编年体史书,记叙公元前722~前468年间的史事。

长期夜以继日操持政务,使脱脱积劳成疾。他先后十七次上书请求辞去丞相职务。至正四年(1344年)五月,元顺帝封脱脱为郑王,同意他辞职养病,并赏赐给他安丰(位于今安徽省寿县)食邑和巨万钱财,脱脱谢辞而没有接受。

　　右丞相别尔怯不花与马札儿台久有积怨。至正七年(1347年)六月,元顺帝听信别尔怯不花谗言,下令除去马札儿台太师名位,将他流放到甘肃。之后,别尔怯不花亦被罢免丞相职务,流放渤海(位于今山东省滨州市)。

　　当时,脱脱仍在家休养。他请求并获准陪同其父一道去流放地。此间,有人告发脱脱父子企图谋变,元顺帝下令把他们流放到更遥远的撒思(位于今俄罗斯巴尔瑙尔南)。御史大夫亦怜真班和顺帝侍卫官哈麻以"脱脱父子无大过",为他们讲情。脱脱与其父行抵河州(位于今甘肃省临夏市)时,被改迁甘州(位于今甘肃省张掖市)居住。

　　当年十一月,马札儿台病故。元顺帝念及脱脱过去的功劳,将他召回京城大都,任命他为太傅。至正九年(1349年)闰七月,元顺帝任命脱脱为中书右丞相。

## 复相信谗言

　　脱脱复任丞相后,欲一吐长期郁结在心中的怨气,"恩怨无不报"。他心态失衡,偏听偏信,是非不分,以致错怪好人,恩将仇报,很快便结怨埋祸。

　　马札儿台客死他乡后,左丞相太平极力奏请让脱脱扶其灵柩归葬,以尽孝道,取得元顺帝同意。由此,脱脱才得以护送其父灵柩回乡,继而被召回京都。脱脱不知道太平对他有恩,只记得当年

### 四、是非恩怨 遗恨悠悠

太平与别尔怯不花关系密切,而对太平心怀忌恨。他重新当权不久,便听信左司郎中汝中柏的谗言,奏请将太平免官,并要给他治罪。脱脱的母亲认为太平是好人,执意加以劝阻,脱脱才停止对太平迫害。太平罢官回到奉元(位于今陕西省西安市)后,杜门谢客,以读书度日。

脱脱复相后,听说当年他同父亲被发配去撒思,殿中侍御史哈麻曾在元顺帝面前为其父子讲情,使他们被"召还近地",免于死难。为了报答哈麻的恩德,脱脱奏准任命他为中书右丞。

汝中柏仗恃受到脱脱信用,日益骄横,每次中书省(最高行政机关)议事,文武百官都不敢发表与汝中柏不同的意见,唯独哈麻不肯曲意顺从。由此,汝中柏忌恨哈麻,在脱脱面前讲了哈麻许多坏话。脱脱听信汝中柏的谗言,提议改任哈麻为宣政院使(主管佛教及吐蕃地区事务)。哈麻大为不快。

至正十四年(1354年),泰州白驹场(位于今江苏省大丰市)平民张士诚聚众反抗元朝,占据高邮(位于今江苏省高邮市)。元顺帝令脱脱率领骑兵前往征讨。脱脱临行前提议任命汝中柏为治书侍御史,以便让他辅助御史大夫也先帖木儿(脱脱之弟)留守朝廷。汝中柏担心哈麻日后会找他麻烦,想弹劾哈麻,请求罢免他的职务。脱脱犹豫而没有决定,要他与也先帖木儿商量。也先帖木儿念及哈麻对其父兄有恩,没有同意。不久,哈麻获悉此事,对脱脱和汝中柏怀恨在心。

## 无罪被冤杀

哈麻曾向脱脱建议授予皇太子册宝礼(册书和宝玺的礼仪),脱脱没有同意。脱脱出征之后,哈麻私下将此事告诉皇太子爱猷识理达腊及其母完者忽都皇后。他又指使监察御史袁赛因不花上书弹劾脱脱,称其"出师三月,略无寸功,倾国家之财以为己用,半朝廷之官以为自随"。于是,元顺帝下令免去脱脱右丞相职务,派人将他遣送淮安(位于今江苏省淮安市)安置。与此同时,也先帖木儿也被罢官。

御史台官员们认为对脱脱处分太轻,又上书弹劾其兄弟的罪状。至正十五年(1355年)三月,元顺帝下令将脱脱流放到云南大理。脱脱行抵大理腾冲(治所位于今云南省腾冲县)时,受到知府高惠的厚待。高惠想派他的女儿去伺候脱脱,许诺在附近为他盖房居住,保护他的安全。脱脱自称其为罪人,不敢想这些,婉言加以谢绝。

当年十二月,哈麻假传圣旨,派人给脱脱送去鸩酒,令他自杀。脱脱无可奈何,只好饮鸩自尽,时年四十二岁。

《元史》卷一百三十八 脱脱传<br>卷一百四十 太平传<br>《元史纪事本末》卷二十三 脱脱之贬

## 【简评】

《元史》作者宋濂认为:脱脱"功施社稷而不伐,位极人臣而不骄,轻货财,远声色,好贤礼士"。"事君之际,始终不失臣节,虽古之有道大臣,何以过之。惟其惑于群小,急复私仇,君子讥焉"。(《元史》卷一百三十八)

### 四、是非恩怨　遗恨悠悠

# 景清为先帝复仇

　　景清本姓耿,明真宁(位于今甘肃省正宁县)人。他刻苦读书,崇尚气节,考中进士后受任编修(朝廷编写史书的官员),不久改任御史。明洪武三十年(1397年),景清被提任署左佥都御史(最高监察机关代理副长官)。之后,景清调任金华知府。

　　洪武三十一年(1398年)五月,明太祖朱元璋病逝,其太子朱标前也已去世,由皇太孙朱允炆(朱标第二子)继位为明惠帝。明惠帝知道叔辈诸王对他继位不服,对握有重兵的燕王(王府设地北平,位于今北京市区)朱棣(明太祖第四子)格外疑惧。为了探察燕王动静,明惠帝改任景清为北平参议(行政长官辅助官员)。

　　景清到任后,燕王设宴招待他,见他谈吐明快爽直,对他十分欣赏。为时不长,明惠帝召任景清为御史大夫。

　　建文四年(1402年)六月,燕王率军攻入京都应天,明惠帝投火自焚(一说去向不明),燕王即位称帝,为明成祖。有些大臣因不肯依附燕王而被杀害,景清则主动前去拜见明成祖。

　　明成祖很高兴,让景清留任御史大夫。其实,景清对明成祖只是表面臣服,内心却恨之入骨。他抱定以死刺杀明成祖,为明惠帝报仇的决心。为此,他每次上朝总是在内衣中藏着一把刀子。他生怕露馅,不敢快步行走,入座起身格外小心。

　　此间,日者(负责观察天象的官员)奏称有颗红色的怪星侵犯帝王星坐，且来势很急。明成祖为之惊恐不安。

八月十五日早朝，明成祖看到群臣中唯独景清穿着红色长袍，顿时联想到日者陈述的天象，对景清产生怀疑。罢朝后，明成祖刚刚走出宫殿大门，景清突然朝他冲过来准备动手，左右卫士将景清挡住。明成祖喝令卫士将景清抓捕，从他身上搜出一把锋利的匕首。

明成祖责问景清为什么要这样做，他昂头答道："我要为先帝报仇！"明成祖勃然大怒，当即令人敲掉景清的牙齿，将其押赴刑场剥皮碎尸，并杀灭景清家属。

后来有一天，明成祖入睡，梦见被景清持剑追杀，他慌忙绕着御座躲避。惊醒后，明成祖对侍从说："景清比其他人都厉害！"于是，明成祖下令抓捕景清家族成员以斩草除根。办案人员到达真宁后，大肆抓人，严刑逼供，株连无辜，将景清家乡与他有联系的人一一斩杀，称之为"瓜蔓抄"。景清故乡的村庄随之变成一片废墟。

《明史》卷一百四十一 景清传

《明史纪事本末》卷十八 壬午殉难

## 【简评】

景清以正统思想忠于明惠帝，反对燕王篡位。他比公开抵制燕王的大臣略高一筹，表面臣服而暗藏杀机，决心杀身成仁为惠帝报仇，其对故主堪称赤胆忠心。

四、是非恩怨　遗恨悠悠

# 岑猛受岳父坑骗

　　岑猛的祖先岑伯颜是元田州（治所位于今广西区田阳县）土官。明洪武元年（1368年），岑伯颜归附明朝，明太祖任命他为田州知府，并让其世袭。

　　弘治六年（1493年）①，田州知府田溥被其长子岑猇杀死，岑猇随即自杀。当时，岑猇之弟岑猛年仅四岁，无法承袭知府一职。之后，田州发生兵乱，岑猛随其祖母四处漂泊。弘治十八年（1505年），田州兵乱平息，朝廷任命岑猛为田州指挥同知（军事副长官）。岑猛对未能袭封知府心怀不满。

　　嘉靖二年（1523年），岑猛率兵攻占泗城（治所位于今广西区凌云县），制造事端。嘉靖四年（1525年），明世宗朱厚熜派都御史姚镆率兵征讨岑猛。其实，岑猛并无反叛朝廷之心。他听说朝廷派军队来讨伐，下令部众不要同朝廷兵士交战，将申诉写在帛上，贴在军营门口，请求朝廷官员体察他们的冤情。姚镆对岑猛鼓动其部众喊冤叫屈充耳不闻，下令将士抓紧做好攻战准备。

　　姚镆担心岑猛的岳父归顺州（治所位于今广西区靖西县）知州

---

① 《明史》记作弘治十二年（1499年），与所记岑猛年龄不切实，疑误。此据《明史纪事本末》卷五十三·诛岑猛。

岑璋会派兵救援岑猛，召请都指挥（当地军事长官）沈希仪商议对策。沈希仪知道岑猛对岑璋的女儿不好，岑璋为此对岑猛怀怨在心，便派与岑璋素有交情的部将赵臣去拉拢岑璋。经过赵臣一番游说，岑璋答应配合朝廷军队暗中消灭岑猛势力。

当时，岑猛的长子岑邦彦领兵据守工尧隘（位于今广西区田东县东南），岑璋派去一千名兵士，声称来援助他们抵抗朝廷军。岑邦彦见是外公派来的援军，欣然接纳，压根儿就没有想到其中有诈。当朝廷军队开始进攻时，岑璋派来的一千名兵士齐声高喊："朝廷军把我们打败了！"假装溃逃。把守工尧隘的岑邦彦部众见此情势也纷纷逃散，岑邦彦当即被沈希仪领兵斩杀。

岑猛听说岑邦彦战死，惊慌失措。这时，岑璋派人来迎接他去归顺州。岑猛考虑岑璋毕竟是自己的岳父，舍此去路，无他处可投，便携带官印逃奔归顺州。

岑璋把岑猛单独安置在一个隐蔽的地方，欺骗他说："朝廷大军已经退走了，你应上书朝廷，陈述冤屈。"岑猛信以为真，叫人去取他的官印，准备往奏书上盖印。岑璋得知岑猛官印藏在何处后，随即令人给岑猛送去毒酒，对他说："知州大人派我们给你送来一壶酒，朝廷兵马追捕你很紧，我们保护不了你啦，请你自作打算吧！"这时，岑猛才省悟中了岑璋的奸计。他自知已经被岑璋兵士监控，无法脱逃，大骂岑璋不止，饮毒酒而死。之后，岑璋令人割下岑猛的脑袋，带着他的头和官印去向朝廷邀功请赏。

《明史》卷三百十八 广西土司二·田州
卷三百十九 广西土司三·归顺
《明史纪事本末》卷五十三 诛岑猛

## 四、是非恩怨　遗恨悠悠

【简评】

　　岑猛怨愤朝廷事出有因,其抗议行为固然失当,但并非叛乱。姚镆执意要置之于死地,反映明朝廷对边远少数民族政策严酷。岑璋是个奸诈之徒,为求封赏不惜害死女婿。岑猛失之轻信,令人为之慨叹。

# 多尔衮地下蒙冤

多尔衮是后金①汗(国王)努尔哈赤第十四子,年少便聪明而有胆识,受封为和硕额真(一方之主)。

## 入主中原,多尔衮开拓大清帝国

后金天聪二年(1628年),时年十六岁的多尔衮跟随后金汗皇太极(努尔哈赤第八子)征讨察哈尔多罗特部(位于今内蒙古集宁市),以战功被赐为墨尔根戴青(聪明的主人)。

天聪三年至四年(1629~1630年),多尔衮跟随皇太极领兵从龙井关(位于今河北省遵化市东北)攻入关内,进逼明都城北京,击败明兵部尚书兼督师(军事统帅)蓟(明九边镇之一,防务区位于今河北省长城以内山海关至居庸关一带及天津市)、辽(明九边镇之一,治所位于今辽宁省辽阳市)袁崇焕部众。

天聪五年(1631年),后金朝廷开设六部,多尔衮受命主管吏

---

① 明万历四十四年(1616年),女真族(后改称满族)首领努尔哈赤在赫图阿拉(位于今辽宁省新宾县西部)建国号金,史称后金。

## 四、是非恩怨　遗恨悠悠

部,并随皇太极领兵击败明锦州(治所位于今辽宁省锦州市)守将祖大寿部众。

天聪七年(1633年),皇太极提出攻打明朝、朝鲜和察哈尔(蒙古部族)三个目标,向群臣征询先攻哪个为好。多尔衮建议先攻打明朝,为皇太极采纳。

天聪八年(1634年),多尔衮跟随皇太极率军攻打明朝,攻克保安(位于今陕西省志丹县)、朔州(位于今山西省朔州市)等地。

天聪九年(1635年),多尔衮奉皇太极之命同贝勒(贵族爵号)岳托率万名兵士招降察哈尔林丹汗(其被后金军击败逃入青海而死)之子额哲,获得元朝传国玉玺献于后金汗皇太极,并于回师途中攻取代州(位于今山西省代县)、忻州(位于今山西省忻州市)、崞县(位于今山西省原平市)、应州(位于今山西省应县)。

清崇德元年(1636年),皇太极改国号为清,去汗号称帝,为清太宗。多尔衮受封为睿亲王。

崇德三年(1638年),多尔衮受任奉命大将军率军越过明都城北京,进抵涿州(位于今河北省涿州市)。之后,他分兵八路,先后攻克保定(位于今河北省保定市)、临清(位于今山东省临清市)、济南、天津、迁安(位于今河北省迁安市)等四十余城。

崇德六年(1641年),多尔衮率军围攻锦州,击溃明军十三万官兵,俘虏明军主将洪承畴。

崇德八年(1643年)八月,清太宗突然病逝。多尔衮以其功勋名位力排众议,拥立年仅六岁的清太宗嫡子福临(孝庄文皇后所生,太宗其余诸子皆为妃女所生)为顺治皇帝(清世祖),由他和郑亲王济尔哈朗(清太祖努尔哈赤之侄)共同辅政。

顺治元年(1644年),多尔衮率领清军进入山海关(位于今河北省秦皇岛市山海关区),招降明军将领吴三桂,击败李自成领导的农民军,进占北京。接着,多尔衮严肃军纪,挥师南下,消灭李自成等起义军和南明王朝①,逐步夺取全国;并决定迁都北京,承袭明朝制度,以汉治汉,奠定清王朝一统天下的基础。

此后,多尔衮排斥济尔哈朗,独专朝政,先称"皇叔父摄政王",继称"皇父摄政王"。

顺治七年(1650年)十二月,多尔衮在出猎时病逝于喀喇城(位于今辽宁省喀喇沁左翼蒙古族自治县),时年三十九岁。顺治帝追尊多尔衮为"定功安民立政诚敬义皇帝"。

## 尸骨未寒,多尔衮蒙受不白之冤

当年,清太宗没有立太子。清太宗猝然去世后,围绕由谁继承帝位这一突出问题,朝廷出现两种根本对立的意见。以郑亲王济尔哈朗为代表的一派势力想拥立时年三十四岁的皇长子肃清王豪格为帝,而以武英郡王阿济格(清太祖第十二子,多尔衮同母兄)为首的一派势力则主张由多尔衮继位。多尔衮对推举他继位"犹豫未允"。双方僵持四天,正黄旗(旗为清初军事组织)、镶黄旗的将领意欲拥立豪格,率部停留在宫殿四周,形势十分紧张。豪格以"福小德薄,非所堪当",推辞而去。多尔衮当机立断,拍板由清太宗第九子福临继位,从而消除了这场可能导致内战的危机。事隔两天,郡王阿达礼、硕托等人仍在四处游说,称多尔衮应"正大位"。多尔衮当即以"扰政乱国"罪,下令将二郡王处死。

---

① 明崇祯十七年(1644年)三月,李自成率领农民军攻入明都城北京,崇祯帝自杀,明朝灭亡。五月,清军攻入北京。当月,明福王朱由崧在南京(位于今江苏省南京市)建立弘光朝,即位称帝。弘光朝及其后建立的隆武、永历等王朝,统称南明。

## 四、是非恩怨 遗恨悠悠

多尔衮当政期间能够摆正其辅臣位置。顺治二年（1645年）五月五日，参与辅政的郑亲王济尔哈朗提议，称多尔衮作为皇叔"代天摄政"应受崇隆之礼。多尔衮以"不敢违礼"坚持没有同意。第二天早晨上朝，多尔衮见满族高官贵戚都跪下迎接他，他拒不接受百官跪拜之礼，当即返回住所。同年十二月二十五日，多尔衮召集诸王大臣，对他们说："你们只知道向我讨好，而不尊崇皇上，我岂能容忍！当初太宗升天远离我们的时候，诸王大臣跪请我就尊位，我誓死不从。在那危急的时刻，我尚且没有同意就至尊之位，如今怎么能不尊敬皇上而来讨好我呢？从今以后，凡敬重皇上的人，我才信任重用；不敬重皇上的人，虽然讨好我，我也不会原谅他。我将竭力保护二位先帝开创的大业，等皇上成年，我便把权力移交给他。我的声名实在是微不足道的。"

在以后的几年中，顺治帝同多尔衮的关系一直很好，他丝毫没有感受到来自多尔衮谋篡的威胁。多尔衮病重期间，顺治帝亲自去摄政王府看望他。多尔衮去世后，顺治帝极为震惊哀伤，下令民众穿上孝服哀悼。多尔衮灵柩运抵京都时，顺治帝率领诸王大臣从东直门出城至郊外五里迎接。顺治帝下诏"依帝礼"为多尔衮举行丧仪，诏书写道："太宗文皇帝升遐之时，诸王大臣拥戴皇父摄政王，坚持推让，扶立朕躬。又平定中原，统一天下，至德丰功，千古无两""朕心摧痛，中外丧仪，合依帝礼"。

顺治八年（1651年），顺治帝亲掌朝政。二月，多尔衮原部属苏克萨哈和詹岱等人举报，称在多尔衮丧葬期间，侍女吴尔库尼要为其殉葬，请求将多尔衮密备的八补黄袍等御服放置棺内；并称多尔衮想在永平（位于今河北省卢龙县）圈占房屋，率两旗兵马移驻该地，意在"谋篡大位"。接着，郑亲王济尔哈朗等人上书，指责多尔衮"挟制皇上"，"僭妄不可枚举"，请求追论其罪"重加处治"。于是，顺治帝以为多尔衮"谋篡之事果真"，当即下令剥夺他的爵位，没收其家产。其实，多尔衮在当政期间，除了排斥异己、独断专行之外,并无谋篡之心。

## 时过境迁,多尔衮是非自有公论

多尔衮长眠于地下,对于强加到他身上的罪名当然无法辩白。然而,历史是公正的。

乾隆三十八年(1773年),乾隆帝下诏称:"睿亲王多尔衮摄政有年,威福自专,殁后其属人首告,定罪除封。第念定鼎之初,王实统众入关,肃清京辇,檄定中原,前劳未可尽泯。今其后嗣废绝,茔域榛芜,殊堪悯恻。交内务府派员缮葺,并令近支王公以时祭扫。"

乾隆四十三年(1778年),乾隆帝再次颁发诏书说:"睿亲王多尔衮扫荡贼氛,肃清宫禁。分遣诸王,追歼流寇,抚定疆陲。创制规模,皆所经画。寻奉世祖车驾入都,成一统之业,厥功最著。殁后为苏克萨哈所构,首告诬以谋逆。其时,世祖尚在冲龄,未尝亲政,经诸王定罪除封。朕念王果萌异志,兵权在握,何事不可为?乃不于彼时因利乘便,直至身后始以敛服僭用龙衮,证为觊觎,有是理乎?"乾隆帝在引用《清世祖实录》所载顺治二年十二月二十五日多尔衮向诸王大臣所说的一段话后,接着写道:"朕每览《实录》至此,未尝不为之堕泪。则王之立心行事,实为笃忠荩,感厚恩,明君臣大义。乃由宵小奸谋,构成冤狱,岂可不为之昭雪?宜复还睿亲王封号,追谥曰'忠'。"

至此,多尔衮沉冤地下一百二十多年终于得到昭雪。

《清史稿》卷二百十八 睿亲王多尔衮传
卷二百十九 太宗诸子传
《清通鉴》前编卷三十二 清太宗崇德八年
卷二 清世祖顺治二年

### 四、是非恩怨　遗恨悠悠

卷七　清世祖顺治七年
卷八　清世祖顺治八年

【简评】

多尔衮一生文治武功,叱咤风云,是清王族入主中原的开拓者。他为臣恪守礼节,对幼帝尽忠辅佐,死后却蒙冤九泉。乾隆帝为他洗冤昭雪,是英明之举。

# 马新贻门外遇刺

清同治九年(1870年)七月二十六日,两江(治所江宁,位于今江苏省南京市)总督马新贻亲临练武场观看将士射击比赛。练武场位于总督府西面不远处,有一条小路直通总督府的后门。看完比赛后,马新贻步行回府。当他刚要进门时,路旁突然冲出一个人来,大喊要伸冤。未等马新贻询问,此人已经将匕首捅入他的胸部。刺客将匕首在马新贻的胸腹部反卷后拔出,把他的肠子都带了出来。马新贻认识这个刺客,当他看清刺客的面孔时,惊叹"是你哟"便昏倒在地。经抢救无效,马新贻于第二天死去,时年四十九岁。

刺杀马新贻的人名叫张文祥,行刺后他没有逃离现场,大声对围观的众人说:"刺客就是我张文祥,一人做事一人当,我没有同伙,不要胡乱抓人。我大功告成,现在可以让你们抓走了。"马新贻的随从卫士随即将张文祥抓捕。

同治帝接到马新贻遇刺的奏报大为震惊,传令江宁将军魁玉会同漕运总督(主管水上运输的军政长官)张之万对张文祥严加审讯。魁玉等人没有查出新的情况。接着,同治帝又令刑部尚书郑敦谨赴江宁,会同复任两江总督的曾国藩对该案进行复审。经反复审讯,亦没有发现张文祥受别人指使,确认谋刺马新贻是其个人行为。同治十年(1871年)二月十一日,张文祥被处以极刑,其儿

## 四、是非恩怨 遗恨悠悠

子一并被杀。

张文祥为什么要刺杀马新贻？其自供情况如下：

张文祥是河南汝阳县（位于今河南省汝南县）人，当初参加捻军①起义，是个小头目。后来，他想向朝廷投诚而找不到机会。

在战斗中，他擒获代理合肥知县的马新贻。双方达成和解后，张文祥向马新贻引荐其铁杆朋友曹二虎和石锦标。于是，马、张、曹、石四人拜为兄弟，结为患难之交。

马新贻返回官府后，报请巡抚招降张文祥等人，将其编入山字二营，由马新贻统领，张、曹、石三人皆为哨务官。此后，马新贻提升为安徽布政使（主管民政、财政），山字营解散，张、曹、石三人仍跟随马新贻，各有任用，彼此相处依然十分融切。

不久，曹二虎的妻子前来探亲。马新贻见曹二虎的妻子姿容艳丽，竟引诱她与之通奸。曹二虎发觉后没有计较，随即把妻子赠送给马新贻，以保持交情。为此，马新贻给曹二虎一些抚慰，待他比以前更好。曹二虎对马新贻夺占其妻本来就很宽容，这一来更把失妻之事抛之脑后。

张文祥认为，曹二虎不宜再在马新贻身边久留，多次劝他离去，曹二虎一直犹豫不决。后来有一天，马新贻通知曹二虎去寿春（位于今安徽省寿县）领取军火。事前，马新贻暗下指使寿春镇总兵（军事长官）徐鹡，要他等曹二虎到达后，以"通捻"罪将他处死。徐鹡奉马新贻之命，至时将曹二虎杀死。

张文祥对曹二虎被杀十分愤慨，当他听说系马新贻谋害，顿时号啕大哭，悲伤得跌倒在地。他暗暗下定决心，要将马新贻杀死，替曹二虎报仇。之后，张文祥接连三四次想对马新贻动手，都未能出手。这次，他终于瞅准机会，使出全身力气，亲手将马新贻刺杀。

---

① 原为康熙年间活跃于淮河两岸的民间社团组织，咸丰元年（1851年），河南南阳等地捻党举行反清武装起义，后势力扩大，称为捻军。

张文祥的供词暴露了官场一大丑闻。布政使梅启照劝张文祥改供，改称自己为浙江海盗，为报私仇行刺。张文祥没有答应。魁玉、张之万多次审讯，张文祥同样坚持不改口供。魁、张二人不敢报以实情，便编造谎言向朝廷奏报，称张文祥当年串通海盗，浙江巡抚马新贻曾派兵前去剿捕，其妻逃亡不知去向。为此，张文祥投诉马新贻，诉讼没有结果而挟仇报复。郑敦谨、曾国藩二人复审，对官场丑闻也讳莫如深，以张文祥确系"浙江海盗"，系受人唆使，对马新贻积怨成仇，致行刺报复，将案情上报朝廷。

《清史稿》卷四百二十六 马新贻传<br>
《清通鉴》卷二二七 清穆宗同治九年<br>
卷二二八 清穆宗同治十年

**【简评】**

张文祥为何刺杀马新贻，说法不一。笔者姑且以张文祥自供为准，待《清史》出版后定夺。张文祥之举出于江湖义气，若马新贻果真夺人之妻又顾忌杀人，则属罪有应得。

# 中国古代历史风云

## 朝政风波(下)

叶秀松 编著

北京师范大学出版集团
BEIJING NORMAL UNIVERSITY PUBLISHING GROUP
安徽大学出版社

# 五、党同伐异　势不两立

　　物以类聚,人以群分。古代官员由于出身经历、社会关系、治政观点、利益追求和志趣爱好等不同,往往形成不同的派别。"朋党之说,自古有之"(宋·欧阳修《朋党论》)。各种派别都打着维护皇权的旗号,有的相互指斥,彼此牵制;更多的则是针锋相对,势不两立,以致演变成一场场你死我活的剧烈搏斗。

五、党同伐异　势不两立

# 赵氏孤儿在屠刀下幸存

晋①灵公十四年（前607年），晋灵公暴戾滥杀，派武士刺杀正卿（宰相）赵盾，赵盾获救逃出京都。将军赵穿（赵盾同族弟）领兵将晋灵公杀死。赵氏兄弟随即拥立晋灵公叔父黑臀为晋成公，赵盾复任国卿。大夫屠岸贾一直受到晋灵公的信任，因晋灵公被杀而对赵氏兄弟怀恨在心。

晋景公（晋成公之子）三年（前597年），屠岸贾任司寇（主管司法刑狱、督造兵器）。他准备避着晋景公诛杀赵氏家族，为晋灵公复仇。当时，赵盾、赵穿已经去世，赵盾之子赵朔继承正卿执政。屠岸贾将他的计划告诉大夫韩厥。韩厥认为赵盾无罪，先君成公没有追究他，劝屠岸贾不要违背景公之意制造动乱。屠岸贾不听，擅自带兵袭击下宫，将赵朔等人杀死，并诛灭他们家族。赵朔之妻（晋成公之姐）逃入景公后宫得以幸免被杀。

公孙杵臼（赵朔的亲信）听说赵朔被杀，意欲与赵朔的友人程婴一同自杀，为赵朔殉节。程婴对他说："赵朔之妻身怀有孕，若生男孩，我们当全力保护；若生女孩，我们自杀也不算迟。"

不久，赵朔之妻生下一个男孩。屠岸贾听说后，决意要除掉赵氏这株独苗，带人对赵朔之妻住处进行搜查。赵朔之妻闻讯把婴儿藏在裤裆里，祷告说："赵氏宗族如果该要灭绝，你就哭；如果不

---

① 春秋诸侯国名，都绛，位于今山西省翼城县东南。

该灭绝,你就不哭。"屠岸贾等人进屋时,婴儿没有哭叫,他们没有发现赵氏婴儿。

程婴和公孙杵臼决心营救这个屠刀下幸存的赵氏孤儿。他们料定屠岸贾还要来宫中搜查,便另找一个婴儿,将他披上华贵的襁褓,冒充赵氏婴儿,由公孙杵臼带进山里。程婴则将真正的赵氏孤儿藏在别的地方。尔后,程婴故意声称,如能得到千金重赏,他愿意说出赵氏孤儿藏在何处。奉命搜寻赵氏孤儿的将领答应程婴的条件。于是程婴带路将他们引到公孙杵臼护养婴儿的住处。公孙杵臼假装愤恨,质问赵氏孤儿有什么罪,大骂程婴无义,请求给婴儿一条活路。将士们信以为真,当即将公孙杵臼及那个无辜替代的婴儿杀死,回报屠岸贾。

十五年后,晋景公在病中占卜,对已被灭族的赵氏仍然怀念。韩厥告诉他,赵氏尚有一个孤儿藏在民间。晋景公十分惊喜,下令把赵氏孤儿接回宫中,取名为武,并让他承袭其父的封爵。不久,有人向景公奏告,称当年剿灭赵氏家族的罪魁祸首是屠岸贾。于是,晋景公下令程婴、赵武等人领兵去攻打屠岸贾,灭了他的家族。

之后,程婴对赵武说:"如今你已恢复赵氏爵位,我该到九泉之下去告慰赵朔和公孙杵臼了!"赵武叩头痛哭,恳求程婴不要这样,发誓甘愿报答他到死。程婴说:"这可不行。公孙杵臼以为我能办成大事,所以让我留下。现在我如果不去回报,他会以为我还没有把事情办成。"于是,程婴慨然自杀。

《史记》卷四十三 赵世家

【简评】

屠岸贾为感晋灵公知遇之恩,不问是非擅自诛灭赵氏家族,不得人心。赵朔故友公孙杵臼、程婴舍身救护赵氏孤儿,令人为之动情。元人纪君祥将这一故事编成杂剧《赵氏孤儿》,广为流传。

五、党同伐异　势不两立

# 王章说帝换辅臣

　　王章字仲卿,西汉泰山钜平(位于今山东省泰安市西南)人。他年轻时带着妻子住在京城长安求学。有一次,王章病了,但家里穷得都没有被子盖,只能用麻布挡寒。王章颇为伤感,不想再去上学,妻子责备他说:"仲卿啊!当今朝廷里的权贵们有谁能超过你的人品和才学?因为暂时的困难和疾病,你就不能激励自己,反而哭哭啼啼的,太没有志气了!"由于妻子的激励,王章学业有成,被朝廷召任为官。后来,王章升任谏大夫(主管谏议朝政得失),以"敢直言"闻名于朝廷。

　　西汉初元元年(前48年),王章被提任为左曹中郎将(侍从护卫皇帝的将领)。他与御史中丞陈咸志同道合、关系密切。当时,宦官石显任中书令(主管收纳奏章、拟草并发布诏令),操纵朝政。王章和陈咸共同弹劾石显专权,反遭石显报复陷害,王章被免去官职。

　　汉成帝即位(前32年)后,由大将军王凤(汉成帝大舅)辅政。不久,王章被重新起用为谏大夫,接着提任司隶校尉(主管纠察京都百官),改任京兆尹。王章知道,他重新被起用且委以重任,是由于王凤推举,但他对王凤专权十分痛恶,不肯依附王凤。

　　汉成帝即位后一直没有儿子。定陶共王刘康(汉成帝异母弟,汉元帝傅昭仪所生)从其封国(王府设地位于今山东省定陶县西北)前来朝见汉成帝。汉成帝想把定陶共王留在身边,因王凤极力反对,汉成帝迫不得已,只好同定陶共王挥泪而别。王章认为王凤不应当这样专权欺君,便拟草奏章弹劾王凤。

王章的妻子劝他说:"人应当知足,你上书皇上还想怎么样?为何不想一想当年麻衣御寒病中涕哭那一幕呢?"王章回答说:"朝政大事不是你们女人所知道的。"他执意把奏书递交上去。

阳朔元年(前24年)冬某日,汉成帝接到王章奏书后,召见他来征求意见。王章回答说:"大将军王凤专权谋私,不是忠臣。不可以让他长期执掌朝政,应该让他退休回家,另选忠正有才的大臣取代他的职务。"汉成帝对王凤逼走定陶共王一直很气愤,听王章这么说十分感动,便起意想罢免王凤官职,询问谁可以接替他的职位。王章推荐琅邪(治所位于今山东省诸城市)太守冯野王,称其"忠信质直,知谋有余"。当初,汉成帝当太子时,冯野王曾任左冯翊(京都地区行政长官之一)、大鸿胪(主管少数民族及邦交事务)。汉成帝知道冯野王的名声远高于王凤,同意让冯野王取代王凤之职。

王章向汉成帝密奏被侍中(侍从皇帝的主官)王音(王凤堂弟)窃听。王音当即将王章所奏及汉成帝意向转告王凤。王凤听说后,以守为攻,称病不上朝,上书请求退休。王太后(汉成帝之母、王凤之妹)为此哭哭啼啼,不肯吃饭。面对这种情况,汉成帝退让了,转而安慰王凤说:"我处事考虑不周到,大将军如果退休,我将依靠谁呢!"于是,王凤的"病"好了,重新入朝执政。

接着,汉成帝反过来指使尚书弹劾王章,指责其明知冯野王系中山孝王刘兴(汉成帝异母弟,汉元帝冯昭仪所生)的舅舅,且朝廷有意将他派到地方做官,王章却凭其私人感情推荐他。据此,汉成帝下令将王章及其妻子逮捕入狱。廷尉(最高审判机关长官)称王章"背叛天子,私为定陶王",应定为"大逆"罪。王章无比愤慨,入狱后即含恨而死。之后,王章妻儿被流放到合浦(位于今广西区浦

五、党同伐异　势不两立

北县西南)。

　　　　　　　　　《汉书》卷七十六　王章传
　　　　　　　　　　　卷九十八　元后传
　　　　　　　　　　　卷十　成帝纪

【简评】

　　《汉书》作者班固认为:"王章刚直守节,不量轻重,以陷刑戮,妻子流迁,哀哉!"(《汉书》卷七十六)

# 东汉中后期外戚与宦官之争

## 背　景

汉光武帝刘秀建立东汉(公元25年)后,削减大司徒、大司马、大司空三公辅佐朝政的实权,通过尚书台主管官员发号施令。这一体制改革,固然使皇权更为集中,却也给侍奉在皇帝身边的外戚和宦官提供了结党专权的平台。"自此以来,三公之职,备员而已;然政有不理,犹加谴责。而权移外戚之家,宠被近习之竖"。

东汉章和二年(88年)二月,汉章帝刘炟病逝,年仅十岁的皇太子刘肇继位为汉和帝。汉和帝尊其养母窦皇后(刘肇生母梁贵人被窦皇后逼死)为皇太后,由窦太后临朝听政。窦太后任命其兄窦宪为大将军,由窦宪执掌朝政。这是一个开端,更是一个示范。此后,东汉皇帝大多早逝,皇后便仿照这一先例,选择年幼的皇族子孙继位,以皇太后临朝听政,委任其亲属掌揽朝政。这样,东汉中后期常常出现皇权旁落、外戚专权的局面。

侍奉在皇帝左右的宦官是另一支拥有实权的势力。他们之中虽然有人被外戚所拉拢,但多数却独立于外戚势力之外,仇视外戚

## 五、党同伐异　势不两立

专权。他们往往从维护自身利益出发,站在年幼的皇帝一边,打着保卫皇权的旗号,联合宫内其他官员与外戚较量,力图控制朝政。

于是,从汉和帝即位(88年)到汉少帝刘辩被废(189年),盘据东汉皇宫内的外戚和宦官两派势力,展开了一场场此起彼伏的生死搏斗。

## 第一次交锋

宦官与外戚的第一次交锋,发生在永元四年(92年)。窦氏家族操纵朝政后仍不满足,窦宪的女婿射声校尉(警卫部队将领)郭举与窦太后私通,暗中策划杀害汉和帝,篡夺皇位。汉和帝获悉他们的阴谋后,无法单独接近朝廷大臣,只好求助于中常侍(皇帝侍从宦官)、钩盾令(主管京都皇家园苑)郑众。郑众随即同清河王刘庆(汉章帝之子,其母宋贵人为窦皇后逼死)等人秘密策划对外戚势力动手。六月庚申日,汉和帝下令关闭京都洛阳城门,逮捕并处死郭举及其父长乐少府(主管皇太后宫中事务)郭璜,并迫令窦宪等人回其封地自杀。窦太后被迫将朝政大权移交给汉和帝。

元兴元年(105年),汉和帝去世。皇后邓绥把出生刚满一百天的皇子刘隆立为汉殇帝,邓绥以皇太后临朝听政。汉殇帝在位仅八个月便去世。邓太后与其兄车骑将军邓骘、虎贲中郎将(侍卫皇帝出入)邓悝等人将年仅十三岁的汉和帝之侄刘祜(清河王刘庆之子)立为汉安帝,邓太后继续临朝听政,外戚再度掌权。

## 第二次交锋

汉安帝成年后行为不端,引起邓太后的不满。邓太后征召河间王之子刘翼来京,封刘翼为平原王,让他留住京都。汉安帝乳母王圣据此怀疑邓太后有废立皇帝之意,同中黄门(低级宦官)李闰、江京等人经常在汉安帝面前诋毁邓太后。由此,汉安帝对邓太后心怀怨愤。

永宁二年(121年)三月,邓太后病逝。不久,王圣、李闰等人诬告邓悝等人曾经策划废黜汉安帝,谋立平原王。于是,汉安帝下令将邓悝(时已去世)之子西平侯邓广宗等人贬为平民,同时令邓骘返回其封地上蔡(位于今河南省上蔡县西南),由上蔡侯改封为罗侯。邓骘、邓凤父子忧惧绝食而死。邓广宗及邓骘的堂弟河南尹邓豹、度辽将军邓遵等人被迫自杀。

此后,汉安帝封李闰、江京为侯,任命二人为中常侍,并让江京兼任大长秋(负责传达皇后意旨),宦官势力重新抬头。与此同时,汉安帝任命皇后阎姬的兄弟阎显、阎景、阎耀为卿校(执掌军政的高级官员),统管皇宫警卫部队。宦官与外戚之间新的矛盾又在酝酿之中。

## 第三次交锋

延光四年(125年)三月,汉安帝病逝。阎皇后立汉章帝之孙、济北惠王刘寿之子北乡侯刘懿为少帝,以皇太后临朝听政,任命其

### 五、党同伐异 势不两立

兄阎显为车骑将军。接着,阎氏兄弟为夺取权力排斥异己。阎显指使人弹劾大将军耿宝(其妹为汉安帝生母)、中常侍樊丰、虎贲中郎将谢恽、侍中周广等人结党营私、大逆不道。于是,樊丰、谢恽、周广等人被处死,耿宝自杀。阎氏兄弟除掉政敌以后,勾结宦官江京、李闰等人共掌朝政。

以中常侍孙程为首的另外十九名宦官对阎显等人专揽朝政十分憎恶,伺机起事。当年十月,汉少帝刘懿去世。孙程等人乘阎显等商讨由诸王幼子谁来继位之机,斩杀江京,胁迫李闰假传阎太后诏令,迎立被废为济阴王的汉安帝原太子刘保(其母为宫女李氏,被阎皇后毒杀)为汉顺帝。接着,孙程传达汉顺帝之命,率兵斩杀阎显、阎景、阎耀等人,将阎太后迁往离宫幽禁。宦官拥立汉顺帝有功,再度得势。

## 第四次交锋

孙程等人当政后争权夺利,为时不长便权势旁落。汉顺帝任命皇后梁妠的父亲梁商为大将军,由其执掌朝政。梁商死后,梁皇后之兄梁冀接任大将军,执掌朝政。

建康元年(144年)八月,汉顺帝去世。梁氏兄妹立年仅二岁的皇太子刘炳(虞妃所生,梁皇后无子)为汉冲帝,梁皇后以皇太后临朝听政。汉冲帝在位四个月去世,梁氏兄妹又将汉章帝曾孙年仅八岁的刘缵立为汉质帝。梁冀独掌朝政,专横跋扈。

本初元年(146年)闰六月,汉质帝在一次早朝时称梁冀为"跋扈将军"。之后,梁冀便将汉质帝毒死。接着,梁氏兄妹把汉章帝另一曾孙时年十五岁的刘志立为汉桓帝,又将其妹梁女莹立为皇后。这样,梁氏家族完全控制朝政。他们委任亲信主管宫廷警卫,担任皇帝侍从，严密窥视汉桓帝的起居出入。来自四方的贡物，须先送到梁冀那里，好的由他留下，然后将剩下的转给汉桓帝。

汉桓帝对梁氏专权日益不满，忍而未发。后来，梁太后、梁皇后相继去世。梁冀想将汉桓帝贵妃邓猛（梁冀妻舅梁纪的养女）认作女儿，以便继续操纵后宫。为此，他派人行刺邓贵妃之母。中常侍袁赦将此事告发。汉桓帝大为恼火，决意将梁冀除掉。

延熹二年（159年）八月，汉桓帝同小黄门史（级别低于中常侍的宦官）唐衡、中常侍单超等人谋划，将梁冀派住内宫监视动态的亲信宦官张恽逮捕，以此给梁冀定罪，并派兵火速包围梁冀住宅。控制朝政长达十九年的梁冀及其妻子被迫自杀。随后，梁氏家族成员全部被捕处死。

梁氏势力被诛灭后，汉桓帝对唐衡、单超等人封侯晋爵，委以重任，朝政大权又一次落入宦官手中。这批宦官当权后，滥施权威，顺之者昌，逆之者亡，骄奢不减外戚。一批反对他们胡作非为的正直官员，被他们以"结党"罪迫害致死。

## 第五次交锋

永康元年（167年）十二月，汉桓帝去世。汉桓帝没有儿子，其第三任皇后窦妙与她的父亲城门校尉窦武商议，立汉章帝的玄孙年仅十二岁的刘宏为汉灵帝。窦妙以皇太后临朝听政，任命窦武为大将军执掌朝政。窦武对宦官专权十分痛恶。

建宁元年（168年）六月，窦武串通太傅、录尚书事（丞相）陈蕃等人，向宦官势力开刀。他们首先以"专为贪暴"的罪名处死中常侍管霸、苏康。接着，他们意欲再处死握有实权的宦官曹节、王甫，窦太后犹豫没有同意。就在窦武等人再次上书窦太后的时候，载

## 五、党同伐异 势不两立

有他们行动计划的奏书在转递过程中被宦官截获。

九月,长乐五官史(主管皇太后宫事务的宦官)朱瑀等十七名宦官连夜聚会,歃血为盟,并串通曹节等人合谋先发制人。曹节等人随即拜见汉灵帝,诬奏窦武等人与皇太后谋废皇上,要挟汉灵帝下令发兵,劫持窦太后,将她幽禁于南宫,并捕杀陈蕃。窦武闻讯领兵迎战,兵败自杀,其家人全部被杀。宦官击杀窦武等人后再次得势。

# 第六次交锋

中平六年(189年)四月,群臣见汉灵帝有病,奏请册立太子。汉灵帝觉得何皇后所生的长子刘辩为人轻佻,想立王美人(已为何皇后害死)所生的刘协为太子,犹豫未决,病情转重。临终之前,汉灵帝将刘协托付给上军校尉(警卫部队将领)宦官蹇硕。蹇硕乘为汉灵帝治丧之机,策划诱杀何皇后之兄大将军何进,准备立刘协为帝。蹇硕的计划未来得及实施即被泄露出去,何进闻讯退回自己的军营。何皇后将时年十七岁的刘辩立为汉少帝。汉少帝尊其母为太后,由何太后临朝听政,大将军何进执掌朝政。

接着,何进串通司隶校尉袁绍等人将蹇硕杀死。进而,他们奏告何太后,想彻底消灭宦官势力。何太后感念当初由宦官把她选入内宫并引荐给汉灵帝,而没有答应他们。于是,何进写信召请屯兵河东(治所位于今山西省夏县)的前将军董卓领兵赴洛阳,以震慑何太后。中常侍张让、段珪等人闻讯后诈称太后有诏召见大将军,指使其党羽潜伏宫中将何进杀死。袁绍听说何进被宦官杀死,随即与虎贲中郎将袁术等人率兵入宫,一举杀死两千多名宦官,宫中宦官几乎被他们斩尽杀绝。

# 后　果

　　经过汉灵帝去世后的这场拼杀,东汉宫中宦官和外戚的势力都不复存在。八月,董卓领兵进入洛阳,在崇德门前召集百官,胁迫何太后下诏废黜汉少帝刘辩,改立时年九岁的刘协为汉献帝。接着,董卓派人将何太后毒死,自称丞相,控制朝政。

　　袁绍、曹操等原警卫军将领及一些州郡的军政长官起兵反对董卓专权,董卓极为恐惧。初平元年(190年)正月,董卓令人杀死废帝刘辩,焚毁洛阳宫殿,劫持汉献帝迁都长安(位于今陕西省西安市)。此后,董卓被杀,汉献帝蒙受劫难;袁绍、曹操等人拥兵割据一方,连同各州郡展开兼并攻战;黄巾起义军余部乘机重新活跃,一时间天下大乱,朝廷完全失去对局势的控制。宦官与外戚之间持续百年的争斗导致东汉走向衰亡。

《通鉴纪事本末》卷六　窦氏专恣

卷七　嬖倖废立

梁氏之变

卷八　宦官亡汉

《后汉书》卷十上、下　皇后纪

## 【简评】

　　清代学者赵翼指出:"和帝践阼幼弱,窦宪兄弟专权,隔限内外,群臣无由得接,乃独与宦者郑众定谋收宪,宦官有权自此始。"(《二十二史札记》卷五·东汉宦官)

　　清代学者王夫之认为:"东汉不任三公,三公因不足任,上失御

## 五、党同伐异　势不两立

而下遂偷也。""窦宪之党,谋危社稷,帝阴知而欲除之,莫能接大臣与谋,不得已而为之郑众,宦寺之亡汉自此始。"(《读通鉴论》卷七·和帝)"光武以郭后失宠而废太子彊,群臣莫敢争者。""故章帝废庆立肇,而群臣亦无敢争焉。""章帝崩,肇甫十岁,而嗣大位,欲不倒太阿以授之妇人而不能。终汉之世,冲、质、蠡吾、解渎皆以童昏嗣立,权臣哲妇贪幼少之尸位,以唯其所为,而东汉无一日之治。此其祸章帝始之,而实光武贻之也。"(《读通鉴论》卷七·章帝)

# 董卓篡政及其引发的纷争

东汉中平六年（189年）四月，汉灵帝去世。上军校尉宦官蹇硕乘朝廷治丧期间，图谋杀死大将军何进而没有得逞，反被何进杀死。何皇后将其所生时年十七岁的皇子刘辩立为汉少帝，以皇太后临朝听政。

何进杀死蹇硕之后，意欲铲除宫内宦官势力，何太后没有同意。八月，何进私下征召屯兵河东（治所位于今山西省夏县）的前将军董卓率军来京，以胁迫何太后发话诛灭宦官。

## 朝廷内乱，董卓入京控制朝政

董卓拥兵河东，对朝廷怀有二心。朝廷曾召任董卓为少府（主管皇宫日常供应），董卓以防御羌胡骑兵南犯不肯就任，"朝廷不能制，颇以为虑"。汉灵帝病重后，任命董卓为并州（治所位于今山西省太原市西南）牧，令其将所领部众移交给左将军皇甫嵩。董卓又以"掌戎十年"、"效力边垂"为借口，拒绝交出军队，执意"驻兵河东，以观时变"。

接到何进召令后，董卓当即领兵南下。不久，何进对董卓领兵

## 五、党同伐异　势不两立

赴京产生疑虑,派谏议大夫(主管朝廷议论)种邵带着汉少帝诏书令董卓停止前进。当时,董卓率三千名步骑兵已行至渑池(位于今河南省渑池县),董卓拒不接受诏令,率部进抵夕阳亭(位于今河南省洛阳市西)。他自知兵少,难以控制京都局势,大摆迷魂阵,令兵士夜出北行,第二天又大张旗鼓从北方返回,以制造其不断增兵的假相。

中常侍张让、段珪听说何进欲尽诛宦官,于八月戊辰日将何进诱杀。司隶校尉袁绍与其堂弟虎贲中郎将袁术等人随即率兵诛杀宫中两千多名宦官。文武百官为之震惊,朝廷一片混乱。

张让等人惧怕被杀,挟制汉少帝和陈留王刘协离开京都转至小平津(位于今河南省洛阳市东北)。

骑都尉(侍卫皇帝的骑兵将领)鲍信认为董卓屯兵京都郊外对朝廷构成威胁,向袁绍建议说:"董卓向来怀有篡政的野心,如不设法除掉他,将来我们必然都要受他控制。不如趁其远途跋涉疲劳之机,派兵袭击把他抓获。"袁绍畏惧董卓兵势而不敢答应。此间,董卓串通执金吾(主管朝廷武库及巡察皇宫外围)丁原的司马(负责军事的属官)吕布,指使吕布杀死丁原,收拢其部众以扩大自己的势力。

庚午夜,河南中部掾(京都官府属官)闵贡等人在黄河岸边遇见汉少帝一行。闵贡责令张让自杀,护送汉少帝和陈留王回返。天尚未亮,董卓领兵来到北芒山下(位于今河南省洛阳市北),迎见汉少帝。汉少帝见到董卓时"恐怖涕泣","不能辞对"。年仅九岁的陈留王却能不慌不忙地对董卓叙说宫中发生的祸乱。董卓认为陈留王贤能,又考虑他一直由董太后(汉灵帝之母)抚养,且董太后与自己系同姓宗亲,当即产生废黜少帝改立陈留王的意念。

董卓送汉少帝回宫后会见袁绍,向他流露欲废黜汉少帝、改立陈留王为帝的意向。袁绍表示不同意废嫡立庶。董卓勃然大怒,手按佩剑斥责袁绍说:"你这个小子,好大胆子!天下事当由我说了算,我想办的事谁敢不服从!你难道以为我董卓的刀子不快吗?"袁绍也大为恼火,向董卓反诘道:"天下英雄,难道就你董卓一人?"说罢,袁绍出门而去,逃奔冀州(治所位于今河北省临漳县西南)。

九月甲戌日,董卓胁迫何太后下诏废黜汉少帝为弘农王,册立陈留王刘协为汉献帝,并向文武百官宣布。随后,董卓派人将何太后毒死,自称相国,控制朝政。

## 群雄起兵,董卓挟帝迁都长安

当年十二月,袁绍在勃海(治所位于今河北省南皮县东北)起兵讨伐董卓乱政。冀州牧韩馥致书袁绍,支持他起兵。典军校尉(警卫部队将领)曹操改姓换名,变卖家产,逃至陈留(治所位于今河南省开封县东南),聚集五千名兵士以反抗董卓。

初平元年(190年)正月,关东(位于今河南省灵宝市东北的函谷关以东)地区的州郡纷纷起兵讨伐董卓,推举勃海太守袁绍为盟主,袁绍自称车骑将军,对各州将领发号施令。董卓大为惊恐,派人毒杀弘农王刘辩,召集百官讨论迁都长安事宜,声称以"应天人之意"。司徒(丞相,主管民政)杨彪、太尉(丞相)黄琬对迁都提出异议,城门校尉(主管京都城门警卫)伍琼、督军校尉(主管监察军事)周瑟也坚持反对迁都。董卓大为恼火,下令将伍、周二人斩杀,将杨、黄二人降为光禄大夫(虚职文官)。

二月丁亥日,董卓逼令汉献帝携百官离开洛阳,迁都长安。他率部留驻毕圭苑(汉灵帝所建宫苑,位于长安西郊),纵火焚烧宫殿、官府和民宅,致使"二百里内,室屋荡尽,无复鸡犬"。

三月乙巳日,汉献帝一行抵达长安,由司徒王允临时主持朝政。当月，曹操自酸枣（位于今河南省延津县西南）领兵攻打董卓，曹军进抵荥阳汴水岸边（位于今河南省荥阳市境内）时，被董卓部将徐荣领兵击败。长沙太守孙坚领兵讨伐董卓，诱杀不肯配合的南阳（治所位于今河南省南阳市）太守张咨，然后率部归附逃至南阳的袁术。

初平二年（191年）正月，韩馥和袁绍写信给袁术，称献帝与灵帝"无血脉之属"，欲立幽州（治所位于今北京市区西南部）牧刘虞（其为皇族成员）为帝。袁术表示反对，认为"无血脉之属"系荒谬邪说，称其"偻偻赤心，志在灭卓，不识其他"。曹操对另立刘虞为帝也持反对意见。韩馥和袁绍派人会见刘虞，向其陈述欲尊奉他为帝的意向，受到刘虞严词拒绝。此事只好作罢。

二月，孙坚领兵进抵大谷（位于今河南省偃师市西南），距离洛阳仅有九十里。董卓领兵迎战失败，退至渑池。接着，孙坚率部击败吕布部众，攻入洛阳。四月，董卓率部进抵长安。孙坚令军士修复被吕布毁坏的先帝陵墓，率部撤至鲁阳（位于今河南省鲁山县）。奉董卓之命留守洛阳的将领朱儁屯兵中牟（治所位于今河南省中牟县东），投附徐州（治所位于今山东省郯城县）刺史陶谦，也加入讨伐董卓的阵营。

## 董卓被杀，朝廷再度陷入内乱

董卓自称太师，凌驾于诸侯王和百官之上，服饰和乘车都仿照皇帝。他任命其弟董旻为左将军（警卫部队长官）、其侄董璜为中军校尉（警卫部队主要将领），将其妾所生幼子也封为侯。他下令在郿（位于今陕西省眉县东渭河北岸）修筑坞，围墙高七丈、厚七丈，储备可供食用三十年的粮食，号为"万岁坞"，声称大事成功，他就是天下主,不成亦足以在坞中安度余生。

董卓生性残忍,暴戾滥杀,文武百官惶惶不可终日。他自知不得人心,以臂力过人的中郎将吕布作为贴身护卫,视吕布为义子。一次,吕布因一件小事违反了董卓的意旨,董卓即向吕布投去手戟。吕布伸手拨开手戟才避免遇难。从此,吕布对董卓怀恨在心,加之他与董卓侍女私通,心中格外惶恐不安。

司徒王允、司隶校尉黄琬、仆射(副丞相)士孙瑞和尚书杨瓒等人密谋诛杀董卓。王允与吕布要好,吕布向他叙说董卓朝他投戟一事。王允深为义愤,并向吕布透露谋杀董卓的计划,吕布答应充作内应。

初平三年(192年)四月丁巳日,汉献帝在未央宫会见文武百官。吕布走在前面为董卓开路。王允要士孙瑞将其手写的诏书递给吕布,吕布当即令骑都尉李肃行刺董卓。董卓身穿甲胄只伤了胳膊,从车上摔下来,惊呼:"吕布在哪里?"吕布应声冲上来,口称奉诏令处死贼臣,举剑将董卓斩杀。随后,董旻、董璜等人也被杀死。朝廷内外为之欢呼。汉献帝任命王允为录尚书事、吕布为奋威将军,仪比三司(享受丞相礼遇),由王、吕二人共同辅政。

当月,吕布派李肃去陕(位于今河南省陕县)宣布汉献帝诏令,欲将驻守在那里的中郎将牛辅(董卓女婿)处死。牛辅领兵将李肃击走。之后,军中发生骚乱。牛辅弃军逃走,被其随从人员斩杀。

此前,牛辅的部将李傕、郭汜等人领兵去中牟攻打朱儁部众。等李、郭二人率部返回时,牛辅已死。他们派人去朝廷请求赦免,被王允拒绝。李傕等人十分恐惧,准备解散部众,各自回乡。这时,讨虏校尉(主事征讨的武官)贾诩提醒李傕不可像牛辅那样弃军逃走,建议他率兵向西攻打长安,为董丞相报仇。李傕接受贾诩的意见,与郭汜等人结盟誓师,很快聚集兵众十万余人,将长安包围。

六月戊午日,吕布军中有人叛变,他们充当内应,将李傕部众

## 五、党同伐异 势不两立

引入城内。李傕放纵兵士大肆杀掠,太常(主管礼仪教育)种拂和黄琬等人被杀,吕布战败逃奔袁术。王允侍奉汉献帝退至宣平门城楼上。李傕率众围住城楼,呼叫王允出来,质问他太师何罪。王允只好下楼会见李傕等人,并于第二天任命李傕为扬武将军、郭汜为扬烈将军、樊稠为中郎将。

李傕想处死王允,但是担心王允的亲信左冯翊(和右扶风均为西汉京都行政长官之一),治所长安宋翼和右扶风王宏起兵反攻,于是胁迫汉献帝下令将宋、王二人召回长安。王宏接到诏令后,派人对宋翼说:"李傕、郭汜顾忌我们二人在城外,不敢杀害王允。今日如果应召,明日我们全家都会遇害。"宋翼认为不可违背君令。王宏只好同意应召。王宏、宋翼入城后,李傕果然下令将他俩同王允一齐逮捕处死。自此,李傕、郭汜、樊稠三人控制朝政。

兴平元年(194年)春天,征西将军马腾和镇西将军韩遂联合出兵讨伐李傕。谏议大夫种邵、侍中马宇等人与马腾串通,作为内应。李傕派樊稠、郭汜率兵将马腾部击败。樊稠追至陈仓(位于今陕西省宝鸡市东)时,韩遂以同乡的名义与樊稠握手言和,撤去双方侍从人员,两人骑马并行交谈。随同樊稠参战的部将李利(李傕之侄)回师后将这一情况报告李傕。李傕对樊稠产生怀疑。

兴平二年(195年)二月,李傕令人将樊稠诱杀。由此,郭汜与李傕之间产生猜忌。三月丙寅日,李傕派人将汉献帝劫持到自己的军营,郭汜则将太尉杨彪等一批大臣扣留在他的军营作为人质。之后,李傕、郭汜"相攻连月,死者以万数"。六月,镇东将军张济从陕地来到长安,劝说李、郭二人和解,并迎接汉献帝去弘农(位于今河南省灵宝市北)。汉献帝亦想返回洛阳,派使臣往返十次,说服李、郭二人和解。七月甲子日,汉献帝得以离开长安东返。

十月,汉献帝一行返至华阴(治所位于今陕西省华阴市)时,护卫将领发生内讧。宁辑将军段煨想把汉献帝接入其军营,后将军杨定、太尉杨彪等人诬称段煨谋反。杨定随即与兴义将军杨奉、安集将军董承等人领兵攻打段煨部众。此时,李傕、郭汜后悔不该让汉献帝东返。由于骠骑将军张济与杨奉、董承不和,于是,张济和李傕、郭汜联兵与杨奉、董承部众在弘农展开激战,将杨、董部众击败。杨奉原为白波军①将领,他假意派人向李傕求和,暗中邀集原白波军将领李乐及匈奴②右贤王去卑率其部众将李傕部众击败。

汉献帝几经辗转,才摆脱李傕、郭汜等人控制,于建安元年(196年)七月甲子日回到一片废墟的洛阳。

## 豪杰兼并 纷争渐成三国之势

董卓劫持汉献帝迁都长安后,关东各地豪杰并没有联合进军讨伐董卓,而是拥兵割据,相互攻战,"务相兼并以自强大"。

初平二年(191年)七月,袁绍胁迫冀州牧韩馥退位让权,自称冀州牧,控制冀州。不久,韩馥被迫自杀。十月,袁绍乘孙坚奉袁术之令率部攻打董卓之机,派周昂(《后汉书》袁术传记作周昕)以豫州(治所位于今安徽省亳州市)刺史的名义领兵袭夺孙坚所据阳城(位于今河南省登封市东南)。孙坚闻讯感叹说:"本来是共同聚集义兵讨伐国贼,拯救社稷,照这样怎么还能同心合力啊!"孙坚回师将周昂部众击走,袁术由此同袁绍翻脸。

辽东属国(治所位于今辽宁省义县)长史(事务长官)公孙瓒之

---

① 黄巾军的一支,以起义于白波谷(位于今山西省襄汾县境内)得名。东汉中平元年(184年),巨鹿(位于今河北省平乡县西南)人张角率众起义,起义官兵皆系黄巾为标志,故称黄巾军。

② 东汉建武二十四年(48年),东汉北方邻国匈奴发生分裂,匈奴南部王比附汉,入居西河郡美稷县(位于今内蒙古准格尔旗西北)。

## 五、党同伐异 势不两立

弟公孙越奉袁术之命率部援助孙坚攻打周昂,中流矢而死。公孙瓒大为恼火,称其弟死祸起于袁绍,随即领兵攻打袁绍。涿郡(治所位于今河北省涿州市)人刘备是中山靖王的后代,跟随公孙瓒出征有功,受公孙瓒委任为平原(即平原国,王府设地位于今山东省平原县西南)相。于是,袁术与公孙瓒结盟,袁绍则与荆州(治所位于今湖北省襄樊市襄阳城)刺史刘表联合。

当月,袁术派孙坚率部攻打刘表,孙坚遭遇伏兵中箭而死(《三国志》"孙坚传"记作初平三年)。

初平三年(192年)四月,曹操部将陈宫串通济北(即济北国,王府设地位于今山东省长清县)相鲍信等人,拥举曹操为兖州(治所位于今山东省金乡县西北)刺史。十二月,曹操领兵收降黄巾军三十万名兵士。

初平四年(193年)正月,曹操领兵包围封丘(位于今河南省封丘县西南),攻打袁术。袁术率部南下占据寿春(位于今安徽省寿县)。秋天,曹操领兵攻打徐州牧(由刺史改任)陶谦,攻占其十余座城。十月,公孙瓒领兵击杀幽州牧刘虞,占据幽州之地。

兴平元年(194年)二月,刘备率部赴援陶谦。陶谦奏请任命刘备为豫州刺史,让其驻守小沛(治所位于今安徽省濉溪县西北)。陈留太守张邈叛离曹操,迎接并推举吕布为兖州牧。吕布屯兵濮阳(位于今河南省濮阳市西)。

兴平二年(195年)闰四月,曹操领军在钜野(位于今山东省巨野县)击败吕布部众。吕布投奔刘备。十二月,袁术同意孙坚长子孙策南下,任命他为折冲校尉,拨给他一千名兵士。孙策率部行至历阳(位于今安徽省和县),聚众达五六千人。之后,孙策率部攻入曲阿(治所位于今江苏省丹阳市),收降二万多名官兵,威震江东(位于今安徽省芜湖市至江苏省南京市长江以南地区)。

建安元年(196年)六月,袁术许以军粮串通吕布攻打刘备。吕布率部攻入下邳(治所位于今江苏省睢宁县西北),掳走刘备妻子。刘备向吕布投降，但由于吕布怨愤袁术失信，随即与刘备和好。吕布自称徐州牧，让刘备屯兵小沛。八月，曹操率部驻扎在许（位于今河南省许昌市），领军将汉献帝从洛阳迎入许。汉献帝定都许，任命曹操为司空、行车骑将军事，由其执掌朝廷军政。十月，袁术派其部将纪灵率领三万名步骑兵攻打刘备。刘备兵败投奔曹操，受任豫州牧。

建安二年（197年）正月，袁术在寿春称帝。五月，曹操以诏书任命孙策领会稽（治所位于今浙江省绍兴市）太守，令其与吕布等人分头讨伐袁术。九月，曹操亲率大军攻打袁术，袁术从此败亡。李傕、郭汜先后兵败被杀。

建安三年（198年）十二月，曹操领兵围攻下邳，斩杀吕布。刘备随曹操攻打吕布，受到曹操赏识。接着，他随同曹操返回许，受任左将军。

建安四年（199年）三月，袁绍领兵击杀公孙瓒，占据幽州六郡。六月，袁绍率十万大军南下，向许昌进发，曹操派兵迎战。

建安五年（200年）正月，车骑将军董承奉汉献帝密诏与左将军刘备谋杀曹操。有人向曹操告密。曹操当即下令杀死董承等人，刘备闻讯逃至小沛，再辗转投奔荆州牧刘表。刘表让刘备驻守新野（位于今河南省新野县）。此间，刘备聘请"躬畊陇亩"的名士诸葛亮参谋其军事。十月，曹操率军在官渡（位于今河南省中牟县东北）击杀袁绍七万多名兵士，袁绍仅率八百名骑兵逃归。曹操听说前吴郡（治所位于今江苏省苏州市）太守许贡部卒为其主人报仇，便射杀孙策，奏请任命孙策之弟孙权为讨虏将军、领会稽太守。

建安七年（202年）五月，袁绍病死。此后，曹操率军消灭袁绍之子袁谭、袁熙、袁尚部众，控制黄河以北大部分地区。

建安十三年（208年）七月，曹操挥师南下，率军攻打刘表。八月，刘表病故，刘表之子刘琮率部投降曹操。刘备率部逃至当阳长坂（位于今湖北省当阳市东北），遇见专程前往荆州探访他的孙权

## 五、党同伐异　势不两立

谋士鲁肃。鲁肃和诸葛亮都劝说刘备联合孙权，共同抗击曹操。当时，曹操给孙权写去一封信，称其正率领八十万水军东下，将与将军在吴地一起打猎，孙权部众大为惊恐。经鲁肃和诸葛亮斡旋，促成孙权和刘备联盟。十月，孙权、刘备联合出兵，在赤壁（位于今湖北省武汉市江夏区西赤矶山）击败曹操大军。之后，孙权将荆州（治所位于今湖北省荆州市）借给刘备镇守，刘备派兵入蜀（位于今重庆市、四川省）。至此，三国鼎立的格局初步形成。

《后汉书》卷七十二　董卓传
　　　　　卷七十五　吕布传
　　　　　　　　　　袁术传
《三国志》卷三十二　先主传
　　　　　卷三十五　诸葛亮传
《通鉴纪事本末》卷八　宦官亡汉
　　　　　　　　袁绍讨公孙瓒
　　　　　　　　卷九　曹操篡汉
　　　　　　　　　　　孙氏据江东
《资治通鉴》卷六十至卷六十五
　　　　　　汉纪五十二至汉纪五十七

## 【简评】

《三国志》作者陈寿认为："汉末，天下大乱，雄豪并起，而袁绍虎视四州，强盛莫敌。太祖运筹演谋，鞭挞宇内"，"惟其明略最优也。抑可谓非常之人，超世之杰矣"。(《三国志》卷一·武帝纪)

清代学者王夫之认为："卓拥彊兵专征讨，有何进之召为内主，废辩立协，在大位未定之初，协慧而欲立之者，又灵帝之志也，然且不旋踵而关东兴问罪之师矣。"(《读通鉴论》卷八·灵帝)"袁绍与术，始志锐不可当，而犹然栖迟若此，无他，早怀觊觎之志，内顾卓而外疑群公,且幸汉之亡於卓而已得以逞也。""董卓死,李、郭乱,袁绍擅河北而忘帝室,袁术窃,刘表僭,献帝莫能驭,而后曹操之篡志生。曹操挟天子,夷袁绍,降刘琮,而后孙权之割据定。是操之攘汉,袁绍贻之;坚之子孙僭号于江南,曹操贻之也。"(《读通鉴论》卷九·献帝)

毛泽东指出:"曹操结束汉末豪强混战的局面,恢复了黄河两岸的广大平原,为后来的西晋统一铺平了道路。""孙刘联合一把火烧了曹操,烧出一个三国鼎立。"

五、党同伐异　势不两立

# 王恭失察内奸

　　东晋①太元二十一年（396年）九月，晋孝武帝被其宠妃张贵人暗害，生来痴呆的太子司马德宗继位为晋安帝。录尚书事、都督中外诸军事（最高军事将领）司马道子（晋安帝之叔）控制朝政。他将其亲信王国宝由中书令、中领军（主管警卫部队）改任为左仆射（第一副丞相）兼丹杨尹，二人肆意结党营私、卖官受贿。

　　王恭（晋孝武帝已故王皇后之兄）时任兖（治所位于今安徽省天长市）、青（治所位于今江苏省扬州市西北）二州刺史，镇守京口（位于今江苏省镇江市），对司马道子同王国宝祸乱朝政深恶痛绝。在回京参与治理晋孝武帝丧事期间，王恭公开痛斥司马道子与王国宝结党乱政。司马道子和王国宝对王恭恨之入骨。

　　隆安元年（397年）四月，王国宝和建威将军王绪（王国宝堂弟）唆使司马道子削减王恭兵权。王恭获悉此事后，邀约荆州刺史殷仲堪联合举兵讨伐王国宝，并上书指控王国宝与王绪"同党凶狡"、"将危社稷"。司马道子为了平息事态，只好以晋安帝诏令的名义将王国宝、王绪二人处死。

　　之后，司马道子为防范王恭和殷仲堪威逼，将其司马王愉任命

---

① 都建康，位于今江苏省南京市。

为江州(治所位于今江西省九江市)刺史,并从豫州(治所位于今安徽省和县)划拨四郡交由王愉管辖。豫州刺史庾楷大为恼火。

隆安二年(398年)七月,王恭与庾楷、殷仲堪联合起兵,讨伐司马道子。司马道子命其子司马元显为都督(军事统帅)领兵迎击王恭,谯王司马尚之领兵讨伐庾楷。

司马元显知道,王恭的司马刘牢之因为没有受到重用,对王恭心怀不满,便暗中派庐江(治所位于今安徽省舒城县)太守高素游说刘牢之,要他作为内应配合他们除掉王恭,许诺事成后让他接替王恭的官位。刘牢之欣然接受。

参军(军事参谋官)何澹之获悉刘牢之勾结司马元显,便将此事报告王恭。王恭认为何澹之与刘牢之平素有矛盾,没有相信何澹之提供的这一情报,反而当众拜刘牢之为兄,把精锐部队交给刘牢之指挥,并派他和帐下督(警卫军官)颜延率部先占据竹里(位于今江苏省句容市北六十里竹里山口)。刘牢之率部进占竹里后斩杀颜延,向司马元显投降。

接着,刘牢之令其子刘敬宣、女婿高雅之领兵反戈,袭击王恭。当时,王恭正在京口城外誓师,没有料到刘牢之会反叛,措手不及,致使其部众被刘敬宣叛军击溃。王恭单人匹马逃至曲阿(位于今江苏省丹阳市),被当地县尉(主管治安)抓捕,押送京都。

王恭临刑时,从容自若,对执刑人员说:"我的内心是忠于国家的,失误在于轻信别人!"

《晋书》卷十 安帝纪
卷八十四 王恭传
《通鉴纪事本末》卷十七 伪楚之乱

## 五、党同伐异　势不两立

【简评】

　　王恭为官忠正清廉,死后"家无财帛,唯书籍而已"。他联合庾楷等人举兵讨伐司马道子专权乱政,意在"诛君侧之恶",因阵营内部出了叛徒,兵败身亡。此事也能说明,敌中有我,我中有敌。

# 刘裕剪除异己

东晋元兴三年(404年)三月,丹徒(治所京口,位于今江苏省镇江市)抚军大将军中兵参军刘裕、从事(州府属官)刘毅等人领兵攻入京都建康,追杀篡位称帝的相国(丞相)桓玄,将生来痴呆的晋安帝司马德宗重新扶上帝位。刘裕因功被提任为徐州(侨置,治所扬州,位于今江苏省扬州市)刺史,镇守丹徒;刘毅因功被提任为豫州(侨置,治所历阳,位于今安徽省和县)刺史。义熙四年(408年),刘裕调任车骑将军、录尚书事,后加任太尉(正一品),执掌朝政。

## 欲擒故纵除掉刘毅

刘毅自以为学问高于刘裕,平定桓玄叛乱的功劳亦不比刘裕小,对刘裕入朝辅政心怀不满。他暗中同尚书仆射(副丞相)谢混、丹杨尹郗僧施等人结成帮派,谋图把刘裕从辅政的位子上挤走。

义熙八年(412年)四月,刘毅调任都督荆宁秦雍四州诸军事、荆州刺史。此前,刘毅在任江州(治所位于今江西省九江市)都督期间曾经上书朝廷,请求让他镇守豫章(治所位于今江西省南昌市),治理那里地处偏僻的十郡之地。朝廷随即任命刘毅镇守豫章。刘毅受任荆州刺史后又上书朝廷,称荆州户籍不满十万,请求朝廷按其上次奏书要求增加管辖范围。于是,朝廷让他兼任交州(治所位于今越南河北省仙游县东)、广州二州刺史。刘毅仍不满足,又要求任命郗僧施为南蛮校尉后军司马(主管西南少数民族事务的将领,治所江陵),刘裕亦一口答应。

刘毅去江陵赴任前,获准回京向其祖先坟墓祭祀。宁远将军胡藩对刘裕说:"我担心刘毅最终不会甘心居于太尉之下,太尉不如趁他这次路过京都,把他除掉。"刘裕回答说:"刘毅曾和我一道为复兴国家立下功劳,如今他的罪过还没有充分显露出来,不可以自相残杀。"

刘毅抵达江陵后,对荆州所属的郡县官员作了大幅度变动,又擅自从豫州、江州将其原来部属一万多人调往荆州,并请求朝廷将其堂弟兖州(治所位于今江苏省金湖县)刺史刘藩调往荆州充当他的副手。刘裕见刘毅图谋与他对立的势头已很明显,决意除去他的一帮势力。

九月,刘裕以晋安帝名义发布诏令,称刘毅"厚树亲党"、"肆心恣欲",谢混"扇动内外,连谋万里",下令将谢混连同入朝辞行的刘藩逮捕处死。接着,刘裕领兵袭击刘毅。十月,刘毅兵败自杀,之后,郗僧施被捕杀。

## 假以亲信诱杀诸葛长民

当初,诸葛长民为豫州左军府参军时,同刘裕一起起兵匡复晋室,以功升任辅国将军、宣城(治所位于今安徽省宣城市)内史。刘裕调入朝廷辅政后,诸葛长民任青州(治所位于今江苏省扬州市西北)刺史,镇守丹徒。刘毅调离豫州后,诸葛长民接任督豫州扬州六郡诸军事、豫州刺史。诸葛长民在其镇地骄纵不法,暴敛害民,常常担心朝廷会给他治罪。他听说朝廷军队将要征讨刘毅,大为不安。

  刘裕对诸葛长民早有戒备。义熙八年(412年),他在率军讨伐刘毅之前,将诸葛长民调任太尉府留守(代行丞相职务),假意委政于他,以示亲近,实则削除其兵权以防止他在豫州发动叛乱。与此同时,刘裕任命其亲信刘穆之为建武将军,以监视诸葛长民的动静。

  诸葛长民听说刘毅兵败自杀更为惶恐不安。他对其亲近的人哀叹说:"'昔年醢彭越,前年杀韩信[①]'。眼看我的大祸就要临头了!"诸葛长民私下向刘穆之询问道:"外界纷纷传言,说太尉对我很不满意,我不知道过错在哪里?"刘穆之对他说:"哪有这回事啊!太尉远征刘毅,把老母和幼子都托付给您照顾,如果有一点不信任,他怎么会这样做呢?"诸葛长民听刘穆之这么说才消除一些疑虑。

  诸葛长民之弟辅国大将军诸葛黎民认为,刘裕除掉刘毅之后就会对他们兄弟下手,劝诸葛长民趁刘裕没有回京抢先动手。诸葛长民犹豫不决,只是叹息说:"人啊,贫贱的时候常常想着怎样才能富贵,富贵之后处境又难免会有危险。今天还有可能回头去做一个丹徒平民吗?"

---

  ① 语见《史记》卷九十一·黥布传。故楚令尹曰:"往年杀彭越,前年杀韩信,此三人者同功一体之人也。"当初,彭越、韩信、黥布三人为汉王刘邦争夺天下立下功劳,受封为王。汉高祖十一年(前196年),吕后以谋反罪诛杀淮阴侯韩信。接着,汉高祖下令诛杀称病未去邯郸(位于今河北省邯郸市)朝拜他的梁王彭越。淮南王黥布为之惊恐不安,以为祸难临头。此后黥布亦因谋反败逃被杀。

## 五、党同伐异 势不两立

此间，诸葛长民给冀州（侨置，治所位于今山东省青州市北）刺史刘敬宣写信，信中有"富贵之事，相与共之"的话。刘敬宣派人把此信送交刘裕。刘裕看出诸葛长民有背离之心，决意回京后即对他动手。

义熙九年（413年）二月三十日夜，刘裕乘轻舟悄悄回到东府（丞相府）。三月一日凌晨，诸葛长民才得知刘裕已经返回，不禁大吃一惊。他急忙去拜见刘裕，刚一进门即被埋伏在帐幕后面的武士丁旿拉走害死。接着，刘裕下令廷尉给诸葛长民定罪，并将其弟诸葛黎民、诸葛幼民及其堂弟诸葛秀之等人杀死。

## 亲自领兵攻杀司马休之

平西将军司马休之（敬王司马恬之子）继刘毅之后接任荆州刺史。司马休之施政便民，深得民心，受到刘裕忌妒。

司马休之的儿子司马文思在京城为非作歹，擅自打死其下属官吏。刘裕下令将司马文思逮捕，交给司马休之处置。司马休之上书向刘裕认罪，请求废黜司马文思官位而不愿将其处死。刘裕更为不快，随即命江州刺史孟怀玉兼督（统领）豫州六郡军事，加强对司马休之监控。

义熙十一年（415年）正月，刘裕下令逮捕在京城供职的司马休之次子司马文宝、侄子司马文祖，逼令他们自杀。接着，刘裕以晋安帝诏令的名义领兵讨伐司马休之。二月，司马休之上书晋安帝，列举刘裕罪状，并率军抵抗刘裕大军。雍州（治所位于今湖北省襄樊市）刺史鲁宗之及其儿子竟陵（治所位于今湖北省钟祥市）太守鲁轨起兵援助司马休之。五月，刘裕军队将司马休之部众击败。司马休之与司马文思、鲁宗之、鲁轨等人一起逃往后秦①。

《通鉴纪事本末》卷十九 刘裕篡晋
《晋书》卷八十五 刘毅传
诸葛长民传
《宋书》卷一 武帝本纪上

## 【简评】

晋安帝生来呆痴,刘裕入朝辅政后产生篡位思想。他先后诛灭刘毅、诸葛长民和司马休之三支异己势力,巩固了执政地位。元熙二年(420年)六月,刘裕迫使晋恭帝让位(之后令人将其杀死),灭晋建宋,即位为宋武帝。清代学者王夫之认为:"晋亡决于孝武之末年,人方周爱四顾而思爱止之屋,裕乘其间以收人望,人胥冀其为天子而为之效死,其篡也,时且利其篡焉。所恶於裕者,弑也,篡犹非其大恶也。"(《读通鉴论》卷十四·安帝)

---

① 十六国之一,都长安,位于今陕西省西安市西北。

五、党同伐异　势不两立

# 王叔文结党被迁

　　王叔文是唐越州山阴（位于今浙江省绍兴市）人。他早年读了一些书，喜欢评时论政。后来，王叔文由苏州司功（负责考察官员政绩）调入朝廷任太子侍读（辅导太子读书）。

　　王叔文常与太子李诵（唐德宗李适长子）谈论民间疾苦，自称博览群书、知晓治国之道。一次，王叔文与其同事谈论宫市①的弊端，李诵认为王叔文讲得有道理，想将此事奏告父皇。王叔文当时没有表态，过后他单独劝诫太子说："太子要做的事就是向皇上问安受命，干预东宫以外的事不适合。皇上在位时间长了，如果有小人从中挑拨离间，说你有意收揽人心，你怎么能解释得清楚？"李诵对王叔文的提醒十分感激，对他说："要不是先生的指点，我怎么能知道这个道理呢！"从此，李诵对王叔文格外器重，凡处理东宫大事，他总是听取王叔文的意见。

　　王叔文踌躇满志，以为得到太子的信赖日后自然会掌揽大权，居然同太子谈起将来某人可以当宰相，某人可以当将军，希望今后能任用他们。王叔文满怀治政抱负，有意结交一批追求功名的官员，为他将来掌揽朝政组织班底。当时，与王叔文"定为死友"的

---

　　①　唐朝中后期，宦官到市场采购宫中用品，恃权强行以低价购买，甚至无偿掠夺商户，称为宫市。

有：太子侍书（辅导太子书法）王伾，翰林学士（皇帝顾问兼秘书）韦执谊，原左司郎中（最高行政机关内设机构长官）陆质，左拾遗（谏议官）吕温，原侍御史陈谏、尚书司封郎中（朝廷主管官吏任免的部门内设机构长官）韩晔，户部郎中（朝廷主管户籍财政部门内设机构长官）韩泰，监察御史柳宗元、刘禹锡等人。

唐贞元二十年（804年）九月，太子李诵身患中风，不能说话。唐德宗为太子突患重病而忧伤流泪。

永贞元年（805年）正月，唐德宗突然病倒。王伾乘唐德宗病危之际，串通宦官李忠言，称德宗诏令王叔文入翰林院（朝廷拟草文稿机构）处理事务。王叔文由此进入权力中心。

当月，唐德宗去世，太子李诵支撑病体即位为唐顺宗。唐顺宗不能上朝理事，由李忠言和牛昭容（后妃名称）侍奉听政。唐顺宗任命王叔文为起居舍人兼翰林学士、王伾为左散骑常侍（皇帝侍从顾问）、韦执谊为尚书左丞（副宰相，当时此职实际主持宰相府日常事务）。其连接渠道是：王叔文联络王伾、王伾联络李忠言，李忠言联络牛昭容，牛昭容昼夜守在唐顺宗身边。唐顺宗凡部署或答复一事，由牛昭容、李忠言、王伾三人依次传达到翰林院，再由王叔文作出判断，然后转由韦执谊执行。

王叔文等人得势后忘乎所以，相互吹捧，以伊尹①、周公②、管仲③、诸葛亮④等古代辅政名臣标榜自己，似乎普天之下除了他们，再没有别的贤才了。他们骄横专权，以其党派划线。文武百官凡是投靠他们的都能得到重用。一时间，王叔文、王伾等人门庭若

---

① 商朝名臣，曾辅佐商汤王平定天下，后历辅几代国王，治政有绩。

② 周朝名臣，曾协助周武王灭商，辅佐年幼的周成王平定叛乱，制定行政法规，使周初出现大治。

③ 春秋时期齐国名臣，曾辅佐齐桓公治政强国，称霸诸侯。

④ 三国时期蜀国名臣，曾辅佐蜀帝刘备联吴抗魏，内政外交皆有建树。

### 五、党同伐异　势不两立

市,一些钻营升官的人纷纷住进他们住宅附近的旅馆里,排队等候向他们行贿。王伾把收受的财物放入一个大柜子中,同他的妻子以柜当床,就睡在大柜子面板上。

某些不肯依附王叔文的官员受到贬排。御史中丞武元衡鄙视王叔文等人滥用职权,不肯顺从他们而被贬为左庶子(太子侍从官)。侍御史窦群当面劝告王叔文不可骄横,不能像李实①那样受到贬斥。王叔文同党中有人竟要把窦群赶出朝廷,被韦执谊劝止。宰相高郢、郑珣瑜见王叔文等人专权,先后称病不再上朝。由此,王叔文等人更加无所顾忌。

不久,唐顺宗任命王叔文为度支副使(主管军费开支的副长官)、盐铁转运副使(主管盐铁专卖及税收的副长官),让他掌管财政大权。代理宰相杜佑虽名为正使,仅是挂名而已。

王叔文不仅排斥异己,且动辄扬言杀人。原宣歙(唐方镇名,治所位于今安徽省宣城市)巡官(方镇属官)羊士谔被贬为汀州宁化县(治所位于今福建省宁化县)尉(主管治安)后,一次因公来京,公开流露对王叔文不满。王叔文听说后想将羊士谔处以杖刑,韦执谊没有同意。剑南(唐方镇名,治所成都,位于今四川省成都市)支度副使刘辟受剑南西川(治所成都)节度使韦皋委托,向王叔文请求加任韦皋为三川(西川、东川、山南西道)节度使。刘辟见到王叔文时,上前欲拉他的手。王叔文不认识刘辟,以为他是歹徒,为之一惊,想将刘辟斩杀,韦执谊坚持没有同意。由于各持己见,王叔文同韦执谊反目。

当年(805年)三月,宦官俱文珍、刘光琦撇开王叔文、李忠言、牛昭容等人,要翰林学士郑絪等人拟草诏令,报经唐顺宗点头同意,立唐顺宗长子李淳(后改名李纯)为太子。册封太子李纯的诏

---

①　李实原任京兆尹,横征暴敛,民愤很大。唐顺宗即位后将他贬为通州(治所位于今四川省达川市)长史。

令发布后，群臣为之欢欣鼓舞，王叔文及其同党却愁容满面。王叔文反复吟诵杜甫诗句"出师未捷身先死，长使英雄泪满襟"。（《蜀相》）听到他吟诵的人都感到好笑。

五月，俱文珍等人奏请唐顺宗免去王叔文翰林学士一职，改任他为户部侍郎。从此，王叔文不再直接颁发唐顺宗诏令。

王叔文的权力受到限制后，与其同党图谋夺取宦官手中的军权。他认为右金吾大将军范希朝年老有病，容易控制，要唐顺宗任命他为左神策统军（警卫部队将领）、京西诸城镇行营节度使，镇守奉天（位于今陕西省乾县），同时任命韩泰为副将，以逐步取代范希朝的职位。

六月，俱文珍等人听说范希朝、韩泰将要去镇守奉天，知道王叔文意在夺取兵权。宦官们大为恼火，都说："听任他们阴谋得逞，我们必定要死在他们手中。"中尉（宦官担任的警卫部队长官）随即通知奉天守将不要将其部队归属别人。不久，范、韩二人抵达奉天，奉天守将拒绝接待，他们只好返回。王叔文听说后不知如何是好，连声说："这可怎么办？这可怎么办？"

七月，王叔文离职回乡，为母亲服丧。临行前，他发话要韦执谊办理某些事，韦执谊不肯接受。王叔文大为恼恨，打算重新任职后首先要设法将韦执谊等人除掉。

俱文珍考虑唐顺宗一时难以亲掌朝政，奏请让太子李纯监国（临时代表皇帝执掌朝政）。八月四日，唐顺宗发布诏书，自称太上皇，令太子李纯即帝位，为唐宪宗。

唐宪宗即位后，随即下令将王伾贬为开州（治所位于今四川省开县）司马、王叔文贬为渝州（治所位于今重庆市）司户（州府属官）、韩泰贬为抚州（治所位于今江西省临川市）刺史、韩晔贬为池州（治所位于今安徽省池州市）刺史、柳宗元贬为邵州（治所位于今湖南省邵阳市）刺史、刘禹锡贬为连州（治所位于今广东省连县）刺史。王叔文党派被遣散。

## 五、党同伐异　势不两立

王伾被贬时患了中风,不久死在贬所。第二年,唐宪宗派人逼令王叔文在其贬所自杀。

《通鉴纪事本末》卷三十四　伾文用事
《旧唐书》卷一百三十五　王叔文传
　　　　　卷一百五十一　范希朝传


## 【简评】

清代学者王夫之认为:"王伾、王叔文以邪名古今","平心以考其所为,亦何至此哉!""自其执政以后,罢进奉、宫市、五坊小儿,贬李实,召陆质、阳城,以范希朝、韩泰夺宦官之兵柄,革德宗末年之乱政,以快人心、清国纪,亦云善矣。顺宗抱笃疾,以不定之国储嗣立,诸人以意扶持而冀求安定,亦人臣之可为者也。所未审者,不能自量其非社稷之器,而仕宦之情穷耳"。"故执谊等有可黜之罪,而遽谓为千古之败类,则亦诬矣"。(《读通鉴论》卷二十五·顺宗)

# 李训、郑注谋诛宦官

唐自元和末年(820年)唐宪宗李纯去世,便由宦官控制朝政,"建置天子在其掌握,威权出人主之右"。唐文宗李昂即位后"励精求治,去奢从俭",削减后宫宫女三千多人,力图革除弊政。他尤其痛恶宦官专权,决意削除宦官势力。

唐大和五年(831年)二月,唐文宗与同平章事宋申锡密议如何除掉在朝廷专权的神策军中尉(由宦官担任的警卫部队统帅之一)王守澄。此事被王守澄的亲信游医郑注获悉,郑注密告王守澄。王守澄随即诬告宋申锡图谋改立漳王李凑(唐文宗之弟)为帝。唐文宗向来忌妒李凑贤能,对王守澄的谗言信以为真,反将宋申锡贬为开州(治所位于今四川省开县)司马。宋申锡含冤去世。

大和八年(834年),唐文宗患中风。王守澄引荐郑注为唐文宗治疗,病情明显好转。从此,郑注受到唐文宗宠信,被任命为太仆卿(主管皇宫用马及畜牧业)兼御史大夫。

东京(位于今河南省洛阳市)留守李逢吉原任宰相。他想重新入朝为相,派其侄李仲言带上百万金币去京城贿赂郑注。郑注通过王守澄将李仲言引荐给唐文宗。唐文宗见李仲言能言善辩,任命他为翰林院侍讲学士(皇帝学术顾问),将其改名为李训。李训多次为唐文宗出谋划策,受到唐文宗宠信。

李训、郑注受到重用后,发誓要对唐文宗效忠。唐文宗考虑他

## 五、党同伐异　势不两立

们都是由王守澄推荐的,其行踪不会受到王守澄的怀疑,便把制裁宦官的希望寄托在李、郑二人身上。李训、郑注领受唐文宗密旨,以制裁宦官为己任。

首先,他们设计处死当年杀害唐宪宗①(唐文宗祖父)的宦官陈弘志。陈弘志时任山南东道(治所位于今湖北省襄樊市襄阳城)监军。李训建议唐文宗召陈弘志回京,以便在途中将他除掉。

大和九年(835年)九月,陈弘志返抵青泥驿(位于今陕西省蓝田县)时,被守候在那里的兵士击杀。

接着,李训和郑注向唐文宗献计诛杀王守澄。他们建议文宗改任王守澄为左右神策观军容使兼十二卫统军(警卫部队统帅),名为提任,实则夺其实权。十月九日,唐文宗密令宦官李好古率众突然控制王守澄住处,逼令他饮毒酒自杀。李训因功升任礼部侍郎、同平章事。

处死王守澄后,李训同郑注密谋,建议唐文宗任命郑注为凤翔(治所位于今陕西省凤翔县)节度使,传令十一月二十七日安葬王守澄那天,宦官都要去送葬,至时由郑注率兵突袭,将宦官全部杀死。

李训为人狡诈,他虽由郑注推荐,对郑注却十分忌妒。郑注离京去凤翔后,李训转而和其同党左金吾卫大将军(主管皇宫、京城巡卫)韩约等人谋害郑注。他们顾忌原定安葬王守澄之日由郑注领兵诛灭宦官,功劳将归于郑注,决意提前在京都除灭宦官,不让郑注插手,然后再设法除掉郑注。

十一月二十一日早朝,韩约向唐文宗奏报,称他的官府后院石

---

① 唐元和十五年(820年)正月,唐宪宗猝死,时人都认为是宦官陈弘志毒杀。

榴树上昨夜降有甘露①,向唐文宗行舞蹈之礼表示祝贺。李训当即劝唐文宗前往观看,以承受上天赐予的祥瑞。唐文宗先命宰相府官员前往察看,接着令左、右神策军中尉仇士良、余弘志率领众宦官前去观看。之前,韩约和邠宁(治所位于今陕西省彬县)节度使郭行余在左金吾官府内埋伏几百名兵士,伺机动手。

当仇士良率领众宦官进入左金吾府后院时,韩约紧张得"变色流汗",仇士良感到奇怪。不一会,窗帘被风吹起,仇士良发现室内有很多手执兵器的士兵,又听见他们搬弄兵器的撞击声,不由得大吃一惊,急忙拔腿往外跑。守门兵士想关门,被仇士良斥退。仇士良奔到唐文宗面前,奏告他在左金吾府发现的情况。李训见宦官已经知道他们的密谋,准备采取应变措施。这时,宦官抬来软轿,请唐文宗上轿回宫。李训上前拉住软轿,不让唐文宗回宫。此刻,李训的亲信京兆少尹罗立言、御史中丞李孝本领兵分别从东、西两面朝宦官冲杀过来。宦官大喊冤枉,许多人被砍伤,有十多人当场被杀死。

唐文宗喝斥李训松手让他回宫,李训仍然抓住软轿不放。宦官郄志荣冲上来挥拳将李训击倒,众宦官随即护卫唐文宗进入内殿,并关上宫门。李训见势不妙,骑马出逃。仇士良等人当即下令警卫兵士讨伐"贼党"。李训和韩约、罗立言、郭行余、李孝本等人被追杀。宰相王涯、贾悚以及六百多名朝廷官员没有参与李训等人密谋,亦无辜被杀。这次事件史称"甘露之变"。

郑注按照原先同李训的约定,已率领五百名亲兵离开凤翔。他获悉京都出事,李训败逃,连忙率军返回凤翔。当月二十五日,仇士良派人携带密诏,令凤翔监军张仲清将郑注诱杀并杀死其全家。

---

① 甘美的雨露。《老子》一书中说:"天地相合,以降甘露。"古人以降落甘露为天下太平的瑞兆。

## 五、党同伐异　势不两立

事后,仇士良等宦官听说唐文宗知道李训等人密谋,对唐文宗十分怨恨,经常出言不逊。唐文宗羞愧自惭而又无计可施,只好听任宦官滥施权威,长年以酒浇愁。开成五年(840年)正月,唐文宗在忧郁中去世。

《通鉴纪事本末》卷三十五 宦官弑逆
《旧唐书》卷一百六十九 李训传
　　　　　　　　　　　郑注传
《新唐书》卷一百七十九 李训传
　　　　　　　　　　　郑注传

【简评】

唐朝后期,宦官掌握警卫部队,控制朝政。"宦者之祸,始于明皇,盛于肃、代,成于德宗,极于昭宗"。"文、武、宣、懿、僖、昭六帝,皆为宦官所立,势益骄横"。宦官"自称'定策国老',目天子为门生,根深蒂固,疾成膏肓,不可救药矣!文宗深愤其然,志欲除之,以宋申锡之贤,犹不能有所为,反受其殃"。(司马光《资治通鉴》卷二百六十三·唐纪七十九)唐文宗只好借助由宦官引荐的李训、郑注二人。李、郑使用暗杀手段除掉陈弘志、王守澄等人。他们密谋尽诛宦官,韩约临事惊慌导致甘露惨剧发生。甘露之变后,宦官势力与某些方镇势力相勾结,皇权丧失殆尽,唐王朝在凄风苦雨中飘落。

中国古代历史风云·朝政风波(下)

# 唐后期朋党角逐

唐朝从安史之乱开始,经历长时间内乱外患①之后,皇权逐渐衰微,朝政大权操纵在宦官手里。文人出身的大臣从各自利益出发结成朋党,参与朝政。不同朋党之间明争暗斗,势不两立,朝廷在宦官的权柄下浮沉。

## 官员追名逐利结成朋党

唐长庆元年(821年),礼部侍郎钱徽等人主持录取进士考试。西川(治所位于今四川省成都市)节度使段文昌和翰林学士李绅分别给钱徽写信,请他关照有关考生。结果,段、李二人信上所托的考生没有录取,中书舍人(负责拟草诏令)李宗闵的女婿苏巢、宰相

---

① 唐天宝十四载(755年),范阳(治所位于今北京市区)等三镇节度使安禄山发动叛乱,领军攻入京都长安。安禄山被其次子安庆绪杀死后,以其部将史思明为首继续叛乱,史称安史之乱。宝应二年(763年),历时八年的叛乱被平息。此后,吐蕃(位于今西藏地区)、回纥(唐北方邻国)曾联合出兵攻打长安。接着,连续发生方镇将领拥兵割据反叛朝廷的事件。

### 五、党同伐异 势不两立

裴度之子裴譔和谏议大夫郑覃之弟郑朗等人却榜上有名。

此后,段文昌弹劾这场录试不公,李绅附和。翰林学士李德裕因为李宗闵在一次对策中曾讥讽过他的父亲(已故宰相李吉甫),对李宗闵怀恨在心;翰林学士元稹与李宗闵曾经争当宰相,积怨很深。李德裕和元稹公开支持段文昌弹劾李宗闵等人。于是,以李德裕等人为一派,以李宗闵等人为另一派的朋党形成。

四月,唐穆宗下令取消苏巢等人的录取资格,将钱徽贬为江州(治所位于今江西省九江市)刺史、李宗闵贬为剑州(治所位于今四川省剑阁县)刺史。李德裕同李宗闵两党之间的角逐从此拉开序幕。

## 李德裕同李逢吉、牛僧孺结怨

长庆二年(822年),山南东道(治所位于今湖北省襄樊市襄阳城)节度使李逢吉暗中结交宫中宦官,得以调任兵部尚书(朝廷主管军事的部门长官)。六月,李逢吉乘裴度和元稹两宰相闹矛盾之机,对他们进行攻击。由此,唐穆宗罢免裴度和元稹的宰相职务,任命李逢吉为门下侍郎、同平章事。

第二年三月,朝廷要增补一名宰相,翰林学士李德裕和户部侍郎牛僧孺二人为入围人选。议而未定之时,唐穆宗在一宗行贿案的记事本上,发现当事人记有牛僧孺拒收一千万钱的文字。唐穆宗十分高兴,当即任命牛僧孺为宰相。李逢吉知道中书舍人李绅与李德裕关系密切,极力加以排斥,将李绅改任御史中丞,同时将李德裕调任浙西(治所位于今江苏省镇江市)观察使(军政长官,位次于节度使)。此后八年,李德裕的职务一直没有变动。李德裕认为,他落选被迁,且长期不得升迁,是宰相李逢吉和牛僧孺做的手脚，由此与李逢吉、牛僧孺结下怨恨。

## 李逢吉诬告李绅

　　李逢吉担任宰相后，公开与知枢密（主管军事兼掌机要）宦官王守澄勾结在一起，"势倾朝野"。文武百官对李逢吉唯命是从，百依百顺，只有翰林学士李绅敢于对他提出不同意见。李逢吉由此对李绅心怀忌恨。

　　长庆四年（824年）正月，唐穆宗病逝，时年十六岁的太子李湛继位为唐敬宗。二月，李逢吉串通王守澄诬告时已改任户部侍郎的李绅当初想拥立深王李悰（唐穆宗之弟）为帝。唐敬宗信以为真，将李绅贬为端州（治所位于今广东省肇庆市）司马，并将李绅所引荐的翰林学士庞严贬为信州（治所位于今江西省上饶市）刺史、蒋防贬为汀州（治所位于今福建省长汀县）刺史。李逢吉进而指使其亲信奏请将李绅处死。唐敬宗点头同意，而被翰林侍读学士韦处厚劝止。不久，唐敬宗无意中从唐穆宗密封的一个箱子里发现当年李绅等人请求立他为太子的奏书。他这才知道李绅蒙受冤屈，下令将诋毁李绅的奏书全部烧毁。

　　宝历元年（825年），牛僧孺看到唐敬宗荒淫误政，亲近阿谀之徒，请求并获准辞去宰相职务，出任武昌（治所位于今湖北省武汉市）节度使。第二年，唐敬宗将山南西道（治所位于今陕西省汉中市东）节度使裴度调回朝廷复任宰相。李逢吉及其党羽大为恐惧，散布流言蜚语对裴度进行诽谤。唐敬宗察觉这一动向后将李逢吉调任山南东道节度使。十一月，唐敬宗夜猎还宫，被宦官刘克明杀害。王守澄随即率兵杀死刘克明等人，拥立唐敬宗之弟江王李涵（后改名昂）即位为唐文宗。

五、党同伐异　势不两立

# 牛僧孺、李宗闵共排李德裕

　　大和三年(829年)八月,唐文宗将李德裕调回朝廷任兵部侍郎。接着,李德裕经裴度推荐被任命为宰相。时任吏部侍郎的李宗闵在宦官支持下亦被任命为宰相。九月,李宗闵依靠宦官将李德裕排出朝廷,贬为义成(治所位于今河南省滑县东)节度使。第二年,经李宗闵提议,唐文宗将牛僧孺调回朝廷担任宰相。此后,牛僧孺与李宗闵结为一党,共同排斥李德裕之党。李宗闵忌恨裴度举荐李德裕,奏请唐文宗将裴度调任山南东道节度使,将李德裕由义成节度使调任西川节度使。

　　大和五年(831年)九月,吐蕃①维州(治所位于今四川省理县东北薛城)副使(军政副官)悉怛谋请求投降唐朝,李德裕派遣代理维州刺史职务的虞藏俭领兵接管维州城,并奏报朝廷。牛僧孺忌妒李德裕收回维州的功劳,奏请唐文宗下令将悉怛谋逮捕,连同维州一起交还吐蕃,悉怛谋被交给吐蕃后即遭斩杀。李德裕由此更加憎恨牛僧孺。第二年,西川监军宦官王践言调回朝廷任知枢密,他上书论及遣返悉怛谋的危害,认为今后边远邻邦再没有人敢来投降。唐文宗感到后悔,开始疏远牛僧孺,询问他是否有意于天下太平。牛僧孺惶恐不安,答称:"当今天下太平,不说是大治,亦可称为小康。如陛下再要求别的什么太平,就不是臣下力所能及的了。"他请求并获准辞去宰相职务,调任淮南(治所位于今江苏省扬州市)节度使。

---

①　都逻些,位于今西藏拉萨市。

## 李德裕东山再起大排李宗闵之党

大和六年(832年)十二月,唐文宗将李德裕召回朝廷,任命其为兵部尚书,引起宰相李宗闵的忌妒。唐文宗想任命李德裕为宰相,受到李宗闵阻挠。

大和七年(833年)二月,唐文宗任命李德裕为宰相。唐文宗厌恶李宗闵同给事中(侍从皇帝、负责收纳奏章、协理监察事务)杨虞卿等人结党,同李德裕谈论朋党问题,李德裕认为"方今朝士三分之一为朋党"。之后,唐文宗下令将杨虞卿贬为常州刺史、中书舍人张元夫贬为汝州刺史、给事中肖澣贬为郑州刺史。接着,唐文宗听信李德裕之言,将李宗闵保留宰相官衔,调任山南西道节度使。

## 李宗闵复相将李德裕排出朝廷

大和八年(834年),东都(位于今河南省洛阳市)留守李逢吉想再次入朝为相,指使其侄子李仲言携带重金去贿赂唐文宗的宠臣太仆卿郑注。郑注通过右神策军中尉王守澄,将李仲言引荐给唐文宗。八月,唐文宗见李仲言能说会道,想任用他为谏官。李德裕知道李仲言是李逢吉的侄子,以李仲言曾犯罪被流放提出反对意见,引起王守澄、郑注和李仲言的恼恨。他们知道李宗闵与李德裕水火不相容,于当年十月奏请唐文宗复任李宗闵为宰相,而将李德裕保留宰相官衔调任山南西道节度使,同时任命李仲言为翰林侍讲学士,改名李训。李德裕请求留在京都,唐文宗想改任他为兵部尚书。李宗闵则以李德裕出任的诏书已经发出为由,奏请唐文宗改任李德裕为镇海(治所位于今江苏省镇江市)节度使,不再保留宰相官衔。唐文宗无可奈何,发出"去朝中朋党难"的感叹。

第二年四月,尚书左丞王璠等人上书诬告李德裕当年在浙西观察使任上暗下勾结漳王李凑(唐文宗之弟),图谋不轨。唐文宗大为恼火,不久又将李德裕贬为袁州(治所位于今江西省宜春市)长史。

## 李德裕复相对李宗闵、牛僧孺大打出手

大和九年(835年)夏天,京都传言郑注(原为游医)为皇帝配制金丹需要小儿心肝。唐文宗听说后深感厌恶。郑注对京兆尹杨虞卿心存忌恨,便诬告谣言出自杨虞卿家人。杨虞卿因此被捕入狱,不久被贬为虔州(治所位于今江西省赣州市)司马。李宗闵为杨虞卿辩护说情,郑注就奏请唐文宗将李宗闵贬为明州(治所位于今浙江省鄞县南)刺史,接着再贬为潮州(治所位于今广东省潮州市)司户。李宗闵在朝廷的党羽同时受牵遭贬。

开成五年(840年)正月,唐文宗病逝。宦官仇士良等人谋杀太子李成美,立唐文宗之弟李缠即位为唐武宗。九月,时任淮南(治所位于今江苏省扬州市)节度使的李德裕被召回朝廷任宰相。

会昌三年(843年),李德裕借故将太子宾客分司(设在东都的太子官府属官,虚职)李宗闵调任湖州(治所位于今浙江省湖州市)刺史。

会昌四年(844年)九月,李德裕诬告太子太傅、东都留守牛僧孺和湖州刺史李宗闵在大和年间担任宰相期间放纵昭仪(治所位

于今山西省长治市)节度使刘从谏暴敛扰民。于是,唐武宗下令将牛僧孺贬为循州(治所位于今广东省惠州市)长史,将李宗闵流放封州(位于今广东省封开县)。李宗闵从此再也未能复还,最后死在封州。

## 朋党之争式微

会昌六年(846年)三月,唐武宗病逝,宦官拥立唐宪宗之子光王李怡即位为唐宣宗。宦官和唐宣宗都厌恶李德裕当权。

大中元年(847年),翰林学士白敏中弹劾李德裕专权。唐宣宗将李德裕贬为荆南(治所位于今湖北省荆州市)节度使。不久,改任他为东都留守,随即又将他贬为太子少保分司(太子名誉辅导老师)。当年十二月,又以李德裕"欺罔武宗"罪,将其贬为潮州司马。

大中二年(848年)九月,李德裕被再贬为崖州(治所位于今海南省琼山市东)司户。牛僧孺在太子少师位上病逝。第二年,李德裕在崖州去世。

至此,唐后期持续二十多年的朋党之争落下帷幕。

《通鉴纪事本末》卷三十五 朋党之祸
《旧唐书》卷一百七十六 李宗闵传
　　　　卷一百七十三 李绅传
《新唐书》卷一百七十四 李逢吉传

【简评】

司马光认为:"于斯之时,阍寺专权,胁君于内,弗能远也;藩镇

## 五、党同伐异 势不两立

阻兵,陵慢于外,弗能制也;士卒杀逐主帅,拒命自立,弗能诘也;军旅岁兴,赋敛日急,骨血纵横于原野,杼轴空竭于里闾,而僧孺谓之太平,不亦诬乎。"(《资治通鉴》卷二百四十四·唐纪六十)"夫君子小人之不相容,犹冰炭之不可同器而处也。故君子得位则斥小人,小人得势则排君子,此自然之理也。然君子进贤退不肖,其处心也公,其指事也实;小人誉其所好,毁其所恶,其处心也私,其指事也诬。公且实者谓之正直,私且诬者谓之朋党,在人主所以辨之耳。""夫木腐而蠹生,醯酸而蚋集,故朝廷有朋党,则人主当自咎而不当以咎群臣也。"(《资治通鉴》卷二百四十五·唐纪六十一)

# 王安石变法之争

北宋①嘉祐五年(1060年),宋仁宗赵祯将提点江东刑狱(主管江南东路刑狱,治所江宁府,位于今江苏省南京市)王安石调任度支判官(负责统计全国财税收支的副官)。王安石个性独特而又刚强,"自信所见,执意不回","慨然有矫世变俗之志"。上任不久,他便向宋仁宗递上《万言书》,称"今天下之财力日以困穷,风俗日以衰坏,患在不知法度","期合于当世之变"。宋仁宗将王安石这封奏书搁置,没有让朝廷大臣讨论。

治平四年(1067年)九月,经太子右庶子(太子侍从顾问)韩维等人推荐,宋神宗赵顼(宋英宗长子)将王安石由江宁知府召任为翰林学士兼侍讲。王安石一直有志于变法图强而未能如愿。即位不久的宋神宗励精图治,意欲富国强兵,夺回燕、云②之地。于是,王安石得以大显身手。

---

① 都开封,位于今河南省开封市。
② 后唐清泰三年(936年),河东(治所位于今山西省太原市)节度使石敬瑭反叛朝廷,为争取契丹(即辽)援兵,将卢龙道(位于今河北省迁安市西北)至雁门关(位于今山西省代县西北)以北燕、云等十六州割让给契丹。

### 五、党同伐异　势不两立

## 用不用王安石、要不要变法之争

王安石受任翰林学士后,宰相曾公亮排斥连任三朝宰相的韩琦,并向宋神宗举荐王安石可以重用。韩琦请求去地方任职,宋神宗任命他为司空兼侍中、判相州(兼任行政长官,治所位于今河南省安阳市)。韩琦临行前入宫辞行,宋神宗就王安石可不可以委以重任征求他的意见,韩琦说:"王安石任翰林学士才识有余,但不可委任辅政之职。"

熙宁元年(1068年)四月,宋神宗向王安石问道:"先帝开国已有一百多年,天下一直太平,没有发生大的变故,这是怎么治理的呢?"

王安石对答后奏上《本朝百年无事札子》。他认为:"建国百年来平安无事,是因为外敌不强大,且没有发生特大自然灾害,先帝治政虽然有方,亦离不开老天帮忙;如今民不富、国不强,天下臣民正期待皇上大有作为。"

十一月,执政(即宰相)以河朔(泛指黄河以北地区)遭受旱灾、"国用不足"为由,奏请宋神宗去京都(位于今河南省开封市)南郊祖庙斋戒时不要向大臣贵戚赏赐财物。

宋神宗就这一提议召集近臣进行讨论。翰林学士司马光主张节省费用以救灾,且应当从大臣做起。王安石认为:"国家费用不足,是因为没有任用善于理财的人。"司马光说:"所谓善于理财,不过是以各种名义收取民众的钱财而已。"王安石说:"你这样说我不赞成,我所说的善于理财,是可以不增加民众的赋税而能使国家费用充足。"司马光反驳道:"哪有这个道理? 天下百工所创造的财富是一定的,财富不在民众手中,便入官府库存。如果想方设法从民众手中夺取财富,其危害性比增加民众的赋税还要大。"王安石同司马光各持己见,谁也没有说服谁。

熙宁二年(1069年)初春,宋神宗同王安石议政,向王安石询问治理国家该从何处入手。王安石回答说:"改变旧的风俗,建立新的法制,是当务之急。"宋神宗赞赏王安石这一观点,想起用他为参知政事(副宰相),为此征求近臣意见。宰相曾公亮极力赞同。参知政事唐介认为,王安石一旦受到重用,他将会改变国家章法,引起天下混乱。侍读孙固则认为王安石心胸狭隘,缺乏宰相应有的气度。之后,宋神宗还是任命王安石为参知政事。

二月,宋神宗接受王安石变法主张,召集众臣讨论变法事宜。王安石说:"变法是天下大事,实施起来问题很多,个别失误是难免的,不能因为一两个人有失误而半途而废。要从大处着眼,看实行变法是利多弊少,还是弊多利少。"宋神宗赞同王安石的意见,下令设立制置三司条例司作为研究制定新法的机构,令知枢密院事(最高军事机关长官)陈升之同王安石共同主持变法。

接着,王安石提请任命原真州(治所位于今江苏省仪征市)推官(主管刑狱诉讼)吕惠卿和原大名(治所位于今河北省大名县东北)推官苏辙为三司条例司检详文字(负责拟草新法文稿),集贤校理(主管古籍整理)曾布为检正中书五房公事(负责收集最高行政机关所属五部门对新法的反映并提出解释或批驳意见),商洛(治所位于今陕西省丹凤县西北)知县章惇为编修三司条例官(负责记录推行新法大事并整理有关资料),将他们作为推行变法的主要骨干。在这个变法的班子中,王安石凡事总是与吕惠卿商量,许多变法文本由吕惠卿拟草。

六月丁巳日,御史中丞吕诲在上朝路上遇见司马光,对司马光说:"王安石虽然有名声,但他思想偏激而又固执,喜欢人讲他的好话,容易上奸臣的当。把他放在宰相的位子上,天下必然要受到祸害。皇上即位不久,如果错用此人,将会败坏国事,这是我心中最忧虑的一件事。"吕诲入朝后,上书对王安石主持变法提出质疑,宋

## 五、党同伐异　势不两立

神宗将吕诲的奏书退还。吕诲当即请求离开朝廷去地方任职。王安石为之气恼,也要求去地方任职。此后,宋神宗调任吕诲为邓州(治所位于今河南省邓州市)知州。

## 变法中两种对立意见之争

熙宁二年(1069年)七月,王安石等人制定均输法,朝廷下令在江南等部分地区施行。均输法规定:设置专职官吏,以低价从东南各地采购物品,优先保证京都开封的供应。苏辙认为,派官吏以低价收购物品必然要损害民众利益,亦影响从商人那里征收足额赋税。苏辙的意见被否定。不久,王安石拟派八名大臣赴各地征求意见,以听取对变法的反映。苏辙认为没有必要这样做,指出朝廷派大臣下去,各地势必要迎合讲假话、讲好话。王安石勃然大怒,当即要给苏辙治罪。经陈升之讲情,苏辙被贬为河南府(治所位于今河南省洛阳市)推官。

八月,知谏院(主管议论朝政)范纯仁上书,称王安石变法"敛怨基祸"。王安石大为恼火,请求对他贬谪。宋神宗认为范纯仁无罪,将他贬为成都(治所位于今四川省成都市)转运使。范纯仁到任后下令各州县不得急于执行新法,为时不长,他又被贬为和州(治所位于今安徽省和县)知州。

当月,判刑部(朝廷主管刑事的部门代理长官)刘述和侍御史刘琦、钱颉共同上书,称先朝制度应"世守勿失",指责王安石等人"乱国纪",请求将他们"罢逐以慰天下"。王安石大发雷霆,奏请要将刘述逮捕入狱。司马光、范纯仁极力为刘述争辩。于是,刘述被贬为知江州(治所位于今江西省九江市)、刘琦被贬为监处州盐酒务(主管盐酒税务,治所位于今浙江省丽水市)、钱颉被贬为监衢州

(治所位于今浙江省衢州市)盐税。

九月,朝廷颁布青苗法,先在黄河以北地区施行。青苗法规定:春天将官仓陈粮贷给民户,按二分息,秋天以新粮连本带息收回。

熙宁三年(1070年)二月,河北(即河北路,治所位于今河北省大名县东北)安抚使(河北四路军政长官)韩琦上书奏称,地方实施青苗法强行摊派,"官自放钱取息,与初诏相违"。他认为,皇上如能以身垂范,以节俭教化天下,国用经费自然不会缺乏,用不着为了给朝廷敛财而骚扰四方百姓。宋神宗认为韩琦言之有理,想下令停止施行青苗法。枢密使(最高军事机关长官)文彦博也认为青苗法害多利少。王安石听说后极为恼恨,称病不出,请求辞去宰相职务。宋神宗随即转变态度,同意继续推行青苗法,对王安石加以挽留。王安石重新上朝后对推行新法更加坚决,他令曾布撰文对韩琦奏章逐条批驳,并印发全国。韩琦见其意见被驳回,请求辞去河北安抚史职务,只领大名府路。

司马光在担任谏议官时便与王安石经常交往。宋神宗征求他对王安石的看法,司马光回答说:"人们都说王安石奸邪,这样诋毁他太过分了。但王安石确实不通晓事理而又固执己见。"司马光对新法持有异议,接连三次写信给王安石,对新法提出批评。他在信中说:新法实施以来,"谤议沸腾,怨嗟盈路"。他劝告王安石"当自思所以致其然者",不要"别出新意,以自为功名","不可专罪天下之人"。王安石收到司马光书信后,写了《答司马谏议书》。他在回信中称:"怨诽之多,则固前知其如此也。人习于苟且非一日,士大夫多以不恤国事、同俗自媚于众为善。上乃欲变此,而某不量敌之众寡,欲出力助上以抗之,则众何为而不汹汹然?""责我以在位久,未能助上大有为,以膏泽斯民,则某知罪也;如曰今日当一切不事事,守前所为而已,则非某之所敢知。"

宋神宗想重用司马光,征求王安石的意见。王安石说:"司马光虽有忠正直谏的名声,内心却讨好一些小人。他所说的尽是有

## 五、党同伐异　势不两立

害于朝政的事,他所亲近的尽是有害朝政的人。今天如果重用司马光,正好是给反对新法的人树立一面红色的旗帜!"

在王安石称病没有上朝期间,宋神宗任命司马光为枢密副使。司马光上书辞谢,称青苗法使贫者更贫,富者也会变贫,臣不能为民众分忧解难,深为虚占禄位而惭愧不安,如停止推行青苗法,陛下虽不用臣,臣亦感谢不尽。不久,王安石重新上朝,奏请宋神宗准许司马光辞让,收回对他的任命。司马光见宋神宗听不进他的意见,请求离开朝廷,受任知永兴军(行政长官,治所位于今陕西省西安市)。之后,他挂名判西京御史台(名誉监察长官),退居洛阳,全力主持编撰《资治通鉴》。

四月,御史中丞吕公著上书,称许多德高望重的大臣都认为不该推行新法,而主持变法的人则把他们的言论统统说成是谬论,难道那些一向贤能的大臣今天都变成奸臣了吗?王安石对吕公著的质询不作答复,随即将他贬为颍州(治所位于今安徽省阜阳市)知州。参知政事赵抃因无力抵制新法而气恼,获准出知杭州(治所位于今浙江省杭州市)。

秀州(治所位于今浙江省嘉兴市)判官(相当行政副长官)李定原是王安石的学生,应召入京后称青苗法便民利民,深受民众欢迎。宋神宗和王安石听了都十分高兴,提升李定为知谏院。宰相认为没有这样破格提拔的先例,于是宋神宗改任李定为监察御史里行(最高监察机关试任官员)。知制诰(负责拟草诏令)宋敏求、苏颂、李大临以李定入朝做官没有经过考察,主张将其任命诏令封好退还。宋、苏、李三人由此被免职,时人称他们为"熙宁三舍人"。

监察御史里行程颢、张戬和右正言(谏议官员)李常公开议论新法弊端。王安石为之激言厉色。程颢说:"天下大事不能只听一家之言,愿宰相心平气和地听我们说。"接着,他们上书称王安石变乱章法,宰相曾公亮、陈升之一味迁就,参知政事韩绛曲意迎合,李定邪谄升官,吕惠卿滥施奸术,这些人怎么能留在皇上身边!王安石令人与他们辩论,用扇子掩盖脸面在旁边偷笑。张戬冲着王安石说:"我们愚拙直谏,惹你耻笑,可天下人讥笑你的也不少啊!"之后,程颢、张戬、李常三人均被贬出朝廷。

十月,翰林学士范镇上书论述青苗法的危害,王安石亲自拟文加以批驳。范镇以"臣言不用,无颜复立于朝",请求并获准退休。因反对变法受到王安石排斥的判官告院(临时主管官员任免行文所用文具)苏轼仰慕范镇名节,登门为之抚慰。

十二月,朝廷颁布保甲法。保甲法规定:乡民每十家为一保,每家推出一半男劳力作为保丁,接受军事训练。接着,朝廷又颁布免役法。免役法规定:将每户出人服兵役差役,改为出钱由公家雇人服役,为免役钱。原来规定免役的官员家属、单身男子、寡妇、僧尼等人亦不例外,须交纳半费,为助役钱。

熙宁四年(1071年)四月,直史馆(朝廷预作重用的后备官员)苏轼上书,称新法推行以来,"富国之功茫如捕风",劝谏宋神宗"结人心、厚风俗、存纪纲"。王安石大为不快,将苏轼改任杭州通判。

宁州(治所位于今甘肃省宁县)通判邓绾上书,称宋朝建国一百多年来,苟于安乐,失于治理。今天,陛下得到像周公(西周初年辅佐年幼的周成王执政的名臣)一样的大臣辅佐,推行青苗、免役新法,民众莫不欢欣鼓舞,齐称盛世大治。愿陛下不要为某些非议所动摇,坚持推行新法。邓绾又写信给王安石,对他大肆吹捧。王安石极为高兴,随即召任邓绾为同知谏院、判司农寺(主管仓储供应的机构,当时为推行新法的主要机构)。

五月,知开封府韩维奏称:"保甲法推行后,民众中有人为逃避兵役而截断自己的手指或手腕。"宋神宗也听说乡民以无钱买弓矢操练而发愁,以惧怕调往戍边而相对哭泣。他就此事询问王安石,王安石回答说:"这并不奇怪,不能为此就无所作为。"宋神宗说:"听取民众的言论是办好事情的基础。众人都反对的事,也不能不令人担心。"宋神宗想任用韩维为枢密副使,韩维为宋神宗不能听

## 五、党同伐异　势不两立

取他的忠谏而忧愤,以"攀附旧恩以进,非臣之愿"加以辞绝。不久,韩维被贬为知襄州(治所位于今湖北省襄樊市)。

左仆射、门下侍郎同平章事富弼痛恶王安石专权,数十次称病请求辞职,后以宰相职衔出任亳州知州。青苗法颁布后,他认为该法"财聚于上,人散于下",抵制不推行。有关部门弹劾富弼不执行皇帝诏令,奏请将他逮捕入狱治罪。宋神宗下令免去富弼名誉宰相官位,以名誉副宰相改任他为汝州(治所位于今河南省汝州市)知州。王安石认为对富弼这样处置太轻,向宋神宗质问道:"富弼犯了这么大的罪,只免去宰相职务,怎么能以此来打击奸臣?"宋神宗不作回答。不久,富弼以"新法,臣所不晓,不可以治郡",请求并获准退休。

六月,蔡州(治所位于今河南省汝南县)知州欧阳修因多次建议停止推行新法而不被采纳,请求退休。欧阳修早年曾推荐过王安石。他官至参知政事,一向以高风亮节著称。参知政事冯京劝谏宋神宗将欧阳修留任。王安石说:"欧阳修追随韩琦,以为国家离了韩琦不行。这种人,为政一方则败坏一方,任职朝廷则败坏朝廷,留他有什么用!"于是,宋神宗同意欧阳修退休。

七月,御史中丞杨绘上书,对司马光等大臣被排出朝廷表示痛惜,提请宋神宗对此事要认真思考,并从五个方面提出免役法难以施行。监察御史里行刘挚上书陈述新法"十害"。王安石听说后极为痛恶,令曾布拟草《十难》加以批驳。刘挚愤然声称:"作为一名朝廷官员,我怎么能屈服于权势的压力?"他随即撰文对《十难》进行逐条反驳。不久,杨绘、刘挚二人被贬出朝廷。

熙宁五年(1072年)正月,朝廷在都城设立巡逻兵侦察,对诽谤朝政的人收捕治罪。

夏天,枢密都承旨(主管最高军事机关内务、负责接受皇帝旨令)李评多次批评免役法不便施行,王安石要给李评治罪,宋神宗也对李评不满,但没有明确下令给他治罪。王安石大为不快,坚决要求辞职。

宋神宗不愿看阅他的辞职奏书,强令他继续履行宰相职责。

熙宁六年(1073年)四月,知枢密院事文彦博对新法提出批评,针对市易法规定的国库出资由官员监控市场从中牟利这一条例,他痛心地指出:"一个堂堂大国,让官员穿着官服到市场上与民争利,太有损国体!这是在聚敛民怨!"出于义愤,文彦博强烈要求辞职。宋神宗让文彦博离开朝廷,判大名府。

熙宁七年(1074年)四月,部分地区久旱不雨,饥民流离失所。宋神宗为之"忧形于色,嗟叹恳恻",想停止实施新法。监安上门(负责监察出入宫门的官员)郑侠绘制《流民图》上奏。宋神宗观看郑侠所绘流民扶老携幼困苦不堪的情形,沉思良久。当晚,他夜不能寐。第二天,宋神宗决定暂停实施新法。王安石为此再次请求辞去宰相职务。吕惠卿等人闻讯缠着宋神宗哭泣,称陛下废寝忘食"成其美政",听狂夫之言废除可惜,又使宋神宗收回停止施行新法的决定。

曹太皇太后(宋仁宗皇后)对宋神宗说:"祖宗的法度不能轻易改变。我听说民间被青苗、助役二法害得很苦,应当停止推行。王安石虽然有才学,但怨恨他的人太多,要是爱护保全他,不如让他暂时离开朝廷,到外地任职。"曹太皇太后的话使宋神宗很受震动。但是,他为王安石等人所裹挟,未能及时照办。此后,高太后(宋神宗之母)流着眼泪对宋神宗说:"王安石祸乱天下,你看该怎么办?"在这种情况下,宋神宗才下决心免去王安石的宰相职务,让他出任江宁知府,任命吕惠卿为参知政事。

熙宁八年(1075年)正月,郑侠上书弹劾吕惠卿奸诈,欺骗皇上,并向宋神宗进献绘有唐代忠臣魏征[①]、奸臣李林甫[②]等人的两幅画轴。吕惠卿随即以诽谤罪下令将郑侠流放英州(位于今广东

---

① 唐太宗辅臣,辅佐唐太宗实现贞观之治的大臣之一。
② 唐玄宗辅臣,导致安史之乱的祸首之一。

省英德市)。王安石之弟秘阁校理(主管皇家图书)王安国因反对新法、与郑侠交往密切,受牵连贬为知亳州。

二月,王安石复任宰相,宋神宗对他的信任已远远不如当初。此时,变法派内部亦发生剧烈分化,王安石面临内外夹攻,处境十分艰难。

## 变法派内部权力之争

王安石变法不仅受到朝廷内外许多官员的反对,在变法派内部自始至终亦纷争不息。起初,陈升之与王安石受命共同主持变法,为时不长,二人便出现意见分歧。不久,陈升之转任宰相,与制置三司条例司脱开。熙宁二年十一月,王安石提请任命枢密副使韩绛领制置三司条例司。熙宁三年五月,宋神宗不顾王安石阻扰,下令撤销制置三司条例司,将其职能划归中书省(主管拟草并发布诏令的机构)。

吕惠卿与曾布共事不久,彼此亦为争权夺利产生矛盾。熙宁七年,王安石罢相后,韩绛任宰相。吕惠卿随即弹劾曾布败坏新法,奏请将他贬为饶州(治所位于今江西省波阳县)知州。同时,吕惠卿又极力排挤韩绛,数次与之争论,力图独揽朝政。吕惠卿尤其担心王安石复相,为此,他处心积虑,无所不用其极。他利用郑侠与王安石关系密切大做文章,图谋以其兄弟关系牵连王安石。王安石有个朋友叫李士宁,其人善道术,自称已活三百岁。李士宁被牵进余姚(治所位于今浙江省余姚市)主簿(主管文秘)李逢谋反案,流放永州(位于今湖南省永州市)。吕惠卿与御史中丞邓绾等人企图以李士宁有罪,株连诬陷王安石。韩绛将吕惠卿的上述阴谋奏告宋神宗,请求让王安石复相。

熙宁八年(1075年)二月,宋神宗复任王安石为宰相。十月,吕惠卿受弹劾停职在家待命。邓绾为了弥补与王安石之间的思想裂痕,与王安石之子龙图阁直学士(可优先选拔的后备官员)王雱串通,弹劾吕惠卿兄弟强借民钱买田。于是,宋神宗下令将吕惠卿贬为陈州(治所位于今河南省淮阳县)知州。邓绾又弹劾三司使(主管税收财政)章惇追随吕惠卿之奸,使其被贬出朝廷。

熙宁九年(1076年)七月,王雱背着其父,授意其门客吕嘉问等人串通邓绾诬陷吕惠卿,在陈州将其逮捕入狱。吕惠卿上书申诉,并弹劾王安石"罔上要君"、曾私下书写"无使上知"的字条。宋神宗将吕惠卿诉状拿给王安石看,王安石拒不接受吕惠卿的指控。退朝回家后,他痛斥王雱制造事端。王雱愤恨难平,背部突发毒疮死去。宋神宗以邓绾"赋性奸回",下令将他贬为虢州(治所位于今河南省灵宝市)知州。

王安石复相后,常常称病且多次请求退休。为此,宋神宗对他已经十分厌恶。看了吕惠卿的奏告后,宋神宗对王安石完全失去信任。当年十月,宋神宗再度罢免王安石宰相职务,让他返任江宁知府,接着批准他退休。

王安石退休后心灰意冷,转信佛教。在孤寂的时候,他常常书写"福建子"三字,深深悔恨为吕惠卿(其祖籍泉州晋江,位于今福建省泉州市)所误。

王安石晚年虽然精神失落,但对所推行的新法依然"执意不悔"。元丰八年(1085年),宋神宗去世,其太子赵煦时年十岁继位为宋哲宗,由高太皇太后临朝听政。高太皇太后起任司马光为宰相,全面废除熙宁年间王安石推行的新法。王安石听说后病情加重,于元祐元年(1086年)四月在忧愤中去世,终年六十六岁。

《宋史》卷三百二十七 王安石传

卷三百一十三 富弼传

卷三百一十五 韩维传

### 五、党同伐异　势不两立

卷三百三十六　司马光传
《宋史纪事本末》卷三十七　王安石变法

【简评】

宋代学者朱熹认为：王安石"以文章节行高一世，而尤以道德经济为己任。被遇神宗，致位宰相，世方仰其有为，庶几复见二帝三王之盛。而安石乃汲汲以财利兵革为先务，引用凶邪，排摈忠直，躁迫强戾，使天下之人，嚣然丧其乐生之心。卒之群奸嗣虐，流毒四海，至于崇宁、宣和之际，而祸乱极矣"。《宋史》作者脱脱认为：朱熹之论为"天下之公言也"。（《宋史》卷三百二十七·王安石传）

清代学者赵翼认为："王安石以新法害天下，引用奸邪，更张法令，驯至靖康之难。人皆咎安石为祸首，而不知实根柢于神宗之有雄心也。帝自命大有为之才，尝欲克复燕云，恢张先烈。""帝意在用武开边，复中国旧地，以成盖世之功。""欲用兵必先聚财，于是青苗、免役之法行。""非安石之误帝，实帝一念急功名之心自误也。"（《二十二史札记》卷二十六·王安石之得君）

清代学者王夫之认为："王安石之允为小人，无可辞也。""夫君子有其必不可为者，以去就要君也，起大狱以报睚眦之怨也，辱老成而奖游士也，喜谄谀而委腹心也，置逻卒以察诽谤也，毁先圣之遗书而崇佛、老也，怨及同产兄弟而授人之排之也，子死魄丧而舍宅为寺以丐福於浮屠也。若此者，皆君子所固穷濒死而必不为者也。乃安石则皆为之矣。"（《宋论》卷六·神宗）

# 宋神宗身后的党派之争

北宋熙宁年间(1068~1077年),宋神宗赵顼任用王安石为宰相,实行旨在为朝廷敛财的变法。王安石新法受到朝廷内外一批官员的抵制。人们把支持变法的一派官员称为"新党",把维护旧法的一派官员称为"旧党"。王安石将反对新法的官员一一贬斥,强行推行新法,但是旧党没有被压服。

元丰年间(1078~1085年),王安石虽不再担任宰相,新党仍然得势。新旧党争表面趋于缓和,但社会矛盾却进一步加深。

元丰八年(1085年)春天,宋神宗病危,将时年十岁的皇子赵傭立为太子(后改名赵煦),让母太后高氏临朝听政。不久,宋神宗病逝,太子赵煦继位为宋哲宗,尊其祖母高氏为太皇太后,尊神宗向皇后为皇太后,尊生母朱德妃为皇太妃,由高太皇太后临朝听政。

## 高太皇太后临朝听政,以司马光为代表的旧党上台排斥新党

高太皇太后对王安石推行新法一直心怀不满。临朝听政后,她公开宣称:"以复祖宗法度为先务。"旧党为之欢畅,新党为之不

## 五、党同伐异　势不两立

安。宰相蔡确早年由王安石推荐任三班主簿（主管武臣任免赏罚机构的文秘官）。他职位屡有升迁，"皆以起狱夺人位而居之"，心中尤为不安。

当年三月甲寅日，蔡确为稳固其相位，向高太皇太后谄媚，上书请求恢复高遵裕（高太皇太后伯父）的官位①。高太皇太后答复说："高遵裕打了败仗，损失惨重，先帝（宋神宗）深夜接到报告，从睡床惊起，彻夜未眠，从此得病。没有将他处死，对他已经够宽大了。如今先帝尸骨未冷，我怎敢以私人亲情而违背天下人心？"蔡确愧然退出。

高太皇太后派人去洛阳慰问在家闲居的原翰林学士司马光，并向他征询当前治政应当先抓什么。司马光上书奏称，应广开言路。高太皇太后采纳司马光的意见，下令文武百官议论朝政得失，可以把意见写出来贴在朝会大堂内。

五月，高太皇太后改任知枢密院事韩缜为宰相，提任门下侍郎（副宰相）章惇为知枢密院事，起任司马光为门下侍郎，接着起任侍读吕公著为尚书左丞。

当初，司马光和御史中丞吕公著都因反对变法受到贬斥。司马光、吕公著被重新起用后，主张全面废止新法，恢复旧制。他们的意见得到高太皇太后的支持。

七月，司马光奏称保甲法②"公私劳扰，有害无益"。高太皇太后下令停止施行保甲法。此后，高太皇太后又下令废除以田亩肥

---

①　元丰四年（1081年）十一月，高遵裕时任环庆（治所位于今甘肃省庆阳市）行营经略使（军事长官），率部与夏（都兴庆府，位于今宁夏区银川市）军队交战，被夏军击败。高遵裕由此被贬为郢州（治所位于今湖北省钟祥市）团练副使（军事副长官）。

②　王安石新法之一，该法规定：以五户为一保，每户抽二分之一男子作为保丁、集中军事训练和治安巡逻；保内一户犯法，他户连坐。

瘠确定税额的方田均税法和由国库出钱控制市场行情的市易法及由民户给国家养马减少其赋税的保马法。

元祐元年（1086年）闰二月，右司谏（谏议官员）王觌上书弹劾蔡确、章惇、韩缜等人"朋邪害正"。右谏议大夫孙觉、侍御史刘挚等人弹劾蔡确在熙宁、元丰年间滥用职权，制造冤案。于是，高太皇太后将蔡确贬为知陈州（治所位于今河南省淮阳县），任司马光为宰相。

章惇等人极力反对司马光等人废除新法、恢复旧法。一次，司马光与章惇在高太皇太后帘前就恢复旧法还是维护新法展开激烈争论，章惇出言不逊。高太皇太后大为恼火，随即将章惇贬为知汝州（治所位于今河南省汝州市）。

三月，司马光意欲废除免役法①，恢复差役法②。中书舍人（负责拟草诏令）苏轼和给事中（侍从皇帝、负责收纳奏章、协理监察事务）范纯仁认为免役法和差役法各有利弊，建议司马光选取两法中的适用条款加以施行。司马光听不进苏轼和范纯仁等人的意见，执意奏请高太皇太后批准执行。

司马光下令全国在五日之内恢复差役法，朝廷和地方官员都认为这个时间太急迫，唯有知开封府（京都地区行政长官）蔡京在五日内将其所管辖的州县全部恢复差役法。蔡京将此事报告司马光，司马光高兴地说："如果人人都能像你这样坚决执法，天下还有什么法规推不开呢！"

夏季，高太皇太后提任刘挚为御史中丞，吕公著为宰相，将韩

---

① 王安石新法之一，该法规定：官府出钱雇人服兵役劳役，民众按户出钱，称免役钱；官员之家、寡妇、单身男子、未成年男子、和尚尼姑等六类户须减半出钱，称助役钱；为防水旱灾害，各户须多交其应出钱的十分之二，称免役宽剩钱。

② 北宋初期役法之一，该法依照纳税额及财力多寡将民户划为五等，民户按其等级派户主分别到县、乡、里承办某些公差，称差役。差役法规定：官员之家、寡妇、单身男子、未成年男子、和尚尼姑等六类户免役。

## 五、党同伐异 势不两立

维由侍读提为门下侍郎,同时将韩缜贬为知颍昌府(治所位于今河南省许昌市)、知太原(治所位于今山西省太原市)吕惠卿(当年新法主要拟草人)贬为建宁军节度副使(虚职)并遣送建州(位于今福建省建瓯市)居住。

卫尉丞(协掌宫门警卫的副官)毕仲游见司马光抱病日夜操劳,将王安石新法几乎全部废除,写信提醒他说:"当今在朝廷的官员,十有七八都是王安石的信徒。新法虽然废除,将来也可能会恢复。宰相虽然纠正了前朝的弊端,可是其病根依然存在啊。"司马光看信后不以为虑。九月,司马光病故,由宰相吕公著辅政。

元祐三年(1088年)四月,吕公著以年老请求辞职。高太皇太后提任中书侍郎(主管拟草并发布诏令副官)吕大防、同知枢密院事范纯仁二人为宰相。

八月,起居舍人邢恕以高公绘(高太皇太后之侄)名义上书,请求奉高太皇太后至尊之礼。高太皇太后问明情况后对邢恕非常反感,随即下令将他贬为知随州(治所位于今湖北省随州市)。之后,高太皇太后下诏称:"苟有利于社稷,吾无爱于发肤。"

元祐四年(1089年),蔡确游车盖亭(位于今湖北省安陆县境内),赋诗吐怨被人告发。吕大防主张给蔡确治罪,范纯仁持有异议,双方争执不下。高太皇太后下令将蔡确流放新州(位于今广东省新兴县)。之后,正言刘安世弹劾范纯仁与蔡确结党,由此,范纯仁被贬为知颍昌府。

元祐五年(1090年),一些被贬出朝廷的新党骨干纷纷制造舆论,以动摇执政宰相的地位。吕大防等人为之惶恐不安,想引荐一批新党成员到朝廷任职,以平息其怨愤,称之为"调停"。对此,高太皇太后疑而未决。御史中丞苏辙当面斥责吕大防这一动议,并上书指出:"亲君子,远小人,则主尊国安;疏君子,任小人,则主忧国殆。此理之必然。夫以小人在外,忧其不悦,而引于内,以自遗患也。""此辈若返,岂肯但已哉!必将戕害正人,渐复旧事,以快私怠,人臣被祸,盖不足言,臣所惜者,祖宗朝廷也。"高太皇太后认为苏辙"言极有理"。于是,吕大防"调停"之说被否定。

## 宋哲宗亲掌朝政,
## 以章惇为代表的新党复出尽逐旧党

元祐八年(1093年)九月,高太皇太后病危,流着眼泪对吕大防、范纯仁(时已复相)说:"先帝(神宗)曾对任用王安石变法之事痛悔莫及,声泪俱下,此事应让官家(哲宗)牢牢记取。"戊寅日,高太皇太后病故,宋哲宗亲掌朝政。朝廷内外人心惶惶,人们翘首观望哲宗是维护太皇太后所定的旧制还是恢复神宗新法。

翰林学士范祖禹担心有人乘机祸乱朝政,向宋哲宗上书说:"高太皇太后有大功于国家、大德于民众,怨恨她的人也不算少。这些人很可能以太皇太后改变先帝之政、驱逐先帝之臣为口实,加以挑拨离间,皇上不可不注意察防。"给事中吕陶亦上书说:"太皇太后保佑皇上九年。当初,陛下以崇敬之心报答,唯恐不能尽到心意。如今太皇太后不在了,我担心万一有奸臣劝说陛下,说某人应起用、某事应恢复,将会导致时局动乱,陛下不可不加以防备。"宋哲宗对范祖禹、吕陶的奏书没有答复。

接着,范祖禹又上书说:"被太皇太后驱逐的那些人,眼下正在观察形势。如果把他们召回朝廷,重新委以重任,我担心他们会祸乱朝政,国家从此再也不能振兴了!"宰相范纯仁、端明殿侍读学士苏轼等人与范祖禹持同样的观点,先后也都对宋哲宗进行劝谏。

可是,宋哲宗"有复熙宁、元丰之意",对范祖禹等人的劝谏听不进去。

十二月,苏轼看到朝政将会有变化,请求去地方任职,调任知定

## 五、党同伐异 势不两立

州(治所位于今河北省定州市)。范纯仁、吕大防等人亦相继请求辞职。宋哲宗贬吕大防为山陵使(主管皇帝陵墓),将范纯仁留任。

礼部侍郎杨畏原来依附吕大防,鼓吹废新法、排新党。吕大防罢相后,他当即转变立场,上书称:"神宗更法立制以垂万世,乞赐讲求,以成继述之道。"宋哲宗随即召见杨畏,向他询问先朝故臣哪些人可以任用。杨畏举荐章惇、吕惠卿、邓润甫、李清臣等人,并请求召任章惇为宰相。宋哲宗接受杨畏意见,随即起任章惇为资政殿学士(皇帝侍从顾问)、吕惠卿为中大夫(虚职文官),将知真定府(治所位于今河北省正定县)李清臣提为中书侍郎、知亳州邓润甫提为尚书右丞(副宰相)、知江宁府(治所位于今江苏省南京市)曾布提为翰林学士承旨(负责拟草诏书、侍从皇帝)。接着,宋哲宗复任章惇为宰相,起任知开封府蔡京为户部尚书。

绍圣元年(1094年)二月,邓润甫声称周武王(西周开国之王,周文王之子)能发扬周文王的声威,周成王(周武王之子)能继承周文王、周武王治国之道,提出"绍述"(继承)神宗在位期间推行的新政。之后,李清臣借为进士廷试出题,与杨畏极力鼓吹"绍述"。于是"绍述之论大兴,国是遂变"。章惇对于是否马上恢复新法尚在犹豫,要有关部门进行讨论。蔡京对章惇说:"下令施行熙宁新法就是,何须讨论!"于是,章惇等人打着"绍述"的旗号,全面恢复高太皇太后听政时期废止的新法,大肆排斥和迫害受到高太皇太后信任的朝中大臣。范纯仁被贬知颍昌府、苏辙被贬知汝州、范祖禹被贬知陕州(治所位于今河南省陕县),刘挚由知青州(治所位于今山东省青州市)被贬为光禄卿分司南京(虚职),遣送蕲州(位于今湖北省蕲春县境内)居住。

七月,章惇等人奏请宋哲宗,获准追夺司马光、吕公著等人死后所追授的官爵谥号,下令推倒为司马光等人建立的石碑。他们还要掘开司马光、吕公著的坟墓,破棺暴尸,被宋哲宗制止。之后,宋哲宗下令将已经去世的蔡确追认为观文殿大学士。

绍圣二年(1095年)十月,监察御史常安民上书,称"今大臣为绍述之说,皆借此名以报复私怨"。他又上书弹劾蔡京颠倒是非乱政、章惇"颛国植党"。章惇则指使其党羽弹劾常安民与苏轼、苏辙兄弟结党,将他贬为监滁州(治所位于今安徽省滁州市)酒税。

绍圣四年(1097年),章惇、蔡京等人对旧党进一步加以迫害。吕大防被贬为舒州(治所位于今安徽省潜山县)团练副使,流放循州(位于今广东省惠州市),行至虔州(位于今江西省赣州市境内)去世;刘挚被流放新州(位于今广东省新兴县),当年去世;苏轼被流放昌化(位于今海南省昌江黎族自治县昌化镇),直到宋徽宗即位(1100年)罢免章惇宰相职务后才获赦,不久便病逝于常州(位于今江苏省常州市);苏辙被流放雷州(位于今广东省雷州市),章惇罢相后获释;范祖禹被贬为昭州(治所位于今广西区平乐县)别驾(州府属官),后来死于流放地化州(位于今广东省化州市);时年七十岁双目失明的范纯仁被流放永州(位于今湖南省永州市),章惇罢相后才得以召还。章惇等人还任意编织罪名,株连旧党成员的亲友学生。据统计,因"绍述"受到治罪贬谪的官员共涉及八百三十家。章惇甚至提出派吕升卿、董必等人去南方将流放的旧党人全部杀死,被哲宗制止。翰林学士蔡卞(蔡京之弟、王安石之婿)党羽薛昂等人竟然请求毁掉司马光主编的《资治通鉴》书版。太学博士(朝廷主办的最高学府教官)陈瓘以神宗亲自给《资治通鉴》命名写序为由,将薛昂等人的意见驳回。

元符元年(1098年),章惇、蔡京等人把攻击矛头指向高太皇太后,诬称司马光、刘挚等人与高太皇太后内侍宦官陈衍、张士良曾共同谋废宋哲宗。蔡京令人将张士良抓捕入狱,将鼎、镬、刀、锯等刑具摆在他面前,威胁他说:"承认有这回事,马上恢复你官职;如说没有这件事,立即要你就刑。"张士良仰天号哭说:"太皇太后不可以诬蔑,天地神灵不可以欺骗,请将我处死吧!"与此同时,章惇、蔡卞等人又擅自拟草诏书,准备将高太皇太后追废为庶人。一时间,章惇、

## 五、党同伐异 势不两立

蔡京等人信口雌黄,甚嚣尘上,宋哲宗被其谗言所迷惑。

向太后听说章惇等人诬陷太皇太后极为愤怒。她召见宋哲宗,质问道:"这是谁的主意?这样做将要把我置于何地?"经向太后提醒,宋哲宗才有所省悟,随即将章惇、蔡卞等人的奏书烧毁。第二天,当章、蔡二人请求追废高太皇太后(宋英宗皇后)为庶人时,宋哲宗怒斥道:"你们难道不想让我入拜英宗神庙了吗?"他当场将他们递来的奏书掷到地上,此事才算罢休。

章惇追废高太皇太后的图谋未成,把忌恨转移到宋哲宗皇后孟氏身上。他知道孟皇后是高太皇太后册立的,也很受向太后喜爱,担心孟皇后日后会动摇他的地位,便暗中依附受宋哲宗宠爱的刘贤妃,图谋废黜孟皇后。章惇指使宦官郝随等人趁孟皇后请人为其女儿福庆公主看病之机,诬称有人为孟皇后"祷祠",致使宋哲宗将孟皇后废黜。后来,宋哲宗得知孟皇后蒙冤,后悔不已,对人说:"章惇欺骗了我。"

元符三年(1100年)正月,宋哲宗去世,向太后立宋哲宗之弟赵佶为宋徽宗。宋徽宗即位之初请向太后参与决策军政。向太后随即下令将章惇贬出朝廷。章惇几经辗转,流放睦州(位于今浙江省建德市),后来死在流放地。接着,蔡京等人亦被罢官。

蔡京被罢官后闲居杭州。他通过贿赂前往杭州搜集古玩字画的供奉官(皇帝侍从官)宦人童贯,很快被宋徽宗召回朝廷,并于崇宁元年(1102年)升任宰相。

蔡京当权后以恢复新法为名,极力培植亲信,排斥异己。他奏请获准立"元祐奸党碑",将司马光等三百零九名官员列为"奸党"。宋徽宗担心这样会加剧朝廷内外矛盾,于崇宁五年(1106年)下令将元祐党人碑销毁。

宣和七年(1125年)十月,金[①]军大举南侵,宋徽宗被迫让位于

---

① 都会宁府,位于今黑龙江省阿城市南。

太子赵桓，退称太上皇。蔡京被指控为祸乱朝政的"六贼"之首。宋钦宗赵桓令臣民上书议论朝政得失，彻底解除对元祐党人的禁锢，对蔡京等六贼严惩不贷。可是为时已晚，宋徽宗信用蔡京等人祸国殃民已把国家推向崩溃的边缘，宋钦宗无力回天。

靖康元年（1126年）闰十一月，金军攻入宋都城开封。第二年四月，金军将太上皇、宋钦宗等人掳至北方。北宋灭亡。

《宋史》卷二百四十二　英宗高皇后传

卷二百四十三　神宗向皇后传

哲宗孟皇后传

卷四百七十一　蔡确传

卷四百七十二　蔡京传

《宋史纪事本末》卷四十三　元祐更化

卷四十四　宣仁之诬

卷四十六　绍述

卷四十七　孟后废复

## 【简评】

《宋史》作者脱脱认为："哲宗以冲幼践阼，宣仁同政。初年召用马、吕诸贤，罢青苗，复常平，登俊良，辟言路，天下人心，翕然向治。而元祐之政，庶几仁宗。奈何熙、丰旧奸梗去未尽，已而媒蘖复用，卒假绍述之言，务反前政，报复善良，驯致党籍祸兴，君子尽斥，而宋政益散矣。"（《宋史》卷十八·哲宗本纪二）

清代学者王夫之认为："靖康之祸，则王安石变法以进小人，实为其本。"（《宋论》卷九·钦宗）"哲宗亲政以还凡六年，绍圣改元而后，其进小人、复苛政，为天下病者，勿论矣。"（《宋论》卷七·哲宗）

# 六、勾心斗角　宦海浮沉

古代官场,权,是支点;利,是出发点。有权才有利,权和利相辅相成。在古代官员中,诚然有许多以身尽职、为国效命、为民谋利的人,但多数官员则是追求职权,以权谋私。官员之间为了争权夺利,尔虞我诈,勾心斗角,无所不用其极,他们的命运亦在这险恶的宦海中浮沉。

六、勾心斗角　宦海浮沉

# 里克愤然自杀

晋献公原有八个儿子,其中太子申生(齐姜所生)、公子重耳(狐氏所生)、公子夷吾(狐氏之妹所生)较为贤能。后来,晋献公宠爱骊姬和她的妹妹,骊姬生下公子奚齐。晋献公想废黜太子申生,改立奚齐为太子。奚齐的母亲骊姬是个工于心计的女人,她在晋献公面前假装反对改立太子,之后,她又在太子申生献给晋献公的祭肉中投毒,陷害太子,迫使太子申生自杀,重耳和夷吾先后逃亡国外。

晋献公二十六年(前651年)九月,晋献公病危。他担心国卿里克不能扶立奚齐继承其位,任命大夫荀息为宰相,让荀息主持朝政,以扶持奚齐执政。里克权力失落,大为恼恨。

不久,晋献公去世。荀息不顾里克等人反对,立奚齐为晋国国君。

十月,里克领头发难,乘奚齐守丧之机将他杀死。接着,荀息拥立骊姬之妹所生的幼儿悼子为国君。

十一月,里克发动政变,在朝廷杀死悼子,迫使荀息自杀。

随后,里克派人去梁国①,迎接夷吾回国为君。夷吾接到里克的书信后十分高兴,当即向里克派来的人许诺,他一旦回国即位,

---

① 春秋诸侯国,位于今陕西省韩城市南。

就把汾阳城邑(位于今山西省静乐县西)封给里克。

夷吾回国即位为晋惠公后却自食其言。他担心重耳回国夺取他的君位,害怕里克发动政变充当重耳的内应,不但没有给里克封地,反而削夺他的职权。

晋惠公元年(前650年)四月某日,晋惠公召见里克,对他说:"我不幸落难,几年来一直流亡国外,要不是国卿帮忙,我是不能回国即位的。不过,你作为大臣,轻易就杀死两个国君,由此看来,谁做你的君主,亦很危险啊!"

里克听出晋惠公话音中意欲将他处死,回答他说:"不把他们杀掉,你怎么能当上国君呢?你既然要杀我,随便找个理由不都可以吗?何必要说这些呢?用不着多说了,我明白你的意思了!"于是,里克长叹一声,拔剑自杀。

《史记》卷三十九 晋世家

## 【简评】

里克为夺回失去的权力而杀死荀息及其所立的两个国君,晋惠公为维护既得君位而杀死里克。里克争权擅杀,晋惠公背信弃义。

六、勾心斗角　宦海浮沉

# 费无忌两面三刀

楚①灵王十年(前531年),楚公子弃疾(楚灵王之弟)领兵灭亡蔡国②,受命为蔡公,镇守蔡地。楚灵王十二年(前529年)夏天,弃疾乘楚灵王外出之机,串通吴国③将军观从领兵潜回楚国,发动政变。楚灵王闻讯逃入山中饿困而死。接着,弃疾谋害新立的国君比(弃疾之兄),夺取君位,为楚平王。原蔡国大夫朝吴全力协助弃疾行动,受到楚平王信赖,引起楚平王近臣费无忌(《左传》记作费无极)的忌妒。

当年秋天,楚平王恢复蔡国,派兵把蔡国隐太子(此时已被楚军杀死)的儿子庐护送回国,立为蔡平侯,让朝吴从楚国返回蔡国,辅佐蔡平侯执政。对此,费无忌十分忌恨。

楚平王二年(前527年)春天,费无忌奉命出使蔡国,乘机陷害朝吴。他对朝吴说:"你年龄大了,职位却没有显赫,这是你的耻辱。你想要力争提升官位吗？我愿帮你向楚王请求。"转而,费无忌又对几个官位比朝吴高而没有掌握实权的蔡国大臣说:"楚王只信任朝吴,所以让他回来治理蔡国。你们官位虽然比他高,却没有

---

① 春秋国名,都郢,位于今湖北省荆州市西北纪南城。
② 春秋诸侯国名,都蔡,位于今河南省新蔡县。
③ 春秋国名,都吴,位于今江苏省苏州市。

他有权。朝吴当权,对你们的权位构成威胁。如果你们再不想办法对付他,很快就要祸难临头了!"蔡国这几位大臣听信费无忌的挑唆,于当年夏天聚众攻打朝吴。朝吴被迫逃到郑国[①]。

楚平王听说此事后大为恼火,责备费无忌说:"当年如果没有朝吴率兵配合我行动,我就不会有今天。正因为他功劳大,我才让他回蔡国治政。你为什么要鼓动人赶走他呢?"费无忌回答说:"我何尝不想让朝吴继续治理蔡国?我到了蔡国后,发现他对大王有外心。今后,蔡国一旦强大,他必然要背叛楚国。赶走朝吴,是为大王剪掉蔡国起飞的翅膀啊!"

之后,费无忌受任太子少傅,与太子建关系搞僵。他担心太子建日后继位为王会给他治罪,便想方设法陷害太子建。

楚平王六年(前523年),费无忌向楚平王建议为太子建娶妻。楚平王随即派费无忌去秦国[②]为太子建物色美女。费无忌从秦国选了一个美女带回楚国,却故意将这个秦国美女献给楚平王,劝平王为太子建另娶别的女子,以此离间平王和太子建的关系。接着,费无忌以防止晋国[③]军队南下为借口,劝说楚平王派太子建镇守城父(位于今安徽省亳州市东南)。于是,楚平王将太子建派往城父。

楚平王七年(前522年)春天,费无忌诬告太子建在城父对外结交诸侯,兴兵谋反,称其一直怨恨大王娶了秦女。楚平王信以为真,令人去将太子建处死。太子建闻讯逃往宋国[④]。

左尹(副宰相)郤宛为人正直仁义,在朝廷中享有威望。费无忌深为忌恨,处心积虑要害死郤宛。

---

① 春秋诸侯国名,都新郑,位于今河南省新郑市。
② 春秋诸侯国,都雍,位于今陕西省凤翔县南。
③ 春秋诸侯国,都新田,位于今山西省曲沃县西北。
④ 春秋诸侯国,都商丘,位于今河南省商丘市南。

### 六、勾心斗角　宦海浮沉

楚昭王元年(前515年)夏天,费无忌在令尹(宰相)子常面前造话说:"郤宛要请你喝酒。"转而他又对郤宛谎称:"令尹要到你家喝酒。"

郤宛感到很为难,不知道拿什么东西奉献令尹为好。他对费无忌说:"我地位卑贱,不敢请令尹光临寒舍。如果令尹真的屈尊来我家,是我的福气。不过,我没有好东西送给他,怎么办?"费无忌回答说:"令尹喜欢皮甲和武器,我给你各选五副放到门口,令尹见到后会乐于观赏。这时候你可以放心献给他,使他高兴。"

郤宛以为费无忌的主意不错,按他说的做了准备。

在子常按约将要赴宴的那一天,费无忌突然煞有介事地对子常说:"真没有想到啊,郤宛居然存心谋害令尹!他已经把皮甲和武器摆放在门口,埋伏兵士,等你赶到时动手。我差一点让你遭祸,令尹千万不能再去他家!你可能还不知道吧,郤宛早就背叛楚国投附吴国了。上次在潜地(位于今安徽省霍山县东北),我们完全可以消灭吴国军队。但郤宛却收了吴国的贿赂,下令把军队撤回来。"

子常听费无忌这么说,不由得大吃一惊。他当即派人去郤宛住处察看,果然看见门口摆着皮甲和武器。子常信以为真,随即下令卫兵袭击郤宛,烧毁他的住房。郤宛被迫自杀,他的家人和亲戚全部被杀。

郤宛被害后,楚国上下怨声沸腾,人们纷纷谴责费无忌,为郤宛鸣不平。当年九月,子常查明郤宛无过,系受费无忌诬陷,下令将费无忌处死。

《左传》昭公十一年
昭公十三年
昭公十五年
昭公二十七年
《史记》卷四十 楚世家

## 【简评】

　　费无忌挑拨离间,多次害人。他以害人开始,以害己告终。像费无忌这样心术不正、两面三刀的人,历史上并不少见,他们往往是祸乱之源。

六、勾心斗角　宦海浮沉

# 黥布祸起萧墙

黥布是秦朝六县(位于今安徽省六安市东北)人,他于秦朝末年率众加入项羽(原楚国将军项燕侄孙)领导的北上反秦的起义军。秦朝灭亡后,项羽自称西楚霸王,以功封黥布为九江王,王府设在六县。

汉王三年(前204年),黥布接受汉王刘邦使臣随何策反,叛离项羽,投附汉王。汉王四年(前203年)七月,汉王改封黥布为淮南王(王府设在六县)。

汉高祖十一年(前196年),吕后诱杀图谋叛乱的淮阴侯韩信。黥布听说后大为惊恐。接着,汉高祖率军平息①赵国丞相陈豨在代郡(治所位于今河北省蔚县东北)策动的叛乱,下令处死称病没有去朝拜他的梁王②彭越。为此,黥布更加惶恐不安。他预感到不久亦将会降临祸难,暗中集聚兵力准备应急。

这期间,黥布的爱妾生病就医,其医生和王府中大夫贲赫家住对门。贲赫想讨好黥布的爱妾,赠送她一些礼物,并同她一起在医生家里喝过酒。

---

① 汉高祖刘邦所封同姓王国,王府设在邯郸,位于今河北省邯郸市。
② 汉王刘邦称帝前所封的异姓王,王府设在定陶,位于今山东省定陶县西北。

一天,黥布爱妾同黥布闲聊,无意中称赞贲赫是个忠厚的长者。黥布顿生疑窦,质问道:"你是怎么知道他的?"其爱妾如实说明了情况。黥布由此怀疑爱妾跟贲赫有奸情。贲赫闻讯后非常害怕,借口有病,吓得不敢出门。这一来,黥布越发怀疑,更加恼火,想把贲赫抓起来。贲赫借口有事请假,伺机坐上驿车去京都长安。黥布获悉贲赫逃往京都,派人追捕他而没有追上。

贲赫抵京后上书汉高祖,告发黥布谋反,建议在他没有起事之前设法将他杀掉。汉高祖和丞相萧何商议,怀疑贲赫系泄私愤诬告,下令将贲赫逮捕,同时派人去观察黥布的动态。

黥布料定贲赫会向朝廷诬告他聚兵谋反。不久,朝廷果然派来官员,黥布为之坐立不安。

当年七月,黥布下令杀死贲赫全家,起兵反叛朝廷。汉高祖得知黥布发动叛乱,便下令释放贲赫,任命他为将军。

接着,汉高祖亲率大军讨伐黥布,在蕲县(位于今安徽省宿州市东南)西面会甄乡将黥布叛军击败。黥布带着一百多人逃往江南,投奔其亲家番君。途中,黥布被人诱骗到番阳(位于今江西省波阳县东北)杀死。

据《史记》卷九十一·黥布列传
《资治通鉴》卷十二·汉纪四

## 【简评】

汉高祖稳坐天下后,已将当年帮助其打江山的异姓王视为异己。韩信、彭越被杀后,黥布如同惊弓之鸟,时时担心汉高祖亦会以某种罪名将他处死。其聚兵防备出于迫不得已。黥布的失误在于怀疑其妾与贲赫有染,迫使贲赫出逃诬告他谋反。黥布固然是举兵反叛,以致兵败而死。即使其不反叛,也难以避免类似彭越的下场。

六、勾心斗角　宦海浮沉

# 司马懿韬光养晦

魏①景初三年(239年)正月,魏明帝曹叡去世。太尉司马懿和大将军曹爽受魏明帝遗诏,将年仅八岁的齐王曹芳(魏明帝养子)立为皇帝。司马懿和曹爽二人各领三千名兵士轮流在宫中宿卫,共同辅佐幼帝执政。开始一段时间,曹爽以司马懿年长,资深望重,对他像父辈一样尊重,遇事总是主动去同司马懿商量,听取他的意见,不敢独断专行。

当初,度支郎中丁谧、驸马何晏(魏武帝曹操的养子、女婿)等人"急于富贵,趋时附势",因没有受到魏明帝信用而投靠曹爽。曹爽把丁谧等人引为心腹。齐王即位后,丁谧等人意欲让曹爽独揽朝政,为曹爽出谋划策,要他请皇上改任司马懿为太傅。由此,司马懿的权力被削夺。曹爽一人辅政后,任命其弟曹羲为中领军、曹训为武卫将军,提任丁谧和何晏等人为尚书。

正始八年(247年)二月,曹爽听从何晏等人的谋划,把郭太后(魏明帝皇后)迁居永宁宫,以便专断朝政。司马懿看到这一势头,决定以退为进,于当年五月称病,不再上朝。这样,曹爽独掌朝政大权。他以为司马懿年老有病,对他放松戒备。

曹爽大权在握后骄奢无度,饮食起居等同皇帝。曹羲等人深

---

① 三国之一,都洛阳,位于今河南省洛阳市。

为忧虑。大司农（主管仓储及宫廷供应）桓范提醒曹爽说："大将军日理万机，掌管警卫部队，弟兄们不宜同时出城。否则，如果有人关闭城门，有谁能在城内接应？"曹爽不以为然地反问道："有谁敢这样做？"

正始九年（248年）冬天，曹爽的亲信河南尹李胜出任荆州（治所位于今河南省新野县）刺史。临行前，李胜去探望司马懿，向他辞行。司马懿装作病得不能独自行走，让两个婢女拉着他从内室出来会见李胜。婢女把外套拿给他穿，他故作颤抖，让外衣从他手中掉落地上。司马懿指着自己的嘴，上气不接下气地直叫口渴。婢女端来稀粥喂他，他故意不合拢嘴，让稀粥从嘴角流出，淋满全胸。李胜说明来意后，司马懿装聋作痴，把他即将要去的荆州说成是并州（治所位于今山西省太原市西南）。李胜对他说要去荆州，不是并州。司马懿还是说他要去并州，李胜再次纠正说要去荆州。司马懿忧伤地说："你看我病成这个样子，说不定早晚就要死去。你这一走，我恐怕再也见不到你了。我没有别的什么要求，只希望你今后对我的两个儿子多加关照！"李胜应诺告辞，转而对曹爽说："司马懿病得已经走神，只剩下微微一口气，快要死了！"

曹爽、何晏等人听说司马懿病得很重，"遂有无君之心"。何晏与黄门（宦官）张当等人密谋，欲废黜魏帝曹芳，拥立曹爽为帝。

嘉平元年（249年）正月初六，曹爽及其兄弟随魏帝曹芳离开京都洛阳，去拜谒高平陵（魏明帝陵墓）。司马懿乘机奏请郭太后，下令罢免曹爽及其兄弟的职务并关闭城门。接着，司马懿派兵占据武库，令司徒高柔代理大将军职务占领曹爽军营、太仆（主管皇帝车马及兵器制作）王观代理中领军职务占领曹羲营地。部署妥善后，司马懿领兵据守曹爽等人必经之道——洛水（即洛河）浮桥，向魏帝曹芳上书弹劾曹爽的罪恶，称其"背弃顾命，败乱国典"、"有无君之心，兄弟不宜典兵宿卫"，请求按照郭太后的诏令，罢免他们的职务，保留他们现有官禄让其回家闲居。

## 六、勾心斗角　宦海浮沉

曹爽闻讯惊恐万状,把魏帝曹芳留在伊水(即伊河,位于今河南省洛阳市以南)南岸,派屯田兵士护卫。桓范劝曹爽护送魏帝曹芳去许昌(位于今河南省许昌市东,当年曹操迎汉献帝定都于此),发文征集天下兵马与司马懿对抗。曹爽、曹羲等人犹豫不能决定。侍中许允和尚书陈泰劝说曹爽宜尽早返回认罪,以争取宽赦。曹爽随即派许、陈二人去见司马懿。司马懿派遣受曹爽信任的殿中校尉(警卫军将领)尹大目随同许、陈二人返回,传话只罢免曹爽等人职务,并以洛水盟誓保证他们的安全,曹爽表示同意。桓范引古论今,极力劝说曹爽不能接受。但曹爽以为能以侯位回家仍不失为富翁,将佩刀投掷于地,不愿听取桓范的意见。桓范只得抚胸长叹:"受大将军牵连,我的家族亦将要灭亡了!"

曹爽等人回到京都后,司马懿随即派兵包围他们的住宅,将曹爽等人逮捕。接着,司马懿以"大逆不道"的罪名,下令将曹爽和其兄弟以及何晏、丁谧、李胜、桓范等人全部处死,并诛灭他们三族。

《三国志》卷九　曹爽传

《晋书》卷一　高祖宣帝纪

《通鉴纪事本末》卷十　司马懿诛曹爽

## 【简评】

清代学者王夫之认为:"魏之亡,自曹丕遗诏命司马懿辅政始。懿之初起为文学掾,岂夙有夺魏之心哉?魏无人,延懿而授之耳。懿之视操,弗能若也。操之威力,割二袁、俘吕布、下刘表、北扫乌桓,而懿无其功;操迎天子于危乱之中,复立汉之社稷,而懿无其名;魏有人,懿不能夺也。"(《读通鉴论》卷十·三国)

毛泽东认为:"司马懿这个人才了不起的。不要听信那一套,历来书上把他说得很坏。司马懿骂曹操欺人孤儿寡母,迷惑天下,说:'我不做这种事。'司马懿是很厉害的人。司马师、司马昭、司马炎(孙子)也是很厉害的。司马懿专门作假,装作不会说话,不能会客,有一天晒书,天下雨了,喊了一声:'快收书呀!'露了马脚,杀了管事的人。吃稀饭,一边吃,一边流。去的人相信司马懿无用了。历来都说他坏。这个人还是厉害,我看有几手比曹操高明。"(《毛泽东读书笔记》上·毛泽东1966年3月在杭州小型会议上的谈话)

六、勾心斗角　宦海浮沉

# 南齐"六贵"分崩离析

南齐①永泰元年(498年)七月,齐明帝萧鸾病逝,时年十七岁的太子萧宝卷(齐明帝第二子、刘皇后所生)继承帝位,史称东昏侯。

东昏侯当太子时就十分贪玩,即位称帝后更加嬉戏无度。他把朝政大事交由中书令兼扬州(治所建康)刺史始安王萧遥光(齐明帝之侄)、尚书令(宰相)徐孝嗣、右仆射(副宰相)江祏、右将军萧坦之、侍中江祀、卫尉(主管京城和皇宫保卫)刘暄等六大臣轮流上朝处理。时称萧遥光等六位执政大臣为"六贵"。

在"六贵"中,齐明帝最亲信的是江祏、江祀兄弟,东昏侯亦与他俩接触较多。东昏侯对身边侍从茹法珍、梅虫儿言听计从,不顾朝廷章法,为所欲为。江祏总是坚持用例行制度约束他,并多次训斥茹、梅二人。由此,东昏侯和茹、梅二人对江祏十分恼恨,彼此间的矛盾很快激化。

永元元年(499年)八月,江祏同刘暄密商,想废黜东昏侯,改立江夏王萧宝玄(齐明帝第三子、刘皇后所生)为帝。刘暄是齐明帝已故刘皇后之弟,因对萧宝玄管束严格,舅甥间关系不和。他同意废黜萧宝卷帝位,但不同意改立萧宝玄,意欲改立时年十三岁的

---

① 都建康,位于今江苏省南京市。

建安王萧宝寅(齐明帝第六子、刘皇后所生)为帝。

之后,江祐又去同萧遥光密商,萧遥光对江祐提出的人选不置可否,向江祐暗示想自立为帝。江祀认为立年幼的皇帝难以保驾,劝说江祐立萧遥光为帝。江祐还是没有拿定主意,又跑去征求萧坦之的意见。萧坦之则不赞成废立皇帝,担心这样会引起天下动乱。江祐听不进萧坦之的意见,执意要废黜萧宝卷,经过反复比较,最后决意改立萧遥光为帝。

江祐、江祀把他们这一谋划暗下向吏部侍郎谢朓通气,声称他们此举不是为了谋取个人富贵,而是希望国家长治久安。与此同时,萧遥光也派亲信向谢朓转达其意愿,并提议任命谢朓兼知卫尉事(主管京城和皇宫保卫的副长官)。

谢朓不赞成改立萧遥光为帝,对江祐、萧遥光等人的谋划感到惶恐不安,便将此事报告刘暄,劝他加以阻止。刘暄故作惊讶,等谢朓一走,转而飞快报告萧遥光和江祐。萧、江二人串通徐孝嗣,以妄图废黜皇帝的罪名下令将谢朓逮捕,随即将其在狱中害死。

刘暄虽然告发谢朓,但并不赞成江祐拥立萧遥光为帝。在刘暄看来,若让萧遥光当上皇帝,他就会失去皇舅的尊荣。萧遥光获悉刘暄的态度后十分恼恨,派其亲信黄昙庆去刺杀刘暄。黄昙庆见刘暄身边侍卫很多,没敢动手,反被刘暄侍卫抓获。刘暄察觉萧遥光的杀机后,一怒之下,把江祐的密谋捅了出去。于是,东昏侯下令将江祐、江祀二人收捕处死。

杀死二江后,东昏侯召见萧遥光,告诉他二江的罪行。萧遥光极为恐惧,从此装疯称病。东昏侯为了稳定他的情绪,想提升他为司徒,召他入宫受命。萧遥光害怕入宫被杀,以讨伐刘暄的名义,于当月乙卯日在东府起兵反叛朝廷。萧坦之奉命率领朝廷警卫部队前去围攻萧遥光。萧遥光的部属不支持他叛乱,纷纷投向朝廷一方。军主(某支部队的长官)刘国宝率军攻入东府,将萧遥光抓获斩首。萧坦之因功加任尚书左仆射。

## 六、勾心斗角　宦海浮沉

茹法珍、梅虫儿等人专横跋扈，受到萧坦之的抵制。于是，他们极力在东昏侯面前谗毁萧坦之。东昏侯也感到萧坦之刚强专权对他构成威胁。平息萧遥光叛乱二十多天后，东昏侯指派守卫延明殿的将领黄文济领兵杀死萧坦之及其儿子秘书郎（主管朝廷图书典籍）萧赏。

接着，茹法珍等人奏告刘暄曾参与谋反。东昏侯又下令将刘暄杀死。

徐孝嗣因为没有参与江祏等人废立阴谋，也就没有随同他们一起受祸。

东昏侯在江祏等人阴谋失败后，没有吸取教训，反而更加荒淫暴虐，朝中大臣人人自危。虎贲中郎将许准劝说徐孝嗣废黜东昏侯，另立新帝。徐孝嗣犹豫而迟迟不能决断。此时，东昏侯及茹法珍等人对徐孝嗣的权位名声日益忌恨。未等徐孝嗣拿定主意，东昏侯已提前对他动手。当年（499年）十月乙未日，东昏侯召见徐孝嗣等人，令徐孝嗣喝毒酒自杀。

《通鉴纪事本末》卷二十一　肖衍篡齐

《南齐书》卷七　东昏侯纪

【简评】

东昏侯荒淫无道，废无不可。江祏等六辅臣欲废立皇帝，但意见不能统一。他们从各自利益出发，互相猜忌，勾心斗角，且优柔寡断，以致一一被杀。

# 北齐权臣明争暗斗

北齐①皇建二年（561年）十一月，北齐孝昭帝高演去世，其弟高湛继位为武成帝。北齐武成帝信用近臣和士开、祖珽二人，由此引发了一场场你死我活的权势之争。

## 皇后淫乱埋下祸根

侍中和士开是个谄媚取宠的能手。高湛为长广王时，和士开为其行参军（王府属官），暗下称高湛为"天帝"，与之戏狎无度，使得高湛"须臾之间，不得不与士开相见"。高湛即位称帝不久，和士开以"自古帝王，尽为灰土"，"一日取乐，可敌千年"，劝说他及时行乐，把政事交给大臣处理，无须亲自操劳。武成帝对和士开言听计从。从此，武成帝三四天上一次朝，且仅仅走过场。

武成帝对和士开宠信无疑，让他经常同胡皇后在一起握槊（又称双陆，由两人对赛的赌博游戏），致使二人勾搭成奸。

河南王高孝瑜（武成帝之侄）听到胡皇后与和士开的丑闻后，

---

① 都邺城，位于今河北省临漳县西南。

提醒武成帝不能让皇后单独同大臣手触手游戏。他又以赵郡王高叡之父高琛(齐高祖高欢之弟)因与高祖后妃淫乱被处死,劝说武成帝不可亲信高叡。和士开和高叡听说后,共同在武成帝面前谗毁高孝瑜。由此,武成帝对高孝瑜反而产生忌恨。

河清二年(563年)六月,武成帝听说高孝瑜同尔朱氏宫女私通,极为气恼。不久,武成帝借一次酒宴,令人用毒酒将高孝瑜暗杀。

## 祖珽谋夺相位

散骑常侍(皇帝侍从官)祖珽曾因犯盗窃诈骗罪被革职为民,由于其善于谄媚被重新起用,并受到武成帝亲信。祖珽担心武成帝一旦去世他将失势,便与和士开密谋如何向太子高纬取宠,以稳固其地位。

河清四年(565年)四月,祖珽上书武成帝,劝他把皇位让给太子,他退居太上皇但仍掌国政。武成帝接受祖珽劝谏,退称太上皇,让年仅十岁的太子高纬即位为北齐后主。由此,祖珽被提升为秘书监(主管图书典籍和著作)、仪同三司(享受宰相待遇),受到太上皇和后主二代皇帝的亲信。

天统三年(567年),祖珽想当宰相,有意讨好黄门侍郎(皇帝侍从官)刘逖。他写好弹劾尚书令赵彦深、侍中左仆射元文遥和侍中和士开的奏书,要刘逖为他奏报。刘逖没敢上奏。赵彦深等人听说后,将此事告到太上皇那里。太上皇大为恼火,令人将祖珽抓来,质问他:"为何要诋毁我的士开?"祖珽称他们"朋党弄权","卖官鬻狱"。太上皇见祖珽出言不逊,气得用刀把上的铁环捣祖珽的嘴,又令人用土堵他的嘴,接着下令把他关进光州(位于今山东省莱州市)土牢,并让他成天戴着枷锁。祖珽被用以照明的芜菁烟火熏得双眼失明。

## 和士开去留之争

天统四年(568年)十二月辛未日,太上皇病危,嘱托和士开辅佐后主执政,随后便拉着他的手去世了。北齐后主尊其母为太后。朝廷有识之士鉴于胡太后与和士开素有奸情,认为不把和士开调离朝廷,国家就不会安定。

赵郡王高叡对和士开当权乱政深为忧虑。他和冯翊王高润、安德王高延宗及元文遥等人一起向后主进言,提出和士开不宜继续留在朝廷任职。接着,他们又奏告胡太后,称和士开收受贿赂,行为不正,要求把和士开调离朝廷,让他出任兖州(治所位于今山东省兖州市)刺史。

胡太后不同意将和士开调出,质问他们说:"先帝在世时,你们为何不提议将和士开调离?"高叡等人寸步不让,接连三次奏请胡太后调离和士开,胡太后都没有答应。

为了避免闹僵,和士开向胡太后献缓兵之计。于是,胡太后任命元文遥为西兖州(治所位于今山东省定陶县)刺史、和士开为兖州刺史,并许诺等先帝安葬后,让元、和二人分头去任职。

天统五年(569年)二月,太上皇安葬后,元文遥已经赴任,和士开仍没有动身。高叡催促和士开赴任,胡太后提出再留一百天。高叡板起面孔不同意。胡太后想缓和气氛,宴请高叡。高叡拒绝说:"我今天来,是商讨国家大事的,不是来饮酒的!"说罢,扬长而去。

胡太后与和士开见高叡如此紧盯不放,暗中策划以"不臣之

## 六、勾心斗角　宦海浮沉

罪"将高叡处死。内宫有人知道他们这一密谋,私下劝告高叡说:"太后既然执意不让和士开离去,大王又何苦违拗呢?"高叡回答说:"我以国事为重,宁死不避祸难。贪生怕死,眼睁睁看着国家遭受祸乱,这不是我的人生志向。如今皇上年少,我受先帝重托,岂能容忍奸臣留在他身边? 如果不坚持正气,我有什么脸面仰望青天!"

当天夜里,高叡做了一场噩梦,梦见一个巨人把他压住。梦醒后,高叡知道这个梦不是好兆头,坐起独叹道:"大丈夫为国效命,说不定哪一天就会遭遇不测之祸!"

第二天早晨,高叡准备去上朝。他的妻子苦苦劝他不要去。高叡说:"自古以来,忠臣都是以国事为重而不顾自己生命的。我应当以死效忠国家,怎么能容忍一个妇人祸乱朝政? 和士开是什么东西,竟敢如此猖狂! 我宁愿为先帝的大业而死,也不能眼看朝廷受到颠覆!"其妻只好目送他走向朝廷。

高叡走到宫廷门口时,又有人劝他说:"请大王不要进去,贸然进去,说不定会有危险。"高叡回答说:"我对上没有辜负天意,纵然死了,亦没有什么遗恨!"说罢,他坦然进入宫门。

高叡入宫后见到胡太后。胡太后再次提出缓派和士开去兖州赴任,高叡仍然不同意。当高叡离开皇宫走到永巷时,突然冲上来一群兵士将他逮捕。为首的兵士不容高叡分辨,当即将他押至雀离佛院杀害。高叡被杀后,和士开复任侍中、右仆射。

## 和士开被杀风波

北齐后主亲掌朝政后,念及当初祖珽扶助他称帝之情,重新起用他为海州(治所位于今江苏省连云港市西南海州镇)刺史。祖珽则通过后主乳母陆令萱之弟陆悉达上书朝廷,为他自己引荐。和士开见后主有意起用祖珽,便抛弃前隙,顺水推舟建议后主将祖珽调回朝廷。于是后主将祖珽召回,官复原职。

和士开憎恶尚书令胡长仁(胡太后之兄)不肯向他依附,在后主面前谗毁胡长仁,称他骄横放肆。后主下令将胡长仁贬为齐州(治所位于今山东省济南市)刺史。为此,胡长仁对和士开非常恼恨,打算派刺客将和士开刺死。和士开听说后,同祖珽谋划报复胡长仁,由祖珽出面,奏请后主按汉文帝诛杀薄昭①的先例,将胡长仁处死。后主随即派人去齐州逼令胡长仁自杀。

武平元年(570年)七月,和士开由中领军受任尚书令。和士开执掌朝政后与女侍中陆令萱之子武卫大将军穆提婆相勾结,大肆排斥异己。琅邪王京畿大都督(驻京部队统帅)高俨(北齐后主同母弟)憎恶和士开和穆提婆专权奢纵,常常用逼人的眼光盯着他俩。尚书右仆射兼吏部尚书冯子琮(胡太后妹夫)仗恃是胡太后亲戚,提议任免官员不再对和士开言听计从。由此,和士开对高、冯二人产生忌恨。和士开想罢免高俨的兵权和冯子琮的官吏任免权。高、冯二人则串通一气,策划把和士开除掉。

武平二年(571年)四月,高俨令治书侍御史王子宜上书弹劾和士开的罪行,请求将其逮捕处死。冯子琮故意把这份举报奏书夹杂在其他文书中一并逞送后主。北齐后主没有仔细审阅就批准照办。

七月二十五日,和士开按照惯例参加早朝。高俨以皇上有令,要领军库狄伏连、都督冯永洛将和士开拦截杀死。

北齐后主听说和士开被杀,勃然大怒,指令左丞相斛律光诱捕高俨,将库狄伏连、冯永洛、王子宜等人抓捕并处以肢解。胡太后

---

① 薄昭系汉文帝之母薄太后之弟,受封轵侯。汉文帝十年(前170年),薄昭因杀死朝廷使臣,汉文帝令其自杀。

### 六、勾心斗角　宦海浮沉

责问高俨为何要杀死和士开,高俨声称受冯子琮指使。胡太后随即令人用弓弦将冯子琮绞死在宫中。接着,北齐后主派人将高俨害死。

## 斛律光遇害

当年(571年)十月,北齐后主发现胡太后与僧人有奸情,下令将胡太后幽禁于北宫。祖珽乘机劝说后主封陆令萱为太后,陆令萱则吹捧祖珽为国师。北齐后主采纳陆令萱的建议,任命祖珽为尚书左仆射。

祖珽得势后恃宠专权,引起斛律光忌恨。斛律光认为祖珽是个"多事乞索小人",常常暗自抱膝忧叹:"那个瞎子回到朝廷,国家必然要遭殃!"祖珽了解这一情况后,对斛律光怀恨在心。穆提婆曾想娶斛律光的女儿为妻,遭到斛律光拒绝。斛律光又曾劝说后主不要将晋阳(位于今山西省太原市)附近的养马练兵场赐给穆提婆。为此,穆提婆对斛律光积怨很深。

斛律光身居高位后,生活节俭,不近声色,杜绝宾客馈赠礼品,不以权谋私。他领兵对外征战,从来没有打过败仗,北周[①]等国把他视为心腹之患。

武平三年(572年)春天,北周勋州(治所位于今山西省侯马市)刺史韦孝宽派间谍去邺城散布谣言,宣扬"百升飞上天,明月照长安",影射斛律光要篡位称帝,企图离间他与北齐后主的关系。祖珽和陆令萱借机附和,向后主诬称:"百升即是斛,明月即是光,看来斛律光是要造反了。"北齐后主派侍中兼领军韩长鸾暗中调

---

[①] 都长安,位于今陕西省西安市。

查,查无实据,便把此事放下。

不久,丞相府佐(丞相府官员)封士让诬告斛律光家藏兵器,养有千名奴仆,图谋造反。北齐后主信以为真,便与祖珽设计诱捕斛律光。

当年六月戊辰日,祖珽以后主的名义派人给斛律光送去一匹马,约他同去东山游玩。第二天,斛律光应约刚刚进入宫门,被埋伏在那里的力士刘桃枝等人抓住勒死。随后,北齐后主以谋反罪下令将斛律光的儿子兖州刺史斛律武都、开府仪同三司斛律世雄、斛律恒伽以及斛律光的弟弟骠骑大将军斛律羡等人处死,将斛律光的女儿斛律皇后废为平民。事后,祖珽派人去斛律光家查抄,没有查出他私藏兵器、私养千名奴仆。北周武帝宇文邕听说斛律光被杀,特此发布赦令,以示庆贺。

## 陆令萱与祖珽反目

祖珽害死斛律光后,与侍中高元海共同执掌朝政。高元海的妻子是陆令萱的外甥女。祖珽要求担任领军,被高元海暗中阻止。祖珽听说后,弹劾高元海与司农卿(主管仓储及宫廷膳食供应)尹子华等人结党,又把高元海平时向其泄露的有关陆令萱所说的宫禁机密放了出来。陆令萱大为恼火,唆使北齐后主将高元海贬为郑州(治所颍阴,位于今河南省许昌市)刺史。之后,祖珽独揽朝政。

武平四年(573年),祖珽与陆令萱、穆提婆母子因为争权夺利发生矛盾。祖珽指使人弹劾穆提婆的属官王子冲受贿,想以此牵连穆提婆和陆令萱。陆令萱则在北齐后主面前声称:"老婢该死,错看了祖珽,此人原来是个大奸臣。"北齐后主令领军大将军韩长

六、勾心斗角　宦海浮沉

鸾调查,查出祖珽多次假传圣旨骗取钱财。北齐后主赦免祖珽死罪,将他贬为北徐州(治所位于今山东省临沂市西)刺史。祖珽不肯出行,韩长鸾令人将他推出门,强拉他上路。

## 北齐后主听信谗言

侍中张雕受命主管财政后,压缩宫廷不急需的开支,约束后主身边大臣骄奢放纵的行为,引起尚书左仆射穆提婆和韩长鸾等人的憎恶。

当年(573年)十月,北齐后主想离开邺都巡视晋阳。张雕和侍中崔季舒、尚书左丞封孝琰、散骑常侍刘逖等人认为,南陈①军队正在围困寿阳(位于今安徽省寿县西),皇上北去晋阳会引起人心波动,联名上书劝说北齐后主暂缓去晋阳。韩长鸾借机紧急求见北齐后主,诬告张雕等人"未必不反,宜加诛戮"。北齐后主不问是非曲直,将张雕、崔季舒、封孝琰、刘逖等人召到殿前院中,当即下令将他们斩杀。之后,北齐后主出巡晋阳。

《北齐书》卷八　后主纪
　　　　卷九　武成胡后传
卷十一　河南康舒王孝瑜传
　　　　卷十三　高叡传
　　　　卷十七　斛律光传
　　　　卷五十　和士开传
《通鉴纪事本末》卷二十五　周灭齐

---

① 都建康,位于今江苏省南京市。

## 中国古代历史风云 · 朝政风波(下)

【简评】

　　武成帝不辨善恶,信用奸臣,昏庸荒淫,委政幼子,是导致北齐后期权争不息的根本原因。权臣之间长年争斗,愈演愈烈,大大削弱了国力,加速了北齐的灭亡。承光元年(577年),北齐为北周所灭。

六、勾心斗角　宦海浮沉

# 来瑱难察暗算

唐宝应元年（762年）初春，唐肃宗李亨召令襄州（治所位于今湖北省襄樊市襄阳城）刺史、山南东道襄、邓等十州节度使来瑱回京都长安任职。

来瑱久在地方任职，得心应手，不想去京都做官，将士们也希望来瑱继续留在襄州执掌军政。于是，来瑱授意所属将吏、州牧、县宰上书朝廷，请求把他留在襄州。尔后，他勉强上路赴京。行抵邓州（位于今河南省邓州市）时，来瑱接到唐肃宗诏令，要他继续留镇襄州，来瑱随即返回。不久，唐肃宗听说襄州官员上书请求来瑱留镇，系由来瑱策划，对他产生反感。

之后，淮西（治所位于今河南省郑州市）节度使王仲昇等人向朝廷奏告，称来瑱对其部属布施私恩，不能让他继续留镇襄州。据此，唐肃宗下令从来瑱镇守的十州中划出商、金、均、房四州，另派观察使镇守。由此，来瑱对王仲昇等人心怀忌恨。

二月，背叛朝廷称帝的史朝义①令其部将谢钦让率领叛军攻打王仲昇部，来瑱接信后没有及时救援。等到来瑱出兵赴援时，王

---

① 唐天宝十四载（755年），范阳（治所位于今北京市区）等三镇节度使安禄山及其部将史思明发动叛乱。史朝义系史思明长子。上元二年（761年），史朝义派其亲信杀死史思明，在洛阳称帝。

仲昇已在申州（位于今河南省信阳市）城下被叛军俘虏。

来瑱官府行军司马（主管军令及后勤，位在节度副使之上）裴茙权欲熏心，存心想取代来瑱长官的地位。他上书奏告来瑱有意迟缓救援王仲昇一事，称来瑱有勇有谋难以控制，朝廷应尽早设法将他除掉。唐肃宗赞同裴茙的意见，随即改任来瑱为检校（名誉）户部尚书、安州（治所位于今湖北省安陆市）刺史，另兼河南陈、豫等十五州节度观察使（军事副长官，位次于节度使）；同时任命裴茙为襄、邓等七州防御使（军事长官），以取代来瑱在襄州的军事主管地位。

来瑱看出唐肃宗对他名为重用，实际夺了他在襄州的军权，深为不安。随后，他上书称淮西军粮不足，请求将去年秋天种下的麦子收割后再赴任。

同时，来瑱又故伎重演，授意其部属上书朝廷，请求将他留任襄州。裴茙见来瑱没有及时离任，便私下在商州（治所位于今陕西省商州市）召募勇士，密切窥视来瑱的去留动向。

四月，唐肃宗病逝，广平王李豫（唐肃宗长子）继位为唐代宗。唐代宗见来瑱不肯离开襄州，担心来瑱笼络部属叛离朝廷。

五月，唐代宗假意恢复来瑱襄州节度使职务，同时密令裴茙伺机对来瑱动手。当月十九日，裴茙率领部众自均州（位于今湖北省丹江口市西北）顺汉江（今汉水）而下。日暮时分，裴茙部众的行动被来瑱的侦察军官发现。来瑱连晚召集部将商议对策。第二天一早，来瑱派兵堵截裴茙部众，呼问裴茙部将为何事而来。裴茙部将声称奉命讨伐罪人。接着，两军展开激战，裴茙军大败。来瑱将士将裴茙抓获，押送京城。唐代宗当即下令将裴茙流放费州（位于今贵州省思南县）。裴茙行至蓝田故驿（位于今陕西省蓝田县西）时，唐代宗派人逼令他自杀，以灭口。

八月，来瑱去朝廷谢罪。唐代宗对来瑱更为戒备，提任他为兵部尚书、同中书门下平章事，让他留在京都任职，削除来瑱在襄州

## 六、勾心斗角　宦海浮沉

的军权。

为时不长,骠骑大将军宦官程元振诬告来瑱对朝廷言语不恭。史朝义败逃后获救回京的王仲昇则诬称来瑱与叛军暗中勾结,致使他兵败被俘。唐代宗本来就想除掉来瑱,接到程元振、王仲昇等人的诬告后,当即以"谋谟素阙于大猷,卜祝颇闻于私议"的罪名下令撤销来瑱的职务。

广德元年(763年)正月,唐代宗下令将来瑱流放播州(治所位于今贵州省遵义市)。来瑱行至鄠县(位于今陕西省户县)时,唐代宗派人逼令他自杀。

《旧唐书》卷一百一十四　来瑱传
《新唐书》卷一百四十四　来瑱传

【简评】

来瑱对朝廷没有二心,他曾率领部众顽强抗击安禄山叛军,被叛军称为"来嚼铁"。他的过失是留恋方镇且策动部属上书请留。心术不正的人以此对他中伤,致使他含冤被杀。此事亦能说明唐肃、代二帝"赐死之辜匪辨,用刑之道不明"。(《旧唐书》卷一百一十四)

# 范延光迷信术士

后晋①天雄军（治所魏城，位于今河北省大名县东北）节度使范延光当初还是平民的时候，认识术士张生。张生说他将来必为将相。范延光当上将相后"酷信其言"。一天，范延光梦见一条大蛇从他的肚脐钻进腹内，便询问张生是何征兆。张生对他说："蛇即是龙啊，这明显兆示将军要当帝王！"范延光听张生这么说沾沾自喜，暗中与成德军（治所位于今河北省正定县）衙内指挥使（节度使府警卫长官）秘琼勾结，谋叛朝廷。后来，秘琼反悔，不再追随范延光。范延光大为恼恨。

后晋天福二年（937年）正月，后晋高祖石敬瑭任命秘琼为齐州（治所位于今山东省济南市）防御使。范延光乘秘琼赴任之机，派人将他拦杀，事后以巡逻兵士误杀向朝廷报告。

此后，范延光部牙校（低级军官）孙锐串通澶州（治所位于今河南省清丰县西南）刺史冯晖，共同劝说范延光起事。范延光一直被术士的话所迷惑，以为他圆梦的时机到了，决定举兵反叛朝廷。

六月，范延光派孙锐、冯晖率领二万名步骑兵，以黎阳（位于今河南省浚县东南）为据点，攻打滑州（治所位于今河南省滑县东）、卫州（治所位于今河南省卫辉市）。孙、冯叛军被朝廷军队击败。

---

① 都汴，位于今河南省开封市。

## 六、勾心斗角　宦海浮沉

后晋高祖任命宣武（治所位于今河南省开封市）节度使杨光远为魏府四面行营都部署（军事总指挥），率军攻打魏城。范延光见情况危急，把孙锐作为替罪羊杀死，上书请求宽恕。后晋高祖没有答应。之后，朝廷军队围攻魏城，一年多仍没有攻下。

天福三年（938年）九月，双方达成妥协。范延光答应向朝廷投降，后晋高祖赐给范延光免除死罪的铁券，改任他为天平军（治所位于今山东省东平县西北）节度使，封他为东平郡王。不久，范延光自感惭愧，以年老请求退休。后晋高祖批准范延光以太子太师名义退休，留居京都养老。

天福五年（940年），后晋高祖派宣徽使（主管后宫事务）刘处让带着酒去看望范延光，对他说："契丹皇帝派使臣来，询问魏州那个反臣现在在哪里。提议把他押到北方去，免得他在中原为患。"范延光听说后忧惧得泪流满面，请求回到他在河阳（位于今河南省孟州市南）购置的房舍隐居。刘处让知道后晋高祖本意是想让范延光迁出京都，当时便答应他移居河阳。

当年八月，西京（位于今河南省洛阳市）留守杨光远听说范延光离京时装有数十车财物，意欲将其夺为己有。他上书称范延光仍然怀有反叛之心，将会北叛南逃，请求将他软禁在洛阳。后晋高祖犹豫未决。杨光远擅自令其儿子河阳知州事（行政长官）杨承勋率兵包围范延光的住所，逼令他自杀。范延光以天子赐有铁券加以拒绝。杨承勋指令兵士手持利刀逼迫范延光上马，过桥时将他推入水中淹死。杨光远以范延光"自投水死"奏告。后晋高祖暗自高兴，也没有追问范延光的死因。

《旧五代史》卷七十六　晋高祖纪二
　　　　　　卷九十七　范延光传
《新五代史》卷五十一　范延光传

## 【简评】

人们在现实世界欲望不能满足时,常常向往幻想中的世界。某些方术邪教迎合人们这一心理,骗称某人活着能富贵长寿、死后能升天永在。古往今来受其贻害的人不计其数。范延光是个聪明人,后唐(936年为石敬瑭所灭)内乱时,他请求辞去枢密使职务去地方任职以避祸。但面对术士以帝王之富贵诱惑时,范延光昏昏然耳目失聪,发动叛乱而将自己置身于刀光剑影之下,最终死于非命。

六、勾心斗角　宦海浮沉

# 寇准仕途坎坷

寇准字平仲,北宋华州下邽(位于今陕西省渭南市北)人。他年少时精读春秋三传(《左传》、《公羊传》、《谷梁传》),十九岁考中进士,被授予大理评事(最高审判机关官员)。此后,寇准奉命到归州巴东(治所位于今湖北省巴东县)等县任知县。任职期满后,寇准奉调返回朝廷,几经转任为判吏部东铨(朝廷主管官吏任免部门负责选官的官员)。

一次,寇准向宋太宗奏事,和太宗的想法不一致。宋太宗气得从座位上站起来,不想再听他说下去。寇准心平气和地拉住太宗的衣服,请他再坐下审议。宋太宗受到感动,事后对人说:"我得到寇准,如同文皇(唐太宗)得到魏征一样。"

北宋淳化二年(991年)春天,宋太宗就"时政得失"征询众臣意见。寇准说:"朝廷执法有不公平的地方。"宋太宗对他的话很恼火,起身回到内殿。不一会,宋太宗召见寇准,询问他所说执法不公的事实。寇准请求将文武大臣都召来,由他当众说清。百官入场后,寇准说:"最近祖吉、王淮二人都因为受贿犯了法。祖吉获得的赃物比王淮少,被杀了头;王淮贪得赃物达一千万,因为他是参知政事王沔的弟弟,只被关起来打了一顿板子,便官复原职。这不是不公平又是什么呢?"宋太宗质问王沔,王沔只好叩头认罪。由此,宋太宗确认寇准可以信用,提升他为同知枢密院事(最高军事机关副长官)。

寇准为官耿直,当着宋太宗的面,常与同知枢密院事张逊发生争论。一次,寇准和同知枢密院事温仲舒一起骑马在路上行走,忽然有个狂人迎着他们的马呼万岁,被判左金吾(代理警卫部队将领)王宾发现。王宾同张逊要好,将此事告诉张逊。张逊唆使王宾奏告宋太宗,寇准则请温仲舒证明他清白,双方相持不下。宋太宗十分恼火,下令将张逊贬出朝廷,同时将寇准贬为青州(治所位于今山东省青州市)知州。

寇准去青州赴任后,宋太宗十分怀念他,第二年即把他召回朝廷,任命他为参知政事。至道二年(996年),寇准发公函给虞部员外郎(主管山泽采矿部门的官员)冯拯,告诫他"毋乱朝制"。冯拯随后弹劾寇准"擅权"。宋太宗召见寇准问及此事,寇准仍辩争不已。宋太宗很不高兴,随即将寇准贬为邓州(治所位于今河南省邓州市)知州。

至道三年(997年),宋太宗去世。太子赵恒继位为宋真宗,将寇准调任工部侍郎。咸平六年(1003年),宋真宗任命寇准为三司使。宋真宗想任命寇准为宰相,但又顾虑其刚直任性。不久,参知政事毕士安向真宗推荐寇准,认为他可以担任宰相。宋真宗说:"听说他性格刚强,好义气用事。"毕士安回答说:"寇准为国家利益常常舍生忘死,一向坚持公道,憎恶邪恶,那些庸俗自私的官员的确是不喜欢他。"于是,宋真宗采纳毕士安的建议,将寇准任命为宰相。

景德元年(1004年)九月,契丹军队大肆入侵中原,北宋君臣大为震惊。参知政事王钦若建议宋真宗离开京都开封,暂时退住金陵(位于今江苏省南京市);同知枢密院事陈尧叟则建议宋真宗去成都(位于今四川省成都市)避难。宋真宗就上述提议征求寇准意见。寇准说:"不知是谁为陛下出了这两个主意?我主张将出这两个歪主意的人斩首,用以激励将士,然后出兵北上抗敌!陛下若

## 六、勾心斗角　宦海浮沉

能亲自率领奇兵打破敌人的部署,我军必胜无疑;如果陛下退居楚、蜀二地,人心势必涣散,天下也就难保了!"国难当头,寇准激昂慷慨,力主抗战,使宋真宗受到感动。他消除离京南退的念头,决定亲自出征。宋真宗到达澶州(位于今河南省濮阳市)后,宋军前线官兵士气大振。寇准随即指挥军队击败契丹军,迫使契丹答应同宋朝讲和。宋真宗发话以每年向契丹进贡一百万以下货币作为议和条件,寇准坚持以三十万岁币达成和议。

寇准颇以击退契丹军而自负,引起王钦若的忌恨。王钦若对宋真宗说:"澶州那一仗,我们虽然打胜了,但是,是以向契丹进贡岁币换取和议的。寇准不但没有为国立功,反而使国家蒙受耻辱。"宋真宗听他这么说,"愀然为之不悦"。王钦若接着说:"陛下大概听说过赌场上的事,赌徒见快要输光了,总是把所有的钱都拿出来掼上,叫孤注一掷。澶州那一战,陛下是被寇准当作孤注掷出去的,太危险了!"宋真宗听信王钦若谗言,不再像以前那样信任寇准。第二年,宋真宗将寇准挂名刑部尚书,将他贬为陕州(治所位于今河南省陕县西南)知州。此后,寇准又几经转任才被召回朝廷,担任枢密院使(最高军事机关长官)、平章事。

宰相王旦对寇准回朝廷任职极力排斥,他向宋真宗进谗言说:"寇准这个人,喜欢别人记住他的恩惠,希望别人害怕他的威严,这都是作为大臣应努力避免的。而寇准总是自以为是,这是他的弱点所在。"于是,宋真宗又将寇准调任永兴军(治所位于今陕西省西安市)节度使。

天禧三年(1019年),宋真宗患中风,刘皇后干预朝政。寇准当时担任尚书右仆射,为防止刘皇后干政,他暗下建议宋真宗传位给太子,认为新任尚书仆射丁谓是善于谄媚的佞人,向宋真宗进言不可以让丁谓辅佐少主。刘皇后获悉寇准这一动议后,听信丁谓谗言,唆使宋真宗罢免寇准宰相职务,改任丁谓为太子太傅,封寇准为莱国公。朝廷内外对寇、丁二相忠奸自有公论,当时民谣传播:"欲时之好呼寇老,欲世之宁当去丁"。

天禧四年(1020年)七月,宦官周怀政等人谋划尊宋真宗为太上皇,请宋真宗传位给太子赵祯,以停止刘皇后干预朝政,并准备杀死丁谓,让寇准恢复相位。客省使(主管外交礼仪)杨崇勋将周怀政的这一密谋报告丁谓。之后,周怀政被杀。丁谓借机对寇准进行诬陷,瞒着宋真宗将他贬为道州(治所位于今湖南省道县)司马。

乾兴元年(1022年),寇准又被贬为雷州(治所位于今广东省雷州市)司户参军(州府属官)。不久,丁谓因"欺罔"罪被贬为崖州(治所位于今海南省三亚市西北)司户参军。寇准听说丁谓路经雷州,派人送去一只蒸羊在路上迎候他。丁谓要求见寇准一面,寇准拒而不见。寇准听说他的家丁想杀死丁谓,为他报仇,便关起门来让家丁赌博,以制止他们出门。

天圣元年(1023年)闰九月,朝廷将寇准调任衡州(治所位于今湖南省衡阳市)司马。调令尚未下达,寇准在雷州去世。

《宋史》卷二百八十一 寇准传

《宋史纪事本末》卷二十一 契丹盟好

【简评】

《宋史》作者脱脱认为:寇准"澶渊之幸,力沮众议,竟成隽功,古所谓大臣者,于斯见之。然挽衣留谏,面诋同列,虽有直言之风,而少包荒之量。定策禁中,不慎所与,致启怀政邪谋,坐窜南裔。勋业如是而不令厥终,所谓'臣不密则失身',岂不信哉"。(《宋史》卷二百八十一·寇准传)

清代学者王夫之认为:"寇准起家文墨,始列侍从,而狂人一呼万岁,议者交弹,天子震动。曾不念准非操、懿之奸,抑亦无其权藉;而张皇怵惕,若履虎之咥人,其愚亦可嗤也。"(《宋论》卷二·太

## 六、勾心斗角　宦海浮沉

宗)"摧刚为柔、矫直为曲者,径也,非术也。平仲不审乎此,乃惩刚直之取祸"。"宋之以'不道''无将'陷人于罪罟者,自谓陷寇准始"。(《宋论》卷三·真宗)

# 肖裕猜疑过度

肖裕是金①奚部（位于今河北省怀来县）人，早年受任猛安（部族领兵武官）驻守中京（位于今内蒙古宁城县西），与中京留守完颜亮（金太祖庶孙）谈吐投机。完颜亮对金熙宗完颜亶（金太祖嫡孙）继承帝位一直不服，肖裕向完颜亮表白说："你如果有志于做大事，我愿竭尽全力随从。"于是，完颜亮把肖裕视为心腹，经常和他暗中谋划如何夺取帝位。

金皇统九年（1149年）四月，金熙宗将领三省事（丞相）完颜亮调任领行台尚书省事（军政长官，治所汴京，位于今河南省开封市）。肖裕时任同知中京（后改称北京）留守事（代理军政长官）。完颜亮绕道中京，对肖裕说："我准备在河南起兵称帝，再领兵向北攻打，请你联络北面各猛安接应我。"肖裕点头称是，与完颜亮定下密约。之后，完颜亮行至良乡（治所位于今北京市房山区）时，金熙宗将其召回复任平章政事。

十二月九日，完颜亮买通金熙宗护卫军官徒单阿里出虎等人谋杀金熙宗，自行称帝，为海陵王。肖裕因完颜亮改变行动计划而没有直接参与刺杀金熙宗的行动，海陵王将他调任秘书监。

---

① 都会宁府，位于今黑龙江省阿城市南。金贞元元年（1153年），金海陵王将都城迁至中都（位于今北京市区）。

## 六、勾心斗角　宦海浮沉

当初,金熙宗即位后由太傅领三省事完颜宗干(金太宗之侄、完颜亮之父)辅政。完颜宗干以谋反罪处死尚书令完颜宗磐(金太宗长子)。从此,完颜宗干与金太宗子孙结下怨仇。海陵王即位后感到两家之间的仇恨阴影依然存在。由此,他把在朝廷当权的金太宗诸子视为危及他帝位的最大威胁,急于想把他们除掉。海陵王就此事召见肖裕密谋,肖裕满口答应为海陵王消除这一心头之患,并为之献计献策。

天德二年(1150年)四月,平章政事完颜乌带诬告左丞相完颜秉德有谋反迹象,海陵王将完颜秉德调任领行台尚书省事。肖裕借太傅领三省事完颜宗本(金太宗之子)设宴为秉德饯行一事,诬告二人约定里应外合谋反。于是,海陵王下令将完颜秉德和完颜宗本处死。接着,海陵王又下令将金太宗儿孙共七十多人全部杀害。肖裕由此被提任为右丞相兼中书令,掌管朝政。

肖裕执掌朝政后恣意妄为,有人奏告他专权。海陵王以为这一奏告是出于对肖裕的忌妒。他考虑肖裕与其亲戚同在朝廷任职,亦是容易引起别人猜忌,没有同肖裕商量,便将肖裕之弟左副点检(侍卫皇帝的副主官)肖祚调任益都(治所位于今山东省青州市)尹、肖裕妹夫左卫将军耶律辟离剌调任宁昌军(治所懿州,位于今辽宁省阜新县北)节度使,以消除众人对肖裕的怀疑。

肖裕则认为海陵王已对他心怀疑忌,有意将其弟和妹夫调出,以削减其权势,由此对海陵王产生疑惧。不久,海陵王将他的弟弟完颜充任命为太师领三省事,肖裕又怀疑是准备让完颜充接替他的权位。肖裕深知海陵王猜忌嗜杀,残酷无情,生怕有朝一日会突然降临杀身之祸,便与前真定(治所位于今河北省正定县)尹肖冯家奴、前御史中丞肖招折等人秘密策划,企图拥立豫王①之孙耶律

---

① 辽保大五年(1125年),金军击败辽军,辽天祚帝耶律禧被俘,辽灭亡。耶律禧死后,金熙宗追封其为豫王。

裕为帝，以取代海陵王。

贞元元年（1153年）三月，肖裕密派肖招折前往联络西北路（治所西京，位于今山西省大同市）招讨使（军事长官）肖好胡（肖怀忠）参与其行动。肖好胡以肖招折处事反复无常而犹豫未决。这时，肖好胡听说与他素有积怨的五院节度使耶律朗也参与此事，大为反感，便将肖招折拘留，设计将耶律朗逮捕，并派人飞马赴京奏告朝廷。

在此之前，参与肖裕谋反的博州（治所位于今山东省聊城市东北）同知（代理行政长官）遥设写信约笔砚令史白苔共同起事。白苔将肖裕谋反一事告发。海陵王认为白苔此告是诬陷肖裕，下令将他押往闹市斩首。行刑前，肖好胡派来奏报的官员赶到城外刑场，向执刑官员说明情况，请求将白苔释放，海陵王方知肖裕谋反属实。

海陵王派宰相去询问肖裕，肖裕供认不讳。海陵王十分惊愕，"犹未能尽信"，又亲自召见肖裕询问。肖裕承认是怀疑皇上要对他治罪，所以谋反。海陵王当即用刀刺破自己的左臂，把血涂在肖裕的脸上，对他说："你死之后，亦要记住我本来并没有怀疑你！"肖裕自知对海陵王怀疑错了，后悔莫及。海陵王哭着将肖裕送出门，下令将他依法处死。

《金史》卷五 海陵本纪
　　卷一百二十九 肖裕传
《金史纪事本末》卷二十四 太宗子孙之戮
　　卷二十五 肖裕乱政

【简评】

肖裕为人狡诈，完颜亮"成弑逆之谋者，裕启之也"。阴谋作乱的人心理都不健康。他们往往以害人得势于一时，其下场大抵以害己告终。

六、勾心斗角　宦海浮沉

# 夏言四起四落

夏言是明贵溪（位于今江西省贵溪市）人，为人机灵，善于写文章。明正德十二年（1517年），夏言考中进士，受任行人（传达皇帝旨意的官员）、兵科给事中（朝廷主管军事的部门监察官员），以坦诚直言享有名声。

## 第一次起落

正德十六年（1521年），明世宗朱厚熜继位。夏言针对前朝某些弊端，上书说："皇上要将朝政大事交给群臣集体讨论，不宜只同身边几个宦官侍臣商量后就直接以圣旨发出。"明世宗赞赏并采纳夏言这一建议。

当年，明世宗要夏言同御史郑本公等人核查警卫部队冗员。夏言等人奏请裁减冗员达三千二百多人。

嘉靖元年（1522年），夏言奉命同御史樊继祖去地方清理庄田，把被王府高官侵占的民田如数划出来归还百姓。其间，夏言呈报的奏书秉公直言，为人传诵。

嘉靖七年（1528年），明世宗意欲改革礼仪制度。夏言时任吏科都给事中(朝廷主管官吏任命的部门监察主官),建议天地分开祭祀,符合明世宗的心意。由此,夏言接连被提任为侍读学士(给皇帝讲学兼修史)、少詹事(辅导太子的副官)、掌翰林院事(主管皇帝学术顾问机构)。

大学士(宰相)张孚敬反对夏言天地分祭的意见,被明世宗否定。张孚敬由此对夏言产生忌恨。夏言说话声音宏亮,不用方言。他每次在朝廷讲课,明世宗都认真听讲。张孚敬看到明世宗想重用夏言,心中更为忌妒。

嘉靖十年(1531年)七月,行人司正(负责传达皇帝旨意)薛侃上书请求从封地选一个亲王来京掌管香火,若皇上有事离京,由其留守京都,代表皇上主持宗庙祭祀。奏稿写好后,薛侃交给太常卿(主管宗庙祭祀、礼乐制度)彭泽过目。当时,彭泽追随张孚敬排斥夏言。他知道世宗正盼望生个儿子,看了薛侃的奏书后一定会生气,便与张孚敬密谋,诬告薛侃的奏书系夏言指使。明世宗听说后果然大为恼火,下令将薛侃、夏言等人关进监狱。

不久,明世宗了解薛侃奏书一事夏言并未参与,察觉张孚敬居心不良,便下令罢免张孚敬大学士职务,同时将夏言释放出狱,提任他为礼部尚书(朝廷主管礼仪、教育的部门长官)。

# 第二次起落

经过薛侃奏书这场风波,明世宗对夏言更为信任,常常写诗赐给他。夏言亦每每迎合唱和,并将诗句刻在玉石上进献给世宗。明世宗称赞夏言"学博才优",赐给他银章、绣蟒飞鱼麒麟服和玉带等物品。

嘉靖十五年(1536年),皇长子朱载基出生(其诞生后两个月夭折），明世宗加任夏言为太子太傅。接着，明世宗提任夏言为武英殿大学士（宰相），让他担任首辅（首席宰相）。

夏言受到明世宗信任后，引起许多高官的忌妒，纷纷与他争斗。继张孚敬之后，詹事（辅导太子的主官）霍韬、武英殿大学士顾鼎臣、郎中（朝廷部门内设机构长官）张元孝、李遂等人都因与夏言意见不合而受到明世宗贬斥。

礼部尚书严嵩与夏言是江西老乡。夏言担任宰相后，向明世宗推荐严嵩，将他由南京（明故都，位于今江苏省南京市）礼部尚书（虚职）调入朝廷接任礼部尚书，并经常与之交往。严嵩比夏言大两岁，考中进士步入仕途比夏言早十多年，又曾称病离职在钤山（位于今江西省分宜县袁江南岸）读了十年书，以文章闻名于天下。严嵩为人奸诈，善于媚上取宠。他对夏言引荐并不领情，只是表面上恭维他，内心却对夏言十分忌妒。

嘉靖十八年（1539年）五月，夏言与严嵩随同明世宗去承天（位于今湖北省钟祥市）拜谒兴献王朱祐杬（明世宗之父）的显陵。严嵩两次建议让大臣为明世宗祝寿，夏言坚持等回京后再说。明世宗当时虽然也说此事暂不举行，但心里却对夏言不满。严嵩探知明世宗的心意后，再次请求让群臣为皇上祝寿。明世宗回答说："礼乐之事，天子当然可以决定。"他当即下令众臣为他祝寿，并由此开始疏远夏言。

之后，明世宗巡视大峪山。住歇后，夏言没有及时去世宗居处问候。明世宗大为不快，指斥夏言"怠慢不恭"，要他将过去所赐的银章和亲笔手书退还。夏言哀求请罪，明世宗仍然没有息怒，又下令夏言以尚书大学士的名义退休。过了几天，明世宗的气消了，转而将银章和手书赐还夏言，并令他官复原职。

## 第三次起落

夏言复职后,明世宗要他像当初一样信守忠义、秉公办事,以免众人埋怨。夏言知道明世宗所说的众人埋怨,指的是武定侯督团营(驻京部队将领)郭勋对他多有指责。郭勋对夏言受到世宗信任一直很忌妒,经常在明世宗面前讲夏言的坏话。对此,夏言心里有数。他向明世宗拜谢后说:"我自身要求不比别人差,坚持志向不随波逐流,所以遭到别人忌妒。"明世宗对夏言的回答很不满意。此后,夏言与郭勋之间的争斗愈演愈烈。一次,明世宗在慈庆、慈宁两宫举行宴会,郭勋提议让太子朱载壑迁居其中一宫,夏言认为不能这样做,夏言的建议符合明世宗心意。

嘉靖二十年(1541年)八月,昭圣太后(明孝宗皇后张氏)去世。夏言在治丧奏书中出现错字,受到明世宗批评。夏言十分不快,以病请求退休,明世宗随即批准他退休。不久,受到夏言亲信的给事中高时弹劾郭勋"贪纵不法十数事",郭勋被捕入狱。十月,明世宗让夏言官复原职,但已不像开始那样对他信任。

一天,明世宗召见夏言,突然问他太子应居住哪里。夏言忘记过去说过的话,回答和郭勋当时说的一样。为此,明世宗很不高兴。他怀疑郭勋受弹劾,是夏言指使人干的。此后,夏言又因两件礼仪上的小事引起明世宗不快。于是,明世宗又想罢免夏言宰相职务。严嵩看出明世宗这一意向,暗中对夏言进行诋毁。

夏言对严嵩似乎毫无察防,他担心再次被罢官,竟然邀请严嵩,同他商议对策。他没有想到,严嵩已经暗下去太师(名誉宰相)陶仲文(以鼓吹长生术受到明世宗宠信)家里拜访,策划如何把他挤走,由他担任宰相。不久,夏言听说这件事,对严嵩十分恼火,指

## 六、勾心斗角　宦海浮沉

使言官弹劾严嵩。夏、严二人从此结下怨恨,势不两立。

嘉靖二十一年(1542年)六月,严嵩在一次宴会上见到明世宗时痛哭流涕,控诉夏言欺辱他。明世宗听了严嵩陈述后,积压在心中的怒火突然爆发,称夏言"欺谤君上,致神鬼怒"。夏言闻讯后极为恐惧,主动向明世宗请罪,请求以老病退休。当年七月,明世宗下令将夏言免职闲居,让严嵩代替夏言为宰相。

## 第四次起落

嘉靖二十四年(1545年),明世宗察觉严嵩贪婪放纵,将夏言召回朝廷,官复原职,让他与严嵩同任宰相辅政。夏言复相后,答复问题、处理事情都不征求严嵩意见。严嵩忍气吞声不敢说不。夏言对于严嵩所用的亲信一概排斥,严嵩也不敢劝阻,只是记恨在心里。锦衣都督(主管侍卫、缉捕、刑狱的将领)陆炳曾因违反盐法受到夏言追究,对夏言怀恨在心。严嵩便和陆炳勾结在一起,伺机陷害夏言。

嘉靖二十六年(1547年),陕西(即陕西三边,治所位于今宁夏区固原县)总督曾铣上书请求收复河套(位于今阴山以北内蒙古和贺兰山以西宁夏区境内,当时为鞑靼①占领)。夏言想建立永世功绩,赞同曾铣的意见。曾铣是夏言继妻之父苏纲的好朋友。夏言就"曾铣建言收复河套"一事,称群臣都没有他忠诚。明世宗令夏言拟草诏令对曾铣进行表彰。曾铣受到表彰鼓励后更加锐意收复河套。

嘉靖二十七年(1548年)正月,明世宗听信严嵩和陆炳的谗

---

① 明北方邻国。

言,突然改变态度,对收复河套的建议严加斥责。严嵩乘势公开声称河套不可恢复,并对夏言进行攻击。夏言指责严嵩开始时对收复河套并未提出异议。明世宗怒不可遏,指斥夏言"强君胁众",随即再次下令罢免夏言宰相职务,让他以尚书的名义退休还乡。

这时,宫中有人散布流言蜚语,说夏言被免职离京时有怨气,诽谤他人。严嵩派人私下串通因罪入狱的原宁夏总兵官仇鸾,代仇鸾拟草奏书,诬告夏言曾收受曾铣的贿赂,并将苏纲牵连进来。据此,明世宗下令将曾铣、苏纲逮捕入狱。接着,明世宗以"交结近侍"的罪名,下令将曾铣斩首、苏纲戍边,并派遣兵士追捕已经离京返乡的夏言。

夏言行抵通州(位于今北京市通州区)时,听说曾铣被杀,不禁大惊失色,歪倒在车下,哀伤地说:"唉,我恐怕也是死定了!"他连忙上书申冤,指出:"仇鸾被关在狱中,怎么知道朝廷在查办曾铣?严嵩是个奸臣,众臣受其箝制,朝廷内外只知道严嵩,不知道有陛下。我的生死掌握在严嵩手里,请求皇上发慈悲赐我保全。"明世宗对夏言的话再也听不进去,下令将夏言投入监狱。

当年十月,明世宗下令将夏言押往闹市斩首示众。

《明史》卷一百九十六 夏言传
卷三百八 严嵩传
《明通鉴》卷五十五 明世宗嘉靖十年
卷五十八 明世宗嘉靖二十一年

【简评】

夏言为官总体上说是公正的。由于明世宗心胸狭隘,是非不分,夏言屡受贬斥,最后竟被奸臣严嵩害死。正直之士往往斗不过奸邪之徒,这是历史留给世人的一大遗憾。

# 七、专权狂妄　难以善终

　　历史上有那么一些权臣,他们利用手中的职权专横跋扈,祸国殃民。他们虽然得势于一时,最终却没有好下场。还有一些大臣,他们背上功名的包袱,骄狂放恣,目中无人,其下场亦可知。

七、专权狂妄 难以善终

# 子驷弑君专权

郑釐公五年(前566年)某日,郑国宰相子驷(公子騑)向郑釐公奏事。郑釐公没有以礼接谈,子驷由此对郑釐公怀恨在心。当年冬天,子驷陪同郑釐公去鄏地(郑邑,位于今河南省鲁山县)参加诸侯会盟。途中,子驷密令厨师将郑釐公毒死。之后,子驷赴鄏与诸侯会盟,谎称"釐公暴病卒",并以此发布讣告,欺骗本国民众。接着,子驷将年仅五岁的郑釐公之子嘉立为国君,即郑简公。

郑简公元年(前565年)四月,郑国诸公子(国君亲族)策划惩处子驷弑君专权。子驷闻讯假造罪名,又杀死公子狐、公子熙、公子侯、公子丁,独掌朝政。

不久,子驷派兵入侵蔡国。蔡国盟主楚国君臣大为恼火,派兵攻打郑国。大夫子展建议向盟主晋国求援以抗御楚军,子驷拒不采纳,坚持向楚国请和,又招致晋国等诸侯国联军攻打郑国。

将军尉止率兵迎战诸侯军,打了胜仗。子驷妒忌尉止的战功,下令削减他的战车,不准他献俘虏记功。尉止对子驷怀恨在心。

子驷下令挖掘水渠,损坏了司氏、堵氏、侯氏和子师氏的田地,拒不给予赔偿,引起司氏等四家族的痛恨。

郑简公三年(前563年)十月,尉止串通司徒子孔,联络被子驷诛杀的诸公子亲族党羽及司氏、堵氏、侯氏和子师氏家族,举行暴动,将子驷杀死。

动乱平息后,子孔掌揽朝政,但是朝廷官员不肯服从他。子孔意欲将不肯听命的官员处死。大夫子产以"众怒难犯,专欲难成","犯众兴祸",加以劝止。

《左传》襄公七年

襄公八年

襄公十年

【简评】

　　子驷仅因国君待之欠礼,便杀死国君,继而杀死诸公子。他当政专横无道,出兵侵蔡,引来外患;忌排有功将领,无偿损害民田。积怨太多,以致为时不长便被攻杀。之后,子产总结其教训,所言"犯众兴祸"是极为深刻的。

七、专权狂妄　难以善终

# 灌夫酗酒逞狂

灌夫是西汉颍阴(位于今河南省许昌市)人,早年随父从军,因平息吴、楚之乱①有功,被汉景帝提任为中郎将。不久,灌夫因犯法被免职。

西汉建元元年(前140年),汉武帝任命灌夫为太仆。一次,他同长乐宫(皇太后居住处)卫尉窦甫一起饮酒。灌夫酒醉后与窦甫闹翻,并动手打了他。窦甫是窦太后(汉文帝皇后、汉景帝母亲、汉武帝祖母)的弟弟,窦太后听说其弟被打十分恼火。汉武帝生怕太后追究此事要处死灌夫,把他调任燕国②国相。

几年后,灌夫又因犯法被免官,在京城长安闲居。其间,他和被免职闲居的原大将军窦婴(魏其侯)谈吐投机,来往密切。

丞相田蚡(武安侯)是王太后(汉景帝皇后、汉武帝母亲)同母异父之弟。当初,窦婴为大将军时,田蚡只是郎官(侍从皇帝的官员),曾跪着向窦婴敬酒。后来,田蚡凭借王太后的权势当上丞相。灌夫却没有把他这个丞相放在眼里。

---

① 汉景帝三年(前154年)正月,吴王刘濞反对朝廷削减其封地,联合楚王刘戊等六个封王,以"清君侧"的名义,在广陵(位于今江苏省扬州市)发动叛乱,史称吴楚七国之乱。汉朝廷派军队历时三个月将叛乱平息。

② 汉初封国,王府设在蓟县,位于今北京市区。

田蚡拥有大片肥美的田园，但仍不满足，派人去向窦婴索要他的城南之地。窦婴十分气愤，断然拒绝，灌夫也大为恼火。为此，田蚡对窦婴、灌夫二人怨恨在心。

元光四年（前131年）夏天，田蚡娶燕王之女（实为燕王刘泽的儿子康王刘嘉之女）为夫人，王太后诏令王侯大臣都要去祝贺。灌夫本来不准备去参加田蚡的婚宴，窦婴路过其家门劝他一同前往。

席间，田蚡起身敬酒，客人们都离开席位，伏在地上为他祝贺。过一会，窦婴起身敬酒，只有一些老朋友从席位上站起来，有半数以上的人只是稍微欠一下身。两相比较，灌夫开始生起闷气。轮到灌夫向田蚡敬酒时，田蚡跪在席位上说："我不能喝满杯。"灌夫十分不快，讥笑道："丞相是贵人，还是请你同我干了这一杯吧！"田蚡没有答应，灌夫认为他不给面子，更是怒火中烧。

灌夫依次敬酒轮到临汝侯灌贤时，灌贤正在和长乐宫卫尉程不识说悄悄话，没有起身答谢。灌夫正憋着一肚子火无处发泄，冲着灌贤嚷叫道："今天长者来向你敬酒，你竟然像女孩子一样嘀嘀咕咕说小话！"当时，东宫（太子居住处）卫尉李广也坐在这张席上。田蚡见状连忙走过来劝灌夫说："程、李二位将军是东、西宫卫尉，你当众侮辱程将军，也该给李将军留点面子吧！"灌夫对田蚡的话充耳不闻，肆无忌惮地吼叫道："今天我准备杀头穿胸，管他什么程将军、李将军！"参加婚宴的客人见灌夫闹开了，纷纷穿上衣服离去。

田蚡见状大为恼火，厉声抱怨说："只怪我太放纵灌夫了！"这时，窦婴上前拉着灌夫出去，田蚡下令骑兵将灌夫拦下。有人出面替灌夫赔不是，并按着灌夫的脖子，要他向田蚡谢罪。灌夫怒不可遏，坚决不肯认错。于是，田蚡下令将灌夫捆绑起来，关在旅馆里，弹劾灌夫"骂坐不敬"，并将灌夫同族人逮捕，准备将他们一齐处死。

窦婴随即求见汉武帝，陈述灌夫所为系醉酒后失态，不构成死罪。汉武帝同意窦婴的意见,对他说:"你要到太后那里去为他申辩啊!"

王太后因为灌夫大闹田蚡的婚宴,气得不吃饭,责备汉武帝说:"如今我还活着,竟有人敢欺负我的弟弟。将来我死了,有人会像宰割鱼肉一样宰割他!你这个做皇帝的难道是石头人吗?对这件事竟然没有明确态度!"面对母太后的责难,汉武帝对灌夫爱莫能助。

元光五年(前130年)十月,灌夫及其全家被处死。当年十二月,窦婴受人诬陷,也被处死。

《史记》卷一百七 魏其武安侯列传

## 【简评】

灌夫行为不检,罢官后心理失衡,借酒浇愁,且时有发泄,尚可理解。大闹丞相婚宴,出言不逊,未免狂妄过分。但亦不该因为这件事而判处他和全家人死罪。由此可看出王太后和田蚡霸道至极。

# 窦宪得势猖狂

东汉建初八年(公元83年),汉章帝刘炟(汉明帝之子)将窦皇后之兄窦宪由郎提升为侍中、虎贲中郎将。窦宪得势后骄横放纵,恣意妄为,王公贵戚都怕他三分。

沁水公主(汉明帝之女)在京都洛阳郊外有一片田园,窦宪以低价将其夺占,沁水公主忍气吞声,不敢对外说。后来,汉章帝乘车路过这片田园,发现该地已被窦宪占有,勃然大怒,当面斥责窦宪说:"沁水公主的田园你居然敢夺占,何况一般平民百姓!你窦宪有什么了不起?国家如要废弃你,不过如同废弃一只小乌鸦、一只臭老鼠一样!"窦宪大为恐惧,随即把夺占的田园归还沁水公主。然而,他劣性不改,为时不长便故态复萌。

元和三年(86年)三月,太尉郑弘数次批评窦宪仗势弄权,引起窦宪忌恨。不久,郑弘弹劾窦宪的党羽尚书张林等人贪赃枉法。窦宪闻讯后反诬郑弘泄露机密,致使汉章帝罢免郑弘的职务。郑弘气恼成疾,临终前再次弹劾窦宪行奸作恶,之后含恨去世。

章和二年(88年)二月,汉章帝去世,年仅十岁的太子刘肇(梁贵人所生)继位为汉和帝。汉和帝尊窦皇后为皇太后,由窦太后临朝听政。窦宪以侍中入内宫参与决策,对外宣布窦太后诏令。他认为前太尉邓彪为人仁厚随和,提议任命邓彪为太傅。这样,窦宪遇事先要邓彪向窦太后奏报,然后再由他向窦太后说明。窦太后

## 七、专权狂妄　难以善终

对窦宪所要办的事无不听从。由于窦太后纵容,窦宪日益专横残暴。

当初,窦宪之父窦勋(东海恭王刘强的女婿)因对朝廷出言不逊被逮捕,死于监狱。谒者(监管城建、水利工程的官员)韩纡曾审理过窦勋的案件。由此,窦宪对韩纡一直怀恨在心。窦宪掌揽朝政后为报复韩纡,竟指使其门徒斩下韩纡之子的头,用以祭祀窦勋之墓。

七月,都乡侯刘畅从封地齐(位于今山东省淄博市)来京吊唁汉章帝。此间,窦太后与刘畅私通。窦宪害怕刘畅得到太后宠爱会削弱他在内宫的地位,随即派人将刘畅杀害,而诬告凶手是刘畅之弟利侯刘刚。不久,刘畅被杀一事真相大白。窦太后大为恼火,下令将窦宪囚禁在内宫。

这时,南匈奴①单于向东汉朝廷请求出兵北伐。窦宪害怕被处死,请求带兵攻打北匈奴,以功赎罪。

永元元年(89年)春天,朝中大臣慑于窦宪的权威,纷纷上书为窦宪说好话,劝谏窦太后不要让他出征匈奴。尚书仆射郅寿却上书弹劾窦宪"骄恣",言辞激烈。窦宪随即反诬郅寿私买公田且诽谤朝政。于是,窦太后下令将郅寿逮捕审讯,判处斩刑。尚书何敞为郅寿无过获罪愤愤不平,上书为郅寿申辩说:"郅寿是皇上身边参与机要的大臣,纠正百官的错误是他的职责。如果他发现违法的事而沉默不言,罪该处死。如今,他为了国家的长治久安而坚持正义,这难道是为了他自己吗?我所以冒死进言,亦不光是为了郅寿。忠臣尽节,视死如归。我实在不希望看到朝廷以所谓诽谤罪诛杀忠诚正直的大臣!"于是,窦太后下令免去郅寿死刑,将他流

---

① 西汉五凤元年(前57年),匈奴内讧。之后,呼韩邪单于依附汉朝。东汉建武二十四年(公元48年),匈奴再次分裂,其一部南迁,称作南匈奴,一部移居大沙漠以北,称作北匈奴。

放合浦(位于今广西区浦北县西南)。郅寿接到贬令后含愤自杀,以示抗议。

永元三年(91年)秋天,窦宪以车骑将军名号和执金吾(主管京都治安)耿秉等人领兵击败北匈奴,登上燕然山(今蒙古国杭爱山)"刻石勒功"。窦宪率部返回长安时,汉和帝率群臣前去迎接慰问。有些官员竟然跪拜在地称窦宪"万岁"。尚书韩棱以没有称大臣"万岁"的礼节加以制止。

汉和帝以功任命窦宪为大将军(执掌朝廷军政),并明确其位在三公(大司徒、大司马、大司空,均为丞相)之上。此后,窦宪越发狂妄。凡是朝廷新任命的刺史和年俸禄为二千石的大臣,在接受汉和帝任命后,都不敢径自离去,还得去拜见窦宪,给他送去厚礼,听候他的训示。窦氏兄妹控制朝政,朝中大臣无不俯首听命。

窦宪自以为功高,日益猖狂。他不把汉和帝看在眼里,培植亲信,狼狈为奸,肆意祸乱朝政。窦宪的亲信穰侯邓叠、步兵校尉(警卫部队将领)邓磊(邓叠之弟)和其母元氏行为奸邪,他们同射声校尉(警卫部队将领)郭举(窦宪女婿)及其父长乐少府(主管太后所居长乐宫事务)郭璜相互勾结。元氏同郭举出入后宫,牵引郭举与窦太后私通,图谋作乱。此时,汉和帝已经懂事,对郭举等人深恶痛绝。郭举等人有恃无恐,暗中策划,竟然要谋害汉和帝。

永元四年(92年)六月,汉和帝察觉他们的阴谋而不便召见大臣商议对策,只好与中常侍(皇帝侍从官)宦官郑众等人谋划,决定除掉以窦宪为首的阴谋集团。汉和帝部署好防卫后,下令将邓叠、邓磊、郭璜、郭举等人抓捕,并立即处死,同时收回窦宪的大将军印绶,令其回到封地自杀。

《后汉书》卷二十三 窦宪传
《通鉴纪事本末》卷六 窦氏专恣

## 七、专权狂妄　难以善终

【简评】

　　东汉外戚专权从窦宪开始。窦宪领兵击败北匈奴,对消除北方边患是有功的。他仗恃窦太后权势,专权乱政,肆意迫害朝廷正直官员,文武百官对他曲意迎合,致使汉和帝获知郭举等人阴谋作乱"欲除之,莫能接大臣与谋,不得已而委之郑众",(清·王夫之《读通鉴论》卷七·和帝)但是郭举等谋夺帝位,窦宪未必察知。

# 梁冀专权跋扈

梁冀是东汉安定乌氏（位于今宁夏区固原县东南）人，其妹梁妠被汉顺帝刘保封为皇后，其父梁商受任大将军。梁冀虽然不学无术，凭着其父其妹这种关系，早年即被召入朝廷为黄门侍郎。东汉永和元年（136年），梁冀升任河南尹。

## 梁冀得势骄横跋扈

洛阳令吕放是梁商的朋友，曾向梁商反映梁冀上任河南尹后一些不法行为。梁商为此批评了梁冀。梁冀由此对吕放怀恨在心，派人将他杀死，而后把罪责加在他身上，为此又枉杀一百多人。

梁冀在京城西郊私建纵横数十里的菟苑，养了大量野兔。他令人将每只兔子剪去一撮毛，作为梁记兔子的标志，公开告示凡是伤害他兔子的人，轻则治罪，重则处死。有个从西域（泛指今甘肃省玉门市以西至中亚地区）来的商人不知道他的这一禁令，误杀他家一只兔子。梁冀下令将这个西域商人逮捕，株连杀死达十余人。

梁冀在城西兴建宅第，将逃亡的难民收进其家，又借故抓去许多男女平民，共有数千人，全部充作他的奴婢。梁冀宣称这些人为

七、专权狂妄　难以善终

"自卖人",任意对他们驱使虐待。

永和六年(141年),梁商去世,梁冀由河南尹继任大将军,梁冀之弟梁不疑继任河南尹。梁不疑喜欢读书,礼贤下士,引起梁冀忌妒。梁不疑被迫辞职回家。梁冀则派人守候在梁不疑家门口,监视和他往来的友人。南郡(治所位于今湖北省荆州市)太守马融、江夏(治所位于今湖北省新洲县西)太守田明离京赴任前,先后曾去拜访梁不疑。梁冀听说后指使南郡、江夏郡两府官员以他事诬告马、田二人。之后,他凭借二郡官员的诬告,下令将马融、田明剃光头发,流放到朔方(位于今内蒙古杭锦旗北)。马融愤恨自杀被人救下,田明含冤死在路上。

朝中百官对梁冀飞扬跋扈深恶痛绝,敢怒不敢言。年方十九岁的郎中(宰相府官员)袁著上书请求抑制梁冀的权势。梁冀随即派人将袁著暗杀。接着,梁冀以袁著同党的罪名,下令将袁著的友人郝絜、胡武等人逮捕。郝絜被迫自杀,胡武全家被杀,为袁著呈递奏书的官员亦被处死。仅此一事株连被杀达六十多人。

## 梁冀为官贪婪奢侈

梁冀当政后承袭其父的封地,加上汉桓帝刘志两次给他增封,其拥有的食邑达三万户。梁冀仍不满足,又指使其亲信上书汉桓帝,获准将他的妻子孙寿封为襄城君,让她收取阳翟(位于今河南省禹州市)地区的租税。由此,梁冀每年又增收五千万。

梁冀横行霸道举世皆知。长年累月,各方进贡朝廷的财物,总是先送给梁冀挑选,皇帝只能得到次等的。为了求取升官或减免处罚,去梁冀家送礼的人络绎不绝,金银珠宝滚滚流入他的私宅。

除上述进财之道外,梁冀还私设刑堂,强行掠夺。他指使亲信把天下大富豪一一记录在案,强令他们进贡,否则就捏造罪名,将他们关押,逼迫他们以钱赎罪。扶风(位于今陕西省兴平市东南)有个富人叫士孙奋,梁冀送给他几辆车辆、几匹马匹,便要向他"借"五千万钱。士孙奋只"借"给他三千万,梁冀大为恼火,指使郡县官员诬告士孙奋的母亲(原是梁冀家奴婢),曾偷去他家十斛白珠、千斤紫金。据此,梁冀下令将士孙奋兄弟关押起来拷打,并害死在狱中,随后把士孙奋家一亿七千多万钱财占为己有。

梁冀疯狂掠财是为了满足他的奢欲。梁冀大造府第宅院,庭柱墙壁镂刻镶铜;楼台亭阁,通道相连;石级桥梁,横跨河上;取土成山,十里九坡;珍禽异兽,飞走其间。梁冀仿效皇家苑林的规模建造自家园林,广阔而又豪华,其东接荥阳(位于今河南省荥阳市)、西到弘农(位于今河南省灵宝市北)、南至鲁阳(位于今河南省鲁山县)、北抵黄河,方圆一千里。梁冀和孙寿经常坐着华丽的小车,带着歌女,沿路欢歌,通宵达旦。

梁冀长着一双鹰臂狼眼,其貌不扬;孙寿却装扮得珠光宝气,花枝招展。梁冀喜好拈花惹草,孙寿特别妒忌。梁冀和其父梁商的侍女友通期私通,被孙寿抓获。孙寿指使人将友通期一家杀死,并要告到皇帝那里,梁冀只好向孙寿母亲叩头求饶。而孙寿暗下却同其管家秦宫私通。

## 梁冀当政弑君专权

本初元年(146年)闰六月,时年九岁的汉质帝会见群臣,对着梁冀说:"这是个跋扈将军。"梁冀大为恼火,不久指令亲信将毒药放入汉质帝食用的汤饼,将汉质帝毒死。太尉李固知道汉质帝系中毒身亡,伏尸痛哭。梁冀担心汉质帝猝死真相被揭露,对李固十

## 七、专权狂妄　难以善终

分忌恨。

之后,朝廷议论选立新帝。李固和司徒胡广、司空赵成及大鸿胪(主管邦交和少数民族事务)杜乔都认为清河王刘蒜一向贤明,应当立刘蒜为帝。梁冀大发雷霆,强行将其未婚妹婿时年十五岁的蠡吾侯刘志立为汉桓帝,并要梁太后(梁妠)下令罢免李固职务。第二年,梁冀诬称李固与人"共为妖言",下令将李固逮捕入狱,并将其害死在狱中。

杜乔在担任大司农期间曾得罪过梁冀。当时,永昌(治所位于今云南省保山市东北)太守刘君世派人给梁冀送来一条金制蛇,途中被人告发,缴送大司农府。梁冀听说后想看看那条金蛇,杜乔没有答应。为此,梁冀对杜乔忌恨在心。后来,梁冀小女儿死了,百官都去送丧,唯独杜乔没去,梁冀对杜乔更加恼恨。建和元年(147年),汉桓帝准备迎娶梁冀之妹梁女莹并封其为皇后。梁冀提出要用厚礼迎接。杜乔时任太尉,依据旧章没有采纳。梁冀对杜乔恨上加恨。梁冀授意杜乔举荐济阴(治所位于今山东省定陶县西北)太守氾宫为尚书,杜乔认为氾宫贪赃事实俱在,没有同意。梁冀怒不可遏,决定将杜乔置于死地。他指使人诬告杜乔反对皇上即位,将杜乔逮捕,并将其害死在狱中。

梁冀自恃拥立汉桓帝有功,其妹又是汉桓帝皇后,意欲凌驾于汉桓帝之上。他控制朝政,朝廷大事小事都得由他决断;宫廷侍卫近臣,须由他一手安插;文武百官提升职务,须先到他府中谢恩,然后才敢去尚书省接受命令。辽东(治所位于今辽宁省辽阳市)太守侯猛接到任命后,没有去拜见梁冀。不久,梁冀借别的事情把侯猛处以腰斩。

官员担任新职之后如果违背梁冀的意愿,同样会被置于死地。吴树出任宛县(治所位于今河南省南阳市)县令前向梁冀辞谢,梁冀要吴树关照他在宛县的亲友,吴树回答说,犯了死罪的人恐怕亦要杀头。吴树到宛县上任后,将数十名为非作歹的梁冀亲信处死。

后来，吴树调任荆州（治所位于今湖南省常德市东北）刺史，梁冀借吴树向他辞行之机，在为他饯行的酒中下了毒药。吴树一出门便死在车上。

## 梁冀的下场

延熹元年（158年），出现日蚀现象。太史令（主管观察记载天象、星历）陈授把出现这一天象归咎于大将军专权。梁冀听说后，指使洛阳令将陈授逮捕拷打，并将其害死在狱中。汉桓帝对梁冀专权日益不满，他听说陈授被梁冀害死更大为恼火。

延熹二年（159年）七月，梁皇后因无子失宠，忧郁而死。此前，梁太后已去世。梁冀为了继续掌控后宫，把目光投注在帝妃邓猛身上。邓猛是孙寿舅父梁纪后妻宣氏的女儿（宣氏与邓香生所生），长得很美，由孙寿送入后宫，得到汉桓帝宠爱，被封为贵人。梁冀想认邓猛为女儿，将她改姓梁，以便通过邓贵人控制后宫。他担心议郎（议论朝政兼皇帝侍从顾问）邴尊（邓猛姐夫）反对，竟指使人将邴尊刺杀。接着，梁冀又令人去刺杀宣氏。宣氏被其邻居中常侍袁赦击鼓鸣众救下。汉桓帝听说此事后勃然大怒，与中常侍唐衡、单超、具瑗等人商议，决定将梁冀处死。

八月，梁冀对单超等人产生怀疑，派中黄门（侍从皇帝的低级宦官）张恽进宫值宿。具瑗责备张恽擅入内廷，图谋不轨。汉桓帝随即来到前殿向尚书等大臣公布此事。接着，他下令具瑗与司隶校尉（主管纠举京都百官兼领兵缉捕）张彪率领一千多名兵士包围梁冀住宅，派光禄勋（主管宫门警卫）袁盱持符节收缴梁冀大将军印绶，传令将他降封为比景都乡侯。

汉桓帝这一决定突如其来，出乎梁冀和孙寿的意料，他们自知

## 七、专权狂妄　难以善终

大难临头,被迫自杀。之后,梁冀之子河南尹梁胤及梁冀家族其他成员全部被捕入狱,处以死刑。梁冀控制朝政长达十九年,罪恶累累。朝廷内外官民听说梁冀自杀,无不拍手称快。

接着,朝廷派人抄没梁冀的家产,合计三十多亿。汉桓帝下令将其全部收入国库,以减免天下百工当年一半的赋税。

《后汉书》卷七　桓帝纪
卷十下　顺烈梁皇后传
桓帝懿献梁皇后传
桓帝邓皇后传
卷三十四　梁冀传
卷六十三　李固传
杜乔传

【简评】

清代学者王夫之认为:"冀仰不知有天,上不知有君,旁不知有四海之人,内不知有己,弑君专杀。""桓帝之诛梁冀也,一具瑗制之,而如擒鼠于瓮。冀,亡赖子耳,诛之也其易如此;然而举国无人,帝不得已,就唐衡而间中人。""帝之诛冀,为邓香之妻报其登屋之怒,而非以其贪濁枉杀之凶於而国哉。"(《读通鉴论》卷八·桓帝)

# 诸葛恪一意孤行

诸葛恪是三国时期吴国大将军诸葛瑾(字子瑜)的长子,二十岁担任骑都尉,以才智超人闻名于朝廷。一次,吴大帝孙权和群臣娱乐,戏弄诸葛瑾的脸长得太长,叫人牵来一头驴子,在驴子脸部挂着一块写有"诸葛子瑜"的标牌。诸葛恪当即跪下请求吴大帝赐笔,在"诸葛子瑜"四字下面添上"之驴"二字。吴大帝和在场的众臣都为诸葛恪巧于应对而拍手叫好。

## 政绩显著担当大任

吴丹杨郡(治所位于今安徽省宣城市)地处山区,民众心齐而又悍勇,朝廷一直未能控制,诸葛恪深为忧虑。吴嘉禾三年(234年)八月,诸葛恪主动请求去治理该郡。于是,吴大帝任命他为抚越将军兼丹杨太守。诸葛恪到任后,没有派兵去镇压那里的山民,而是采取不同的办法分而治之。对于服从教化的山民,鼓励他们安居;对于躲入深山不肯归服的山民,命令军队收割他们庄稼迫使其下山归服;对于个别杀人的罪犯则公开处死。一年后,丹杨郡政令畅通,山民报名参军达四万人。诸葛恪因治理丹杨郡政绩突出

## 七、专权狂妄　难以善终

被吴大帝授予威北将军,封为都乡侯。此后,诸葛恪受命镇守柴桑(治所位于今江西省九江市西南)。

赤乌七年(244年),上大将军陆逊受任丞相,但仍然留镇武昌(位于今湖北省鄂州市)。当时,吴大帝宠爱鲁王孙霸,让他同太子孙和享受同等待遇。有些大臣见吴大帝年老,竞相将弟子送入太子和鲁王宫中充当侍从,以图日后得以录用。卫将军(警卫部队将领)全琮将这一情况报告陆逊。

陆逊认为,弟子如果有才能,用不着担心日后不会被录用,不应该如此钻营谋取名利。诸葛恪听说后写信附和陆逊的意见。他知道陆逊对他镇守柴桑并不欢迎,特意阐述自己对选人用人的看法。他在信中写道:人无完人,用人不可求全责备。如今国务繁重,人才奇缺,对于受命担负一定职务的人,只要他的本性不邪恶,肯于为国出力,就应该鼓励他尽职,充分发挥其作用。长官对于下属应多一些体谅宽容,如果因为一点小的过失就对其抓住不放,久而久之,就会失去部众的支持,也难以再得到尽心尽力的人才。诸葛恪此信不乏真知灼见,且态度谦逊。

赤乌八年(245年),陆逊去世。吴大帝任命诸葛恪为大将军,驻守武昌,接替陆逊主管荆州防务。诸葛恪担当重任后开始骄傲自满。

太元元年(251年)冬天,吴大帝病重。他考虑太子孙亮(原太子孙和被废)年少,与近臣商议日后由谁辅政合适。侍中孙峻推荐诸葛恪可以托付大事。吴大帝嫌诸葛恪"刚愎自用",没有同意。孙峻进一步说:"如今朝廷大臣,才能没有人能比得上诸葛恪。"于是,吴大帝召令诸葛恪返回京都建业,托以后事。

诸葛恪从武昌动身回京前,上大将军吕岱告诫他说:"当今天下风云变幻,国事艰难,你每遇事应当十思,才能立于不败之地。"

诸葛恪不以为然地说:"当年季文子①说'三思而后行',孔子说再思就可以行动了。如今,将军劝我十思,不是把我这个人看得太无能了吗?"

诸葛恪入京后受命兼任太子太傅,中书令孙弘兼任太子少傅。为时不长,诸葛恪与孙弘失和。吴大帝临终之前,召见诸葛恪、孙弘、太常滕胤、将军吕据和侍中孙峻等人,把辅佐太子执政的后事托付给他们。

神凤元年(252年)四月,吴大帝去世。孙弘担心日后诸葛恪当政,他会受到整治,便封锁消息,企图假造诏令杀死诸葛恪。孙峻把孙弘的这一阴谋透露给诸葛恪。诸葛恪随即假借请孙弘参加议事,把孙弘杀死在座位上。接着,诸葛恪主持丧礼,拥立太子孙亮即位为帝。

诸葛恪辅政之初,尚有自知之明,怀有忧患意识。他在给其弟公安(治所位于今湖北省公安县北)督诸葛融的信中自称"艰多智寡,任重谋浅","恐损先帝委付之明,是以忧惭惶惶,所虑万端"。他着力于朝政治理,兴利除弊,下令废除对文武百官的暗探制度,减免历年民众拖欠的赋税,这些政策受到官民一致拥护。百姓每逢听说葛诸恪路过某处,总是奔走相告,想看看他是什么样子。

## 固执己见出师惨败

当年冬天,诸葛恪率众修筑东兴大堤(位于今安徽省含山县西南),以阻止巢湖(位于今安徽省巢湖市境内)水流入长江。不久,

---

① 季文子又名季孙行父,春秋时鲁国人,曾任鲁国执政大臣。《论语·公冶长》记载:"季文子三思而后行。子闻之,曰:'再,斯可矣。'"

## 七、专权狂妄　难以善终

魏国以吴军入其境修堤为由,派大将胡遵、诸葛诞率领七万兵士攻打留守东兴大堤两端城坞(位于今安徽省巢湖市、无为县境内)的吴军,企图毁坏大堤。诸葛恪率领四万兵士迎战。魏军大败,死了几万人。

建兴二年(253年)二月,诸葛恪率部凯旋,因功被封为阳都侯,并提任为督中外诸军事。诸葛恪居功骄傲,忘乎所以。在诸葛恪心目中,朝中百官都是平庸之辈,没有什么高明之见,唯独他自己正确,别人都得听他的。这样,他逐步把朝中同僚和百姓的意愿抛之脑后。

东兴大捷后,诸葛恪产生轻敌思想,返回建业不久又想出兵攻打魏国淮南郡(治所位于今安徽省寿县)。朝中许多大臣以部队需要休整加以劝阻,诸葛恪听不进众人意见。滕胤再三劝告说:"将军受命辅政,刚刚打了大胜仗,名振天下。国内民众希望蒙受你的恩惠而得到休息。如果又兴师出征,民力感到疲惫。万一不能取胜,不仅前功尽弃,还会受到指责。何况出兵征战的大事,应当和文武百官商量,大家都不愿做的事,你为什么要一意孤行呢?"诸葛恪回答说:"众人都说不可以,是因为他们缺少战略眼光,怀有苟安思想。"

为了说服文武百官,诸葛恪特意写了一篇文章。文中写道:天上没有两个太阳,地上不能有两个皇帝。敌国之间,从来都是互相兼并的。现在魏军损失惨重,处于疲惫沮丧的状态,正是我军乘胜出击的好时机。若再过十几年,魏国强大了,我们也老了,那时就失去战胜魏国的机会。我整夜辗转反侧,所考虑的就是要为国家开拓疆域。如今不图远虑的人,一定会以为我迂腐。祸患没有到来而能事先忧虑,这也许就是众人所认为的迂腐。若等到大难临头,一切也就无可挽救了。

丹杨太守聂友是诸葛恪的好朋友,听说诸葛恪要出兵攻打魏国,心中感到不安。他写信劝告诸葛恪"案兵养锐,观衅而动"。诸葛恪对聂友的话亦听不进去,他在回信中称聂友"未见大数"。诸葛恪力排众议,决定出兵。他下令从各州郡调集兵士,使民众受到骚扰。由此,诸葛恪开始失去人心。

五月,诸葛恪率领二十万大军围攻新城(即合肥新城),久攻不克。天气渐渐炎热,吴军流行起疾病,人员死伤很多。

对此,诸葛恪熟视无睹,反而认为报告军中死伤情况的人说假话,要把他杀掉。这样,没有人再敢报告人员伤亡的情况。将军朱异对诸葛恪独断专行提出一些不同看法,诸葛恪当即罢免他的军权。都尉蔡林多次向诸葛恪献计,都没有被采纳。蔡林见败局已定,投奔魏军。朝廷数次发来诏令,要诸葛恪把军队撤回去。他拒而不听。不久,魏国援军向吴军发起反攻,吴军失利。七月,诸葛恪见无望取胜,只好下令撤军。诸葛恪自思失策,耻于这次出师不利而无颜回见皇帝及文武百官,脸上成天挂着怒色,憋着一肚子火气无处发泄。

## 狂怒不息死于非命

当年八月,诸葛恪率部回到建业。他当即召见中书令孙嘿,厉声责问道:"你们怎敢数次向前线传去诏书?"孙嘿吓得托病回家,不敢上朝。接着,诸葛恪令人向皇帝孙亮奏告,称在他出征期间,朝廷对官员的任命一概无效,须重新选任。随后,诸葛恪下令更换宫中侍卫官,全部改用他亲近的人。诸葛恪成天怒气冲冲,需要向他报告事情的人,无不胆颤心惊,唉声叹气。

孙峻慑于诸葛恪的严威,感到自身难保。他以文武百官对诸葛恪怨愤不满为口实,在孙亮帝面前诬告诸葛恪要发动叛乱。孙亮信以为真。十月,孙峻与孙亮帝密谋,准备借酒宴将诸葛恪

## 七、专权狂妄　难以善终

处死。

诸葛恪将要赴宴的头天晚上，精神反常，烦躁不安，整夜未能入睡。早晨洗漱和穿衣服时，他闻到水和外衣都有腥臭味。侍从换来水和衣服，腥臭味同原来一样。诸葛恪感到纳闷。出门的时候，家中的狗咬住他的衣服。过了一会，他又起身出门，狗再次咬住他的衣服。

此时，孙峻已在帷帐内埋下伏兵。他生怕诸葛恪不能按时进宫朝见皇帝，担心其密谋泄露，便亲自去宫外迎接他，故意麻痹诸葛恪说："大将军如果身体不舒服，可以等几天再来朝见皇上。我会向皇上替你说明情况的。"诸葛恪表示马上入朝。

这时，散骑常侍张约、朱恩等人偷偷给诸葛恪递了个条子，说今天宫中陈设不同往常，担心会有不测之事。诸葛恪看了条子后，借口腹痛离去。诸葛恪往回走到门口时，遇见滕胤。滕胤不知道孙峻的密谋，将诸葛恪劝回。

诸葛恪拜见皇帝后入席。他怀疑酒中有毒，喝他随身带的药酒。酒喝了几轮，吴帝孙亮回到内殿，孙峻起身入厕。一会儿，孙峻身穿短衣走出来，突然宣布："有诏令拘捕诸葛恪！"诸葛恪大吃一惊，站起来尚未来得及拔出佩剑，被孙峻举剑砍死。随后，孙峻派人杀死诸葛恪的妻子及其两个儿子。

《三国志》卷六十四　诸葛恪传

滕胤传

卷五十八　陆逊传

《通鉴纪事本末》卷十　诸葛恪寇淮南

【简评】

诸葛恪早年才智出众，也较为谦虚谨慎。入朝当政后，他自以为是，独断专行，使自己变成孤家寡人。正如《三国志》作者陈寿所指出的:"诸葛恪才气干略,邦人所称,然骄且吝","矜己陵人,能无败乎!若躬行所与陆逊及弟融之书,则悔吝不至,何尤祸之有哉"。(《三国志》卷六十四·诸葛恪传)

七、专权狂妄 难以善终

# 石崇竞奢斗富

西晋太熙元年(290年)四月,晋武帝司马炎去世,生来痴呆的太子司马衷继位为晋惠帝,由录尚书事杨骏辅政。石崇由侍中出任南中郎将、荆州刺史。在此期间,他指使部属劫掠外国使臣和往来商人的财物,将大量财富珍宝攫为己有。石崇凭借抢劫来的财富,极尽奢华。他把住宅装饰得富丽堂皇,一人拥有数百名妻妾侍女,其妻妾侍女都穿戴绫罗珠宝。他的膳食更是山珍海味,应有尽有。

永平元年(291年),皇后贾南风先后谋杀辅政的录尚书事杨骏、卫瓘和汝南王司马亮等人,控制朝政大权。免官在家的石崇见贾皇后当政,随即投靠贾皇后的姨侄侍中贾谧,为贾谧"二十四友"之一。不久,石崇被任命为卫尉。石崇受到重用后,对贾皇后感恩戴德,极尽卑佞之能事。贾皇后之母广城君郭槐每次出门,石崇总是下车伏在路旁,"望尘而拜"。

石崇投靠贾皇后后,有恃无恐,奢侈依旧,更为骄狂。他与贵戚王恺(时为侍中,晋武帝司马炎之父司马昭妻弟)争奢斗富,不甘示弱。王恺用饴(一种甜性药草根煎熬成的汁液)洗锅,石崇便以蜡当柴烧;王恺用紫绸做了四十里长的步障,石崇则用锦缎做了五十里长的步障;王恺以为其所藏一株二尺多高的珊瑚树举世无双,拿出来向石崇炫耀,石崇随手用铁如意(指画用具,柄端作手指形,可以搔痒)将它击碎,声称加倍赔偿,令人把家中的珊瑚树一齐搬出来让王恺挑选,其中三、四尺高的就有六、七株,二尺多高的就更多了。王恺大为吃惊,自叹不如。

永康元年(300年)四月,贾谧和贾皇后合谋将太子司马遹(司马衷当太子时与谢女所生)害死。赵王司马伦以此为借口,派兵入宫将贾谧和贾皇后杀死,夺取朝政大权。石崇因是贾谧"二十四友"之一被株连罢官。司马伦与石崇的外甥欧阳建(贾谧二十四友之一)素有积怨,对石崇格外戒备。

石崇有个歌女名叫绿珠,美艳无比。司马伦的亲信中书令孙秀曾派人去向石崇索要绿珠,受到石崇拒绝。孙秀大为恼火,劝说司马伦将石崇和欧阳建处死。

石崇和欧阳建获悉孙秀等人密谋后,随即与黄门郎潘岳(贾谧二十四友之一)串通,暗中劝说淮南王司马允领兵击杀司马伦和孙秀。此事被孙秀发觉,他当即假传诏令,派人去逮捕石崇等人。

当时,石崇正在河阳金谷(位于今河南省洛阳市西北金谷水之滨)别墅的楼上饮酒。他看见派来逮捕他的官吏进了门,对绿珠说:"因为没有放你走,今天我成罪犯了!"绿珠哭着愿为石崇效死,跳楼自杀。

石崇被捕后,没有想到会被处死。他对家人说:"我不过要被流放交州、广州而已。"不久,刑车把石崇押赴东市刑场处斩,他这才省悟到,是财富送了他的命。他追悔莫及,哀叹说:"这帮奴才设计害我,是贪图我的家产啊!"执刑人员向他反问道:"既然知道财富能致你于死地,为何不早早把它散掉?"石崇无言以对。他的母亲、兄弟、妻妾、子女共有十五人株连被杀。

《晋书》卷三十三 石崇传

### 七、专权狂妄　难以善终

【简评】

　　石崇人品卑劣,善于在官场上投机钻营。他为官贪婪,靠掠夺他人财物致富,且恃富猖狂。财富固然是石崇被杀的直接原因,投靠贾谧乱政,则是其被杀的主要原因。

# 高肇恃贵弄权

北魏①太和二十三年(499年),北魏孝文帝病逝,时年十四岁的太子元恪(高妃所生)继位为北魏宣武帝。宣武帝思念已经去世的母亲,想到他的舅舅还活着,便派人把高肇(高妃之兄)从龙城镇(位于今辽宁省朝阳市)迎接入京,封高肇为平原郡公(爵位名称)。

景明元年(500年),宣武帝任命高肇为尚书左仆射,让他主管吏部。接着,高肇娶宣武帝姑母高平公主为妻,升为尚书令。

高肇身居相位之后急于揽权,私结朋党,排斥异己,"附之者旬月超升,背之者陷以大罪"。当时,录尚书事、北海王元详总揽朝政,高肇意欲取而代之。他不仅对元详十分忌妒,对冠军将军茹皓、直阁将军刘胄、殿中将军常季贤、陈扫静等人受到宣武帝信任也不能容忍,处心积虑想把他们除掉。

正始元年(504年)四月,高肇在宣武帝面前诬告元详、茹皓、刘胄、常季贤、陈扫静等人密谋叛乱。据此,宣武帝下令将元详逮

---

① 东晋太元十一年(386年),鲜卑族首领拓跋珪建国号魏,定都盛乐(位于今内蒙古和林格尔县西北),史称北魏。北魏天兴元年(398年),北魏道武帝拓跋珪迁都平城(位于今山西省大同市东北)。北魏太和十七年(493年),北魏孝文帝拓跋宏迁都洛阳(位于今河南省洛阳市)。太和二十年(496年),孝文帝决定将皇族改姓元,他本人改名元宏。

## 七、专权狂妄　难以善终

捕，将茹皓、刘胄、常季贤、陈扫静等四人处死。不久，元详在拘所猝死。高肇得以总揽朝政。

正始四年（507年），于皇后突然得暴病而死。人们背下议论，认为这是高肇指使其侄女高贵嫔（后妃名号，地位仅次于皇后）下的毒手。

之后，高贵嫔被封为皇后。从此，高肇更加专权骄横。他擅自改变前朝沿袭下来的制度，任意削减王侯的封地和功臣的俸禄，压制和贬黜一些有功之臣，引起文武百官的怨恨。

永平元年（508年）七月，度支尚书元匡做好棺材，冒死弹劾高肇，把他比作指鹿为马专权乱政的秦朝丞相赵高。御史中尉王显追随高肇，随即弹劾元匡诋毁丞相。有关部门判处元匡死刑。宣武帝认为元匡无大过，免去对他治罪，将他降为光禄大夫（虚职文官）。

当月，冀州（治所位于今河北省冀州市）刺史元愉以声讨"高肇弑逆"为名，在信都（位于今河北省冀州市）发动叛乱，并胁迫长乐郡（治所位于今河北省冀州市）太守潘僧固随同他行动。

潘僧固是彭城武宣王元勰（孝文帝之弟）的舅舅，出任长乐郡太守系元勰推荐。元勰对宣武帝立高贵嫔为皇后曾极力劝阻。为此，高肇一直对元勰怀恨在心。潘僧固胁从元愉反叛后，高肇借此诬告元勰与元愉通谋。宣武帝信以为真，以宴请元勰为名，逼令他饮毒酒自杀。朝廷内外对高肇陷害元勰无不憎恨叹息。

尚书李平奉命率军平息元愉叛乱，将元愉抓获。宣武帝传令将元愉押回京都，想以家法教训他，无意把他处死。高肇生怕其诬陷元勰一事暴露，秘密派人在途中将元愉杀死。接着，高肇指使王显诬告李平截留叛党男女而将他从朝廷除名。

延昌四年（515年）正月，宣武帝病逝，年仅六岁的太子元诩（胡充华所生）继位为北魏孝明帝，尊高皇后为皇太后。当时，高肇正率军攻打南梁①蜀地（位于今四川省）。领军将军（主管警卫部队）于忠奏请高太后授权让高阳王元雍和任城王元澄共同辅佐孝明帝。王显则策划扣下高太后这份手谕，假传高太后诏令任命高肇为录尚书事、王显为侍中。他的这一图谋被于忠获悉。于忠随即以侍奉先帝治疗无效的罪名，派人将王显逮捕，用刀柄将他砸死。

高肇收到宣武帝去世讣告后火速赶回京都。二月八日，高肇进入太极殿哭丧。元雍和于忠事先做好安排，指令直寝（皇帝侍卫官）邢豹等人在高肇哭丧完毕后，将他引进西屋掐死。对外则宣布高肇畏罪自杀，并以诏书的形式公布他的罪恶。随后，高太后被贬出后宫，入寺为尼。

《通鉴纪事本末》卷二十二 肇忠用事
《魏书》卷七下 高祖孝文帝纪下
卷十三 孝文昭皇后高氏传
卷八十三下 高肇传

【简评】

高肇于国无功，只凭其是宣武帝之舅而被委以重任。高肇得势后恃贵弄权，祸乱朝政，其被处死只是早迟的事。

---

① 都建康，位于今江苏省南京市。

七、专权狂妄　难以善终

# 尔朱荣意欲称帝

尔朱荣是北魏北秀容(位于今山西省朔州市北)人,其父尔朱新兴是当地的部落酋长,因常去朝廷献马献粮,被授予平北将军。尔朱荣年少时就聪明果敢,善于骑马射猎。长大后,他继承其父的爵位,被朝廷任命为冠军将军,领兵击败蠕蠕①骑兵南侵。后来,尔朱荣领兵先后平息并州(治所晋阳,位于今山西省太原市)牧之子素和婆仑岭、原怀朔镇(治所位于今内蒙古固阳县西)将领鲜于修礼等人发动的叛乱,以功受任都督并、肆、汾、广、恒、云六州(治所晋阳)诸军事。

## 尔朱荣废立皇帝

尔朱荣掌握重兵以后日益骄狂,不再把朝廷看在眼里。一次,他率部去肆州(治所位于今山西省忻州市),该州刺史尉庆宾痛恶他骄横,关闭城门没有让他进城。尔朱荣大为恼火,下令强攻入城,将尉庆宾抓到秀容(位于今山西省朔州市西北),擅自任命其叔

---

① 北魏北方游牧部族,可汗(王)庭位于今蒙古国车车尔勒格。

父尔朱羽生为肆州刺史。朝廷虽然不能容忍尔朱荣擅自任免刺史,但亦无法对他加以制裁。

北魏武泰元年(528年)二月,北魏孝明帝元诩对其母胡太后(时临朝听政)与车骑将军郑俨、黄门侍郎徐纥私通深恶痛绝,密令尔朱荣领兵来京诛杀郑俨等人。郑、徐二人闻讯后与胡太后密谋,反将孝明帝毒死,立临洮王元宝晖之子年仅三岁的元钊为帝。

尔朱荣听说胡太后废立皇帝大为愤怒,随即领兵南下。四月,尔朱荣进入洛阳,立长乐王元子攸为孝庄帝,将胡太后及幼帝元钊沉入黄河。郑俨逃离洛阳被其部下杀死,徐纥逃入南梁。接着,尔朱荣将丞相元雍等二千多名官员及王族成员召集在一起,不分其忠奸,以"不能匡弼"的罪名,指令兵士将他们全部杀死。

孝庄帝即位后随即任命尔朱荣为都督中外诸军事、录尚书事,封尔朱荣为太原王。

## 尔朱荣图谋称帝

尔朱荣见其统率的军队势如破竹,能轻易控制朝廷,转而意欲废黜孝庄帝,自立为帝。当月十三日,他指使御史赵元则拟草孝庄帝让位诏书,同时派数十人劫持孝庄帝,将他软禁在河桥(位于今河南省孟津县东)。当夜四更时分,尔朱荣又令人把孝庄帝带入他的军营。孝庄帝满腔忧愤而无计可施,只好派人去向尔朱荣通告,表示愿意把皇位让给他。

尔朱荣准备登位称帝,令人为他赶铸金像,可一连四次都没有铸成。他就此事征询功曹参军刘灵助的意见。刘灵助善于占卜,尔朱荣对他的话深信无疑。刘灵助对他说:"天意人心尚不许可。"尔朱荣为之精神恍惚,思想压力很大,难以坚持废帝自立,只好于

七、专权狂妄　难以善终

第二天护送孝庄帝返还皇宫。

尔朱荣的势力兴起于北方。他率部进入京都后杀人太多,不敢久居洛阳。为此,他强行要把京都从洛阳迁回北方(北魏原建都平城,位于今山西省大同市)。孝庄帝不敢反对。不久,尔朱荣登上高处,见洛阳宫殿壮丽,树木丛绿,自己打消了迁都的念头。

五月一日,孝庄帝任命尔朱荣为北道大行台(北部地区军政长官)。尔朱荣入见孝庄帝,对在河桥怠慢皇上深表歉意,发誓今后对皇上决不会再有二心。孝庄帝也发誓从今以后对尔朱荣信任如初。当晚,孝庄帝宴请尔朱荣。尔朱荣尽兴畅饮,喝醉了酒,酣然入睡。孝庄帝想乘机杀死尔朱荣,被左右侍从劝止。夜里,尔朱荣酒醒,极度惊恐不安,直到天亮没有入睡,从此他再也不敢在宫中留宿。

## 尔朱荣遥控朝政

尔朱荣的女儿尔朱英娥原是孝明帝妃,孝明帝被杀后,她削发为尼。尔朱荣令尔朱英娥还俗,要孝庄帝把她召回后宫,立为皇后。孝庄帝开始不同意,经人劝说才勉强答应立尔朱英娥为皇后。接着,尔朱荣又提议任命其结拜兄弟并州刺史元天穆为侍中、录尚书事、京畿大都督(驻京部队统帅)兼领军将军,让他掌揽朝廷军政大权。同时,尔朱荣在皇宫内外安置亲信,以窥察动态,随时向他报告。作好上述安排后,尔朱荣回到晋阳,以柱国大将军、录尚书事的名义遥控朝政。他虽然远离朝廷,对朝廷的大事小事却了如指掌。

永安二年(529年)春天,投奔南梁的北海王元颢乘元天穆率军去齐地(位于今山东省)平息流民首领邢杲叛乱之机,由梁军护送进入洛阳称帝,孝庄帝被迫出逃。五月,尔朱荣领兵击败梁军,元颢兵败被杀。孝庄帝以尔朱荣立"非常之功",对他行"非常之赏",任命他为天柱大将军。此后不久,尔朱荣返回晋阳。

永安三年(530年)八月,尔朱荣从其亲信中提出一些人选,拟出任黄河以南诸州刺史,孝庄帝没有同意。为此,元天穆气势汹汹地胁迫孝庄帝说:"天柱大将军既然为国立下大功,如果让他代理任命普天之下的官员,恐怕陛下也不敢反对,如今他仅仅提出数州官员人选,皇上为何压制不用?"孝庄帝也不示弱,声色俱厉地回答说:"天柱大将军如果不是大臣,我也认为他能代任天下百官。如果他还保持做臣子的节操,便没有代任天下百官的道理。"

尔朱荣听说他的提名没有得到孝庄帝批准,大为恼火,愤恨地说:"天子是靠谁坐上皇位的?今天竟然不听我的话!"尔朱皇后也常在孝庄帝面前发泄不满。孝庄帝派尚书左仆射尔朱世隆(尔朱荣堂弟)去劝说皇后以大义为重,尔朱皇后说:"天子是由我家设立的,如今竟然这样不听话!当初我父亲如果自己做了皇帝,今天什么事情不能决定?"尔朱世隆附和尔朱皇后,埋怨道:"只怪家兄当初没有自立为帝,要不然我亦早该封为王了!"

## 尔朱荣谋立新帝

当月,尔朱皇后将要临产。尔朱荣决意以探望女儿的名义去洛阳,准备借机废黜孝庄帝。此前,天上出现慧星。尔朱荣向通晓天象的高荣祖询问吉凶,高荣祖回答说:"这是除旧布新的预兆。"尔朱荣听了非常高兴。尔朱荣打算,尔朱皇后生下男孩,他便改立这个皇子为帝;若生下女孩,他便改立元宽(尔朱荣小女婿)为帝。

尔朱世隆担心尔朱荣来京不安全,写了封匿名信派人送给他。

## 七、专权狂妄 难以善终

信中诈称天子将要图谋大将军,意在阻止他不要去洛阳。尔朱荣不以为然,将信撕得粉碎。之后,尔朱荣又拒绝其妻的劝阻,率领四五千名骑兵从并州出发南下。

朝廷百官听说尔朱荣领兵来京,一片惊恐。北魏孝庄帝尤为厌恶、惧怕。一时间,谣言四起,传说尔朱荣要造反,又说天子要杀死尔朱荣。

九月,尔朱荣率部进入洛阳,其部将郭罗察说:"今年皇上真的要作禅让文章了!"尔朱荣听他这么说更为得意,抓紧谋划废立皇帝。

## 尔朱荣中计被杀

孝庄帝受到尔朱荣父女内外逼迫,时常忧闷不乐。每当想到在河桥被尔朱荣软禁的一幕,他便不寒而栗,总感到这样下去最终难以自保。与此同时,城阳王元徽、侍中李彧等人暗中策划,劝说孝庄帝除掉尔朱荣,孝庄帝点头同意。

尔朱荣抵达洛阳后,孝庄帝没有马上对他动手。为了解除后患,他传令去并州让尚未返回的元天穆速回京都,想将他同尔朱荣一并杀死。

这时,有人向尔朱荣报告,说皇帝要杀害他。尔朱荣把这一信息当面转告孝庄帝,以观察孝庄帝的反应。孝庄帝不以为然地说:"外面也传说太原王要谋杀我呢,这种话能相信吗?"尔朱荣听孝庄帝这么说便不再疑心。他每次入宫拜见孝庄帝,只带数十名非武装的随从人员。

不久,元天穆返回洛阳。尔朱荣借口有病不再上朝,暗中窥察时机,准备借陪同孝庄帝外出游猎之机,动手除掉孝庄帝。此间,尔朱世隆将孝庄帝的密谋泄露给尔朱荣，劝他赶快离开洛阳。尔朱荣向来没有把孝庄帝看在眼里，认为孝庄帝不能对他怎么样，回答说："何必这么着急！"

当月二十五日，孝庄帝采纳元徽的计谋，派元徽去尔朱荣住处，谎称皇后生下皇子，请大将军入宫祝贺。当时，尔朱荣正在与元天穆赌博。接着，朝廷又派来信使传达喜讯。尔朱荣与元天穆信以为真，便一起来到皇宫。

尔朱荣等人刚刚坐定，光禄少卿（主管宫门警卫及朝会膳食的副长官）鲁安、典御（主管皇帝生活起居）李侃晞等人便持刀从东门冲进来。尔朱荣见势不妙，闪身躲到孝庄帝座位旁。孝庄帝拔刀砍向尔朱荣。埋伏在近旁的杀手一齐冲上来，将尔朱荣、元天穆及其三十多个随行人员全部杀死。

《魏书》卷七十四 尔朱荣传
《通鉴纪事本末》卷二十二 元魏之乱

【简评】

尔朱荣握有重兵后日益骄狂。他领兵讨伐胡太后与郑俨、徐纥等弑帝乱政之人，尚属为国除害，但其不该诛杀幼帝及数千名无辜官员。他立元子攸为孝庄帝，转而又想废黜孝庄帝，自立为帝。此后二人虽然维持君臣关系，内心却势不两立。若凭尔朱荣拥有的兵力，他完全能够废黜孝庄帝。他的悲剧在于迷信占卜和天象而又轻视朝廷君臣。由此可以看出，两相争斗，智者必胜，骄者必败。

七、专权狂妄　难以善终

# 贺若弼迷醉功名

北周中州（治所函谷，位于今河南省新安县东）刺史贺若敦原任骠骑大将军，因出师失利降职，经常口出怨言。北周保定五年（565年），太师（宰相）宇文护将贺若敦召回京都，逼令他自杀。贺若敦临死的时候，把其爱子小内史（负责撰写并宣读诏令的副官）贺若弼叫到面前，指着自己的舌头，沉痛地对他说："我是因为这舌头送命的，你可千万要记住啊！"贺若敦生怕儿子日后忘记这一教训，又拿出锥子刺破他的舌头，刺得鲜血直流，以此要贺若弼牢记祸从口出。

## 功名未显尚能记取父训

贺若敦死后很多年，贺若弼尚能记住父亲临终遗训。一次，上柱国（高级功臣的名誉职务）乌丸轨同贺若弼议及太子宇文赟不具备做帝王的气质。之后，乌丸轨就此事向北周武帝宇文邕陈述了他同贺若弼所谈的看法。北周武帝随即召见贺若弼询问。贺若弼知道太子的地位不可动摇，说得不好恐怕会给自己招祸，回答武帝说："太子进步得很快，没有发现他的缺点。"乌丸轨听说贺若弼在武帝面前赞扬太子,对他大加责备。贺若弼说:"为官做人说话一定要慎密。做国君的如果说话不慎密,就会失去大臣的拥护;做臣子的如果说话不慎密,就会招致杀身之祸。所以我不敢轻易去议论太子的事。"后来,太子宇文赟即位为北周宣帝,下令将乌丸轨处死,贺若弼则得以幸免。

此后,贺若弼参与领兵攻打南陈①,并献计攻克数十座城,显示出了其善于领兵征战的才能,被受任寿州(时称扬州,治所位于安徽省寿县)刺史。

## 追逐名位争功于朝

北周大定元年(581年),相国杨坚废黜北周静帝,改国号为隋,即位为隋文帝。

隋文帝出兵击败突厥②军队南侵、平定北方以后,意欲派兵消灭南陈,统一天下。他暗中物色可以率军攻打南陈的将领。尚书左仆射高颎向隋文帝推荐贺若弼,称其"有文武才干"。于是,隋文帝任命贺若弼为吴州(治所位于今江苏省扬州市西北)总管,委托他参与领军,攻灭南陈。贺若弼受命后踌躇满志,他在给寿州总管源雄的赠诗中写道:"交河骠骑幕,合浦伏波营,勿使骐驎上,无我二人名。"同时,贺若弼向隋文帝"献取陈十策"。隋文帝对贺若弼的"十策"大加赞赏,并赐给他一把宝刀。

隋开皇九年(589年)春天,贺若弼任行军总管(前线某方面军总指挥),率军攻克南徐州(治所位于今江苏省镇江市),从东面攻

---

① 都建康,位于今江苏省南京市。
② 隋北方邻国,可汗(国王)庭位于今蒙古国杭爱山东段。

## 七、专权狂妄　难以善终

入南陈都城建康；庐州（治所位于今安徽省合肥市）总管韩擒虎率部攻克姑熟（位于今安徽省当涂县），从西南面攻入建康，活捉南陈后主陈叔宝。

贺若弼班师回到京都长安时，隋文帝亲自迎至郊外，称赞他："平定江南，你立了大功啊！"之后，贺若弼与韩擒虎当着隋文帝面争功。贺若弼称其率部在蒋山（即今江苏省南京市钟山）击败南陈精锐部队，韩擒虎没有配合他作战，功劳岂能与他相比！韩擒虎则指责贺若弼违反东西合围的部署，提前发动攻战导致损失惨重，而他以五百名轻骑兵直取建康，活捉陈叔宝，贺若弼的功劳怎么能同他相比！隋文帝只好和稀泥说："二位将军都是上等功。"于是，隋文帝提升贺若弼为上柱国、右领军大将军（主管警卫部队，位次于宰相），封他为宋国公。贺若弼"位望隆重"，荣耀一时。

## 居功骄傲罢官入狱

贺若弼一直为灭陈之功沾沾自喜，他总结写成《御授平陈七策》献给隋文帝。隋文帝知道贺若弼意在为自己表功，感到厌恶，回答他说："将军想为我扬名，我不求名声。将军还是把它留作写家史吧！"

贺若弼自以为在文臣武将中，数他的功劳最大，才能最高，"每以宰相自许"。开皇十二年（592年）十二月，内史令（主管拟草并发布诏令）杨素被提为尚书右仆射。贺若弼的职务没有受到提升，心理不能平衡，时常在言语表情上流露出来。由此，贺若弼被免去官职。

罢官后，贺若弼牢骚满腹，"怨望愈甚"。隋文帝听说后大为恼火，下令将贺若弼逮捕入狱。朝中大臣上书隋文帝，建议将贺若弼处死。隋文帝反复考虑很多天,顾念贺若弼曾立有大功,决定免去他死罪,将他从朝廷除名。一年以后,隋文帝下令恢复贺若弼宋国公爵位,没有任命他具体职务。

## 肆意吐怨再次入狱

　　开皇十九年(599年),隋文帝在仁寿宫宴请王公大臣,要贺若弼作五言诗助兴。贺若弼当场写了一首五言诗,借诗发泄心中的郁愤。隋文帝看后虽然很不高兴,还是宽容了他。

　　第二年春天,贺若弼因犯罪再次被捕。在狱中,他"咏诗自若",不肯反省自己的罪过。隋文帝批评说:贺若弼这个人,"有三点太猛:忌妒之心太猛;自以为是非议别人之心太猛;目无皇上之心太猛。"一天,隋文帝对侍臣说:"当年,出师征讨南陈之前,贺若弼曾对高颎说:'陈叔宝的天下是可以夺取的,将来该不会出现高鸟尽,良弓藏①的情况吧?'扫平南陈后,贺若弼向我提出要担任内史令和尚书仆射的职务,后来又要求镇守广陵(治所位于今江苏省扬州市)、荆州(治所位于今湖北省荆州市),这两处都是容易作乱的地方。贺若弼追求权位的心态始终没有改变。"不久,隋文帝再次宽恕贺若弼,下令将他释放。

---

　　① 楚汉战争时期,韩信为汉王刘邦击败楚王项羽,夺取天下,立下大功。汉高祖六年(前201年),有人诬告韩信谋反,汉高祖将其诱捕。韩信仰天长叹:"狡兔死,良狗烹;高鸟尽,良弓藏;敌国破,谋臣亡。"(见《史记》卷九十二·淮阴侯列传)

七、专权狂妄　难以善终

## 忘记父训重蹈覆辙

贺若弼第二次获释后，并没有吸取教训。他依然自以为是，任意贬低别人。一次，太子杨广向贺若弼问道："杨素、韩擒虎、史万岁三人都是良将，你看这三人中哪个更强一些？"贺若弼回答说："杨素是猛将，不是谋将；韩擒虎是斗将，不是领将；史万岁是骑将，不是大将。"杨广接着问道："那么谁可以称为大将呢？"贺若弼回答说："那就看殿下选择谁了。"言外之意，他贺若弼才可以称得上真正的大将。当年，杨广统领大军攻灭南陈后曾提出对贺若弼违令先攻治罪，被隋文帝否决，本来对贺若弼就怀有成见，听他所答非所问，见他还是那副自命不凡的样子，便感到十分厌恶。

杨广即位为隋炀帝后，对贺若弼更为疑忌和冷落。大业三年（607年）七月，贺若弼随同隋炀帝北巡，抵达榆林（位于今内蒙古准葛尔旗东北）时，隋炀帝下令设置可容纳数千人的大帐篷，宴请突厥启民可汗一行。贺若弼与被免去宰相职务的高颎等人背下议论，认为这样做太奢侈。有人将他们的非议报告隋炀帝。隋炀帝勃然大怒，当即下令将贺若弼、高颎等人处死。

《北史》卷六十八　贺若敦传
　　　　　　　　　贺若弼传
《隋书》卷五十二　韩擒虎传
　　　　　　　　　贺若弼传
《资治通鉴》卷一百七十八　隋纪二·开皇十二年

## 【简评】

《隋书》作者魏征指出:"贺若功成名立,矜伐不已,竟颠殒于非命,亦不密以失身。若念父临终之言,必不及于斯祸矣。"(《隋书》卷五十二)

清代学者王夫之认为:"杨广之弑君父,杀兄弟,骄淫无度,其不可辅而不相容,涂之人知之矣。颎之料敌也,目悬於千里而心喻若咫尺,弻轻杨素、韩擒虎而自诩以大将,夫岂不能知此?""则迨其老也,伏枥不忘千里之心,以皎皎垂光于白日,而亦冥至此哉。"(《读通鉴论》卷十九·炀帝)

笔者认为,贺若弻功名欲望过强,战功的建立和官位的提升使他背上了沉重的思想包袱,为功名所苦,为功名所累,为功名所损,为功名所毁。诚然,贺若弻只是发发牢骚,并无什么罪过,但在弑父自立为君的隋炀帝面前,他亦难逃厄运。

七、专权狂妄　难以善终

# 李林甫口蜜腹剑

李林甫是唐高祖堂弟长平王李叔良的曾孙。经过几代变迁，其家势衰微，李林甫之父李思诲只做到扬府（治所位于今江苏省扬州市）参军这样的小官。李林甫初为千牛直长（低级侍卫官），他虽"无学术，发言陋鄙，闻者窃笑"，但"善音律"，受到其舅楚国公姜皎的喜爱。姜皎与侍中源乾曜是姻亲，凭借这层关系，李林甫被提任为太子中允（侍从太子的副官）。唐开元十四年（726年），李林甫升为吏部侍郎，从此搭上往上爬的阶梯。

## 窥探上意　谄媚取宠

李林甫为人"面柔而有狡计，能伺候人主意"，尤其善于拉裙带关系巴结权势。李林甫与武三思（女皇武则天之侄）女儿（侍中裴光庭之妻）私通，又与唐玄宗亲信宦官高力士打得火热。高力士最先在武三思门下效力。裴光庭去世后，武三思女儿哭求高力士帮她奏请，想改嫁李林甫，高力士没敢答应。

当时，唐玄宗宠爱武惠妃（武三思侄女）及其所生皇子寿王李瑁，他过去所爱的赵丽妃及其所生太子李瑛、皇甫德仪（高级女官名)及其所生鄂王李瑶、刘才人及其所生光王李琚相继失宠。对此,李林甫看在眼里,算计在心。他托高力士转告武惠妃,称他"愿保护寿王"。武惠妃听了十分高兴,顿时在思想上与李林甫拉近了距离。

此后,唐玄宗要中书令肖嵩推荐宰相,肖嵩反复考虑后推荐了尚书右丞韩休。唐玄宗同意并要肖嵩拟草诏令。高力士把这一机密飞快透露给武三思女儿,武氏随即转告李林甫,李林甫马上跑去向韩休通风讨好。韩休提任宰相后,对李林甫感恩戴德,反而同肖嵩关系不和。不久,经韩休推荐,武惠妃"阴助之",唐玄宗将李林甫提任黄门侍郎。

李林甫得以在唐玄宗身边侍奉后,更加密切关注皇帝的意向。唐玄宗的治政举措、起居行止乃至喜怒哀乐,李林甫"皆预知之"。他言谈举止极力投合唐玄宗的旨意,深受唐玄宗宠信。开元二十三年(735年),唐玄宗提任李林甫为礼部尚书、同中书门下三品(宰相职衔)。

## 陷害忠良　不动声色

开元二十四年(736年),唐玄宗想任命李林甫为宰相,征求中书令张九龄的意见。张九龄不赞成李林甫任宰相,唐玄宗便将此事搁下。李林甫听说后,对张九龄恨之入骨,挖空心思想把他整倒。但在表面上,他对张九龄"犹曲意事之"。

驸马都尉(皇帝侍从官)杨洄(武惠妃女婿)探听到太子李瑛同鄂王李瑶、光王李琚在一起埋怨武惠妃。武惠妃以此在唐玄宗面前哭着诬告太子结党、企图谋害她和寿王。唐玄宗大为恼火,扬言要废黜太子、鄂王和光王。张九龄以太子为国家的根本,对废黜太子及二王提出不同意见。唐玄宗对张九龄大为不快。李林甫看到整治张九龄的时机到了,退朝后私下对唐玄宗所器重的宦官说:"废立太子这件事是皇上的家事,何须要同外人商量!"李林甫让宦官传话给唐玄宗和武惠妃,意在挑拨唐玄宗同张九龄的关系。

张九龄与中书侍郎严挺之关系密切。严挺之前妻被休掉后改嫁蔚州(治所位于今河北省蔚县)刺史王元琰。王元琰因贪污罪被捕,严挺之为之说情,于是李林甫指使人向唐玄宗举报。张九龄以王元琰是严挺之所休前妻丈夫,彼此不应有私情为由,为严挺之开脱。由此,唐玄宗对张九龄更加不满。他联想到张九龄曾阻止废黜太子,称"九龄有党",将他改任为右相,任命李林甫为中书令。

开元二十五年(737年)四月,监察御史周子谅弹劾同中书门下三品牛仙客不具备宰相的才能。唐玄宗为之大怒,下令对周子谅施以杖刑,尔后将他流放瀼州(位于今广西区上思县)。李林甫见唐玄宗怒不可遏,乘机挑唆说:"周子谅是张九龄推荐的。"于是,唐玄宗当即下令将张九龄贬为荆州长史(州府事务长官)。

张九龄被贬后,唐玄宗就废黜太子一事征求李林甫的意见。为促使玄宗决断,李林甫答称:"这是陛下的家事,我们做臣下的不应该参与。"当月二十一日,唐玄宗宣布废黜太子李瑛,同时将鄂王李瑶、光王李琚贬为平民。接着,唐玄宗逼令李瑛、李瑶、李琚自杀。张九龄到达荆州贬所不到一年,也在郁闷中去世。李林甫陷害张九龄和太子三兄弟,"不见喜怒","不动声色"。当时人们称李林甫"口有蜜,腹有剑"。

## 弄巧失算　陷害太子

李林甫虽然"善刺上意",也有失误之时。太子李瑛被废后,李林甫揣摩唐玄宗的心意,满以为玄宗要立寿王李瑁为太子。于是,他多次在玄宗面前称赞寿王,并多次劝说玄宗立寿王为太子。可是,这一次李林甫失算了,唐玄宗没有听取他的意见,立了年长的忠王李玙(后改名李绍、李亨)为太子。从此,李林甫心怀忧惧。他担心太子李绍日后继位不会放过他,暗中窥探其过失加以诋毁,处心积虑制造事端以搞垮太子。

天宝元年(742年),唐玄宗任命李林甫为尚书左仆射。李林甫提名任命太子妃韦氏之兄、陕郡(治所位于今河南省陕县)太守韦坚为刑部尚书。他此举看似对韦坚友善,起意则是把他调在身边便于搜集其过失,好给韦坚治罪,以动摇太子李绍的地位。

天宝五载(746年)正月十五晚上,太子李绍出游,遇上韦坚。接着,二人又遇上太子的老朋友、平叛后赴京都长安报捷的陇右(治所位于今青海省乐都县)节度使皇甫惟明,三人在一起叙了一会家常。李林甫获悉这一情况后,诬告韦坚与皇甫惟明谋立太子为帝。唐玄宗信以为真,随即下令将韦坚和皇甫惟明逮捕入狱。后因没有查到任何证据,唐玄宗只好将韦坚贬为缙云(治所位于今浙江省缙云县)太守、皇甫惟明贬为播州(治所位于今贵州省桐梓县东南)太守。

当年七月,将作少匠(主管宫殿建筑维修的副长官)韦兰、兵部员外郎(朝廷主管军事的部门内设机构副长官)韦芝上书为其兄弟韦坚诉冤,并请太子李绍作证。唐玄宗勃然大怒,下令将韦兰、韦芝流放岭南(泛指今广东省、广西区),将韦坚再贬为江夏(治所位于今湖北省鄂州市)别驾(州府属官)。为此,太子李绍被迫与韦妃离婚。

天宝六载(747年),李林甫指使济阳(治所位于今河南省兰考县东北)别驾魏林上书,诬告河西(治所位于今甘肃省武威市)节度使王忠嗣自称与太子自小就是密友,图谋起兵立太子为帝。唐玄宗将王忠嗣召回朝廷,令御史台派人对王忠嗣进行审查。不久,唐

## 七、专权狂妄 难以善终

玄宗突然省悟，对身边侍从说："我的儿子住在深宫里面，怎么能与外面人通谋呢？举报一定是假的！"王忠嗣部将哥舒翰力陈王忠嗣无辜。于是，唐玄宗下令将王忠嗣贬为汉阳（治所位于今甘肃省礼县）太守。李林甫陷害太子李绍的阴谋再次失败。

## 专权乱政 排斥异己

唐玄宗在位后期年事已高，厌于政事。李林甫"善养君欲"，以专断朝政。为了巩固自己的权势，李林甫极力排斥异己。凡是认为对其权位构成威胁的大臣，他总是千方百计将其贬斥。李林甫常常坐在号称"月堂"的密室里编造罪名，谋害大臣，致使许多正直的官员被贬斥流放，家破人亡。

天宝元年（742年）某一天，唐玄宗在勤政楼观看舞蹈表演，目送兵部侍郎卢绚骑马离去，赞叹卢绚风度含蓄沉稳。李林甫大为忌妒。不久，他借故将卢绚调任华州（治所位于今陕西省华县）刺史。接着，李林甫又诬称卢绚有病，将他免职。

一次，唐玄宗对李林甫说："严挺之现在在哪里？此人可以重用。"李林甫告之严挺之现为绛州（治所位于今山西省新绛县）刺史，暗自为玄宗欲起用严挺之而惊恐不安。他把严挺之一直视为张九龄同党，担心他一旦受到重用对自己不利。之后，李林甫召见严挺之的弟弟严损之，告诉他皇上关心他的哥哥，要严损之借此机会劝其兄上书请求来京看病。严挺之上书后，李林甫在唐玄宗面前诬称严挺之患了中风，应该休养，随即把严挺之安置到东京（位于今河南省洛阳市）"养病"。

天宝三载（744年）十二月，李林甫忌恨户部尚书裴宽受到唐玄宗器重，担心裴宽如果提任宰相会动摇他的权位，有意将裴宽密奏刑部尚书裴敦复替人虚报军功一事透露给裴敦复。裴敦复对裴宽大为恼恨,对李林甫说:"裴宽也曾托我为他亲属办过事。"李林甫乘裴敦复正在发火,唆使他将此事奏告玄宗。裴敦复随即买通玄宗宠妃杨太真(即杨玉环,后封为贵妃)的姐姐,将诬告信递到玄宗面前。不久,裴宽被贬为睢阳(治所位于今河南省商丘市南)太守。

天宝五载(746年)七月,李林甫忌恨宰相李适之曾与他争权,诬告李适之与韦坚结党。唐玄宗听信李林甫谗言,将李适之贬为宜春(治所位于今江西省宜春市)太守。

天宝六载(747年),李林甫奏请玄宗批准,下令韦坚兄弟和皇甫惟明在贬所自杀。不久,李适之在忧伤恐惧中服毒自杀。

李林甫为了排斥受到玄宗赏识的户部侍郎兼御史中丞杨慎矜,授意与杨慎矜素有积怨的御史中丞王鉷指使其亲信散布流言蜚语,称"杨慎矜是隋炀帝玄孙,家中藏有谶书,阴谋复辟其祖先的帝业"。唐玄宗听说后极为震惊,下令将杨慎矜收审。接着,李林甫令殿中侍御史(最高监察机关,负责监察朝廷百官的官员)卢铉自带一份谶书,领人去杨慎矜家搜查,在杨家拿出其自带的谶书,充作伪证。杨慎矜有口难辩,哀叹说:"我从来就没有藏过什么谶书,这谶书又怎能从我家搜到呢?"唐玄宗随即下令杨慎矜及其兄弟自杀。

天宝八载(749年)四月,咸宁(治所位于今陕西省西安市)太守赵奉璋上书揭发李林甫二十多项罪行,其奏书被李林甫中途截获。李林甫反诬赵奉璋上奏妖言,令其亲信用板杖将赵奉璋打死。

李林甫对当时宰相多由节度使选任特别忌惧。为了巩固自己的相位,杜绝这一"出将入相之源",他极力宣称蕃(泛指少数民族)人"善战有勇"、"无党援",建议唐玄宗任用蕃人为节度使。由此,胡(泛指北方少数民族)人安禄山被任命为范阳(治所位于今北京市区)等三镇节度使,以致引发安史之乱,使开元年间(713~741年)得以中兴的唐王朝"荡覆天下,王室遂微"。

七、专权狂妄　难以善终

## 提心吊胆　忧度晚年

　　李林甫长期位居宰相,口蜜腹剑,好话说尽,坏事做绝。晚年,他自己也意识到积怨太多,提心吊胆过日子,时时担心会有刺客来行刺。李林甫每次出行,总要百余名步骑兵作为护卫,并令治安官员在其前面数百步之外清理道路。李林甫住宅的门和墙壁都是双层的,地面砌上一层石条。每天夜里,他都要多次调换住处,连家里人也不知道他究竟住在何处。

　　有一次,李林甫和他的儿子将作监(主管皇宫园林建筑)李岫一起游园。李岫指着正在干活的民工对其父亲说:"你当了这么多年宰相,仇家满天下,如果有一天祸难临头,想当这样的民工,恐怕都不可能了!"李林甫沮丧而又无奈地叹息道:"已经走到这一步了,又有什么办法呢?"

　　天宝十一载(752年)四月,户部郎中王鉷等人准备发动兵变杀死李林甫,因有人告密而失败。接着,御史中丞杨国忠(杨贵妃堂兄)诬告李林甫与王鉷及叛唐北逃的原朔方(治所位于今宁夏区灵武市西南)节度副使阿布思结党,兵部尚书陈希烈等人出面为杨国忠作证。唐玄宗虽然没有确信,但从此对李林甫开始疏远。当年十一月,李林甫在忧惧中病死。

　　天宝十二载(753年)二月,李林甫尸骨未寒,尚未埋葬。杨国忠指使人串通深受玄宗信赖的安禄山,诬告李林甫曾串通阿布思谋反。唐玄宗随即以"结叛房,图危宗社"的罪名,下令追夺李林甫的官爵,剥下他尸体上的官服,取下他口中所含的珍珠,将他的尸体换入一口小棺材,以平民安葬。接着,唐玄宗下令没收李林甫的家产,将其子孙流放到岭南等地。

中国古代历史风云·朝政风波(下)

《旧唐书》卷一百六 李林甫传
《新唐书》卷二百二十三上 李林甫传
《通鉴纪事本末》卷三十一 李林甫专政

【简评】

唐玄宗"晚年自恃承平,以为天下无复可忧,遂深居禁中,专以声色自娱,悉委政事於林甫。林甫媚事左右,迎合上意,以固其宠;杜绝言路,掩蔽聪明,以成其奸;妒贤疾能,排抑胜己,以保其位;屡起大狱,诛逐贵臣,以张其势。自皇太子以下,畏之侧足。凡在相位十九年,养成天下之乱,而上不之寤也"。(《通鉴纪事本末》卷三十一·李林甫专政)其实,唐玄宗也深知李林甫专权乱政。安史之乱期间,唐玄宗逃亡蜀地。一次,他同给事中裴士淹谈及李林甫,称"是子妒贤疾能,举无比者"。裴士淹问道:"陛下诚知之,何任之久邪?"唐玄宗无言以答。(《新唐书》卷二百二十三上·李林甫传)

七、专权狂妄　难以善终

# 安重诲专权欺君

安重诲原是后唐①中书令李嗣源的中门使(侍从官)。后唐同光四年(926年)四月,后唐发生内乱,后唐庄宗李存勖中流矢而死。李嗣源领兵从大梁(位于今河南省开封市)攻入洛阳,夺取帝位,为后唐明宗。后唐明宗以安重诲辅助他称帝有功,将他任命为枢密使、兵部尚书。

安重诲得势后便骄横跋扈,排陷忠良。

当年六月的一天,安重诲外出,殿直(虚职武官)马延误冲为安重诲开路的兵士。安重诲当即下令将马延斩首,尔后才奏告后唐明宗,并要明宗发布诏书,将马延以"陵突重臣"的罪名通报全国,令文武百官引以为戒。

中书侍郎、同平章事任圜性格刚直,忧国如家,以治理天下为己任。他坚持选贤任能,受到安重诲的忌恨。两人经常在朝会上大声争执。

天成二年(927年)六月,任圜被罢免宰相职务。七月,任圜被迫请求退休,获准去磁州(位于今河北省磁县)居住。对此,安重诲仍不解恨。十月,安重诲以罢官大臣也可能会成为祸患为借口,奏请后唐明宗派人逼令任圜自杀。端明殿学士(皇帝侍从顾问)赵凤

---

① 都洛阳,位于今河南省洛阳市。

流着眼泪对安重诲说："任圜是个讲道义的人,怎么会叛逆呢?你如此滥用刑法,怎么能辅佐治理好国家!"安重诲不听劝阻,还是派人去磁州将任圜处死。任圜临刑前毫不屈服,他召集家人喝了顿诀别酒,然后从容自尽。

右卫将军李从璨(后唐明宗之侄)性格刚强,不肯服从安重诲的调遣,安重诲对他恼恨在心。天成四年(929年)三月的一天,李从璨同客人宴会喝醉酒,戏耍坐上皇帝御床。安重诲随即奏告后唐明宗,将李从璨处死。

接着,安重诲把攻击的矛头指向河中(治所位于今山西省永济市)节度使、同平章事李从珂(后唐明宗养子),以报当年受其追打之仇。

当初,李嗣源镇守真定(治所位于今河北省正定县)时,李从珂与安重诲在一起饮酒时发生争吵,李从珂要殴打安重诲,安重诲闪身躲避。李从珂酒醒后向安重诲赔礼道歉,安重诲从此却对李从珂怀恨在心。安重诲当权后多次在后唐明宗面前说李从珂的坏话,后唐明宗一直不以为是,安重诲再也按捺不住,决定孤注一掷。

长兴元年(930年)四月,安重诲伪造后唐明宗诏令,要河中牙内指挥使(节度使部将)杨彦温驱逐李从珂。杨彦温借李从珂出城查看战马之机,派人给他送信,称有诏令召他入朝,无需再回城。李从珂只好暂住虞乡(位于今山西省永济市东),派人报告朝廷。后唐明宗听说此事后大为惊异,向安重诲询问道:"杨彦温得到什么人命令,竟敢口出狂言?"安重诲生怕露馅,回答说:"这完全是奸臣杨彦温胡说八道,应火速派兵去捉拿他。"后唐明宗疑惑不定,随即派西都(位于今陕西省西安市)留守索自通、步军都指挥使药彦稠领兵捉拿杨彦温。药彦稠离京前,后唐明宗特意嘱咐他一定要把杨彦温活捉回来,他将要亲自审问杨彦温。但是,索自通却将杨彦温斩首。

后唐明宗为杨彦温被杀感到纳闷,怀疑有人故意杀了他以灭口。这时,安重诲指使端明殿学士冯道、赵凤奏告李从珂擅离职

## 七、专权狂妄　难以善终

守。后唐明宗训斥他们说："我儿被奸臣陷害,是非曲直还没有弄明白,你们二位为何又来说这种话,难道是不想再让他活在人世吗?恐怕这不是你们二人的意思吧!"

第二天,安重诲奏告李从珂失职。后唐明宗答复他说："我从前在军中当个小官时,家里很穷,全靠这个孩子拾马粪养家活口。今天我当了皇帝,难道还保护不了他吗?你看怎样处置他才合适?"安重诲说："听凭陛下裁定。"后唐明宗说："让他闲居在自己的家里,总该可以了吧?"

安重诲谋害李从珂失败后十分忧惧,请求解除其枢密使职务。长兴二年(931年)二月,后唐明宗调任安重诲为护国(即河中)节度使。安重诲心里更为不安,到任不久便上书请求退休。闰五月,后唐明宗派保义(治所位于今河北省邢台市)节度使李从璋担任护国节度使,令安重诲以太子太师的名义退休。

李从璋率部抵达河中后,派兵包围安重诲的住宅,然后进门去拜见安重诲。安重诲连忙到台阶下答拜。李从璋乘其不备,猛然用兵器砸烂他的脑袋。安重诲的妻子跑过来扶持丈夫,也被当场砸死。安重诲死后,后唐明宗宣布他犯有离间罪和谋反罪,并下令处死他的两个儿子。

《通鉴纪事本末》卷四十一　安重诲专权
《旧五代史》卷六十六　安重诲传
《新五代史》卷二十四　安重诲传

## 【简评】

清代学者王夫之认为："重诲之奸与忠勿论,而举生杀予夺一任其喜怒,胁持其主以钳制群僚","其主厌之而不戢,上下胥切齿怨之而不忧,碎首横尸而不知祸之所自发,其谋身之愚也如此"。(《读通鉴论》卷二十九·五代中)

433

# 阿合马弄权暴敛

阿合马是元回回[①]人，蒙古弘吉剌部[②]首领按陈随铁木真（又称成吉思汗，即元太祖）率部西征时将其收为部下。阿合马"为人多智巧言"，受到按陈的信赖。按陈之妹为元太祖皇后，按陈之女为元世祖忽必烈皇后。阿合马凭借按陈的关系得以进入元朝廷供职，受到元世祖赏识。蒙古中统二年（1261年），阿合马受任上都同知（行政副长官）。

当时，元世祖派兵南征北战，耗费巨大，"急于富国"。阿合马"以功利成效自负"。元世祖试着让他主管政事，发现他治政颇有成效。于是，元世祖"奇其才，授以政柄"。

中统三年（1262年），元世祖任命阿合马领中书左右部（相当于丞相府事务长官）兼诸路都转运使（主管全国财政税收）。阿合马随即向元世祖奏陈改进税收体制的建议，元世祖批准其在全国实施。此后，阿合马治理钧州（治所位于今河南省禹州市）、徐州（治所位于今江苏省徐州市）铁税和太原（治所位于今山西省太原市）盐税富有成效，元世祖破格将他提拔为中书平章政事（丞相）。

阿合马得势后专权骄横。他违反官吏任命须由吏部提名、尚

---

① 其部族居住地位于今乌兹别克斯坦国塔什干西南。
② 居住地位于今内蒙古老哈河、西拉木伦河流域。

## 七、专权狂妄 难以善终

书省审查、中书省奏报待批的程序,直接任用他的亲属。阿合马将其儿子忽辛任命为大都路(治所位于今北京市区)总管兼大兴府尹;将其另一个儿子抹速忽任命为达鲁花赤(军政长官),让他镇守杭州;将他的其他子侄任命为参政(副丞相)、尚书等官职。

至元十五年(1278年)四月,中书左丞(副丞相)崔斌上书弹劾阿合马任人唯亲,称其一家人都位居要害部门,"有亏公道"。元世祖下令罢免阿合马子侄的官职,但不追究阿合马的责任。

阿合马由此对崔斌怀恨在心。不久,崔斌出任江淮行省(治所位于今江苏省扬州市)左丞(行政副长官)。阿合马借清理江淮行省钱谷收入为由,诬告崔斌等人偷盗官粮、擅自更换朝廷任命的官吏。元世祖先派都事(最高监察机关官员)刘正等人调查此事,查无实据;又派参知政事张澍等人复查。张澍等人秉承阿合马的意旨,用酷刑将崔斌等人害死。

阿合马当政不顾民众死活,横征暴敛。京兆(治所位于今陕西省西安市)等地年征税额从原来一万九千锭白银已增加到五万四千锭白银,阿合马仍然认为没有按户上缴足额,逼得民众流离失所。阿合马却乘机与民争利,把京兆附近的大片民家良田占为己有。宿卫士(警卫部队低级军官)秦长卿上书弹劾阿合马压制不同意见,独断专行,称其私人财产超过公家。阿合马对秦长卿怀恨在心,不久将他调任兴和(治所位于今河北省张北县)、宣德(治所位于今河北省宣化县)同知铁冶事(管理冶铁业及其税收的副长官),随即诬告他减收数万缗税额,将其逮捕入狱,迫害致死。

益都(治所位于今山东省青州市)千户(领千名以下兵士的武官)王著对阿合马专权暴敛极为愤恨,决意杀死阿合马,为天下百姓除害。他知道阿合马深受元世祖宠信,上书不仅无用,反而会招致祸难,便伺机直接对阿合马下手。

至元十九年(1282年)三月,元世祖携皇太子真金出巡上都,让阿合马留守大都。王著获悉此情后,于戊寅日领高和尚等八十余人潜入大都。第二天晚上,王著谎称皇太子回宫拜佛,混入宫中,诱召阿合马,用特制的铜锤砸碎他的脑袋。杀死阿合马后,王著"挺身请囚"。他临刑义气慷慨,放声高呼:"王著为天下人除害,今天虽死,将来必有人为我记下这件事!"

元世祖闻讯大为吃惊,令人抚慰阿合马妻子。之后,他向枢密副史孛罗询问阿合马为何被杀,孛罗列举其罪状。有关部门查清阿合马所犯罪行,向元世祖奏报。元世祖极为恼恨,当众宣布:"王著把他杀死是对的。"他下令掘开阿合马的坟墓,剖其棺,戮其尸,并处死其子侄,没收其家产。

《元史》卷二百五 阿合马传
卷一百一十八 按陈传
卷一百一十四 后妃列传一
卷一百六十八 秦长卿传
《元史纪事本末》卷七 阿合马桑卢之奸

【简评】

用人不仅要看其才,更要看其德。阿合马或许有理财之才,但其品行恶劣,以权谋私,迫害异己,横征暴敛。故其之惨死亦是情理之中的事。

七、专权狂妄　难以善终

# 蓝玉恃功骄纵

蓝玉是元定远(位于今安徽省定远县)人,早年随其姐夫常遇春投入朱元璋领导的反元农民军。他身经百战,"临敌勇敢,所向皆捷",为朱元璋夺取天下立下功劳,由普通兵士屡经提升为都督。

明朝建立后,蓝玉未解盔甲,多次奉明太祖朱元璋之命,领军出征,再立新功。

明洪武四年(1371年),蓝玉随同前将军傅友德率军攻打在蜀(位于今四川省)称帝的明升及其部众,夺取绵州(治所位于今四川省绵阳市)等地。

洪武五年(1372年),蓝玉随同魏国公徐达率部由雁门(位于今山西省代县西北)北征,在乱山、土剌河(位于今蒙古国土拉河)击败元[①]军残部。

洪武七年(1374年),蓝玉领军攻克兴和(位于今内蒙古兴和县)。

洪武十一年(1378年),蓝玉同西平侯沐英率兵收服西番(位于今云南省兰坪白族普米族自治县),擒获其三个酋长。

洪武十二年(1379年),蓝玉以征南副将军的名号随颍川侯傅

---

① 即北元。元朝灭亡后,其皇族逃亡和林(位于今蒙古国哈尔和林)所建立的政权,仍称元。

友德率军攻夺元梁王占据的云南(位于今云南省)。

洪武二十年(1387年),蓝玉以右副将军随宋国公冯胜率军进抵金山(位于今内蒙古通辽市东),征服元纳哈出部,以功升任大将军。

洪武二十一年(1388年),蓝玉率十五万大军进抵捕鱼儿海(位于今内蒙古新巴尔虎左旗西南贝尔湖),抓俘元皇子、后妃、文武官员三千多人,元流亡政权至此不复存在。蓝玉因功受封凉国公。

洪武二十三年(1390年),蓝玉奉命率军平定施南(治所位于今湖北省恩施市)、忠建(治所位于今湖北省宣恩县东南)、都匀(治所位于今贵州省都匀市东南)等地的叛乱。

洪武二十四年(1391年),蓝玉率军进驻罕东(位于今青海省西宁市西北),平息建昌(治所位于今四川省西昌市)指挥使月鲁帖木儿的叛乱。

蓝玉几十年戎马倥偬,南征北战,为明朝的建立和巩固立下功勋,深受明太祖信赖。可是,他功成名就之后却"骄蹇自恣",以致前功尽弃,走上了自我毁灭的道路。

蓝玉驻军东昌(位于今山东省聊城市)时侵占民田。朝廷收到举报后,派御史去查询此事,蓝玉竟令人殴打御史,将其赶走。蓝玉率军攻克元皇族后,放肆鲸吞缴获的财宝。他还将俘获的元王妃占为己有,致使元王妃迫于舆论压力而自杀。蓝玉率军返抵喜峰关(位于今河北省迁西县北),时值半夜,守关官兵没有及时开关迎接,他便下令军队毁关而入。明太祖听说后很不高兴,召见蓝玉,对他严加斥责。蓝玉不思悔改,在明太祖招待他的宴会上出语傲慢。

平息建昌叛乱回京后,蓝玉不甘位居宋国公冯胜、颖国公傅友德之下,上奏请求晋升爵位。明太祖不但没有同意,反而罢免蓝玉的军权,将他改任太子太傅。为此,蓝玉怏怏不乐,满怀怨愤。久

## 七、专权狂妄　难以善终

而久之,他竟萌生反叛之心,阴谋制造动乱。

洪武二十六年(1393年)正月,蓝玉在家中秘密召集其亲信景川侯曹震、鹤庆侯张翼、舳舻侯朱寿、东莞伯何荣及吏部尚书詹徽、户部侍郎傅友文、都督黄恪等人,策划发动兵变,准备乘明太祖耤田(初春时节,帝王率后妃、众臣在郊外举行的励农示耕仪式)之机举事。

三月,蓝玉等人的阴谋被锦衣卫指挥(主管侍卫、侦捕刑狱机构的长官)蒋瓛告发。明太祖当即下令将蓝玉等人逮捕审讯。经查证,蓝玉谋反属实。明太祖下令将蓝玉等人押赴闹市肢解,并印制《逆臣录》布告天下。之后,受蓝玉谋反案株连被杀的达一万五千多人。

《明史》卷一百三十二　蓝玉传
《明史纪事本末》卷十三　胡蓝之狱

【简评】

蓝玉早年身经百战,为明朝的建立和巩固立下汗马功劳,但他功成名就之后却"恃功骄纵",以致走上了自我毁灭的道路。

# 王振挟帝亲征

明宣德十年(1435年)正月,明宣宗病逝,时年九岁的太子朱祁镇(明宣宗长子)继位为明英宗,由张太皇太后(明仁宗皇后)委托工部尚书兼谨身殿大学士杨荣、兵部尚书兼华盖殿大学士杨士奇、礼部尚书兼武英殿大学士杨溥等人辅政。张太皇太后看出早年入东宫侍奉太子的宦官王振"狡黠得帝欢",担心他日后会影响英宗执政,以"侍皇帝起居多不律"的罪名下令将王振处死。明英宗和众臣为王振求情,张太皇太后才赦免他的死罪,但明确规定王振不得干预朝政。

此后几年,杨荣病逝,杨士奇为其儿子杨稷杀人入狱而忧伤不再上朝,杨溥年老卧病。时王振为掌司礼监(主管宦官官署),受到明英宗信赖。

正统七年(1442年)十月,张太皇太后病逝。王振掌揽朝政大权,"遂跋扈不可制"。他令人搬走明太祖朱元璋设立在宫中明文禁止宦官干预朝政的铁碑,为自己在朝廷专权排除禁令,开了明代宦官当政的先例。

王振操纵官员任免大权,胡作非为。他重用亲信,冒称明英宗意旨,将自己的侄子王山由千户破格提任锦衣卫指挥同知(负责侍卫、侦捕及刑狱机构副长官),将其亲信徐晞提为兵部尚书,工部郎中(工部内设部门长官)王祐提为工部侍郎(工部副长官)。他变相

## 七、专权狂妄　难以善终

卖官,朝廷及地方官员只有用金银珠宝贿赂王振,才能得到升迁。"进见者以百金为恒,千金者始得醉饱出"。

王振利用手中特权排斥异己,陷害忠良。大理寺少卿(最高审判机关副长官)薛瑄不愿登门拜见王振,见到王振也不愿曲意奉迎。王振便指使人诬告薛瑄受贿,将其处以死刑。经人说情,王振才同意将薛瑄免刑遣送回乡。翰林侍讲(皇帝学术顾问)刘球对于征讨麓川(位于今云南省瑞丽县)边民叛乱持有异议,引起王振不满。之后,刘球上书提出十条治政措施。王振诬称刘球这份奏书是针对他的,下令将刘球逮捕入狱,指使亲信将刘球杀死在狱中。御史李铎(《明史纪事本末》记作李俨)见到王振没有下跪,由此被流放铁岭卫(位于今辽宁省铁岭市)。宦官张环、顾忠和锦衣卫兵士王永等人对王振专权深恶痛绝,匿名写信举报王振罪行。王振令人查明后,下令将张环等人在闹市斩首碎尸。

朝廷内外对于王振专权乱政怨声载道,明英宗却熟视无睹。他称王振为"先生",赐给王振白金等物品,并发布诏书赞扬王振"性资忠孝,度量弘深","夙夜在侧,寝食弗违,保护赞辅,克尽乃心,正言忠告,裨益实至"。明英宗的偏信使王振恃宠骄狂,他常常以自己的意愿强加于明英宗。

正统十四年(1449年)春季,瓦剌①太师也先派人向明朝廷进贡马匹。王振指责瓦剌使者虚报进贡数字,瓦剌使者愤然离去。当年七月,也先领瓦剌军大举入侵明朝。王振不顾群臣劝阻,要挟明英宗亲自领兵出征。明英宗迫不得已,只好离开京都,率军抵达大同(位于今山西省大同市)前线。

在瓦剌军士的攻势面前,王振畏敌如虎,匆忙下令军队撤退。瓦剌军乘势追击,明军大败。八月,明英宗退至土木堡(位于今河

---

① 泛指蒙古西部部族,游牧区位于今蒙古国札布汗河流域至俄罗斯叶尼塞河上游一带。

北省怀来县东),被瓦剌军俘虏。

  明军将士知道制造这一事端的罪魁祸首是王振。他们怒不可遏,纷纷要求处死王振。护卫将军樊忠声称为天下杀除奸贼,举起铁锤将王振砸死。

  之后,明朝廷派人抄没王振的家产,"得金银六十余库,玉盘百,珊瑚高六、七尺者二十余株,他珍玩无算"。

《明史》卷三百四 王振传<br>《明史纪事本末》卷二十九 王振用事

## 【简评】

  王振当权贪赃暴虐,其权力是明英宗给予的。明英宗称王振为"先生",赞扬他"性资忠孝",放纵他专权乱政。他获释回国,后来重登帝位,仍念念不忘王振,下令给王振修建祠堂,为其祠堂命名"精忠",表明他对误用王振至死没有省悟。明英宗重用宦官开了一个恶劣的先例,他自己差一点被宦官曹吉祥杀害。后来,宦官控制明朝廷祸国乱政愈演愈烈,导致明朝走向灭亡。"有明一代宦官之祸,视唐虽稍轻,然至刘瑾、魏忠贤,亦不减东汉末造矣"。(清·赵翼《二十二史札记》卷三十五·明代宦官)

七、专权狂妄　难以善终

# 魏忠贤乱政始末

魏忠贤是明肃宁（位于今河北省肃宁县）人。他目不识丁，为人心狠胆大，善于骑马射箭，喜欢吃喝玩乐，早年和一群不务正业的歹徒厮混在一起，因输赌受辱，一气之下自行阉割生殖器，成为当地出名的无赖。

## 无赖发迹　取宠皇帝

明万历十七年（1589年），魏忠贤被召入内宫充当侍从。后来，他经宦官魏朝推荐，为明神宗长孙朱由校的母亲王才人管理伙食。其间，他经常带着朱由校游玩，受到朱由校喜爱。

万历四十八年（1620年）七月，明神宗朱翊钧去世，太子朱常洛（明神宗长子）继位为明光宗。当年八月，明光宗去世，其长子朱由校继位为明熹宗。此前，王才人已去世。时年十六岁的明熹宗由于父母双亡，把侍奉他成长的乳母客氏视为亲人，封客氏为奉圣夫人。

客氏是个淫荡狠毒的女人，她入宫后先与宦官魏朝私下苟合，后来又与魏忠贤勾搭成奸，将魏朝甩掉。明熹宗即位后，客氏与魏忠贤谋划,害死魏朝及受命辅政的司礼秉笔太监(代皇帝批阅奏书)兼管东厂(负责侍卫、侦缉、刑狱的机构)的王安。经客氏周旋,魏忠贤得以主管东厂,升任司礼监秉笔。

魏忠贤见明熹宗渐渐长大成人,引诱他接近歌舞声色,又迎合他贪玩好奇的心理,侍奉他骑马射猎。由此,魏忠贤深受明熹宗宠信。

## 操练宦官　谋控朝政

魏忠贤心里清楚,单靠他手中已有的权力尚左右不了朝政,还必须抓住掌握朝政大权的宰相。他仗恃受到明熹宗宠信,极力排斥接受明光宗遗命辅政的大学士刘一燝,与此同时暗中勾结大学士沈㴶。沈㴶看到魏忠贤的靠山是熹宗皇帝,于是同他沆瀣一气,共同专断朝政。

为了培养一批可直接指挥的武士以进一步掌控朝政,魏忠贤诱导明熹宗下令宫中宦官持剑比武、学放火铳(用金属制造的火炮),进行各种军事操练,同时对持有异议的官员极力加以排斥。

天启二年(1622年)三月,礼科给事中(朝廷主管礼仪教育部门监察官)惠世扬上书弹劾沈㴶串通魏忠贤操练宦官,称其"包藏祸心"。沈、魏二人则奏告明熹宗将惠世扬贬出朝廷。之后,刑部尚书王纪上书弹劾沈㴶勾结魏忠贤、客氏乱政。魏忠贤假传明熹宗诏令,将王纪罢官为民。大学士刘一燝和吏部尚书周嘉谟反对魏忠贤专权,受到魏忠贤亲信刑科给事中孙杰弹劾,刘、周二人被迫退休,各自返回原籍。

天启三年(1623年),御史刘之凤上书劝谏停止操练宦官,指

### 七、专权狂妄　难以善终

出:"假如刘瑾①当年拥有三千甲士,能束手就擒吗?"奏书递上后,刘之凤受到明熹宗严厉斥责。冯贵人(后妃名号)亦劝告明熹宗停止操练宦官,客氏和魏忠贤大为憎恨。他们诬称冯贵人犯有诽谤罪,假传圣旨将她处死。兵部尚书董汉儒、给事中程注、御史汪泗论等人先后上书对操练宦官提出质疑。明熹宗一概拒而不听。由此,魏忠贤肆无忌惮,将后宫操练的宦官增至万人。众宦官披甲出入,耀武扬威。魏忠贤以这批武装宦官为打手,又掌握批阅奏书和缉捕刑狱大权,肆意为非作歹,祸乱朝政。

## 捏造罪名　迫害异己

天启四年(1624年)三月,给事中傅櫆勾结魏忠贤外甥傅应星诬告中书(抄写诏书的官员)汪文言结交东林党②人,并牵涉佥都御史(相当最高监察机关长官助理)左光斗、吏科都给事中(朝廷主管官吏任免部门监察主官)魏大中等人。魏忠贤下令将汪文言逮捕入狱,借以大肆迫害异己。

六月,副都御史(最高监察机关副长官)杨涟上书弹劾魏忠贤二十四大罪,称其"亲乱贼而仇忠义",专擅朝政,请求给魏忠贤治罪"以正国法"、将客氏移居宫外"用消隐患"。魏忠贤为之恐惧,向

---

① 明代宦官。明弘治十八年(1505年),明武宗任命刘瑾为内官监(主管宦官名籍、升迁)、总督团营(统领驻京部队)。刘瑾特宠专权受贿,后来阴谋弑帝企图自立为帝。正德五年(1510年),刘瑾因罪被处死。

② 明万历二十二年(1594年),吏部郎中顾宪成被革职,回到故乡无锡,与其弟顾允成修复东林书院聚众讲学,评论时政。左都御史(最高监察机关长官)高攀龙罢官回到无锡后参与其间。朝廷中一些正直官员和各地失意文人赞同他们改革朝政的主张,与他们遥相呼应。时人称之为东林党。

明熹宗哭诉自辩。客氏在明熹宗面前极力为魏忠贤开脱罪责。接着，魏大中等七十余人先后上书弹劾魏忠贤不法。左光斗也拟好弹劾魏忠贤三十二斩罪的奏书，尚未来得及上奏，被魏忠贤获悉。明熹宗听信客氏等人谗言，对杨涟、魏大中等人奏书严加切责，下令将杨涟、魏大中等人罢官。左都御史高攀龙、吏部尚书赵南星揭发御史崔呈秀贪赃。崔呈秀投靠魏忠贤，高、赵二人反被罢官。工部郎中万燝上书弹劾魏忠贤乱政。魏忠贤竟指使人用板杖将万燝打死。首辅（首席宰相）叶向高未能救下万燝，深为恼恨，愤然辞职退休。

天启五年（1625年），魏忠贤授意其亲信大理寺丞（最高审判机关官员）徐大化和锦衣卫指挥许显纯指称杨涟、左光斗、赵南星、高攀龙、魏大中及礼部郎中顾大章等人为东林党，诬告他们收受辽东经略（军事长官）熊廷弼的贿赂。据此，魏忠贤下令将杨涟等人逮捕入狱，严刑拷打，逼其屈招。杨涟、左光斗、魏大中、顾大章等人宁死不屈，先后被害死在狱中，熊廷弼被斩首于闹市，赵南星被流放代州（位于今山西省代县）死于戍所。中书吴怀贤因对杨涟奏稿"击节称叹"，亦被拷打致死。武官蒋应阳为熊廷弼申冤，被魏忠贤处死。

魏忠贤受到众人弹劾后恼羞成怒，"欲尽杀异己者"。崔呈秀等人迎合魏忠贤的旨意编造《天鉴录》、《同志录》、《点将录》，把反对魏忠贤乱政的人都列为东林党人，把顾宪成（已于1612年病故）和叶向高等人列为党魁，捏造罪名加以迫害。

天启六年（1626年），魏忠贤指使其亲信宦官李实诬告应天（治所位于今江苏省南京市）巡抚周起元贪污，将其逮捕。吏部主事（吏部文秘官员）周顺昌为周起元鸣不平，受牵入狱。周顺昌、周起元先后被拷打致死。高攀龙不肯受辱就捕而自杀。御史周宗建因弹劾魏忠贤同客氏结党，被逮捕入狱，毒打致死。左谕德（太子辅导官）缪昌期拒绝为魏忠贤撰写碑文，被许显纯害死在狱中。御

## 七、专权狂妄 难以善终

史李应升、黄尊素亦因弹劾魏忠贤专政,被捕入狱迫害致死。

随后,魏忠贤令其亲信编写《三朝要典》,极力诋毁东林党人;又令其亲信捣毁东林书院,立东林党碑,"以绝党根"。

## 遍结党羽 欺世盗名

魏忠贤控制朝政后,很快培植了一批效忠他的亲信。文官中有御史崔呈秀等"五虎";武将中有左都督(警卫军将领)田尔耕等"五彪"。此外,还有时人鄙称的"十狗"、"十孩儿"、"四十孙",名目繁多,不一而足。与此同时,魏忠贤还在各地总督、巡抚中"遍置死党",形成网络。魏忠贤所网罗的亲信党羽多是诏谀狠毒之徒。刑部尚书徐兆魁"治狱,视忠贤所怒,即坐大辟";御史门克新办案"凡忠贤所宿恨","必削籍,重或充军,死必追'赃'破其家"。一时间,魏忠贤及其党羽制造的冤狱四起,无辜被杀的人不可胜数,全国上下充满着恐怖气氛。

魏忠贤在弄权滥杀的同时,没有忘记给自己邀功请赏、树碑立传。许显纯等人吹捧魏忠贤为朝廷立有"奇勋"。随后,明熹宗便封魏忠贤为"上公",并规定"四代如本爵",又进封魏忠贤的侄子魏良卿为肃宁伯。

一些地方官员为了讨好魏忠贤,对其进行吹捧。浙江巡抚潘汝祯首先奏请为魏忠贤建祠,请明熹宗赐匾。于是,为魏忠贤"颂功德者相继",各地争先恐后为魏忠贤立祠颂德。苏州、大同等南北几十个地方长官争相为魏忠贤建造"恩祠"、"德祠"。朝廷有些部门也不甘落后,纷纷在官府中为魏忠贤建祠塑像。魏忠贤出游所到之处,官员们常常跪道相迎,有人竟然高呼他为"九千岁"。监生(未入官的书生)陆万龄更是诏媚以极,他居然奏请在摆放孔子画像的场所同等摆放魏忠贤的画像。

在"海内争望风献谄"的同时,魏忠贤及其亲信滥施权威,对不肯跟着吹捧的人残酷迫害。蓟州道(治所位于今河北省迁西县西北)儒士胡士容因拒绝为魏忠贤生祠撰写颂文,被当地官员逮捕入狱处死;遵化道(治所位于今河北省遵化市)志士耿如杞入祠不肯向魏忠贤像下拜,亦被关入狱折磨致死。由于这样,朝野上下凡向朝廷上书,都要写上歌颂魏忠贤的字句,人们把这样做视为天经地义而风行一时。

魏忠贤控制朝政、盗取名声以后,权欲膨胀,又想掌控兵权。他派其亲信宦官刘应坤等人镇守山海关(位于今河北省秦皇岛市山海关),提任崔呈秀之弟崔凝秀为蓟镇(明九边镇之一,镇所位于今河北省迁西县西北)副总兵(副总指挥)。接着,他提任崔呈秀为兵部尚书。然而,未等魏忠贤控制军队,噩运向他叩门。

## 斗转星移  末日来临

天启七年(1627年)八月,明熹宗病逝,其弟朱由检即位为明思宗(崇祯帝)。明思宗一向憎恶魏忠贤专权乱政。即位不久,他收到嘉兴(位于今浙江省嘉兴市)贡生(由州县考入京城国学的学生)钱嘉征弹劾魏忠贤十大罪行的奏书。明思宗召见魏忠贤,令侍从官当面读给他听。魏忠贤惊恐万状,用重金贿赂亲信为他求情。明思宗将其斥退。魏忠贤自知末日来临。

当年十一月,明思宗下令将魏忠贤迁居凤阳(位于今安徽省凤阳县),随后又传令将他逮捕。魏忠贤离开京都行至阜城(位于今河北省阜城县境内)时,见到收捕他的诏令,畏罪自杀。明思宗下令将魏忠贤碎尸,悬首示众,同时将客氏鞭死、魏良卿押往闹市斩

## 七、专权狂妄　难以善终

首,并抄没他们的家产。

《明史》卷二十二　熹宗本纪
卷一百十四　孝和王太后传
卷二百四十四　杨涟传、左光斗传
卷三百五　魏忠贤传
《明史纪事本末》卷七十一　魏忠贤乱政

【简评】

　　清代学者赵翼认为:魏忠贤之所以能得势,"由于人主童昏,漫不省事,故若辈得以愚弄而窃威权"。(《二十二史札记》卷三十五·明代宦官)

　　笔者认为,若把潘汝祯评为拍马冠军当之无愧。为了邀宠升官,他竟然能想到为魏忠贤建立生祠。在他的带动下,各地"争颂德立祠,汹汹若不及","天下风靡,章奏无巨细,辄颂忠贤"。(《明史》魏忠贤传)把一个祸国殃民的奸臣奉若神明,是明王朝晚期腐朽衰败的象征。其罪魁祸首是并非童少的明熹宗,那些混迹官场出卖灵魂推波助澜的官员则是一群可悲的应声虫。

# 鳌拜专权结党

清顺治十八年（1661年）正月，顺治帝（清世祖爱新觉罗·福临）病逝。顺治帝临终遗诏，立时年八岁的太子玄烨为帝（即康熙帝），由内大臣（警卫部队副长官）兼议政大臣（参与决策军政）索尼、内大臣兼太子太保（太子辅导老师）苏克萨哈、议政大臣兼内大臣遏必隆、领侍卫内大臣（警卫部队长官）兼议政大臣鳌拜共同辅佐幼帝执政。这四人中，索尼为四朝老臣，年迈多病；遏必隆在清太宗（皇太极）及顺治帝当政期间曾两度被罢官，心有余悸；苏克萨哈资历较浅；鳌拜自以为功高，盛气凌人。由于这样，"四大臣当国，鳌拜独专恣"。（《清史稿》遏必隆传）

## 妄报旧怨

鳌拜早年从军，屡建战功。崇德二年（1637年），清军攻取皮岛（即椵岛，位于今朝鲜西朝鲜湾内），鳌拜为先锋将领之一，因功由甲喇额真（清初八旗组织某一旗的中等级别官员）升任三等梅勒章京（一旗军政副长官）。此后，他领兵参加围攻明锦州（位于今辽宁省锦州市）、攻占明都城北京，接着率部转战大江南北。鳌拜以

## 七、专权狂妄 难以善终

军功多次升迁职务,直至辅政大臣。

鳌拜对内大臣费扬古积怨在心,一直想寻找机会除掉他。康熙三年(1664年)四月的一天,费扬古之子侍卫官倭赫同另外三名侍卫值班,见到辅政大臣时没有敬礼。鳌拜抓住这件事大做文章,随即弹劾倭赫,称其在侍卫康熙帝游览景山(位于今北京市区内)时擅自骑上皇帝的坐马,又用皇帝的弓箭射鹿,论罪该斩。他故意将倭赫所为与其父费扬古扯在一起,诬称费扬古在看守先帝陵墓时心怀不满,口出怨言。以此,鳌拜假借康熙帝诏令,将费扬古及其三个儿子倭赫、尼侃、萨哈连同时处以绞刑,并将费扬古的房屋家产收归穆里玛(鳌拜之弟)。

## 专权谋私

鳌拜是满洲镶黄旗人,为了本旗利益,他不顾众人劝阻,强行损害别旗旗民利益。

康熙五年(1666年)正月,鳌拜执意要将正白旗所属蓟州(治所位于今天津市蓟县)、遵化(治所位于今河北省遵化市)、迁安(治所位于今河北省迁安市)三州县的部分农庄田地划拨给镶黄旗,再从附近州县另划一部分农庄田地给正白旗。对此,大学士兼户部尚书苏纳海持不同意见,认为正白旗民众在当地已安居乐业,且先帝亦明令不许再圈划民地,主张不要再讨论这个问题。鳌拜对苏纳海反对他圈地火冒三丈,随即上书康熙帝,称"镶黄地不堪耕种"。尔后,他以康熙帝诏令的名义,强行要苏纳海会同直隶(辖区位于今北京市、天津市及河北省)总督朱昌祚、巡抚王登联办理勘测圈地事宜。

朱昌祚接到命令后,率领随从人员在蓟州郊外驻扎帐房。士绅百姓每天在其帐房门前聚集哭诉,哀求不要圈地。朱昌祚极为忧虑,担心这样会"激起混乱"。十一月,他上书请求停止换地。王登联也上书陈述不宜换地。朱、王二人奏书呈上后,鳌拜以康熙帝名义发出旨令,称苏纳海"观望迟误,不尽心于奉旨责成之事"、朱昌祚和王登联对"奉旨已定之事不钦遵办理,妄行纷更",将其三人革职,交刑部议处。

辅政大臣对于换地的意见亦不一致。索尼、遏必隆不发表与鳌拜不同的意见,苏克萨哈是正白旗人,坚决反对换地。鳌拜、索尼、遏必隆称苏纳海等三人"藐视上命",坚持要对他们加重治罪,苏克萨哈则"缄默不言"。康熙帝明确表示不同意对苏纳海三人重判。之后,鳌拜假传诏令,以"情罪俱属重大",于当年十二月将苏纳海、朱昌祚、王登联三人同时处以绞刑,并抄没其家产。正白旗的民众为苏纳海等人无过被杀而哀痛不已。

## 结党乱政

鳌拜认为,苏克萨哈参与辅政,其政见与他相反,是他的主要政敌,极力想把他排挤走。苏克萨哈则感到难以与鳌拜一起共事,且随时都会受到他打击迫害。为此,他建议康熙帝早日亲政,以便脱身离开辅政之位。对于他的这一提议,鳌拜大为恼恨。

康熙六年(1667年)七月七日,康熙帝举行亲政仪式,开始亲自执掌朝政。第二天,苏克萨哈上书请求退守先帝陵墓,期"一线余息得以生全",仰报皇上之恩。鳌拜假借康熙帝的旨意提出责问:"苏克萨哈奏请守陵,如线余生,得以生全,不识有何逼迫之处,在此何以不得生,守陵何以得生?"他随即下令将苏克萨哈逮捕问罪。接着,鳌拜指使其党羽大学士班布尔善诬告苏克萨哈有怨气,

## 七、专权狂妄 难以善终

"不欲归政"。班布尔善等人给苏克萨哈捏造二十四条罪状,请求以大逆罪将他及其子孙处死。康熙帝知道鳌拜对苏克萨哈心怀忌恨、班布尔善所列罪名多系"谋构",坚持不同意他们的处理意见。鳌拜焦急无奈,赤膊跪在康熙帝面前,"强奏累日"。康熙帝被鳌拜缠得没法,顾虑如与鳌拜弄僵会发生其他变故,只好同意他们将苏克萨哈及其子孙处以绞刑。

此时,索尼已经病逝。遏必隆对鳌拜听之任之,"知其恶,缄默不加阻"。鳌拜结党专权越发肆无忌惮。鳌拜的党羽主要成员有靖西将军穆里玛、塞本得(鳌拜之侄)、班布尔善、吏部尚书阿思哈、兵部尚书噶褚哈、侍郎泰必图、工部尚书济世、内秘书院学士(位同朝廷部门副长官)吴格塞等人。

鳌拜与其党羽"凡事即家定议,然后施行"。户部满族尚书职位尚缺,鳌拜欲让其侄玛尔赛担任,康熙帝则提名由玛希纳担任。鳌拜不肯退让,以顺治帝曾同时任命两名满族户部尚书为依据,强行要康熙帝将玛尔赛也任命为户部尚书。

## 下场可悲

康熙帝对鳌拜专权擅杀憎恶已久,之所以隐忍未发,是考虑其"握兵权,掌宿卫"。

康熙八年(1669年)五月,康熙帝对鳌拜专权忍无可忍,奏请其祖母孝庄太皇太后(清太宗皇后)决策,决定乘鳌拜不备将其逮捕,密令索尼之子一等侍卫索额图执行其事。

当月十六日,鳌拜入宫拜见康熙帝。索额图趁机率领侍卫兵士将鳌拜抓捕。康熙帝随即发布诏书,历数鳌拜罪行,称"鳌拜欺朕,恃其权势,任意妄为","结党专擅,勿思悛改",下令议政大臣议其罪。议政大臣列出鳌拜三十条罪状,请求将他处死。康熙帝又亲自审问鳌拜,一一加以核实。

鳌拜自知罪恶深重,当着康熙帝的面,脱去衣服,展示其浑身伤巴,请求饶命。康熙帝念其多年为国效力,不忍心将他处死,下令剥夺鳌拜官职,抄没其家产,让他坐牢。鳌拜入狱不久便忧惧而死。

《清史稿》卷二百四十九 鳌拜传

索尼传

苏克萨哈传

遏必隆传

苏纳海传

《清通鉴》卷十八 清世祖顺治十八年

卷二十一 清圣祖康熙三年

卷二十三 清圣祖康熙五年

卷二十四 清圣祖康熙六年

卷二十六 清圣祖康熙八年

## 【简评】

鳌拜为清朝的建立和巩固立有战功,但是他位居辅政大臣后结党专权,迫害异己。其"多戮无辜,功不掩罪"。(《清史稿》卷二百四十九)他狂妄放肆,常常把自己的意愿强加在年少的康熙帝头上,引起康熙帝憎恶。他的惨败昭示人们,位高权重切忌骄狂,公正处事,宽厚待人,才能善始善终。

# 八、渎职违法　罪有应得

　　历朝历代都制定若干法律条规,用以约束人们的思想行为。作为拥有一定职权的官员理应遵规守法。可是,许多官员却知法犯法。有的自恃位高权重,忘乎所以,目无法规,为所欲为;有的利欲熏心,贪得无厌,心存侥幸,不计后果。其行为既然触犯法律,损害了国家和民众的利益,最终当然受到应有的惩罚。其中不少教训值得后人汲取。

八、渎职违法　罪有应得

# 叔鲜、叔度助武庚叛乱

商朝①末年，商纣王荒淫无道，丧失人心。商纣王三十年（前1046年），周②武王姬发领兵攻入商都城殷，商纣王投火自焚。姬发灭亡商朝，建立周朝，即位为周武王。

为了稳定商朝遗民的思想，尽快恢复正常的社会秩序，周武王对兵败被俘的商纣王之子武庚（又名禄父）采取宽抚政策，将他封为殷侯，让他享有殷地食禄。同时，周武王任命他的两个弟弟叔鲜、叔度担任武庚的丞相，辅佐他治理殷地。

接着，周武王将辅佐他灭商建周的功臣谋士和王族成员分封为诸侯，让他们镇守各地。谋臣师尚父（即太公望、姜子牙）受封营丘（位于今山东省淄博市东），封地为齐；周公旦（周武王之弟）受封于曲阜（位于今山东省曲阜市），封地为鲁；叔鲜受封于管（位于今河南省郑州市）；叔度受封于蔡（位于今河南省上蔡县西南）；召公奭（周武王异母弟）受封于燕（位于今北京市区西南）。

周武王三年（前1044年），周武王去世，时年十三岁的太子姬诵继位为周成王。当时，周朝"初定天下"，政权还不够稳定。周公旦同太公望、召公奭等人商量说："武王过早离开了我们，眼下成王

---

① 都殷，位于今河南省安阳市北。
② 商朝封国，都丰邑，位于今陕西省长安县沣河西。

年少，我担心有人会叛离朝廷，我决定暂不去鲁地，留下来辅佐成王治理朝政。如果国家不能稳固，我们无法向先王奏告！"太公望和召公奭赞同周公旦留在朝廷辅佐成王执政。

叔鲜、叔度对周公旦辅政大为不满，他们散布流言蜚语，称周公旦辅政将对成王不利，企图动摇其辅政地位。太公望和召公奭等人公开表明支持周公旦辅政。叔鲜、叔度不肯罢休，他们与武庚串通一气，公开背离朝廷，发动叛乱。

周公旦闻讯后奏告周成王，当即以成王的名义发布讨伐叔鲜、叔度叛乱的《大诰》（文书）。随后，他率兵用三年时间平息叔鲜等人的叛乱。叔鲜和武庚兵败被杀，叔度被俘后囚禁于郭凌，不久死于囚所。

之后，周成王采纳周公旦的意见，把原来封给武庚的殷地分成两部分：将宋地（位于今河南省商丘市南）封给商纣王之兄微子启，让他管理殷地遗民；将卫地（位于今河南省淇县）封给周武王小弟康叔。

周公旦摄政七年，见周成王已经长大，可以亲自执政，便把执政大权主动交给周成王。

《史记》卷四 周本纪
卷三十三 鲁周公世家
卷三十五 管蔡世家

**【简评】**

安定和统一是国家的大局，是民众的愿望。叔鲜、叔度对周公旦辅政不满，勾结武庚制造动乱，分裂国家，不得人心。

## 八、渎职违法　罪有应得

# 伊戾坑害太子痤

当初,宋国大夫芮司徒之妻生下一个奇特的女婴,其皮肤通红且全身长满绒毛。芮司徒嫌弃这个女婴,派人把她丢到河堤下。共姬(宋共公夫人)的侍女把这个女孩拣了回来,取名"弃"。弃渐渐长大,变成了一个美女,皮肤白皙,光彩照人。

一天晚上,宋平公(宋共公之子,宋共公去世后由其继位)去向其母亲共姬问安,吃饭的时候见到了弃。宋平公一眼便被弃的美貌打动了。共姬满足儿子的要求,当即把弃送给宋平公作妾。弃受到宋平公宠爱后,生下儿子佐。

宋平公将正妻所生的儿子痤立为太子。太子痤为人冷酷无情,缺少礼义。左师(宰相,主管百官教训)向戌痛恶太子痤不听他的训导,对太子痤怀有成见。惠墙伊戾是太子痤的内师(侍从宦官头目),经常受到太子痤非礼虐待,对太子痤十分怨恨。他暗中谋划,伺机想害死太子痤。

宋平公二十九年(前547年)秋天,楚国派遣使臣去晋国,路过宋国。太子痤和楚国这位使臣曾有过交往,他向父君奏告,想去京城郊外设宴招待这位来自远方的朋友。宋平公点头同意。

伊戾请求跟随太子痤一同去接待楚国使臣。宋平公问道:"太子不是很讨厌你吗,你为何还要请求随行?"伊戾回答说:"我侍奉太子一向诚心实意,受到太子责备时,不敢远离太子而去;受到太子称赞时,不敢与太子过分亲近。我的职责就是恭敬听候太子的吩咐,为太子效力。太子前去宴请客人,需要安排周到,请国君允许我随同侍候。"宋平公见伊戾态度谦卑且言之有理,便准许他与太子痤同行。

伊戾到了郊外后,暗下令人挖了一个坑,杀了牛羊作为祭品,并伪造一份太子痤与楚国使臣结盟的文书,把该文书放在祭台上,制造太子痤和楚国使臣私下结盟的假相。然后,伊戾飞马回宫,向宋平公报告说:"太子将要叛乱,已经和那个楚国使臣私下结盟,请求楚国出兵帮助他行动。"宋平公听说后颇为吃惊,厉声问道:"太子已经被我立为继承人,还想干什么?"伊戾回答说:"太子等不及了,他想早点当上国君啊!"

宋平公对伊戾的话半信半疑,随后派人去太子痤宴请楚国使臣的地方察看,果然在其附近看到牛羊等祭品和太子痤与楚国使臣的盟书。宋平公大感不解,还没有据此认定太子痤谋反。他把伊戾举报的情况告诉弃夫人。弃夫人早想让佐取代太子位,乘机诋毁太子痤说:"这太可怕了,太子怎么能干这种丧天害理的事!"宋平公转而又去询问向戌。向戌答称:"听说有这么回事。"于是,宋平公信以为真,下令将太子痤逮捕囚禁。

太子痤知道其弟佐忠厚善良,便托人去找佐,要佐为他向父君讲好话,替他申诉,以澄清是非。太子痤对人说:"到了中午,佐还不来看我,我的命恐怕就难保了。"有人把太子痤这句话传给向戌,向戌故意缠住佐,没完没了地同他说话,以拖延时间不让他走开。过了中午,太子痤见佐还没有来,便自缢而死。之后,宋平公将佐立为太子。

不久,宋平公弄清了事实真相,知道太子痤并无罪过,系被伊戾坑害,死得冤枉。他痛悔莫及,随即下令将伊戾投入开水锅煮死。

《左传》襄公二十六年

## 八、渎职违法　罪有应得

【简评】

　　伊戾作为侍从宦官受到太子痤虐待,对太子痤心怀怨恨尚可理解。他可以以某种借口请求换岗或者辞职离去,不该设计欺骗国君、陷害太子。太子痤无辜被害,伊戾的下场则更惨。

# 庄贾贪杯迟到

齐景公在位期间(前547～前490年),晋国军队进攻齐国①阿地(位于今山东省东阿县),燕国军队侵犯齐国河上(位于今山东省德州市古黄河以南)。齐国军队防守失败,齐景公极为忧惧。

大夫晏婴(?～前500年)向齐景公推荐田穰苴,称他"文能附众,武能威敌"。齐景公随即召见田穰苴,询问他如何才能挫败晋、燕两国军队。田穰苴向齐景公分析了敌我双方的情况,提出战胜晋军和燕军的不同方略。齐景公极为满意,随即任命田穰苴为将军,让他统领军队抵御晋、燕两国军队。田穰苴自称"素卑贱"、"人微权轻",担心兵士不肯听从他的指挥,请求派一位有名望的重臣充任监军。齐景公表示赞同,决定派他所信任的大臣庄贾出任监军。

田穰苴与庄贾见面分手时,约定第二天中午在军营门口会面。第二天一早,田穰苴便赶到军营,等待庄贾,想同他商谈军事。当天上午,亲戚朋友欢送庄贾出征,留他喝酒。庄贾一向恃贵骄傲,以为田穰苴原来只是一名普通军官,再说部队中许多将官都是他的部下,耽误一点时间没有事。到了中午,庄贾还没有赶到军营。田穰苴只好独自巡视军队,宣布纪律,进行战前动员。

---

① 春秋诸侯国,都临淄,位于今山东省淄博市东。

## 八、渎职违法　罪有应得

天快晚时,庄贾才醉醺醺的来到军营门口。田穰苴问他为何这么晚才来,庄贾赔礼说:"是亲戚为我饯行,搞迟了。"

田穰苴毫不客气地对庄贾说:"将帅接受为国出征的命令后,就要离开自己的家庭和亲属;当战鼓敲响同敌人拼杀的时候,就要忘记自己的生命。如今,敌军入侵我国,民众不得安宁,士兵在前线流血,国君忧虑得吃不下饭、睡不着觉,老百姓的生死命运都系在你我身上,还能像平时出门那样让人为你饯行吗?"

田穰苴令人把军正(主管军法的军官)喊来,当面问道:"没有遵守约定时间迟到,军法规定如何处理?"军正回答说:"按规定要斩首。"庄贾眼看田穰苴要对他以军法处置,害怕了,派人火速报告齐景公求救,同时请求田将军宽赦他的罪过。田穰苴没有理睬庄贾的苦苦哀求,当即下令将庄贾斩首,在军中示众。全军将士都为之震骇。

过了一会,齐景公派来官员持符节赦免庄贾。使官仗恃齐景公的权威,入门时没有下马向门卫施礼通报,驰马直入军营。田穰苴大为恼火,依法又下令斩杀使官的随从,让使官回报齐景公。

之后,田穰苴誓师出征,誓与敌军决一死战,将士群情激昂,军威大震。晋、燕两国将领听说田穰苴治军严明,其势锐不可当,不敢继续冒险,相继撤军回国。田穰苴随即率军追击,收复被晋、燕军队占领的土地。

田穰苴率军凯旋后,齐景公以功提任他为大司马(主管军队的高级将领)。

《史记》卷六十四　司马穰苴列传

## 【简评】

田穰苴不避权势,严格执法,维护了军法的尊严,令人钦佩。庄贾违约仅仅迟到半天即被杀头,其代价是惨痛的,但同时也说明了作为拥有一定职权的官员应当遵规守法,否则就会受到惩罚。

# 阿大夫行贿朝廷巡官

齐威王即位后不注重治政,把政务全委托给国卿和大夫处理。由此,齐国法制废置,人心涣散。鲁国①等国乘机派军队入侵齐国。齐威王六年(前351年),鲁国军队攻入阳关(位于今山东省泰安市东南),晋国军队侵犯博陵(位于今山东省茌平县西北)。齐威王七年(前350年),卫国②军队攻占薛陵(位于今山东省阳谷县东北)。齐威王九年(前348年),赵国③军队夺取甄地(位于今山东省鄄城县北)。

面临各国军队频频入侵,齐威王意识到继续荒政将有亡国的危险,决心改过自新。他认为改变这一被动局面,首先得从内部抓起,国内治理好了,才有力量抗御外敌入侵。

当年(前348年),齐威王加大治政的力度。为了了解地方主管官员的治政情况,他在例行派遣官员去各地巡视的同时,又另外派出官员暗中进行察访。通过暗访,齐威王获悉不少地方官员向朝廷派去的巡视官员行贿,而巡视官员返回后则向朝廷说假话。针对这一情况,齐威王决定选择典型加以整治。

---

① 战国国名,都曲阜,位于今山东省曲阜市。
② 战国国名,都帝丘,位于今河南省濮阳市。
③ 战国国名,都邯郸,位于今河北省邯郸市。

## 八、渎职违法　罪有应得

齐威王首先召见即墨（治所位于今山东省即墨市）大夫，对他说："自从你到即墨主管政务以来，我常常听到诽谤你的言论。我暗下派人去你那里视察，看到田野没有荒地，百姓丰衣足食，官府没有积压未办的公事，即墨全境都很安宁。既然如此，你为什么又常常受到诽谤呢？是因为你没有逢迎和贿赂从我身边派去巡视的官员，他们常在我面前说你的坏话。"于是，齐威王封给即墨大夫万户食邑，以奖励他的政绩。

接着，齐威王又召见阿（治所位于今山东省东阿县）大夫，对他说："自从派你去治理阿地以来，我常常听到赞美你的话。可是，我暗下派人去阿地视察，发现情况和赞美的完全两样，你们那里田地荒芜，百姓贫苦。不仅如此，赵国军队攻占甄城，你没有派兵救援；卫国军队攻占薛陵，你竟然不知道。你之所以获得这么多的赞美，是因为你用重金贿赂从我身边派到你那里巡视的官员，他们为你说假话。"于是，齐威王下令将阿大夫投入开水锅煮死，同时对收受贿赂说假话的巡官也一一处以烹刑。

齐威王的这一举措，使全国上下官员感到震惊。一时间，没有人再敢行贿受贿，也没有人再敢编造假话欺骗朝廷。在此后的二十多年中，齐国得到大治。

《史记》卷四十六　田敬仲完世家

【简评】

地方官员贿赂朝廷巡视官员，巡视官员向朝廷谎报情况，历代有之。齐威王下决心惩治这一腐败顽症，大快人心。他虽然用刑偏重，收效却十分明显。由此看来，贪官爱财，更爱自己的命。对官员贪赃规定一个没有弹性的杠子，超过杠子格杀勿论，或许是反贪的一项良策。

# 上官桀谋篡帝位

西汉后元二年（前87年）二月，汉武帝病危，着手安排后事。他把年仅八岁的皇子刘弗陵（赵婕妤所生）立为太子，随后忍痛处死太子年轻的母亲，以免她日后操纵幼帝祸乱国政，令盖长公主（又称鄂邑公主，汉武帝大女儿）住回后宫，照料太子的日常生活。在精心安排后宫事宜的同时，汉武帝仔细考虑辅政大臣人选。经过反复比较，他认为奉车都尉（主管皇帝车辆的侍卫长官）霍光"可属社稷"，任命霍光为大将军、领尚书事（丞相），让他主管朝廷军政，同时令车骑将军（位次于大将军的高级将领）金日磾、左将军（位次车骑将军的高级将领）上官桀协助霍光执政。汉武帝满以为由这几个人照养辅助太子，日后不会出乱子。可是，他错看了其中两个人，一个是盖长公主，另一个是上官桀。

当月，汉武帝去世，霍光等人扶立太子刘弗陵继位为汉昭帝。霍光掌揽朝廷军政之初，遇事先交主管官员讨论，尔后决定，局势较为稳定。

始元元年（前86年），金日磾病逝。第二年，霍光受封为博陆侯，上官桀受封为安阳侯。霍光与上官桀系儿女姻亲，两人同掌权柄，彼此开始戒备。

始元三年（前84年），上官桀之子上官安同霍光之女所生的女孩年满五岁。上官安想通过霍光的关系将自己女儿送入后宫，封

## 八、渎职违法　罪有应得

为皇后,以图日后掌控朝政。霍光看出上官安的意图,以其女年龄还小,没有答应。上官安对霍光阻止其女入宫十分不快。他不甘就此罢休,决意另辟蹊径。上官安知道,他的朋友丁外人(盖长公主儿子的门客)同盖长公主有奸情,便暗下串通丁外人,想通过他打通盖长公主的关节,请盖长公主将其女召入后宫,许以事成后帮助他封侯。上官安这一招果然有效。不久,盖长公主便要汉昭帝颁布诏书,将上官安的女儿召入后宫,封为婕妤(后妃名号,地位仅次于皇后)。第二年(前83年)春天,汉昭帝册立上官婕妤为皇后。随后,汉昭帝任命上官安为车骑将车。

为了报答盖长公主和丁外人穿针引线之恩,上官桀、上官安父子提议为丁外人封侯。霍光以其地位低贱且心术不正而没有同意。争取封侯不成,上官父子又请求任命丁外人为光禄大夫,以使其取得进见皇帝的资格。霍光对上官父子这一提议又予以否决。由此,上官父子对霍光恨上加恨,盖长公主也对霍光产生怨恨。御史大夫桑弘羊创议建立盐、铁、酒业国家专卖制度,为财政增加了收入。他自以为于国有功,为其子弟谋求官职而遭到霍光拒绝,对霍光也怀恨在心。于是,上官桀、上官安、盖长公主、桑弘羊等人,共同策划反对霍光专权。

燕王刘旦(汉武帝第三子、盖长公主同母弟)久怀称帝之心。在太子刘据(汉武帝长子)被误杀[①]、齐怀王刘闳(汉武帝第二子)病故以后,刘旦自以为依理应当立他为太子。后元元年(前88年),刘旦曾上书请求回京侍卫父皇,受到汉武帝痛斥。汉昭帝继位后,刘旦心中不服。始元元年(前86年)八月,刘旦与齐孝王(王府设在临淄,位于今山东省淄博市东)之孙刘泽等人共同密谋反叛

---

① 西汉征和二年(前91年),直指绣衣使者(负责纠举皇亲国戚)江京诬告太子刘据利用木偶咒诅皇上。太子刘据率众击杀江京。汉武帝听信侍臣诬奏,误以为太子叛乱,派兵将太子刘据追杀。

朝廷。不久,有人举报他们的阴谋,刘泽等人被处死,刘旦获得汉昭帝赦免。

刘旦被宽赦后毫无悔改之心,他知道上官父子、盖长公主和桑弘羊等人对霍光心怀怨恨,便派其心腹孙纵之等人携带金银珠宝去京都长安向上官桀等人行贿。于是,刘旦与盖长公主、上官桀等人串通一气,密谋除掉霍光,以夺取汉昭帝的帝位。

元凤元年(前80年)八月,上官桀指使人伪造燕王刘旦奏书,弹劾霍光重用亲信,将大将军长史杨敞提为搜粟都尉(主管军队屯田事务),称其"专权自恣,疑有非常"。他们密谋等奏书递上后,乘汉昭帝未明真相之前,将霍光逮捕处死。

时年十四岁的汉昭帝接到这份奏书后,当即看出其破绽。他对侍臣说:"任命杨敞为搜粟都尉是最近的事,刘旦远在燕国,不可能这么快得知这一任命且上书到朝廷。"汉昭帝认定这封奏书系假借刘旦之名诬告,传令抓捕写诬奏的罪犯。

一计未成,上官桀等人又生一计。上官桀同盖长公主密谋,由盖长公主出面宴请霍光,埋伏武士乘机将霍光杀死,进而废黜汉昭帝,迎立刘旦为帝。盖长公主信以为真,答应设宴邀请霍光。刘旦得知上官桀这一密谋更是感激不尽,许愿事成后封上官桀为王。盖长公主和刘旦做梦也没有想到,上官桀对他们所说的只是一场骗局。原来,上官氏父子图谋一箭三雕:准备将刘旦引诱进京,在杀死霍光、控制朝政大权之后,借故派人杀死刘旦,然后废黜汉昭帝,由上官安拥立上官桀为皇帝。

上官父子满以为算计周密,马上就可以夺取皇位,不料他们的密谋被盖长公主一个侍从获悉。此人立即报告其父稻田使者(负责农务的官员)燕仓。燕仓当即报告大司农杨敞。杨敞马上转告谏大夫杜延年。杜延年火速将此事奏告汉昭帝。

九月,汉昭帝下令霍光率领军士将上官桀、上官安、桑弘羊、丁外人等人斩杀,并诛杀其全家。上官皇后年幼,没有参与其父的阴

## 八、渎职违法　罪有应得

谋,亦没有受牵被废。盖长公主和燕王刘旦听说上官桀等人被杀,极为忧惧,先后畏罪自杀。

　　　　　　《史记》卷四十九　外戚世家
　　　　　　《汉书》卷七　昭帝纪
　　　　　　　　　卷六十三　武五子传
　　　　　　　　　卷六十八　霍光传
　　　　　　　　卷九十七上　孝昭上官皇后传
　　　《通鉴纪事本末》卷三　燕盖谋逆

【简评】

　　上官桀父子谋篡帝位,他们与觊觎帝位的燕王刘旦及支持刘旦谋篡的盖长公主相勾结,彼此互相利用,又各怀算计。刘旦许诺事成后封上官桀为王,上官桀则密谋篡夺帝位后杀死刘旦。他们自以为得计,没有料到阴谋会败露,更没有想到会掉脑袋。阴谋作乱的人,往往做的都是这种黄粱美梦。

中国古代历史风云·朝政风波(下)

# 王敦制乱不得人心

　　西晋①太熙元年(290年),晋武帝司马炎去世,太子司马衷继位为晋惠帝。晋惠帝生来呆痴,不能临朝听政。由此,皇后、外戚和诸王为争夺朝政大权,互相残杀,发生八王之乱②。持续十六年的八王之乱,大大削弱了西晋的国力。建兴四年(316年),汉国③

---

　　① 魏咸熙二年(265年),相国司马炎逼迫魏帝曹奂让位,改国号为晋,即位为晋武帝,定都洛阳(位于今河南省洛阳市),史称西晋。西晋太康元年(280年),晋武帝进军江南,灭亡吴国(都建业,位于今江苏省南京市),统一全国。

　　② 西晋元康元年(291年),晋惠帝皇后贾南风串通楚王司马玮杀死录尚书事杨骏,继而又杀死汝南王司马亮和录尚书事卫瓘。之后,贾皇后假传晋惠帝诏令杀死楚王、废杀太子司马遹(晋惠帝当太子时与宫女谢氏所生)。赵王司马伦以废杀太子的罪名杀死贾皇后,废黜晋惠帝,自立为帝。齐王司马冏、成都王司马颖、河间王司马颙举兵攻杀赵王,迎晋惠帝复位。齐王当政后,河间王和长沙王司马乂起兵攻杀齐王。接着,河间王和成都王联合起兵攻杀执政的长沙王。东海王司马越举兵攻打遥控朝政的成都王。光熙元年(306年),东海王攻杀成都王、河间王,毒杀晋惠帝,另立皇太弟司马炽为晋怀帝,战乱结束。

　　③ 西晋永嘉二年(308年),匈奴族首领刘渊建国号汉,称帝。第二年,汉帝刘渊将都城由左国城(位于今山西省离石市东北)迁至平阳(位于今山西省临汾市西南)。汉光初二年(319年),汉帝刘曜迁都长安,改国号为赵,史称前赵。

## 八、渎职违法 罪有应得

军队攻入长安,晋出帝投降,西晋灭亡。

第二年(317年)三月,琅邪王(王府设地建康,位于今江苏省南京市)司马睿(晋武帝堂弟)得到安东司马(主管王府军事)王导及其堂兄扬州(治所位于今江苏省南京市)刺史王敦的鼎力支持,在建康建立朝廷,即位为晋王,史称东晋。第二年(318年)三月,晋王称帝,为晋元帝。晋元帝任命王导为录尚书事、王敦为都督江扬荆湘交广六州诸军事(军事统帅)兼江州(治所武昌,位于今湖北省鄂州市)刺史。

王敦重兵在握后,自以为功高,自任官员,日益骄横,进而"欲专制朝廷,有问鼎之心",晋元帝"畏而恶之"。

东晋太兴四年(321年)七月,晋元帝任命丹杨尹刘隗为青徐幽平四州诸军事,镇守淮阴;尚书仆射戴渊(字若思)为司兖豫并冀雍六州诸军事,镇守合肥。他名为防御前赵军队南下,实则防备王敦率兵东下。王敦对晋元帝亲信刘、戴等人疏远王导而忿忿不平。

永昌元年(322年)正月,王敦以讨伐刘隗为名,率军从武昌顺长江东下,声称"隗首朝悬,诸军夕退"。

王敦开始起兵时,约梁州(治所位于今湖北省襄樊市襄阳城)刺史甘卓同他一起率兵东下。甘卓先是答应了,不久便反悔了。王敦又派人去拉拢湘州(治所位于今湖南省长沙市)刺史司马承,请司马承出任他的军师,主持军事。司马承不仅没有答应,反而会集湘州各郡县的兵马讨伐王敦。王敦生怕甘卓从后面袭击他,派参军乐道融再去邀约甘卓。乐道融痛恶王敦反叛朝廷,反而与甘卓合谋讨伐王敦。

三月,王敦领兵攻下石头城(位于今江苏省南京市清凉山)。

尚书左仆射刁协兵败被杀,刘隗逃奔后赵①。晋元帝被迫向王敦妥协,派大臣对王敦说:"将军如果没有忘记国家,应就此息兵,这样,天下尚能得到安定。要不然,我可以再当琅邪王,将皇位让给贤能的人。"

当初,王导听说王敦起兵反叛朝廷,向晋元帝谢罪说:"没有想到我的家族出了逆臣贼子!"他携其子孙请求治罪。刘隗劝晋元帝除掉王导家族,晋元帝认为王导"忠节有素",没有听从。王敦控制朝廷后,王导"犹执正议",王敦无法改变他的立场。

王敦胁迫晋元帝召集群臣去石头城,并当众任命他为丞相、都督中外诸军事。王敦假意不肯接受。接着,他下令杀害奉命率军护卫京都的戴渊和尚书仆射周顗。周顗被捕后,大骂王敦祸乱国家该杀。狱卒用戟砍伤他的嘴,鲜血一直流到他的脚跟,周顗面不改色。在场的人为之流泪。

四月,王敦率军退回武昌。晋元帝在王敦制造的这场动乱中饱受磨难,"忧愤成疾",于当年闰十一月去世。太子司马绍继位为晋明帝,由王导辅政。

太宁元年(323年)三月,王敦"将谋篡逆",要朝廷召他入朝。晋明帝被迫写信请他入朝,王敦随即将其部众移驻姑孰(位于今安徽省当涂县)。晋明帝派侍中阮孚前往姑孰犒劳王敦部众,王敦称病不见阮孚。

豫章(治所位于今江西省南昌市)太守王棱(王敦堂弟)劝说王敦不要制乱。王敦大为恼火,派人将王棱暗杀。

王敦忌妒晋明帝重用温峤为中书令,要晋明帝将温峤调到他的部下任左司马(事务长官、参议军事)。温峤赴任后假装对王敦

---

① 前赵光初二年(319年),大将军石勒脱离朝廷,另建国号赵,史称后赵,都襄国(位于今河北省邢台市),后迁都邺(位于今河北省临漳县西南),称帝。

## 八、渎职违法　罪有应得

礼让恭敬。他主管事务,主动向王敦献计献策,以投合王敦的心意。后来,王敦对温峤不再戒备,派他出任丹杨尹,要温峤为他窥探朝廷动静。温峤回到建康后,向朝廷举报王敦叛逆的阴谋。王敦本来有病,听说温峤背离他归附朝廷,病情加重。

太宁二年(324年)七月,王敦上书列举温峤罪状,以诛杀奸臣的名义,派其兄王含率领五万军士向京都进发。王导得知王含率部进至江宁(位于今江苏省江宁县)后,写信劝他息兵安国。他在信中说:"导虽不武,情在宁国","宁忠臣而死,不无赖而生","兄一旦为逆节之臣,负先人平素之志,既没之日,何颜见诸父于黄泉,谒先帝于地下邪?"王含对王导的劝说没有答理。

温峤率军驻守秦淮河(位于建康西南面)东岸,烧毁朱雀桥,阻止王含军队入城。晋明帝采纳尚书令郗鉴的建议,避开叛军主力,派将军段秀、中军司马曹浑率领一千名精兵,夜间渡过秦淮河突袭叛军,在越城(秦淮河南,位于今江苏省南京市中华门外雨花路西侧)将王含部众击败。王敦闻讯后病情加重,气恼而死。

兖州(侨置,治所位于今江苏省金湖县)刺史刘遐、临淮(治所位于今江苏省泗洪县)太守苏峻应晋明帝之召,率部在秦淮河南击败叛军将领沈充的主力。沈充在逃亡中被其原部将吴儒杀死。王含带着其子王应(王敦养子)逃奔荆州刺史王舒。王舒令人将王含、王应沉入江中淹死。

叛乱平息后,朝廷下令将王敦的尸体从地下挖出来,将其头颅斩下,悬挂在朱雀桥边示众。"观者莫不称庆"。

　　　　　　　　　《晋书》卷六 元帝纪、明帝纪
　　　　　　　　　　　卷六十五 王导传
　　　　　　　　　　　卷六十七 温峤传
　　　　　　　　　　　卷九十八 王敦传
　　　　　　　《通鉴纪事本末》卷十四 王敦之乱

中国古代历史风云·朝政风波(下)

**【简评】**

　　东晋建立之初,人们饱受战乱之苦,希望和平安定。王敦制造动乱,祸国殃民,不得人心。这是他失败的主要原因。

## 八、渎职违法　罪有应得

# 张赦提纵妻受贿

张赦提是北魏①中山安喜(位于今河北省定州市东)人,早年以英勇机智被朝廷召为虎贲中郎。后来,张赦提受任捉贼军将,率部将危害灵丘(位于今山西省灵丘县)、雁门(位于今山西省代县)等地的杀人团伙头目豹子、虎子及其爪牙抓捕,以功被北魏献文帝拓跋弘(465～471年在位)提任为冠军将军、幽州(治所位于今北京市区西南部)刺史。

张赦提赴幽州上任之初"克己厉约",在所属郡县享有清正廉洁的好名声。张赦提的妻子段氏却是一个贪利爱财的女人,她不甘于仅靠丈夫的俸禄过日子,总想利用张赦提的职权捞取钱财。有些人向张赦提行贿受到拒绝后,听说其妻段氏贪财,便避开张赦提向段氏行贿,段氏"多有受纳"。张赦提对于自己妻子受贿则放纵不管,以致人们要求办事都得向段氏行贿,连僧人尼姑也不例外。从此,张赦提清正的名声荡然无存。

某年,朝廷派中散(皇帝侍卫官)李真香赴幽州考察张赦提治政情况。在此期间,有人举报张赦提受贿。李真香令人调查审核,确认张赦提放纵其妻段氏受贿属实。张赦提得知此情后害怕被处

---

① 北朝之一,原都平城(位于今山西省大同市东北),后迁都洛阳(位于今河南省洛阳市)。

以死罪，打算逃跑，被其妻劝止。

张赦提之妻段氏的姑母是太尉东阳王拓跋丕的妻子①。段氏自恃朝廷有后台，可以"申诉求助"，对张赦提说："我写信给姑父，他会保护我们的，你尽管放心好了，不必为此事担忧。"张赦提听她这么说才稍微安心。

段氏当即给其姑父（其姑母已死，死时冯太皇太后曾赐给拓跋丕金券）写信申诉，诬称：李真香上次休假曾路过幽州，听说张赦提养的牛好，派人索要没有得到，心怀不满。这次李真香来幽州考察，存心对上次没有要到牛的事加以报复，指使部下对有关证人严刑拷打，形成伪证，诬陷张赦提。段氏本以为这样便可以瞒天过海，蒙混过关。不料她的姑父拓跋丕为官公正。他回避亲戚关系，没有干预此事，而将段氏来信转交有关部门查处。

朝廷主管这次考察的尚书省长官怀疑段氏信中说的未必属实，派遣驾部令（尚书省部门长官）赵秦州率员对张赦提之妻信中所反映的情况进行调查。调查得知，李真香所查张赦提纵妻受贿一事完全属实，段氏的信纯属诬告。据此，有关部门判处张赦提死刑。孝文帝下令张赦提在其家中自杀。

张赦提接到判处通知后，后悔莫及，痛恨自己的生命断送在妻子手中。临死的时候，他把妻子喊到面前，愤愤地对她说："贪赃败坏我名声的是你，欺骗不让我逃匿免祸的也是你，死后在九泉之下，我们都将是仇人！"

《魏书》卷八十九 张赦提传
卷十四 东阳王丕传
卷七下 高祖纪下

---

① 拓跋丕于北魏太和三年（479年）受任太尉，太和十八年（494年）改任太傅。太和十四年（490年），冯太皇太后（北魏文成帝拓跋濬皇后）去世，北魏孝文帝亲掌朝政。张赦提纵妻受贿案由高祖（孝文帝）最后判决。据此推算，该案发在490年至494年之间。

## 八、渎职违法　罪有应得

【简评】

　　段氏虽然贪财,张赦提如对其严加管束,她岂能把赃物收下？段氏受贿,其实是张赦提变相贪赃。他自己不直接沾手,只不过是蒙骗世人耳目而已。张赦提临刑把罪过推到其妻身上显属荒谬。张赦提任职之初尚能廉洁自律,他的过失是没有经受住金钱物质的诱惑,从而演变为贪官。怎样才能做到善始善终？值得为官者认真思考。

# 穆泰反对迁都

北魏太和十四年（490年），临朝听政的冯太皇太后（北魏文成帝拓跋濬皇后）去世，北魏孝文帝拓跋宏亲掌朝政。孝文帝关心民众疾苦，"不为不急之事损民力"。他有志于以公平公正治理国家，常对人说："作为一国之主，就怕处事不公，分配不均。"孝文帝治政之余，"雅好读书，手不释卷"。他深知北方文化落后，要实现民富国强的治政宏图，必须接受中原的先进文化。

太和十七年（493年），孝文帝决定把国都由平城向南迁往洛阳。太和二十年（496年），孝文帝大力实施改革，将皇族由原拓跋姓改为元姓，他自己改名为元宏。

征北将军、定州（治所位于今河北省定州市）刺史穆泰对孝文帝迁都洛阳一直心怀不满。皇族改为元姓后，穆泰更为恼恨，决意反叛朝廷，在北方另建他国。他谎称身体有病，请求调回恒州（治所平城，位于今山西省大同市）任职，以便策划叛乱。孝文帝没有识破穆泰的用心，同意让他与恒州刺史陆叡职位对调。

当年（496年）十二月，穆泰未等陆叡离任后便赶回恒州，暗中煽动反对迁都的人，串通陆叡、安乐侯元隆、鲁郡侯元业、骁骑将军元超等人阴谋发动叛乱。他们推举朔州（治所位于今内蒙古和林格尔县北）刺史阳平王元颐为头。

元颐假装答应，背下却将他们的阴谋报告孝文帝。孝文帝随

## 八、渎职违法　罪有应得

即下令任城王元澄率兵平息穆泰等人的叛乱。元澄派治书侍御史李焕领兵出其不意进入代郡（治所平城），穆泰等人对李焕兵众突然到来惊慌失措。李焕传令参与叛乱的官员集中，以国家大义向他们晓以利害，迅速将他们分化瓦解。

穆泰不甘心失败，转而率领几百名兵士攻打李焕部众驻地。李焕领兵将其击败。穆泰只身骑马出逃，在平城西门外被抓获。随后，孝文帝赶回代郡，亲自审问穆泰等人为何造反。穆泰不肯服罪。孝文帝下令将穆泰等人处死。

《魏书》卷七下　高祖孝文帝纪

卷二十七　穆泰传

**【简评】**

　　北魏孝文帝迁都洛阳，以便借鉴中原先进文化治理国家，其决策具有远见卓识。穆泰等人留恋北方故土不赞同迁都亦可以理解。他的错误在于由反对迁都发展为阴谋叛乱，其行为法不能容。孝文帝即位之初虽然年幼却聪明机智，临朝听政的冯太皇太后忌怕他长大后难以控制，曾把他关闭在一间屋子里，企图把他冻死饿死。穆泰之母是冯太皇太后的姐姐。穆泰凭借这层关系，曾参与救出孝文帝。由此，孝文帝对穆泰一直特别尊重。下令处死穆泰，表明孝文帝秉公执法，不徇私情。

# 肖勃苟安岭南[①]

南梁太清二年(548年),投奔南梁的原东魏[②]大将军侯景在寿阳(位于今安徽省寿县)发动叛乱。太清三年(549年)五月,侯景领叛军攻入皇宫,将梁武帝肖衍囚禁饿死,立太子肖纲(梁武帝第三子)为梁简文帝,控制南梁朝廷。面对这一严重局势,各地将领纷纷起兵讨伐侯景。

七月,西江(治所位于今湖南省岳阳市北)督护(军事将领)陈霸先率部瓦解依附侯景的广州刺史元景仲的势力,推举曲阳侯定州(治所位于今湖北省麻城市)刺史肖勃(梁武帝之侄)镇守广州。肖勃随即委任陈霸先监始兴郡(治所位于今广东省韶关市东南)事(代理行政长官)。

十二月,陈霸先集结郡中豪杰讨伐侯景,派部将杜僧明率二千名兵士先期北上。这时,肖勃派其亲信钟休悦赶来劝阻陈霸先说:"侯景骁勇强悍,天下无敌。前一时期,援救朝廷的十万精兵都没有打败他,现在你只有这么一点人,怎么能对付他呢?听说北方诸王封地的局势也很不稳定,彼此相互开战。你是肖氏皇族以外的

---

① 岭南,泛指今湖南、江西和广东、广西等省区大庾、越城等五岭以南地区。
② 邺城,位于今河北省临漳县西南。

## 八、渎职违法　罪有应得

人,还是留在始兴自保为好。"

陈霸先本以为肖勃会支持他的行动,不料国难当头,他只想偏安岭南。他请钟休悦转告肖勃说:"如今国都沦陷,国君受到侮辱,做臣子的理应为国赴死,怎么能惜护自己的生命?你身为皇族成员,贵已封侯,自己不率部去讨伐叛贼,怎么还能阻止我呢?"

大宝元年(550年)正月,陈霸先不顾肖勃的阻挠,率部从始兴出发进抵大庾岭(位于今广东省南雄市和江西省大余县交界地区),并派人抄小路赶到江陵(位于今湖北省荆州市)致书湘东王肖绎(梁武帝第七子),表示接受他调遣。肖勃听说后竟然派其心腹曲江(治所位于今广东省韶关市东南)县令谭世远联合南康郡(治所位于今江西省赣州市)豪强蔡路养,聚集二万部众狙击陈霸先率部北上。

陈霸先对肖勃的行为极为恼火,指挥部队击败蔡路养的部众。他考虑眼下平息侯景叛乱是国家的头等大事,便甩开肖勃暂且不问,率军继续北上。湘东王肖绎委任陈霸先为平东将军、豫章(治所位于江西省南昌市)内史。

天正元年(552年)三月,陈霸先奉湘东王之命,率部与江州(治所位于今江西省九江市)刺史王僧辩部相配合,攻入建康,自称汉帝的侯景兵败被杀。王僧辩领军占领建康,陈霸先奉命镇守京口(位于今江苏省镇江市)。十一月,肖绎在江陵即位为梁元帝。承圣三年(554年)冬天,西魏①军队攻入江陵,梁元帝兵败被杀。

绍泰元年(555年)二月,王僧辩和陈霸先共同拥立时年十三岁的晋安王肖方智(梁元帝第九子)为梁敬帝,由王僧辩任录尚书事辅政。五月,北齐派兵护送当年兵败被俘的贞阳侯肖渊明(梁武帝之侄)回梁朝,迫使王僧辩立肖渊明为帝,改立肖方智为太子。九月,陈霸先从京口领兵攻入建康,杀死王僧辩,废黜肖渊明而拥

---

① 都长安,位于今陕西省西安市。

肖方智复帝位，受任侍中、都督中外诸军事，控制朝廷军政。

陈霸先在领兵击败入侵的北齐军队、平息秦州刺史徐嗣徽等州郡叛乱之后，立即腾出手来制裁肖勃。陈霸先以梁敬帝的名义任命原湘东刺史王琳取代肖勃为广州刺史，肖勃为晋州刺史迁居始兴。

太平二年（557年）二月，肖勃在广州发动叛乱，派其部将欧阳頠领兵进驻苦竹滩（位于今江西省丰城市西南）。陈霸先派平西将军周文育率军讨伐肖勃，在泥溪（位于今江西省新干县南赣江东）将欧阳頠部众击溃。三月，肖勃在南康（位于今江西省赣州市）被其部将谭世远斩杀。

《陈书》卷一 高祖本纪上
《通鉴纪事本末》卷二十四 肖勃据岭南
《梁书》卷三 武帝本纪下
　　　　卷四 简文帝本纪
　　　　卷五 元帝本纪
　　　　卷六 敬帝本纪

【简评】

国难当头，陈霸先领兵北上平叛是忠义之举；肖勃不顾国家生死存亡，苟安岭南，是贪生怕死的懦夫。他自己不去平叛，反而派兵阻止别人平叛，背离了国家利益，最终受到了应有的惩罚。

八、渎职违法　罪有应得

# 卢祖尚不服派遣

唐贞观初年(627年),交州(治所位于今越南河内市附近)都督遂安公李寿因贪污冒领国库公款被革职治罪。唐太宗李世民考虑交州地处边远,想挑选一名优秀的地方官去担任都督职务。朝廷大臣一致推荐瀛州(治所位于今河北省河间市)刺史卢祖尚,称他"才兼文武,廉平正直",是一个合适的人选。

唐太宗随即召令卢祖尚来京都长安,任命他为交州都督,并亲自嘱托他说:"交州幅员广大,离京城又很远,需要选一个能文能武的大臣去那里主持军政,我才能放心。朝廷原先派去的几任都督都不称职,我听说你有安抚边远地区的才干,特委派你去为我镇守交州,你当知难而进,勇挑重担,不可以道路遥远而推辞啊!"

卢祖尚当即接受唐太宗任命,拜谢而出。之后,卢祖尚听信亲友劝阻转而反悔,以患有慢性病为借口,不肯去交州上任。唐太宗听说后,派兵部尚书杜如晦去劝说他赴任。卢祖尚一再推辞,坚持不肯答应。接着,唐太宗又派卢祖尚的妻兄周范去劝说他赴任。周范向卢祖尚传达唐太宗的原话说:"普通平民百姓答应的事情,都必须守信用,你作为大臣,当面答应朕的事,怎么能转身又反悔?还是早点动身去交州上任吧,三年后一定把你调回来。你不要再推辞了,朕不会食言的!"

周范转告唐太宗的话,说得十分恳切,卢祖尚不为所动,仍然不愿去交州赴任。他请周范转奏唐太宗说:"岭南是经常流行瘟疫的地方,在那里生活的人,每天都得饮酒活血。为臣我不会喝酒,一旦去了那里,便不可能再回来了。"

唐太宗对卢祖尚拒不服从调令十分恼火,怒气冲冲地说:"我派遣一个人,他竟敢不服从,如果都像他这样,我还怎么能号令天下!"于是,唐太宗下令将卢祖尚传入朝廷,当着文百官的面将其斩首。

《旧唐书》卷六十九 卢祖尚传

## 【简评】

官员食用国家俸禄接受调遣义不容辞。环境艰苦的地方总得要有人去治理,个人愿望必须服从国家需要。任何主官都不会喜欢像卢祖尚这样的下属。对于卢祖尚作严肃处理是必要的,可以将其革职永不录用,也可以把他流放交州迫使其尝尝拒不受命的苦头。唐太宗下令当众将其斩首,意在杀一儆百,但未免处置过重。

八、渎职违法　罪有应得

# 来俊臣草菅人命

## 谎言起家

来俊臣是唐雍州万年(位于今陕西省西安市)人,早年流浪和州(治所位于今安徽省和县),因犯强奸盗窃罪被捕入狱。周①天授元年(690年),和州刺史李续因罪被杀。来俊臣乘机上书,谎称他因揭发琅邪王李冲谋反②而被李续逮捕。女皇武则天以为来俊臣对她忠诚,下令将他释放出狱,召任为侍御史,让他主审诏狱(关押由皇帝批捕的犯人监狱)犯人。

天授二年(691年)正月,侍御史来子珣诬告尚衣奉御(主管皇帝服饰)刘行感(《旧唐书》记作刘行威)谋反。纳言(侍从皇帝的主

---

① 皇太后武则天将唐睿宗李旦(武则天和唐高宗所生第四子)贬为皇嗣后,于唐载初元年(690年)九月称帝,改国号为周,改年号为天授。

② 李冲为唐太宗之孙。唐垂拱四年(688年)八月,李冲随其父豫州(治所位于今河南省汝南县)刺史越王李贞起兵,讨伐皇太后武则天排斥唐睿宗以临朝称制,不久兵败被杀。

官)史务滋奉命与来俊臣一同审讯刘行感案件。此间,来俊臣奏告史务兹与刘行感关系密切,有意掩盖刘行感的谋反罪状。武女皇下令将史务兹停职,令来俊臣同时对史务滋进行审查。史务滋被迫自杀。

武女皇见来俊臣"天资残忍",不久提任他为左台御史中丞,"阴纵其惨,胁制群臣"。

## 残害无辜

来俊臣没有辜负武女皇的期望,上任不久便与其亲信朱南山制定《告密罗织经》,作为给百官罗织罪名的条规依据。对于被捕收审的人,来俊臣不问其有无罪行,一律施以酷刑拷打,用醋灌鼻,然后将被审查者装入大瓮中,停供其饮食,用火在瓮的四周烧烤;或者把受审者扔到粪坑中,让其伤口中毒发炎。来俊臣还与游击将军索元礼共同制作所谓十号大枷:一曰定百脉,二曰喘不得,三曰突地吼,四曰著即承,五曰失魂胆,六曰实同反,七曰反是实,八曰死猪愁,九曰求即死,十曰求破家,对受审者进行灭绝人性的摧残。来俊臣施用上述酷刑逼供,使受审者"见之魂胆飞越,无不自诬"。一时间,朝廷百官为之惶惶不可终日,彼此见面不敢说话,路上相遇只是用眼色打招呼。许多官员每天上朝前都提心吊胆,和家人诀别说:"今天出门,不知道还能不能回来?"

当年八月,来俊臣主审大将军张虔勖和内侍范云仙案。张虔勖不堪忍受其酷刑,向司刑丞(最高审判机关副长官)徐有功申诉,言词十分激烈。来俊臣指使卫士用乱刀将张虔勖杀死,悬首示众。范云仙喊冤叫屈,称其曾事奉过先帝。来俊臣充耳不闻,下令割去范云仙舌头,之后将他押赴闹市腰斩。

## 八、渎职违法　罪有应得

九月,来俊臣主审岐州(治所位于今陕西省凤翔县)刺史云弘嗣案。来俊臣不经审问,不问是非曲直,先下令砍下云弘嗣的头,然后伪造案情上奏。

十月,文昌右相(宰相)岑长倩、地官尚书(朝廷主管户籍和财政的部门长官)格辅元反对废黜皇嗣李旦、改立武承嗣(武则天之侄)为太子,受到武氏兄弟迫害被捕入狱。来俊臣在审理此案时,胁迫岑长倩之子岑灵原把司礼卿(主管礼仪、教育)欧阳通等数十人都牵连入案,诬告他们一起谋反。欧阳通等人受尽酷刑,始终不承认他们谋反。来俊臣便制造假口供,将岑长倩、格辅元、欧阳通等人全部处死。

当年冬天,来俊臣审问因反对武则天称帝而被捕入狱的右卫将军李安静。李安静回答说:"我是唐朝老臣,所以反对太后称帝。要杀就杀吧!如要问我为何谋反,我实在没有话可回答你。"来俊臣下令将李安静处死,同时将鸾台侍郎(侍从皇帝的副主官)同平章事乐思晦冤杀。

如意元年(692年)正月,来俊臣罗织罪名,诬告地官尚书狄仁杰、益州(治所位于今四川省成都市)长史任令晖、冬官尚书(朝廷主管百工建造的部门长官)李游道、秋官尚书(朝廷主管刑事的部门长官)袁智宏、司宾卿(主管邦交及少数民族事务)崔神基、文昌左丞(副宰相)卢献等六人谋反,将他们逮捕入狱。狄仁杰知道当时有条文规定,犯人初审承认谋反可获免死罪,便承认自己谋反,以争取时机将申诉书夹在棉衣内带回家。之后,狄仁杰之子狄光远将其父申诉递上,武女皇才知道狄仁杰等人冤枉,下令将他们释放。

长寿二年(693年)正月,有人诬告皇嗣李旦谋反,武女皇令来俊臣审讯皇嗣的侍从人员。皇嗣左右侍从一个个被拷打得体无完肤,来俊臣仍不罢休。太常工人(礼仪官员)安金藏被逼无奈,用刀剖开自己的胸腔,露出肝胆五脏,以表明他所说皇嗣没有谋反是实话。武则天听说后亲自看望被抢救脱险的安金藏，下令停止审查，皇嗣李旦才免于祸难。

四月，来俊臣陷害冬官尚书苏干，诬告他在魏州（治所位于今河北省大名县东北）任职时与琅邪王李冲串通谋反，将苏干处死。

神功元年（697年）春天，武女皇将因贪赃罪被贬的来俊臣召回，改任他为合宫尉（皇宫侍卫官）。明堂尉（皇宫侍卫官）吉顼通过来俊臣举报箕州（即辽州，位于今山西省左权县）刺史刘思礼谋反。刘思礼为求活命，诬告凤阁侍郎（主管拟草并发布诏书的副长官）同平章事李元素等几十个大臣谋反，致使三十六家遭灭族，数千人被流放。事后，来俊臣想独占这次告发之功，转而罗织罪名诬告吉顼。吉顼向武女皇递上申诉才得以幸免。

来俊臣还指使其党羽诬告司刑史（最高审判机关官员）樊戬谋反，樊戬被处死。樊戬的儿子在朝堂诉冤，见没人敢受理，气得举刀自破其腹。秋官侍郎刘如璿为之叹息流泪，来俊臣奏报刘如璿与恶逆同党，将他逮捕准备处以绞刑。武女皇改判刘如璿流放瀼州（位于今广西区上思县）。

## 贪财劫色

长寿元年（692年），来俊臣向左卫大将军（警卫部队高级将领）泉献诚索要钱财，遭到拒绝。来俊臣便诬告泉献诚谋反，将他逮捕入狱，用绳索将其勒死。

同年，来俊臣因贪赃受贿，受到御史纪履忠弹劾，被捕入狱。

长寿二年（693年），武女皇下令释放来俊臣，任命他为殿中丞（主管皇帝日常生活机构副长官）。来俊臣复出后不思悔改。延载元年（694年）九月，他再次贪赃受贿，被贬为同州（治所位于今陕西省大荔县)参军(军事参谋官)。来俊臣到了同州后又强行霸占其一个同事的妻子,并侮辱她的母亲。

万岁通天元年(696年),武女皇将来俊臣调任洛阳令,接着改任他为司农少卿,并赐给他十个奴婢。可来俊臣仍不满足,又指使其亲信诬告移居内地的西突厥①可汗之子阿史那斛瑟罗谋反,企图霸占其能歌善舞的美丽婢女。阿史那斛瑟罗属下数十名酋长割下耳朵、划破脸皮去朝廷申冤,才幸免被灭族。

## 恶魔末日

天授二年(691年)正月,有人告发文昌左丞周兴与左金吾大将军丘神勣共同谋反。周兴是武女皇的另一名得力打手,他与来俊臣同样惨无人性。来俊臣在其得势的几年中,一共诬陷毁灭一千多家,周兴双手也沾满数千人的鲜血。武女皇密令来俊臣查办周兴。对此,周兴毫不知晓。

一天,来俊臣与周兴办完事后在一起吃饭。来俊臣向周兴请教说:"我常常遇到囚犯不肯认罪,不知你有什么好办法可以制伏他们?"周兴回答说:"这有什么难的? 拿个大瓮来,把犯人塞到瓮中去,在瓮的四周烧起炭火,有什么事,还怕他不承认?"来俊臣照周兴所说,当即令人抬来一只大瓮,四周烧起炭火,突然转身对周兴说:"有人举报你谋反,我奉皇帝之命审问你,请君入瓮吧!"周兴惊恐万状,连忙叩头认罪。当年二月,周兴被流放岭南(泛指今广东省、广西区),途中被仇人杀死。

来俊臣的下场比周兴更惨。

---

① 游牧地,位于今新疆哈密市以西广大地区。

## 中国古代历史风云·朝政风波(下)

神功元年(697年)春天,来俊臣诬陷御史李昭德谋反,使其被捕入狱。之后,他又罗织罪名弹劾武氏诸王(武则天称帝后将其几个侄子封为王)及太平公主,同时再次诬告皇嗣李旦与庐陵王(即唐中宗李显,李旦同母兄,被其母废黜后改封庐陵王)及其卫兵在一起谋反。来俊臣自称"才比石勒①",企图把武氏诸王及皇嗣除掉,以窃取朝廷军政大权。此间某一天,来俊臣闭门与妻妾饮酒,其朋友卫遂忠造访,门卫谎称来俊臣不在家。卫遂忠入门后大骂,来俊臣令家丁殴打卫遂忠,将其驱逐出门。由此,卫遂忠对来俊臣怀恨在心,向朝廷告发来俊臣谋反这一阴谋。武女皇子侄及太平公主大为恐惧,对来俊臣十分憎恶。他们反过来一齐弹劾来俊臣的罪行。据此,武女皇下令将来俊臣逮捕入狱。有关部门提出判处来俊臣死刑,武女皇却认为"俊臣有功于国",想保护他,对有关部门呈上的奏书迟迟不作批复。

当年六月,众臣坚持诤谏,吉顼对武女皇说:来俊臣"诬构良善,赃贿如山,冤魂塞路,国之贼也",杀了他没有什么可惜的。武女皇这才下令将来俊臣处死。朝野上下听说来俊臣被押往闹市斩杀,无不拍手称快。受来俊臣害死的官员亲属争着割下他的肉,挖去他的双眼,剥下他的面皮,剖开他的胸腔,取出他的心肝。众人轮番踩踏来俊臣的尸体,砸碎他的骨骼,直把他踏成肉泥。

《通鉴纪事本末》卷三十 武韦之祸
《旧唐书》卷一百八十六上 来俊臣传
《新唐书》卷二百九 来俊臣传
周兴传

---

① 羯族人,西晋灭亡后投附汉王刘渊,任平东大将军,以襄国(位于今河北省邢台市)为据点,发展自己势力。汉国改国号为赵(前赵)后,石勒受任镇东大将军。前赵光初二年(319年),石勒建国号赵,称赵王,史称后赵。后赵太和二年(329年),石勒灭亡前赵,即位称帝。

## 八、渎职违法　罪有应得

卷八十　越王贞传
　　　　琅邪王冲传

**【简评】**

清代学者赵翼认为：武则天"称制后，欲立威以制天下，开告密之门，纵酷吏周兴、来俊臣、邱神勣等，起大狱，指将相，俾相连染，一切案以反论，吏争以周内为能。于是诛戮无虚日"。（《二十二史札记》卷十九·武后之忍）

笔者认为，来俊臣适应武则天需要，对凡是不拥护她称帝的正直官员都诬以谋反罪横加迫害。他像一条疯狗一样到处咬人，最后竟然咬到武则天子侄头上，其坏事做绝，恶有恶报。

# 北宋"六贼"罪责难逃

北宋宣和七年（1125年）十月，金国皇帝完颜晟（金太宗）派都统（镇守某一地区军事统帅）斡离不（完颜宗望）、粘罕（完颜宗翰）分别率领东、西两路大军南下攻宋。金军势如破竹，宋军节节败退。宋朝君臣大为惊恐，局势非常危险。

## 宋徽宗被迫退位

面临强敌入境，宋徽宗赵佶发布"罪己"诏，称其当政以来，"言路壅蔽，面谀日闻，恩倖持权，贪饕得志；搢绅贤能陷于党籍，政事兴废拘于纪年。赋敛竭生民之财，戍役困军旅之力；多作无益，侈靡成风。利源酤榷已尽，而牟利者尚肆诛求；诸军衣粮不时，而冗食者坐享富贵。灾异谪见而朕不悟；众庶怨怼而朕不知。追维己愆，悔之何及"。接着，宋徽宗不得不把皇位让给太子赵桓（宋徽宗长子），退称太上皇。

赵桓即位为宋钦宗后，诏令朝廷内外官员上书直言朝政得失，以收拢人心。当时，全国上下都知道，宋徽宗由于误信前宰相蔡京等人才使国家走到这一步。朝廷大臣中多数系蔡京引荐提拔，"莫

八、渎职违法　罪有应得

肯为帝明言"。于是，太学生（朝廷主管的最高学府学生）陈东与众同学联名上书朝廷，指出蔡京、童贯、朱勔、王黼、梁师成、李彦六人是危害国家的"六贼"，是他们"使天下之势危如丝发"，请求将此六贼处死，"传首四方，以谢天下"。

接着，右正言（主管朝廷谏议）崔鶠上书宋钦宗，进一步指出：蔡京承袭前宰相王安石、章惇的治政理财体系，章惇、蔡京"倡为绍述之论①以欺人主"，"绍述理财而公私竭，绍述造士而人才衰，绍述开边而塞尘犯阙矣。元符应诏②上书者数千人，京遣腹心考定之，同己为正，异己为邪"，"京之术破坏天下"，以致将国家推向灾难的深渊。

陈东等人和崔鶠所上的两份奏书震动朝野，受到社会舆论的普遍赞同，引起宋钦宗的重视。

## 贼首蔡京祸国殃民

蔡京是兴化仙游（位于今福建省仙游县）人，于熙宁三年（1070年）考中进士，步入官场。他为官见风使舵，善于看当权者眼色行事。当时，王安石担任宰相，推行新法。蔡京积极支持新法，很快便由起居郎（朝廷虚职文官）升为龙图阁待制（皇帝侍从顾问）、知开封府（京都地区行政长官）。元丰八年（1085年），宋神宗病逝，

---

①　绍圣元年（1094年），宋哲宗（宋神宗之子）起任章惇为宰相，章惇等人以"绍述"（继承）宋神宗新政的名义，废除高太皇太后（宋神宗之母）临朝听政期间恢复的旧法，恢复宋神宗在位时由王安石推行的新法，史称绍圣绍述。

②　元符三年（1100年）春天，宋哲宗去世，端王赵佶继位为宋徽宗，曾发布诏书"求直言"。

年仅八岁的太子赵煦继位为宋哲宗,由其祖母高太皇太后垂帘听政。高太皇太后起用反对新法的司马光担任宰相,下令限五日内停止执行新法而改行旧法。朝廷内外官员都感到时间太紧,唯独时任开封知府的蔡京按期施行这一指令,受到司马光称赞。元祐八年(1093年),高太皇太后去世,宋哲宗亲掌朝政,起任被贬到地方任职的原知枢密院事(最高军事机关长官)章惇为宰相。蔡京时任权户部尚书。在章惇等人议论恢复新法而"久不决"之时,蔡京站出来鼓吹新法,声称恢复新法用不着再讨论。不久,蔡京被提任为翰林学士兼侍读。蔡京历经几朝,正是靠如此投机钻营,在风云变幻中一直是风吹不倒,青云直上。

宋徽宗赵佶(宋神宗之子、宋哲宗之弟)即位(1100年)后,开始并不喜欢蔡京。他见蔡京不肯出任江宁(治所位于今江苏省南京市)知府,索性将他罢官,让他闲居杭州。蔡京不甘就此沉没。他费尽心机,"不舍昼夜",笼络奉宋徽宗之命前往杭州搜集名人字画的供奉官(皇帝侍从官)宦官童贯,通过童贯取得宋徽宗好感。

崇宁元年(1102年)三月,宋徽宗将蔡京召回朝廷任翰林学士承旨。七月,宋徽宗任命蔡京为尚书右仆射兼中书侍郎。宋徽宗对蔡京说:"我愿继承父兄推行的新法,你将怎么来辅佐我?"蔡京拜谢,称愿以死效力。九月,蔡京倡议立元祐党人碑,宋徽宗同意并题书。于是,蔡京将宋神宗和宋哲宗在位期间力主恢复旧法的司马光等一百二十名官员一并列为"奸党",把他们的"罪状"刻在石碑上,立于文德殿门外。蔡京还自书奸党碑,令各郡县仿其字体刻制。此后,蔡京等人又将一些官员包括其政敌纳入"奸党",共三百零九名,且对尚在世的"奸党"成员及其子弟横加迫害。

蔡京提任宰相后极力迎合宋徽宗的奢欲,借用《周易》卦辞,提出"丰、亨、豫、大"之说,称"陛下当享天下之奉"。于是,宋徽宗、蔡京等人穷奢极欲,将"累朝所储扫地"。为了充实国库,蔡京大肆搜括民财,鼓励官员经商,"官自为市",逼得商户破产,民不聊生,许

八、渎职违法　罪有应得

多人被迫投水或自缢而死。蔡京把国库钱财及各地官吏搜刮来的民脂民膏视为宋徽宗和他的私财,肆意挥霍。

从崇宁元年(1102年)到宣和六年(1124年),蔡京先后四次受任宰相,为相累计达十八年之久。他"既贵而贪益甚",已享有宰相俸禄,又挖空心思挂名司空,多领一份宰相俸禄;他"托爵禄以市私恩",把任命官员视为是他个人的恩赐,卖官受贿,"营进之徒,举集其门";他"役将作以葺居第",擅自动用公家财物为自己兴建豪华私宅,"竭四海九州之力以自奉"。

## 童贯等五贼罪恶累累

宦官童贯从入宫之日起,"即善策人主微指,先事顺承",由此深受宋徽宗宠信。他受任供奉官,主管设在杭州的明金局,为宋徽宗搜集古玩珍宝,帮助蔡京重新拉上宋徽宗的关系。蔡京当上宰相后则举荐童贯执掌军权,宋徽宗任命童贯为太尉、领枢密院事(最高军事机关长官),并加任其为太傅。当时人们讥称蔡京为"公相"、童贯为"媪相"。童贯长期掌握军权却不治战备,致使军队不堪一击。

宣和七年(1125年)十二月,金西路军进抵太原。当时,童贯正在太原巡视。金西路军统帅粘罕派人见到童贯,要求宋朝割让河东(位于今山西省部分地区)、河北(位于今河北省部分地区)之地作为和谈条件,童贯被金军威势吓破了胆,竟"气褫不知所为",他以回朝廷奏报为名,匆忙欲"遁还京师"。太原知府张孝纯劝他留下"共图报国",童贯则执意要回京都,大言不惭地声称:"我受命前来抚慰前方将士,不是镇守一方的大臣。如要我留下来,设置镇将有什么用?"张孝纯无法留下童贯,慨叹说:"童太尉平时何等威风,遇事却退避畏缩、抱头鼠窜。"童贯回到京都后惊魂未定,他拒不接受宋钦宗调令,借口侍卫,跟随太上皇向南逃往镇江府(治所位于今江苏省镇江市)。

朱勔是苏州人。蔡京耗费巨资在苏州兴建僧寺楼阁时结识朱勔及其父朱冲。蔡京知道宋徽宗"颇垂意花石",要朱勔设法搜集奇珍进献皇上。由此,宋徽宗在苏州设置应奉局,任命朱勔为防御使,专事搜集奇花异石。朱勔为此极为卖力,所运送花石的船只在淮河、汴河(大运河)上首尾相接,连绵不断,号称"花石纲"。最大的"太湖石"高达四丈,一块巨石就要动用几千人搬运。朱勔所献贡品都是从民间强取而分文不付,致使许多家庭为之破产,卖儿卖女以应付其勒索。朱勔又强令兴建三十六浦闸。当时天寒地冻,"役死者相枕藉"。

朱勔借给宋徽宗搜集奇玩之机肆意搜刮民财,中饱私囊。他宣称皇帝诏令,要他在城内大造私宅,强迫附近数百家住户五日内搬迁完毕,民众被逼得无家可归,呼天号地,怨声载道。朱勔得势后"声焰熏灼",大肆卖官受贿,以致东南地区的"刺史、郡守多出其门"。行贿买官的人只要满足朱勔私欲,便可以得到直秘阁至殿学士①的官位。当时人称朱勔官府为"东南小朝廷"。

王黼是开封祥符(位于今河南省开封市)人,"寡学术,然多智善佞"。他因投靠蔡京,并助其恢复相位,由左司谏(主管朝廷谏议)升任御史中丞。宋徽宗在位后期,任命王黼为少宰(宰相)兼提领应奉局。王黼受任后"竭天下财力",以供宋徽宗挥霍,"凡四方水土珍异之物,悉苛取于民"。他借机大肆贪赃,只拿出各地所进贡财物的十分之一送给皇帝,"余皆入其家"。

梁师成本是宫中一名普通宦官,以"慧黠习文法"得到宋徽宗

---

① 刺史为一州行政长官,郡守为一郡行政长官,直秘阁、殿学士泛指侍从皇帝的文秘官员。

## 八、渎职违法　罪有应得

"贵幸"。宋徽宗特授予梁师成进士学历,让他担任传达诏令的要职。后来,宋徽宗提任梁师成为太尉、开府仪同三司。梁师成在朝廷把持数十个机构和部门,决定着百官升迁。他贪赃受贿,一些追求升官的人常常送给他数百万钱。梁师成挑选善于书法的人仿照宋徽宗字体,致使有人以手书冒充宋徽宗诏令,人们不能辨别真假。梁师成恃宠骄狂,不可一世,连权倾一时的王黼、蔡京等人也都要向他谄媚讨好。京都里的人把梁师成视为"隐相"。

李彦也是宫中的一名宦官,为人"天资狠愎"。他在汝州(治所位于今河南省汝州市)主管西城所(管理公田机构)时,只要发现民众的田地肥沃,便指使人投书称其为荒地,将民户的田券烧毁,强行划为公田,激起当地民众的愤慨。李彦滥施权威,不准民众喊冤叫屈,"诉者辄加威刑,致死者千万"。当时人们评论认为,"朱勔结怨于东南,李彦结怨于西北"。

## "六贼"的下场

蔡京等六贼坏事做绝,民怨沸腾。临危继位的宋钦宗为了摆脱内外交困的局面,决定采纳陈东等人的意见,首先对"六贼"严加惩处。他考虑太上皇尚在,又处于强敌压境的非常时期,不宜公开集中处死"六贼",密令对他们分别处治。

靖康元年(1126年)一月,王黼见金军逼近都城,擅自携带全家老小离京往东逃跑。知枢密院事吴敏请求给王黼治以死罪,宋钦宗同意并令开封府尹聂昌负责审理。当时,王黼等人躲进雍丘(位于今河南省杞县)南部一个平民家里。聂昌获悉后派武士将其抓获杀死,对外则宣称王黼被盗贼所杀。

当月,宋钦宗传令李彦自尽,并没收他的家产。同时,宋钦宗下令将朱勔罢官,流放循州(位于今广东省惠州市),并抄没其家产。接着,宋钦宗派人去朱勔流放地将其处死。之后,宋钦宗将梁师成贬为彰化(治所位于今甘肃省泾川县北)节度副使,令人监护他去贬所。梁师成行至八角镇(位于今河南省开封市西八角店)时,监送官员奉命将他勒死。

二月,宋钦宗将蔡京贬为秘书监,分理南京(位于今河南省商丘市)事务。七月,宋钦宗下令将蔡京流放儋州(位于今海南省儋州市)。蔡京行抵潭州(位于今湖南省长沙市)时病死。随后,宋钦宗下令将蔡京的两个儿子处死。

当月,宋钦宗将童贯贬为左卫上将军,安置去池州(位于今安徽省池州市)闲居,接着又将他流放柳州(位于今广西区柳州市)。七月,宋钦宗指令监察御史张澄将童贯处死。

宋徽宗及蔡京等六贼败坏国家,丧失民心,宋钦宗无法挽救危局。靖康元年(1126年)闰十一月,金军攻下开封。第二年四月,太上皇和宋钦宗等人被金军掳至北方,北宋灭亡。五月,康王赵构(太上皇第九子)在南京(商丘)即位为宋高宗。之后,宋高宗率众臣南迁,定都临安(杭州),史称南宋。

《宋史纪事本末》卷五十五 群奸之窜
卷五十六 金人入寇
《续资治通鉴》卷八十七 宋纪八十七
卷八十八 宋纪八十八
《宋史》卷二十二 徽宗本纪四
卷四百六十八 童贯传
梁师成传
杨戬传附李彦传
卷四百七十 朱勔传
王黼传
卷四百七十二 蔡京传

## 八、渎职违法　罪有应得

**【简评】**

　　清代学者王夫之认为："夫安石之修申、商①之术，以渔猎天下者，固期以利国而居功，非怀私而陷主於淫惑，此其不可诬者也。""而蔡京之进，自以书画玩好介童贯投徽宗之好，因躐大位，引群小导君於迷，而召外侮"。(《宋论》卷九·钦宗)

　　笔者认为，宋徽宗玩物荒政是导致北宋灭亡的主要原因，蔡京等"六贼"诱导宋徽宗奢侈负有不可饶恕的罪责。孟子说："民为贵，社稷次之，君为轻。"(《孟子·尽心下》)蔡京等人从私利出发，挖空心思迎合宋徽宗奢欲，讨取其欢心，同时以权贪赃，横行不法，把国家和民众的利益视为粪土。他们祸国殃民的罪行将遗臭万年。

---

　　①　即申不害、商鞅。申不害为战国时期韩国宰相，主张法治，尤重"术"，执政十五年，使"国治兵强"(见《史记》卷六十三·老子韩非列传)；商鞅为战国时期秦国左庶长(将军)，主持变法使秦国变为强国。(见《史记》卷六十八·商君列传)

# 阿鲁补贪占公物

阿鲁补是金神隐水（位于今吉林省敦化市东）完颜部族人，十多岁便开始从军征战。他身材魁梧，智勇双全，屡立战功。一次，阿鲁补随军攻打辽懿州（治所位于今辽宁省阜新县北），他带领十余名骑兵击败辽七百名军士，进而袭击辽皇帝的行宫。又一次，辽三万名将士从马邑（位于今山西省朔州市东北马邑镇）撤离，阿鲁补率领千名兵士狙击，斩杀辽军将领。

金天会三年（1125年）十二月，金军南下攻打北宋，金东路军与宋军在三河（位于今河北省三河市）交战，东路军统帅完颜宗望令阿鲁补以二谋克（率领二百名精兵）先行登入燕山府城（位于今北京市区）。天会四年（1126年）正月，金军围攻北宋都城开封，阿鲁补领兵击败北宋淮南（即淮南路，治所位于今江苏省扬州市）援军。之后，宋军将领姚平仲率部夜袭金军大营，阿鲁补领军将其击败。阿鲁补以功提升为长胜军千户（率领千名兵士的军官）。

当年冬天，阿鲁补奉命驻守洺州（位于今河北省永年县），率领三百名骑兵突袭宋军将领苏统制率领的二万名部众，将苏统制俘杀。

天会八年（1130年），金太宗将投降金军的原南宋①济南（治所

---

① 都临安，位于今浙江省杭州市。

## 八、渎职违法　罪有应得

位于今山东省济南市)知府刘豫立为"齐"帝,任命阿鲁补为都统(军事将领),屯兵于汴京(开封)郊外,对刘豫实行监护。

皇统五年(1145年),阿鲁补升任归德军(治所位于今河南省商丘市)节度使、仪同三司。天德三年(1151年),有人告发阿鲁补在开封任职期间派人将官府的木材运到恩州(治所位于今山东省武城县东北),为自己建造私宅。朝廷派人调查属实。

有关部门的官员将这一情况奏报海陵王(金国皇帝)完颜亮。海陵王发话说:"若论起阿鲁补的功劳,这点过失不算什么。然而,阿鲁补官至一品,足以能买得起这点木材。国家既然立了法,犯法的人不论身份贵贱,理应一样依法论处,不能因为是皇亲贵臣而有另外的执法标准。"于是,阿鲁补被处以死刑。

《金史》卷六十八　阿鲁补传
　　　　卷三　太宗本纪
　　　　卷五　海陵本纪
《续资治通鉴》卷九十五　宋纪九十五

【简评】

阿鲁补功高位重,因为贪占公家一点木材而被处死。他的失误是没有做到慎微,在小节上出了问题。

# 吴曦叛国求封

吴曦是南宋德顺军陇干（位于今甘肃省静宁县）人。他的伯祖父吴玠是抗金名将，官至四川（即川峡四路，位于今四川省大渡河以东及陕西省汉中地区）宣抚使。吴曦的祖父吴璘也是抗金名将。南宋绍兴十年（1140年），吴璘率部在扶风（治所位于今陕西省凤翔县）击败金军。绍兴三十二年（1162年），吴璘任四川宣抚使，率部转战汉中（治所位于今陕西省汉中市），收复秦凤路（治所位于今甘肃省天水市）等三路所辖十六州。吴璘镇守四川前后达二十多年，受封为新安郡王。吴曦的父亲吴挺继吴玠、吴璘之后镇守四川，亦以抗击金军南侵屡立战功而享有声望。

吴曦因祖、父辈的功劳，最初被朝廷授予右承奉郎（虚职文官）。庆元六年（1200年），吴曦经多次提升官至太尉。当时，宋、金两国休战多年。宰相韩侂胄欲兴师北伐收复失地，以建立盖世功名。吴曦"潜蓄异志"，依附韩侂胄，请求去抗金前线任职，得以出任兴州（治所位于今陕西省略阳县）都统制（军事长官）兼知府。

开禧二年（1206年）春天，韩侂胄提议任命吴曦为四川宣抚副使兼陕西、河东（位于今山西省）招抚使。吴曦掌握当地军政大权后密谋叛国投金，他派其亲信姚淮源秘密出使金国，称愿将剑门关（位于今四川省剑阁县东北）以外阶（治所位于今甘肃省武都县）、成（治所位于今甘肃省成县）、西和（治所位于今甘肃省西和县）、凤

## 八、渎职违法　罪有应得

(治所位于今陕西省凤县)四州割让给金国,请求金国皇帝封他为蜀王。金章宗完颜璟欣然接受吴曦献地投降。

当年五月,宋宁宗下令军队分路北伐。东线宋军同金军交战后,韩侂胄数次催促吴曦进军,吴曦假装慎重,按兵不动,暗下却帮助金军围困宋军。对此,韩侂胄没有察觉,驻守成都的四川安抚使程松也没有察觉。金军进攻西和州,宋军将士不知道吴曦已将该州献给金国,仍然奋力守卫,金军将士不禁为之偷笑。不久,吴曦下令将士退屯罝口(位于今陕西省略阳县西北)。

十二月,金章宗派使臣持诏书、金印抵达罝口,秘密封吴曦为蜀王。随后,吴曦率众退回兴州,召集幕僚谎称:"朝廷北伐已经失败,金军反攻进入江南,皇上退到四明(位于今浙江省宁波市)去了。我权衡利弊,暂且向金国称臣,以保持我们这一方平安。"众人听他这么说无不大惊失色。部将王翼等人持反对意见,当即抗争说:"如果这样,你吴家八十年忠臣门户便一扫而光了!"吴曦接着宣称他已经决定投附金国。接着,他派部将利吉迎金军入凤州,将凤州等四郡交割给金军,自行在兴州称王,将治所改称行宫,并自行委任官吏。程松听说吴曦叛变,匆匆从成都离去。韩侂胄闻讯,不知该怎么处置为好。

吴曦叛国投敌遭到其亲属和部众的反对,以致众叛亲离。吴曦的母亲赵氏听说儿子向金国称臣,怒不可遏,宣布和他断绝关系;吴曦的叔母刘氏痛恶其败坏门户,"昼夜号泣,骂不绝口";吴曦的侄子兴元(治所位于今陕西省汉中市)统制(驻军将领)吴僎看到吴曦发布的伪檄文,怒容满面。吴曦想任用蜀地名士以笼络民心,结果事与愿违。名士陈咸削发为僧;史次秦涂红自己的眼睛称病推辞;杨震仲不肯屈从而服毒自杀;王翊、家拱辰拒绝不受伪命;杨修年等六名在职官员弃官而去;薛九龄则策划组织义兵讨伐吴曦。

开禧三年(1207年)二月,监兴州合江仓(监管军粮的官员)杨巨源暗中联络随军转运(后勤军官)安丙谋划诛杀吴曦。与此同时，吴曦部将李好义与其兄李好古、李贵等人也正在策划除掉吴曦。于是，这两支力量串联在一起。

甲戌日深夜，杨巨源、李好义等人率领七十四名勇士冲进吴曦居住的伪宫。宫中千名卫士听说他们奉宁宗皇帝诏令前来讨伐叛贼，纷纷逃散。吴曦闻变惊恐万状，想开门出逃，被李好义、李贵等人冲上去斩杀。

吴曦叛国投敌，前后只当了四十一天"蜀王"，便身首异地。南宋朝廷下令将吴曦的首级悬挂在临安街头示众。

《宋史》卷三百六十六 吴玠传

吴璘传

吴挺传

卷四百七十五 吴曦传

《宋史纪事本末》卷八十四 吴曦之叛

【简评】

在民族矛盾激化之际，总有极少数人违背民族大义叛变投敌，吴曦是典型代表。吴曦叛国投敌妄想称王，结果好景不长。他称王后众叛亲离，不久便被其部众杀死。这是叛国投敌者应有的下场。

### 八、渎职违法　罪有应得

# 李善长知情不报

明洪武十三年（1380年）正月戊戌日，左丞相胡惟庸在其住宅内埋伏兵士，谎称其家院井涌出甘泉，请明太祖朱元璋亲往观赏，企图乘机将其杀死，夺取帝位。明太祖没有察觉到胡惟庸的阴谋，驱车前往观看。途中，内侍宦官云奇拦住他的车马，告发胡惟庸谋反。明太祖登上城楼果然看到胡惟庸住宅隔墙间埋有伏兵，不禁勃然大怒，当即下令警卫部队将胡惟庸抓捕，令有关部门对其谋反案严加审查。胡惟庸及其死党御史大夫陈宁等人被押往闹市斩首。此案审查多年，株连被杀达三万多人。

领中书省（丞相）李善长和胡惟庸为定远（位于今安徽省定远县）老乡，当初一同跟随朱元璋聚众起义，反抗元朝。朱元璋率部攻入江南自称吴王以后，任命李善长为右相国、胡惟庸为宁国（治所位于今安徽省宁国市）知县。后来，李善长极力向吴王引荐胡惟庸。由此，吴王即位为明太祖后多次提升胡惟庸的职务，直至任命他为丞相。

李善长同胡惟庸平素经常往来，关系一直密切。李善长之弟太仆丞李存义之子李佑娶了胡惟庸的侄女为妻，两家结为姻亲。

胡惟庸谋反之初即与李善长串通。他先是指使李存义去串联李善长。李善长大吃一惊，怒斥道："你想干什么？查出来会祸灭九族的！"接着，胡惟庸又要李善长的老朋友杨文裕出面拉拢，许诺事成之后将他封为淮西王。李善长仍然没有松口。之后,胡惟庸亲自去劝说李善长。李善长还是没有答应。过了一段时间,胡惟庸又派李存义前去串连。李善长漠然长叹道:"我老了,等我死后,你们自己去决定吧!"李善长虽然坚持没有参与胡惟庸谋反,但也没有向明太祖告发。

胡惟庸谋反失败后,很多人都受到牵连而被处死,李善长却安然无事。

洪武十八年(1385年),有人告发李存义父子系胡惟庸党羽。明太祖下令赦免他们死罪,将他们流放到崇明(位于今上海市崇明县)。李存义父子获得宽赦后,李善长没有向明太祖表示感谢。明太祖大为不快。

洪武二十三年(1390年)四月,李善长的亲戚丁斌受胡惟庸案牵连被流放边疆。李善长请求赦免丁斌,明太祖十分恼火,反而下令对丁斌重新审查问罪。丁斌入狱后供出李存义父子当年曾和胡惟庸勾结。于是,明太祖下令将李存义父子逮捕重新审讯。李存义父子供出李善长曾拒绝胡惟庸拉拢的情况。这时,又有人举报李善长包庇坏人,称当年胡惟庸派其死党封绩去北元①串连,封绩在途中被远征北元的明军抓获,李善长曾下令将此事隐瞒,不要上报。与此同时,李善长的仆人卢仲谦亦投书举报,告发李善长与胡惟庸私下密谈等情况。

明太祖获悉上述情况后极为恼恨,下令将李善长逮捕入狱,彻底查清他的问题。经有关部门审查核准,李善长对胡惟庸谋反知情不报的事实可以认定。明太祖随即以"知逆谋不发举"、"大逆不道"的罪名,下令将李善长及其全家七十多人一并处死。此时,距胡惟庸案发已有十年。李善长被杀时七十七岁。

---

① 元朝灭亡后,元顺帝太子爱猷识里达腊退至和林(位于今蒙古国哈尔和林)称帝,史称北元。

## 八、渎职违法　罪有应得

《明史》卷一百二十七　李善长传
　　　　　　卷三百八　胡惟庸传
《明史纪事本末》卷十三　胡蓝之狱

【简评】

　　李善长身居高位,虽然拒绝参与胡惟庸谋反,但其知情不报,同样触犯法律。在重大原则问题上,不分是非,隔墙观望,无疑会丧失正确立场。

# 刘瑾索贿敛财

明弘治十八年(1505年)五月,明孝宗朱祐樘病逝。时年十五岁的太子朱厚照继位为明武宗。大学士刘健、李东阳、谢迁接受孝宗遗命辅政。

明武宗自小一直由太监刘瑾侍奉玩耍,即位后没有改变爱好娱乐的习性,依然亲近刘瑾。刘瑾投其所好,利用他主管钟鼓司(宦官机构,负责皇帝上朝钟鼓及内乐杂戏)的职务之便,伙同宦官马永成等八人,成天引逗明武宗骑马赛狗,歌舞游戏。明武宗十分称心,提任刘瑾为内官监(主管宦官名籍升迁等)、总督团营(驻京部队军事长官)。

正德元年(1506年)六月,刘健、谢迁、李东阳对刘瑾等人诱帝玩乐十分忧虑,上书劝谏,明武宗听不进去。之后,户部尚书韩文及宦官王岳等人连续上书,请求将刘瑾革职处死。刘瑾闻讯连夜求见明武宗,哭诉冤枉。明武宗当即提任刘瑾主管司礼监(宦官参政机构),让他代为批阅奏书,反将刘健、谢迁、韩文等人罢官。

正德二年(1507年)闰正月,刘瑾假传诏令,令吏部、兵部任免文武百官,事先须同刘瑾商议;都察院(最高监察机关)办理举报件,须经刘瑾审阅后才能上报。这样,刘瑾得以控制任免和弹劾官员的大权。

刘瑾得势后专权暴戾,将刘健、谢迁、韩文、王岳等五十多名忠

## 八、渎职违法　罪有应得

正官员列为奸党,罗织罪名,肆意迫害。尚书雍泰、韩文等数十名官员被害得家破人亡。

刘瑾专权的主要目的是索贿敛财。

当年,魏国公徐俌侵占无锡县(位于今江苏省无锡市)民田,南京(治所位于今江苏省南京市)巡抚、右副都御史(最高监察机关副长官)艾璞责令其退还。徐俌重贿刘瑾后,刘瑾竟下令将已经退还的民田再收归徐俌等人,并将艾璞逮捕入狱,流放海南(位于今海南省境内)。

晋府(治所位于今山西省太原市)镇国将军袁槬贿赂刘瑾,请求封为郡王。礼部尚书李杰以先帝没有这样封王的规定加以阻止。刘瑾假传明武宗诏令,同意封袁槬为郡王,同时将李杰罢官。

宁王(王府设地南昌,位于今江西省南昌市)朱宸濠(明太祖朱元璋五世孙)久蓄异志,阴谋反叛朝廷,用重金贿赂刘瑾,请求恢复被先朝明令革除的王府护卫兵员。刘瑾受贿后假传诏令,同意其恢复护卫兵士。

正德三年(1508年),刘瑾下令各地巡抚进京朝见明武宗,事先要交给他二万两银子。有的巡抚一时拿不出这么多,只好从京都富豪家借高利贷,然后加倍偿还。时人称这种借债行贿为"京债"。延绥(治所位于今陕西省榆林市)巡抚刘宇没有按时去京行贿,刘瑾下令将其逮捕。

刘瑾规定,朝廷派往地方巡视或办事的官员返回后也须向他行贿。御史涂祯奉命去长芦(位于今河北省沧州市)征收盐税,刘瑾要涂祯把税额以外多收的税银送给他。涂祯没有同意,刘瑾极为恼恨。之后,涂祯回朝廷复命时又没有向刘瑾行礼。刘瑾随即下令将涂祯逮捕入狱,活活打死。给事中周钥调查某事回京,没有金钱贿赂刘瑾,被迫自杀。

刘瑾控制朝政后仍不满足,竟然觊觎皇权,阴谋篡位。明武宗没有生儿子,吏部尚书张彩同刘瑾商量,提议选立一个宗室王子作太子。刘瑾公然对张彩说:"无须立宗室王子作太子,我可以自立为帝!"刘瑾在扇中藏有两把匕首,常常带着此扇去朝见明武宗,伺机弑帝自立。他又密令太监孙和为他私造铠甲、弓弩,以备叛乱使用。

正德五年(1510年)八月,刘瑾谋乱的罪行被人告发。明武宗下令将刘瑾逮捕,押往闹市斩首碎尸。

之后,有关官员奉命查抄刘瑾家产,从他家中抄没"金二十四万锭,又五万七千八百两;元宝五百万锭,又一百五十八万三千六百两;宝石二斗,金甲二,金钩三千,玉带四千一百六十二束,金汤盒五百个",其他珍宝成千上万,不一而足。

《明史》卷十五 孝宗本纪
卷三百四 刘瑾传
《明史纪事本末》卷四十三 刘瑾用事

【简评】

人的一生究竟需要多少财富?平常心态的人,粗茶淡饭知足常乐;贪得无厌的人,视财如命愈多愈好。刘瑾贪得的赃物为数不少,可他犯罪被杀,这些赃物恰恰成了他的罪证。

## 八、渎职违法　罪有应得

# 江彬诱帝猎艳

江彬是明宣府（位于今河北省宣化县）人，早年从军，以功受任大同（治所位于今山西省大同市）游击将军。后来，他奉命率部参与平息京都地区动乱，负伤留住京都后，经左都督（警卫部队将领）钱宁引荐，得以见到明武宗朱厚照。江彬喜欢在明武宗面前谈论兵事，明武宗提升他为都指挥佥事（省级军事副长官）。江彬为人狡黠，善于迎合明武宗的意愿，受到明武宗亲信，常被召入豹房（明武宗在宫廷内设置的淫乐场所），陪侍明武宗一起吃喝玩乐。

江彬见明武宗贪淫美色，极力投其所好，多次引导明武宗穿着普通民众的衣服出宫，去教坊司（官办歌舞娱乐场所）寻欢作乐。明武宗感到在京城玩乐不够自由，江彬便劝他去外地选召美女。

正德十二年（1517年）八月，江彬向明武宗奏称：“宣府那里出美女。皇上可以去那里视察边防，何必成天守在皇宫内受群臣制约？”明武宗认为江彬的主意不错，随即由江彬陪同来到宣府。江彬从民间大肆索取美女，供明武宗玩乐，致使"帝大乐之，忘归"。

正德十三年（1518年）春天，江彬陪同明武宗去黄花（位于今陕西省凤县东北）、密云（位于今北京市密云县）等地，从民间掠取几十车年轻美女，供明武宗纵淫。

朝廷内外的官员对江彬如此引诱武宗淫乐十分忧虑。大学士杨廷和上书奏请武宗"深居大内，颐养天和"，明武宗不予答复。永平（治所位于今河北省卢龙县）知府毛思义下令对江彬在永平境内选美扰民加以限制。明武宗大为恼火，下令将毛思义革职，逮捕入狱。典膳（负责为皇帝进餐尝食的官员）李恭劝告明武宗回京，指责江彬诱导皇帝荒废朝政。江彬下令将李恭逮捕，并害死在狱中。明武宗对众臣日益疏远，对江彬却宠信有加。他自称是威武大将军"朱寿"，任命江彬为威武副将军，又封江彬为平房伯。

当年秋天，明武宗以威武大将军"朱寿"亲征北方边寇的名义，由江彬等人陪同从宣府到大同，从大同向西渡过黄河，到达榆林（位于今陕西省榆林市）。江彬帮助明武宗夺占延绥（治所榆林）总兵官（镇守某地军事长官）马昂之妾赵氏及指挥毕春之妻，又另占四个美女。接着，明武宗一行去绥德（位于今陕西省绥德县），住进总兵官戴钦家里，娶了他的女儿。在返回路过太原时，江彬又为明武宗征召歌女，并把乐工（艺人）杨腾之妻刘氏带走。江彬称刘氏为刘娘娘。

正德十四年（1519年）正月，明武宗行程数千里回到京都，任命江彬提督十二团营（警卫部队四武营、四勇营和四威营统帅）。不久，明武宗又想南行猎艳。刑部主事汪金等一百多个官员跪伏在宫门前劝谏皇上留京。江彬故意激怒明武宗。明武宗下令将劝谏众臣全部投入监狱，许多人竟被活活打死。

六月，宁王朱宸濠（明太祖五世孙）在南昌起兵反叛朝廷，进抵安庆。八月，明武宗借口亲征，离京南下。到了扬州后，江彬传令将全城处女、寡妇登记造册，供明武宗选取。十二月，明武宗到达南京，江彬还想诱导明武宗南去苏州等地，被随行大臣劝止。

正德十六年（1521年）三月，明武宗病逝，时年三十岁。众臣把明武宗早逝归罪于江彬。大学士杨廷和奏请张太后（明武宗之母）同意，乘治丧期间处死江彬。当时，坤宁宫正在安装兽吻（门环上狮形装饰），杨廷和传令江彬和工部尚书李鐩入宫祭吊。江、李二人祭毕将要出宫时，宦官张永留他俩吃饭。这时，传来张太后收

八、渎职违法　罪有应得

捕江彬的诏令。江彬见势不妙,拔腿便逃。逃至西安门时,他见大门紧闭,转至北安门。守门兵士挡住他的去路,声称有圣旨留下提督。江彬怒斥道:"今天哪里来的圣旨!"说着推开守门兵士硬要往外冲。守门兵士上前抓住江彬,拔去他的胡须。

六月,明世宗朱厚熜下令将江彬押至闹市肢解,并绘制处决图告示天下。接着,有关官员从江彬家中抄出黄金七十柜、白银二千二百柜,全部没收归公。

《明史》卷三百七　江彬传
《明通鉴》卷四十七　明武宗正德十三年

【简评】

江彬诱帝四处猎艳,败坏纲纪,贻误朝政。他以此升居重位,自以为得计,没有想到日后会因此而被处死。

# 王亶望聚敛私分

王亶望是清山西临汾人,考中举人后花钱买得知县职位,由山丹(治所位于今甘肃省山丹县)知县几经转任,升为浙江(治所位于今浙江省杭州市)布政使(主管该省政令、财政)。

清乾隆三十九年(1774年),王亶望调任甘肃(治所位于今甘肃省兰州市)布政使。甘肃地瘠民贫,朝廷每年都需拨给巨额银两,以供当地官府采购粮食,赈恤灾民。王亶望到任后,见朝廷政策对甘肃有所宽松优惠,千方百计借以敛财。他要陕甘总督勒尔锦上书朝廷,获准恢复业已废止的"监粮"制度,规定由民众捐粮资助,每名国子监生(最高学府肄业学生)需交五十五两银子,才能参加选拔官员的考试,历年敛银巨万。他又要勒尔锦以充实内地库存的名义上书朝廷,获准在各州县开展募捐活动,敛取白银。他还要勒尔锦向朝廷虚报甘肃发生旱灾,谎称要购买粮食救灾,额外骗取朝廷库银。通过上述手段,王亶望聚敛大量钱财。他下令将这些钱财全部私分,总督及其以下官员人人有份,他自己从中贪占最多。

王亶望不仅弄虚作假私吞公款,而且以权造势索贿受贿。甘肃各州县官民都知道,找王亶望办事,必须要向他送礼,"一千见面,两千便饭,三千射箭"的民谣广为流传。王亶望日常生活奢侈无度,其费用则由皋兰(治所位于今甘肃省兰州市)知县程栋为其

## 八、渎职违法　罪有应得

支付。

此外,王亶望为官经商,巧取豪夺。他在扬州、京城及其原籍临汾等地的银号当铺投入数十万两白银,收取利息;他又买置两淮盐引根窝价银(相当于股份)十余万两,收取红利;他还在京城开设首饰楼、杂粮店、酱坊等,以牟取暴利。

乾隆四十五年(1780年),乾隆帝南巡浙江,王亶望时任浙江巡抚,不惜动用府库巨款,精心张罗迎驾,想乘机向乾隆帝大献一次殷情。谁知乾隆帝不喜欢这一套,严肃批评王亶望说:"我到此地来,是想了解一点风土民情,不是来游玩的。你们为我兴建豪舍,张灯结彩,耗费很多,我实在不赞成。今后可不能再这样做。"

不久,王亶望母亲病逝,其获准辞职回乡治丧。新任浙江巡抚李质颖拜见乾隆帝,奏告王亶望没有让他的妻子儿女回乡吊丧。乾隆帝以王亶望"忘亲越礼",下令罢免其督办海塘防涝工程的职务,留海塘工地效力自省。

乾隆四十六年(1781年)春天,杭嘉湖道(所辖地区位于今浙江省杭州市、嘉兴市及湖州市)道员王燧贪污受贿案发。不久,勒尔锦因征讨河州(治所位于今甘肃省临夏市)苏四十三等人叛乱屡吃败仗被捕受审。在上述两案的审理中,把王亶望违法贪赃的罪状牵带出来。

王亶望随即被捕入狱,对被指控的犯罪事实供认不讳。有关部门查抄王亶望的家产,共值三百多万两白银,其中家藏黄金三千三百余两、白银一百零三万七千余两。王亶望供称:其被"查出银物,大半是婪索得来的"。

七月三十日,乾隆帝下令将王亶望斩首,同时令勒尔锦自尽。

据《清史稿》卷三百三十九·王亶望传
《清通鉴》卷一三八·清高宗乾隆四十六年

【简评】

　　当官为的是什么？是为国家、为民众兴利除弊,还是为自己、为子女谋取私利,古代官员各有追求。王亶望为官唯钱是图。他满脑袋装的是钱,两眼看到的也只是钱。在他看来,"官尊名显,皆钱所致",只要有钱,"无德而尊,无势而热","危可使安,死可使活"。(晋•鲁褒《钱神论》)王亶望挖空心思,敛财聚钱,钱奴而已。

### 八、渎职违法　罪有应得

# 和珅弄权舞弊

　　清乾隆四十七年（1782年）春天，御史钱沣弹劾山东（治所位于今山东省济南市）巡抚国泰等人贪纵营私，致使州县仓库亏空。乾隆帝令户部尚书、军机大臣（参与议论朝廷军政）、领侍卫内大臣（警卫部队长官）和珅和都御史（最高监察机关长官）刘墉前往山东查处，钱沣随同协办。

　　和珅袒护国泰，受命后暗下派人向其通风。他们一行刚从京都动身，国泰便得知朝廷已派大臣赴山东调查库存情况。他知道历城（治所位于今山东省济南市）库存亏空，当即指使历城知县（县长）郭德平从私人家借得四万两银子入库，冒充官银。

　　和珅一行到达历城后，带人抽查历城县库银，没有发现短少，便转身返回宾馆。钱沣要求将仓库加上封条，第二天对库银全部拆封检查，发现多数为"圆丝杂色银"，随即带人查清国泰等人借银充库的真相。接着，刘墉令人又查了章丘（治所位于今山东省章丘市西北）、东平（治所位于今山东省东平县）、益都（治所位于今山东省青州市）三州县的库存，"皆亏缺如沣言"。国泰贪用公款事实俱在，和珅无法加以庇护，只好看着他被论罪处死。后来，钱沣突然去世，有人说钱沣将要弹劾和珅，是和珅派人用毒药把他害死的。

　　乾隆五十五年（1790年）冬天，内阁学士（负责呈送和转递奏书）尹壮图上书奏告各省库藏空虚，乾隆帝看过其奏书后感到吃惊。和珅奏请让尹壮图赴直隶（治所位于今河北省保定市）、山西（治所位于今山西省太原市）等地调查，由户部侍郎庆成同行监督。庆成按照和珅的授意，想方设法给尹壮图调查设置障碍。每到一省会，庆成总是串通巡抚，"不急为盘查，而先游宴终日"，等该省官员临时挪借使府库充足后才开库检查，致使尹壮图等人竟没有查出省库空虚的情况。第二年正月，和珅等人以"挟诈欺公，妄生异议"的罪名，奏请将尹壮图斩首。乾隆帝下令免除尹壮图死罪，将其贬为礼部主事（朝廷主管礼仪教育部门文秘官员）。

嘉庆元年（1796年），乾隆帝退居太上皇，太子颙琰继位为嘉庆帝。太上皇仍然掌管朝政，和珅继续受太上皇宠信，依然权势熏灼。太上皇决定将两广（位于今广东省、广西区）总督朱珪调回朝廷任大学士。和珅对朱珪受到重用非常忌妒，极力寻机阻止不让他回朝廷任职。

朱珪过去曾是太子颙琰的辅导老师，嘉庆帝对朱珪一直很尊重，特意写诗向他祝贺。他刚刚拟就贺诗草稿，尚未改定，和珅便把它拿去给太上皇看，故意挑唆说："皇帝刚刚继位，就要宣传他老师的恩惠。"太上皇大为不快，召见嘉庆帝责备说："教你从善做人，这是辅导老师的职责而已，你知道不知道？"于是，太上皇转而指责朱珪未能缉捕广东海盗，将他降为安徽（治所位于今安徽省安庆市）巡抚，并规定今后不得将他召入朝廷任职。由此，嘉庆帝对和珅非常恼恨。他不敢违拗太上皇之意，且顾忌其年事已高，强捺着性子没有发作。

嘉庆四年（1799年）正月初三，八十九岁高龄的太上皇病逝。当天，嘉庆帝召令朱珪回朝廷任吏部尚书。第二天，嘉庆帝下令撤销和珅军机大臣、九门提督（主管京都九门警卫）两项职务。给事中王念孙等人首先弹劾和珅贪赃枉法。初八日，嘉庆帝下令革除和珅所有职务，将其逮捕入狱。正月十五日，嘉庆帝依据诸王大臣会审情况，公布和珅二十条罪状。十八日，嘉庆帝下令和珅自杀。

### 八、渎职违法　罪有应得

在短短半个月时间内,和珅由"无敢昌言其罪"的权臣,突然变为死囚,连他自己都始料未及。他在狱中自缢前遗诗一首:"五十年来梦幻真,今朝撒手谢红尘。他时水泛含龙日,认取香烟是后身。"和珅至死虽然没有认罪,但他恃宠弄权二十多年斑斑劣迹俱在。有关官员查抄了和珅家产,其总价值约有一二千万两白银。

《清史稿》卷三百十九　和珅传

　　　　　　卷三百二十二　钱沣传

　　　　　　　　　　　　　严壮图传

　　　　　　卷三百四十　朱珪传

　　　　　　　　　　　董诰传

《清通鉴》卷一三九　清高宗乾隆四十七年

　　　　　卷一五六　清仁宗嘉庆四年


【简评】

和珅为官貌似公允,实则奸诈。他善于揣摩乾隆帝意向,弄权施威,对"不附己者,伺隙激上怒陷之;纳贿者则为周旋,或故缓其事,以俟上怒之霁。大僚恃为奥援,剥削其下以供所欲"。(《清史稿》·和珅传)和珅只知道讨好乾隆帝有好处,没想到得罪嘉庆帝会招祸,可谓机关用尽,自食其果。

# 广兴赴地方查案贪赃

清嘉庆四年(1799年)正月,给事中广兴和王念孙弹劾军机大臣和珅贪赃违法,受到嘉庆帝赏识。此后,广兴被提为副都御史,转任刑部侍郎。

广兴受到重用后私欲膨胀,不再以国法约束自己的思想行为。他多次赴山东、河南查办违法贪赃案件,竟然纠贪自贪,肆意敛财,很快走向其仕途末路。

嘉庆十三年(1808年)冬天,太监鄂罗哩弹劾广兴扣减宫中绸缎供应。嘉庆帝令鄂罗哩向广兴传话,广兴坐着与鄂罗哩发生争执。鄂罗哩又奏告广兴"坐听谕旨"。嘉庆帝大为恼火,下令将广兴革职,令其回家自省。

接着,嘉庆帝密令山东(治所位于今山东省济南市)巡抚百龄调查广兴在山东办案期间有无劣迹。不久,百龄奏报称:"广兴赴山东审案时,任性逞威,吃住招待要求档次很高,稍不如意便对接待官员大动肝火,严加斥责。全省为他摊派出差费用共有数万两白银。广兴临回京前,又收受各府、县馈赠的银子达数千两。"嘉庆帝大为吃惊,下令将广兴逮捕审讯,又令河南(治所位于今河南省开封市)巡抚清安泰详查广兴去河南查案时有无违法情况。

清安泰查实后奏报说:"广兴在豫,起居饮食无不挑剔。他前后三次来豫审案,每次差旅费用均需一万两银子,都是从府、县挪

### 八、渎职违法　罪有应得

借垫用的。广兴每次回京前,公家都得送给他二千两银子作为返程花销,这些银子是从全省各地摊派的。"

嘉庆帝看了清安泰奏章更为气愤,下令查抄广兴的家产。大学士长麟等人查抄后奏称:"广兴房产很多,财物尤其丰富,除现银及借出有帐银七千余两外,尚有存放局(江苏铸钱局)银三万七千两,还有整玉如意(长柄前有五指的搔痒器具)六把,洋呢羽缎等衣料一千多件。"

嘉庆帝以广兴"赃私累累",令大学士会同刑部严加审讯。广兴始终狡辩,毫无悔罪之意。

嘉庆十四年(1809年)正月十二日,嘉庆帝下令将广兴处以绞刑,没收其全部家产。

《清史稿》卷三百五十五　广兴传
《清通鉴》卷一六五　清仁宗嘉庆十三年

【简评】

广兴纠贪自贪,自投法网。朝廷官员在巡察地方期间弄权索贿,不自广兴始。古代官员媚上恶习由来已久。媚上之风是造成官场腐败的一个重要原因。受贿者固然应当惩处,行贿者亦当论罪。

# 王伸汉罪上加罪

清嘉庆十三年（1808年）六月，洪泽湖水位暴涨，因来不及排洪，山阳县（治所位于今江苏省淮安市）遭受涝灾。山阳知县王伸汉借机虚报户口，冒领救灾款二万三千两银子。

当年秋天，两江（辖管区位于今江苏省、江西省、安徽省）总督铁保指派江苏候补知县李毓昌带人赴山阳督查救灾。李毓昌等人抵达山阳后，亲自到各个乡村访问农户领取救灾款的情况，并查点户口，统计发放数字。在核查中，李毓昌发现王伸汉虚报、冒领救灾款的问题。他将具体数字一一核实后填入表格，准备上报揭发王伸汉的违法罪行。

王伸汉听说后十分害怕，私下给李毓昌送去一些银子，请他手下留情，李毓昌当即予以拒绝。王伸汉接着请其顶头上司淮安知府王毂出面约见李毓昌，借故要李毓昌将调查的情况缓报，李毓昌也没有答应。王伸汉急了，密令其亲信包祥设法买通李毓昌的随行人员李祥、顾祥和马连升，想法将李毓昌的统计报表盗走，万不得已就杀人灭口。

李祥等人收到重贿后，对包祥说："表册放在李毓昌行李箱内，必须拿到一把开箱钥匙。"包祥说："那也没有用。我观察这个人，拿钱买不通，哀求行不通，唯一的办法就是将他搞死。"于是，包祥同李祥等人暗中策划，决意将李毓昌害死。

## 八、渎职违法　罪有应得

第二天晚上,李毓昌从山阳一家饭馆饮酒后回到房间,感到口干,要喝水,李祥随手把准备好的一杯毒茶递到李毓昌手上。李毓昌喝下后卧床休息,不一会腹疼难忍,翻身起床。这时,包祥突然从后面抱住李毓昌的头。李毓昌瞪着眼睛呵斥道:"你想干什么?"李祥抢着回答:"我们不能伺候你了!"马连升随即用自己的裤带将李毓昌勒死。

此后,王伸汉以李毓昌精神错乱自缢身亡向王毂报告。王毂当即派人去现场验尸,验尸人回报尸体有血。王毂令人对验尸人打了一顿板子,换了一份假的验尸报告,连同王伸汉的报告,一并上报。王伸汉则将李毓昌所记表册翻出来尽行烧毁。

李毓昌的叔父李泰清接到讣告,从即墨(位于今山东省即墨市)老家赶到山阳。王伸汉假意宽慰李泰清,称他与毓昌是好朋友,送给李泰清一百五十两银子作为盘缠。李泰清对李毓昌猝死的原因没有提出疑问,随即把李毓昌的灵柩接回原籍。

治丧期间,李毓昌家人在收拾其遗物时发现其衣物上有血迹。接着,他们在一本书中又发现夹有一张上报总督铁保的文稿,上面写有"山阳知县冒赈,以利啖毓昌,毓昌不敢受,恐负天子"等字句。此间,李毓昌的妻子梦闻丈夫系被人害死。于是,李毓昌家人产生怀疑,打开棺材见李毓昌尸体青黑。李泰清意识到其侄可能被人毒杀,火速赶赴京都向都察院(最高监察机关)投诉申冤。嘉庆帝批令山东巡抚吉纶将李毓昌遗体调至山东省城验视,由刑部派员将此事查清。

嘉庆十四年(1809年)五月,吉纶等人奏称:"验明李毓昌系中毒后被人勒死。"接着,刑部人员上报王伸汉谋害李毓昌的事实真相。嘉庆帝看了奏报后非常恼火,下令将王伸汉及包祥等凶手处死、对王毂依法论罪、将铁保革职流放。

嘉庆帝对李毓昌高风亮节十分赞赏,对他不幸遇害特别忧伤,亲自写了一首长达七十句的《悯忠诗》,以示悼念,并下令将该诗刻在李毓昌的墓碑上。

《清史稿》卷四百七十八 李毓昌传
《清通鉴》卷一六五 清仁宗嘉庆十三年
　　　　卷一六六 清仁宗嘉庆十四年

【简评】

　　王伸汉虚报户口、冒领救灾款已属犯罪，指使仆从杀害受命前往督查的李毓昌以灭口，罪不容诛。为官既不能欺下，也不能蒙上，还是守本分为好。

八、渎职违法　罪有应得

# 柏葰未保晚节

柏葰是清蒙古正蓝旗人。清道光六年(1826年),柏葰考中进士,受任编修(朝廷编写历史的官员)。此后,柏葰历任内阁学士(负责办理奏本事务的官员)、刑部侍郎、总管内务府大臣(主管宫廷事务的高级官员)、左都御史(最高监察机关长官)、兵部尚书、翰林院掌院学士(编修国史及皇帝顾问机构的长官)、户部尚书、协办大学士(副宰相),官至文渊阁大学士(宰相,主管朝廷日常政务的正一品官)。

柏葰在其几十年的官宦生涯中,一向清廉公正。道光二十三年(1843年),柏葰时任户部侍郎,奉命率团出使朝鲜①。朝鲜官员按例赠送给柏葰礼品,柏葰辞谢未受。道光二十六年(1846年),柏葰时任总管内务府大臣,弹劾山东(治所位于今山东省济南市)布政使(主管政令、财税)王笃滥用职权纵盗,巡抚崇恩及王笃等人由此受到惩处。柏葰历任道光、咸丰两朝大臣,"平日勤慎","素持正",深孚众望。

咸丰八年(1858年),柏葰受任顺天(治所位于今北京市区)乡试(每三年一次录取举人的省级会考)正考官,同副考官兵部尚书朱凤标、左副都御史程庭桂一同主持这场考试。

---

①　位于今朝鲜半岛。

当年九月,发榜公布中举名单后,御史孟传金上书举报,称应试中举有个叫平龄的举人所写的试卷墨迹有问题。咸丰帝当即令怡亲王载垣等人就此事进行调查,发现有问题的试卷竟有五十本之多。咸丰帝听了载垣等人奏告后,十分震惊和恼火,下令撤销柏葰的职务,免去朱凤标、程庭桂的职务,听候调查处理。

经调查核实,兵部主事(兵部文秘官员)李鹤龄为应试生罗鸿绎向监考官浦安递送条子,浦安将罗鸿绎的试卷批阅后推荐给柏葰。柏葰审阅后不大满意,准备把罗鸿绎的试卷列为落榜卷撤走。这时,浦安通过柏葰的门人靳强,向柏葰恳求将罗鸿绎录取。柏葰转而答应浦安等人的请求,改变原来的意向而将罗鸿绎录取。据此,载垣等人按照会考有关法律条文,建议将柏葰处以斩首。

咸丰九年(1859年)七月,咸丰帝召见诸王大臣,就柏葰作为主考官执法犯法一事,训诫说:"科场为抡才大典,交通舞弊,定例綦严。自来典试诸臣,从无敢以身试法者。不意柏葰以一品大员,辜恩藐法,至于如是!""就所供各节,情虽可原,法难宽宥。言念及此,不禁垂泪!"于是,咸丰帝挥泪下令将柏葰公开斩首。

《清史稿》卷三百八十九 柏葰传
《清通鉴》卷二一五 清文宗咸丰八年
　　　　　卷二一六 清文宗咸丰九年

【简评】

柏葰为官三十多年,官至宰相,一直勤奋谨慎,以公正廉洁著称。他身为主考官,碍于人情,徇私舞弊,触犯法律,未能保持晚节,令人为之惋惜。

# 后 记

从读小学高年级开始,我便对文学和历史产生浓厚的兴趣,以至参加工作后,所购买、阅读的大多是文史类书籍。1995年,在业余写完长篇小说《桃花流水》(2008年4月,华夏出版社出版)之后,我转读中国历史古籍,将视线专注于古代官员在官场的沉浮,并有选择地分类记下其中较为典型的人物事件。这样边看边写,历时8年,形成一个记述古代官场故事的框架草稿。从工作岗位退下来后,我集中近5年时间,聘请电脑打字员,先后3次对稿子进行系统梳理,并逐篇修改,于2007年形成"中国古代历史风云"系列丛书书稿。2008年,我将书稿通览一遍,对部分文字作了修改。2009年,我查阅史书,对书稿逐篇修改校正。2010年,我对书稿再次作了修改。

作者不是历史专业人员,对历史科学尚没有入门,能将此套书奉献给读者,首先借助于前人的劳动成果,其次受到师友同学的热情鼓励。如果本套书能使读者喜欢,能有益于国家的政治文明建设,将是我最大的安慰。贤妻叶善荣对我读书写作给予了极大的理解和支持,承担起全部的家务。在本稿付梓之时,我向她表示衷心的感谢。

我读史时间不长,许多问题还没有完全搞清楚,加之认识肤浅,涉猎有限,书中错误难免,敬请专家和广大读者批评指正。

叶秀松<br>2010年6月